普通高等教育“十一五”国家级规划教材

教育部金融学核心课程教材

银行管理学

（第二版）

黄 宪 代军勋 赵 征 主编

Bank Management

(2nd Edition)

WUHAN UNIVERSITY PRESS
武汉大学出版社

图书在版编目(CIP)数据

银行管理学/黄宪,代军勋,赵征主编.—2版.—武汉:武汉大学出版社,2011.4(2018.9重印)

普通高等教育“十一五”国家级规划教材

教育部金融学核心课程教材

ISBN 978-7-307-08621-0

Ⅰ.银… Ⅱ.①黄… ②代… ③赵… Ⅲ.银行管理—高等学校—教材 Ⅳ.F830.2

中国版本图书馆CIP数据核字(2011)第043743号

责任编辑:范绪泉　　责任校对:刘　欣　　版式设计:马　佳

出版发行:**武汉大学出版社**　(430072　武昌　珞珈山)

(电子邮件:cbs22@whu.edu.cn　网址:www.wdp.com.cn)

印刷:北京虎彩文化传播有限公司

开本:787×1092　1/16　印张:24　字数:560千字　插页:2

版次:2004年2月第1版　2011年4月第2版

2018年9月第2版第4次印刷

ISBN 978-7-307-08621-0/F·1490　定价:35.00元

黄宪 男，1954年生，博士，享受国务院政府特殊津贴。武汉大学经济与管理学院金融系教授、博士生导师，武汉大学银行管理研究所所长。主要从事货币经济学理论、金融中介理论和银行管理的教学与研究。

1978年考入武汉大学经济学专业，1982年获经济学学士学位并毕业留校任教，1985年获金融学硕士学位，1997年获金融学博士学位。1990-1991年作为访问学者在美国Seton Hall University商学院研修，1996-1997年作为讲座教授在香港Baptist University商学院讲学，2000-2001年作为高级访问学者在英国Northambria University纽卡斯尔商学院从事科研。

作为首席专家主持国家哲学社会科学基金重大项目和国家哲学社会科学面上项目各1项，主持国家自然科学基金面上项目3项，主持教育部社会科学项目1项，国家“211”和“985”项目子课题以及多项省部级研究项目等。

在国内外重要学术期刊发表论文90余篇，出版专著和教材7部，主编的《货币银行学》获教育部全国优秀教材二等奖，科研成果先后获得教育部社会科学研究成果三等奖2次，湖北省政府社会科学研究成果二等奖2次等。

社会兼职：中国金融学会学术委员会委员和常务理事，中国国际金融学会学术委员会委员和常务理事。

代军勋　男，1976年生，博士。武汉大学经济与管理学院金融系副教授、硕士生导师。主要从事金融理论和银行管理的教学与研究。1993年考入武汉大学国际金融专业，1997年获经济学学士学位，2001年获金融学硕士学位，2004年获金融学博士学位并毕业留校任教。2013年作为访问学者在美国加州大学圣地亚哥分校（UCSD）经济系研修。迄今主持两项教育部社科课题，作为子课题负责人主持国家社会科学基金重大项目1项，并作为主要成员参与多项国家自然科学基金和社会科学基金项目的研究，在国内外重要刊物上发表论文20篇，出版著作4部。

赵征　女，1972年生，博士。武汉大学经济与管理学院金融系副教授。主要从事金融经济学和银行管理的教学与研究。2004-2005年作为访问学者在澳大利亚University of Adelaide商学院研修。迄今主持国家社会科学基金项目和教育部社科课题各1项，并作为主要成员参与多项国家自然科学基金和社会科学基金项目的研究，在国内外重要刊物上发表论文10余篇，出版著作3部。科研成果获得教育部国家社会科学研究成果三等奖1次。

第二版前言

在现代市场经济中，商业银行无疑是与人们日常生活最为息息相关的金融机构，社会资金的配置也是通过以银行为代表的金融中介和金融市场来实现的。在很长的历史时期，以商业银行为代表的各国金融中介机构在资金配置的格局中占着压倒性地位。自从20世纪80年代以来，经济环境的巨变对以存贷款为主的传统商业银行存在的基础构成了威胁，对银行业生存产生了较大的影响，在金融业中的竞争优势明显下降。面对巨大的生存挑战，为了在巨变市场环境之下生存，发达国家的银行业经历了痛苦但却是成功的整体转型，使银行业正变成一种水平多样化、垂直专业化和外包化、以信息技术为纽带的新型金融机构。2008—2010年的全球金融危机，既给银行业带来了沉重打击，也同时凸显了银行业的运行机制和状态与国民经济和社会大众的密切关联。与此相对应的是，世界各国从学界到实务界都在对银行管理的理念、策略、方法和金融技术手段进行反思和变革，试图重新确定它们的竞争优势。本教材希望结合2008—2010年金融危机中所暴露出来的银行业问题，以及它们的调整，能够全面、准确地反映国际银行业的变化和由此带来的管理的新理念、新策略、新方法、运行模式和新金融技术的变化。

中国作为经济大国崛起已经成为国际社会共识，中国经济各领域和行业参与经济全球化的进程必然会加速，国际竞争也会加剧，中国银行业必将面临一场全面而深刻的内涵式的巨大变革。如何看待当前经济全球化下的银行业与实体经济的关系，如何科学合理地总结和借鉴发达国家银行业先进的管理理论、经营管理经验，以提高我国商业银行经营管理的水平，发挥银行在国民经济中的重要作用以及配合国家“经济走出去”的大战略，是我国银行业亟待从理论上和实践上加以研究和解决的现实需要。

本次改版教材是在吸收了当前国际银行业大量经营与管理的研究和实践的成果的基础上完成的。它对当代商业银行的重要的经营理念和最新理论作了较为深刻的探讨，对现代银行经营管理模型、方法和金融技术也作了比较全面的阐述，同时结合了一些经典的案例分析，理论联系实际，可以强化读者对相关知识的领悟和掌握。本书力求紧扣现代银行业发展的脉搏，其框架的安排有较严密的逻辑性，内容的安排在保证前沿性和科学性的前提下，尽量做到循序渐进，由浅入深，以便于读者学习。

全书分七编，共十七章。其逻辑安排、基本内容以及主要修改和调整是：

第一编银行概述从框架的角度讨论银行一般行为，包括金融中介存在的经济学解释、银行的性质、主要功能和经营原则。本编修改和增加较多的部分是银行业组织结构与规模效率、范围效率和X效率等理论的关系，以及银行内部组织结构的适用性等。本编还结合了2008—2010年全球金融危机，讨论了发达国家银行业的调整与可能的发展趋势。

第二编讨论银行资金来源管理。在本轮金融危机后，2010年出台的新巴塞尔协议Ⅲ

对1988年和2002年颁布的巴塞尔协议进行了反思和修正，银行理论和实务界对资金来源，特别是资本和经济资本有了更为深刻和准确的理解。这编主要包括银行资本的构成与功能、对新巴塞尔协议草案框架下的银行的资本充足度的理解和计算、银行的资本计划与资本来源、负债业务经营管理以及银行资金总成本的核算。本编修改和增加较多的部分是全面准确地理解新巴塞尔协议下的资本管理，以及负债来源从传统的存款管理向现代财富管理转变的理念、背景和方法。

第三编主要讨论银行资金运用管理。这编在形式上与传统的教科书似无大的差别，但由于国际银行业经营管理理念和方法及金融技术的变化，本教材在这编的内容上用足够的篇幅反映了这些新内容。主要内容除了包括银行贷款业务管理程序、信用分析技术、贷款定价，银行证券投资的风险和收益分析，以及证券投资策略和证券投资的避税组合策略之外，对银行资产运用中近来涌现的新技术和方法都给予了介绍。

第四编讨论银行表外业务及其他业务。作为转型后的新型银行，表外业务中产生的收入已经成为银行利润的新增长点和主要来源，甚至成为判断银行是否已经现代化和摆脱传统陈旧模式的标准之一。本编的内容主要对表外业务的含义与发展，以及各类传统的表外业务和创新的表外业务进行了详细介绍，同时还介绍了各国银行在转型中普遍开展的代理业务、咨询顾问业务、信托业务、金融租赁业务等。尽管在2008年的金融危机中，金融衍生品所起到的破坏作用引起人们对它们的质疑，但我们认为，基础性的金融衍生品是人类智慧的结晶，是金融业的历史进步，包括基础性的资产证券化。所以，在这部分我们强调介绍基础衍生金融产品和在银行的运用，而对过于复杂的衍生品给予了删除和简化。

第五编主要讨论银行流动性管理和资产负债管理，这一编既相对独立，又与后面的风险管理的内容有适当交叉。鉴于中国利率市场化的提速和存款保险公司的出台方案趋于明朗，对于中国的金融专业学生和金融机构的从业人员，这一部分不仅变得很重要，并且非常务实。对于银行而言，流动性风险和利率风险主要是通过流动性管理和资产负债管理来解决。流动性管理除了风险考虑之外，更重要的还包括了如何科学地控制头寸方面的大量的管理方法和技术，而资产负债管理除了被用于控制利率风险之外，还包括了如何科学地优化配置资金，以降低成本和扩大盈利能力的经营策略和方法。这编的内容对流动性管理和资产负债管理的理论和策略的发展、科学管理的技术，以及如何运用各种模型和策略来规避风险和扩大盈利进行了详细的讨论。

第六编主要讨论银行风险管理，基于2008—2010年爆发的金融危机，新版教材对这一部分进行了较大篇幅的修改。这一部分在介绍银行风险的含义、产生、分类的基础上，全面讨论了对银行各类风险的度量和管理，包括信用风险的评估与管理、流动性风险的评估与管理、利率风险的评估与管理、市场风险的评估与管理以及操作风险的评估与管理。结合本轮金融危机和巴塞尔协议Ⅲ的新精神，全面和有机地介绍了银行各类风险的相对独立性和联系，介绍了各种风险度量的模型和管理的方式。

第七编系统深入地讨论了如何评判银行经营的绩效，其主要内容包括银行的财务报表分析、银行绩效评估的方法、风险和利润指标在银行管理中的分解、银行绩效评估中的风险因素修正等。配合银行绩效管理自身深刻的变化，这次修改用较大篇幅介绍了基于经济资本的绩效考核，以及与之配套的内部资金转移定价方面的内容。

出于金融专业课程的分工，减少重复，本次改版将第一版银行并购管理这编删除，使教材内容更加紧凑，重点突出。

“银行经营管理学”作为武汉大学金融学科的必修课开设于1990年，而《银行管理学》第一版教材的出版则是在时隔14年后的2004年，它建立在主讲教师们在该领域教学长期沉淀、对发达国家多次学术进修和访问以及对其各类金融机构考察的基础上，是专业老师对现代银行经营管理理论深刻理解和解读的心血。该教材出版后就在社会上产生了较大反响，不少高校将其作为指定教材或参考书。在该教材出版后又过了8年，不少学者和学生以及实务工作者在对教材高度肯定的同时，也提出了不少积极和重要的修改建议，再加上近十年银行业的经营环境和管理理念、模式和方法都发生巨大变化，这本教材已到了非修改不可的地步。经过一年半的时间，我们以极为认真的态度完成了本教材的改版。尽管我们自认为对这本教材的写作和修改是严谨和准确的，能够反映国内外银行经营管理的主要理论、方法和技能及其变化，然而我们深知，任何学术领域的研究都没有止境。尽管我们努力了，本教材中的错误和遗漏却在所难免，这种感觉是基于我们对学术的敬畏。我们真诚地希望读者在阅读该教材后，给我们提出宝贵的批评和建议，我们将表示深深的谢意。

本书适用于作为金融学科各专业本科学生和工商管理硕士研究生（MBA）的教材，也可作为金融学专业研究生以及金融机构从业人员了解商业银行经营管理的参考书。

在本教材编写中的分工是：

黄　宪　第一编、第三编第七章、第五编

代军勋　第六编、第七编

赵　征　第二编、第三编第六章、第四编

本书的出版，得到了武汉大学出版社的支持。我们对此表示由衷的感谢。

黄　宪

2011年春

第一版前言

在市场经济中，资金资源的配置基本上是通过金融中介机构和金融市场来实现的。在很长的历史时期，以商业银行为代表的各国金融中介机构在资金配置的格局中占据着压倒性地位。自从20世纪80年代以来，经济环境的巨变对以存贷款为主的传统商业银行存在的基础构成了威胁，对银行业生存产生了巨大的影响，银行逐步丧失了它们传统的核心竞争力，在金融业中的竞争优势明显下降。面对巨大的生存挑战，为适应变化了的市场环境，发达国家的银行业正处于整体转型之中，特别是欧洲的银行可以说是基本上完成了转型，使银行业正变成一种水平多样化、垂直专业化和外包化、以信息技术为纽带的新型金融机构。与此相对应的是，发达国家银行业对管理的理念、策略、方法和金融技术手段进行了许多重大的变革，以适应正在转型的组织结构，试图重新确定它们的竞争优势。本教材希望能够全面、准确地反映国际银行业的变化和由此带来的管理的新理念、新策略、新方法、新模式和新金融技术的变化。

在加入WTO之后，中国经济各领域参与世界经济一体化的进程必然会加速，中国银行业将与国际银行业一样，面临一场全面而深刻的历史性变革。如何看待当前国际银行业的整体转型，如何总结国际银行业管理的新的理论和模型，辩证地借鉴国际商业银行经营管理经验，提高我国商业银行经营管理的水平，更新经营管理的理念，发挥银行在国民经济中的重要作用，是我国银行业一个亟待从理论上和实践上加以研究和解决的重大课题。

本教材是在借鉴吸收了大量当前国际银行业经营管理最新研究成果的基础上完成的，对当代商业银行重要的经营理念和最新理论作了较为深刻的评介，对现代银行经营管理模型、方法和金融技术也作了比较全面的阐述，同时结合了一些经典的案例分析，理论联系实际，可以强化读者对相关知识的领悟和掌握。本书力求紧扣现代银行业发展的脉搏，其框架的安排有较严密的逻辑性，内容的安排在保证前沿性和科学性的前提下，尽量做到循序渐进，由浅入深，以便于读者学习。

全书分八编，共十八章。其逻辑安排是：

第一编是银行业概述，从框架的角度讨论银行一般行为，包括金融中介存在的经济学解释、银行业对规模经济和范围经济理论的讨论，以及银行业和银行内部的组织结构、银行经营的目标和原则。本编最后讨论了国际银行业的转型和发展趋势。

第二编讨论银行资金来源管理。由于新巴塞尔协议草案对全球银行业的深刻影响，银行理论和实务界对资金来源的理解远远超出了原来的含义。这编主要包括银行资本的构成与功能、对新巴塞尔协议草案框架下的银行的资本充足度的理解和计算、银行的资本计划与资本来源、负债业务经营管理以及银行资金总成本的核算。

第三编主要讨论银行资金运用管理。这编在形式上与传统的教科书似无大的差别，但由于国际银行业经营管理理念和方法及金融技术的变化，本教材在这编的内容上用大量的篇幅反映了这些新内容。主要内容除了包括银行贷款业务管理程序、信用分析技术、贷款定价、银行证券投资的风险和收益分析以及证券投资策略和证券投资的避税组合策略之外，对银行资产运用中近来涌现的新技术和方法都给予了介绍。

第四编讨论银行表外业务及其他业务。作为转型的银行，表外业务的非利息收入成为其利润的新增长点，国内外银行都十分看重。本编的内容主要对表外业务的含义与发展以及各类传统的表外业务和创新的表外业务进行了详细介绍，同时还介绍了各国银行在转型中普遍开展的代理业务、咨询顾问业务、信托业务和金融租赁业务等。

第五编主要讨论银行流动性管理和资产负债管理，这一编既相对独立，又与后面的风险管理的内容有适当交叉。流动性风险和利率风险在银行主要是通过流动性管理和资产负债管理来解决，但是流动性管理还包括了如何科学控制头寸方面的大量的管理方法和技术，资产负债管理除了用于控制利率风险之外，还包括了如何科学配置资金，以降低成本和扩大盈利能力的经营策略和方法。这编的内容对流动性管理和资产负债管理的理论和策略的发展，科学管理的技术以及如何运用各种模型和策略来规避风险和扩大盈利进行了详细的讨论。

第六编主要讨论银行风险管理。在介绍银行风险的含义、产生、分类的基础上，全面讨论了对银行各类风险的度量和管理，包括信用风险的评估与管理、流动性风险的评估与管理、利率风险的评估与管理、市场风险的评估与管理以及操作风险的评估与管理。这编结合新巴塞尔协议草案的精神，全面和有机地介绍了银行各类风险的相对独立性和联系性，介绍了各种风险度量和管理的模型。

第七编主要讨论银行并购管理，包括银行并购的类型、银行并购的效应、国际银行业并购潮分析、银行并购管理、银行反并购的策略。面对国内外频频出现金融机构之间的并购浪潮，对这编的学习，有利于从金融学和经济学的角度理解如何运用资本运作来实现银行的规模经济和范围经济，并有利于掌握抵御竞争对手恶意收购的技巧。

第八编从总括的角度讨论了如何评判银行经营的绩效，其主要内容包括银行的财务报表分析、银行绩效评估的方法、风险和利润指标在银行管理中的分解、银行绩效评估中的风险因素修正等。对这些内容的掌握，将有利于促进我国银行经营管理的科学性。

银行经营管理学作为金融专业的必修课，自从 1990 年在武汉大学金融系开设以来，已经有 13 年了。之所以久未出版教材，一是国内和国外银行业变化太快，二是主讲教师们希望在该领域的教学和研究上多有些积累。我们经过多年教学实践和在国外的多次学术进修以及对国外金融机构的考察，对现代银行的经营管理有了较深的体会，在此基础上，我们以极为认真的态度完成了本教材的写作。我们深知，任何学术领域的研究都是没有止境的。尽管我们自认为对这本教材的写作是严谨和较为成熟的，能够反映国内外银行经营管理的主要理论、方法和技能，但是在定稿时，我们心中仍然忐忑不安，一方面是我们感到就自己的学识水平很难将这一领域浩瀚的内容进行全面和准确的概括，更主要是我们出于对学术的敬畏。尽管我们努力了，但本教材中的错误和遗漏在所难免。我们真诚地希望读者在阅读该教材后，给我们提出宝贵的批评和建议，我们将表示深深的谢意。

本书适合作为金融学专业本科学生和工商管理硕士研究生（MBA）的教材，也可作为金融学专业研究生以及金融机构从业人员了解商业银行经营管理的参考书。

在本教材编写中的分工是：

黄宪：第一编，第三编第八章，第五编

赵征：第二编，第三编第七章，第四编，第六编第十三章附录、第十四章第一节

代军勋：第六编（除第十三章附录和第十四章第一节外），第七编，第八编

全书由黄宪负责大纲的编写、结构和内容的确定以及最终的审定。

本书的出版，得到了武汉大学出版社的支持，我们对此表示由衷的感谢。

黄　宪

2004 年 1 月 22 日

目　录

第一编　银行业概述

第三编　银行资金运用管理

第一编　银行业概述

金融在任何国家经济中都占有举足轻重的地位，实物经济的运行必须借助资金的流动来实现。金融从运动的方式和特点来讲，可以划分为直接融资和间接融资两大类，前者以证券市场为代表，后者以金融中介机构为代表。它们以各自的特点和形式，通过汇聚、疏通、引导资金的流动，实现和促进了资源在经济中的优化配置，提高了全社会经济运行的效率。

金融中介机构有多种形态，但商业银行最具有代表性。本部分主要讨论银行的产生和基本功能、银行存在的经济学解释、银行业和银行内部的组织结构、银行经营的目标和原则，以及国际、国内银行业的转型和发展趋势。

第一章 银行的性质、经营原则和存在的经济学

第一节 银行的产生和功能

金融中介机构（Financial Intermediation）是资金盈余者与资金需求者之间融通资金的媒介体。金融上判断直接融资还是间接融资的主要标准，不在于融资过程中是否存在着中间机构，而在于融资或资金配置是以发行直接融资契约的方式，还是以发行间接融资契约的方式来完成。以金融中介的代表银行为例，它们以存款凭证（间接契约）形成资金来源，然后再将这些资金以贷款凭证（间接契约）的方式投向企业和其他经济实体，实现资源配置。

从历史上看，银行（Bank）一词被认为来源于近代意大利。从 12 世纪中期开始，欧洲许多城市流通着种类繁多的货币，随着商业的发展，不同地区之间多种货币用作媒介的商品交易日益困难。于是，有些意大利人在威尼斯等地，犹太人则在伦巴特等地，沿街摆摊，专门从事鉴定、兑换各种货币的业务，他们有时也接受存款，从事高利贷。由于这些经营货币的商人多坐在长板凳上从事业务，意大利人便把他们称为 Banco，即长板凳。英语的 Bank 和法语中的 Banguc 就是由此演变而来的。

近代银行的出现，是在中世纪的欧洲，当时欧洲的贸易已很发达。最早的银行是意大利的威尼斯银行，建于 1171 年，随后又有于 1407 年设立的热亚那银行，1609 年在荷兰成立的阿姆斯特丹银行，接着 1619 年在德国成立的汉堡银行。英国从 16 世纪到 17 世纪，也有许多从事金银生意的金店，做存款贷款业务。这些早期的银行具有高利贷性质。随着资本主义生产关系的确立和资本主义商品经济的发展，高利贷性质的银行业已不能适应资本扩张的需要，因为资本的本质是要获取尽可能高的利润，利息率只能是平均利润率的一部分，同时资本主义经济工业化的过程需要资金雄厚的现代银行为其后盾。高利贷性质的货币经营业已成为资本主义经济发展的障碍。

现代资本主义银行主要通过两条途径产生，一条途径是旧高利贷业转变为资本主义银行，另一条较典型的途径是以股份公司的形式建立的新型股份制银行。1694 年英国成立的英格兰银行是第一个具有现代公司意义的股份制银行，它是现代银行的标志，至此开始，股份制银行在各国得以普遍成立。这些股份制银行资本雄厚、业务全面、利率较低，在社会上建立了规范的信用制度和信用货币制度，极大地促进了工业革命的进程，同时也使它们自己成为现代金融业的主体。“现代银行制度，一方面把一切闲置的货币准备金集中起来，并且把它们投入货币市场，从而剥夺了高利贷资本的垄断；另一方面又建立信用

货币，从而限制了贵金属本身的垄断”。①

以银行为代表的金融中介为现代经济的有机构成部分，银行所创造的存款、贷款、清算与支付、各类中间或表外金融服务，已成为经济正常运行的基本保证。它们在市场经济中的主要功能有：

一、资金融通的媒介和配置资源

在社会中，所有经济单位按资金供求状态可以划分为平衡单位、盈余单位和赤字单位。如果各类经济单位都只能根据自己的资金状态来消费或投资，社会效率将极为低下。金融中介机构通过独特的信用渠道和信用方式以及风险处理技术，将资金从盈余单位转向赤字单位，有效地实现了资源的社会转移和优化配置。早期的银行以货币经营为主，负责货币执行其基本职能过程中所必需的技术性业务，如货币保管、货币汇兑等。在市场经济的信用关系高度发展起来后，货币经营业务就仅成为银行业务的一个次要部分，而吸收存款与经营放款等信用业务则成为银行的主体业务，银行成了引导资金从盈余单位流向赤字单位的中介，银行的性质因此而发生重要变化。“一旦借贷的职能和信用贸易同货币经营业的其他职能结合在一起，货币经营业就得到了充分的发展”②。信用中介和配置资源成了银行的基本职能。

二、创造货币，扩张信用

早期的商业交易以货币作为流通手段和支付手段，银行最初创造的信用工具是银行券。银行创造的信用工具，执行货币支付手段和流通手段职能。在中央银行独揽货币发行权后，纸币由中央银行发行。而后，银行所创造的支票又一度成为现代经济社会最主要的支付工具，在欧美经济发达的国家，其经济交易约90%曾是以支票为支付工具的。目前，各类银行卡和“电子货币”等新的信用支付手段，地位日益重要。

银行吸收的存款，在根据日常经验留足备付准备金和法定准备金后，银行基于盈利的动机，利用超额准备金进行贷款或投资。此项过程在银行系统内的不断延伸，不但创造了派生存款，也扩展了信用。除了商业银行以外，储蓄机构和其他金融机构也会开办有息支票存款业务，因此也具有了创造存款和信用的能力。由于商业银行接受存款和提供金融服务的能力远远超过其他金融机构，所以在创造存款、扩张信用等方面，银行起着主要作用。

三、提供广泛的金融服务

市场经济的高度发展和社会生活多样化，使得工业、商业、银行业甚至家庭生活都对金融业提出了更多更高的服务需求，如代理支付、消费转账结算、信息服务、个人理财、企业全面现金管理、风险规避和咨询服务等，银行也通过开展广泛的金融服务来扩展自己的业务。

随着市场经济不断发展，社会金融资产累积程度迅速提高，以及金融服务需求的急剧

---

① 马克思．资本论．第3卷．北京：人民出版社，1975：682.

② 马克思．资本论．第3卷．北京：人民出版社，1975：537.

增长，传统的商业银行业务很难满足金融服务需求者的广泛要求，银行的“全能型”服务模式和相应的金融控股组织结构，已经成为银行业发展的国际大趋势。

第二节　银行的经营目标和原则

一、经营目标

如果给予简洁定义，商业银行是从事货币和资金经营的特殊企业。这个定义把商业银行首先看作一个企业。就经济学意义而言，它强调了商业银行符合“经济人”假设，也就是说，从经济学和经营的角度讨论银行一般行为，银行是以追求它自身利益的最大化为目标。现代经济制度中的银行以股份制为基本的产权结构，股东作为商业银行的最终所有者，所考虑的是股东财富最大化。股东财富最大化是一个比较抽象的概念，它既反映股东的短期目标，也反映长期目标，既反映理性银行短期行为，也反映长期行为，内涵十分丰富。在现实中，作为银行更为直接，或可测量的指标，在金融学上，也往往把利润最大化作为商业银行经营目标的近似表达。在这里，对利润最大化的理解也应该是全面的。例如，一家小银行在发展之初，可能把扩张存款和贷款的市场份额以及网点的布局，放在经营工作的首位，有些大银行从经营多元化战略的角度，可能会斥巨资兼并其他金融机构。这些行为会暂时减少银行的利润或降低股东的分红，然而这些长期行为的结果，又会在将来进一步扩大银行利润，或增加股东的财富。

二、经营原则

正如前面所述，银行是符合“经济人”假设的企业，把股东财富最大化或利润最大化作为经营目标是对银行企业性质的高度概括。然而，银行又是一种特殊企业，这种特殊性是一般的企业所不具备的。因此，银行股东财富最大化或利润最大化的最终目标只能是银行经营工作围绕的核心，而不可能作为银行日常经营的原则。

银行作为特殊企业的“特殊性”表现在以下几个方面：第一，高杠率和资产负债的不匹配。在所有的行业中，只有银行业是经营货币资金的，因此，其负债率是最高的，普遍高于90%。而且，银行的资产负债期限结构不匹配，“借短贷长”是银行资金配置的特征。这个特征对银行的流动性管理要求特别高。第二，银行能够创造货币。在所有金融机构中，一般只有商业银行才能够合法吸收活期存款，因此，在一定的法定准备金制度下。商业银行的存贷款活动在实质上参与了这个国家的货币创造。这个特征也对银行的流动性管理提出了要求。第三，银行也是高风险行业。如前所述，银行的信贷交易面临着典型的“信息不对称”，充满逆向选择和道德风险。这个特征对银行的资产运作提出了较高的安全性要求。第四，银行业是外部经济性极强的行业。一般工商企业的经营不善和倒闭，只是影响到该企业的上游或下游相关企业。银行的资金来源于社会上千家万户和广泛的渠道，再加上银行又是社会清算和支付中心，一家银行的倒闭会对社会产生广泛的影响，甚至导致银行业出现系统性风险。

银行的上述特征决定了商业银行在日常经营活动中必须始终贯穿三个经营原则：

（一）流动性原则

流动性原则是指银行在经营中必须随时保持一定的支付能力，以保障客户提取存款、合理贷款和支付的要求。由于银行高杠率和资产负债的不匹配，负债方面始终存在着流动性需求的压力，除此之外，优质客户的信贷要求如果不能满足，可能会导致优质客户的流失。因此，银行必须以特定的方式保持对外支付能力。在发达国家过去金融市场不发达阶段和现在一些金融市场不发达的国家，银行主要是通过在资产负债表的资产方保留部分现金资产和维持部分二级准备金（高度可变现短期证券）来满足流动性要求，但是在金融市场发达的情况下，银行开始更多地从负债方来获取流动性，这样可以降低非盈利的现金资产，扩大盈利性资金的运用。在过去没有存款保险制度的市场经济国家，市场上对银行的流动性十分敏感，如果由于银行流动性管理不善而出现支付问题，极易引发对银行的挤兑。挤兑对银行来讲是一件可怕的事情，最严重的后果是导致一家银行的倒闭。这也是流动性原则被银行视为经营中第一原则的原因。在许多国家纷纷建立存款保险制度的今天，流动性危机对银行仍然具有很大的杀伤力，因为存款保险制度的设计主要是保护中小存款人，而不保护大额存款人。在存在存款保险制度下，挤兑银行同样发生，其形式是大客户通过支票转账转移资金，数额巨大，然而却是静悄悄地发生。所以，银行在任何情况下都不能够将资金全部用于盈利性投资，而且要时刻关注自身的流动性状况，从资产负债表的资产方和负债方都为流动性的提供做好准备。

（二）安全性原则

安全性原则是指银行在日常经营中，应该特别注重资产运用的质量，运用科学和严格的管理程序以及有效的管理手段，尽可能降低风险，增加盈利。与此同时，银行还应该保持一定的资本充足率，以便对存款人提供最大限度的保护。

我们已经指出过，银行是高风险行业，银行的高风险表现在：（1）信息不对称问题在信用交易中特别突出，由此引出的交易发生前的“逆向选择”和交易发生后的“道德风险”时时处处存在，判断这些风险需要很强的专业知识和责任心。（2）在金融市场化和自由化的环境下，各种衍生金融工具和交易不断涌现，银行业务的操作和管理越来越复杂，除了传统的信用风险和流动性风险外，银行又面临着新的利率风险、市场风险和操作风险等多种风险。（3）银行的大部分业务是与资金打交道，对于银行从业人员来讲，有太多的机会面对各种诱惑，所以很容易从内部产生风险。（4）银行是高杠率企业，自有资金较低，银行对资产运用方面损失的承受能力有限。鉴于以上原因，银行作为高风险的企业，在经营中必须把安全性放在十分突出的地位。

作为一种经营原则，银行在贯彻安全性时应该特别注重两个方面。第一，注重对各种业务建立科学和严格的管理流程，特别是对那些内含风险较高的业务，要有完善的、体现权力制衡的内控机制。在银行业有一句流行的行语，“制度才是永远可信赖的”。在对各种业务建立科学和严格的管理流程时，要强调在制度中设计鼓励风险揭示的机制，而不仅仅是强调风险事后的处理，因为银行的经验和教训告诉我们，风险发现得越早，银行处理的方式越多，损失的程度越低。第二，银行要保持一定的资本充足率。银行自有资本是风险的“缓冲垫”，是维持存款人信心的保障。由于银行是高风险企业，要完全消除银行风险是不可能和不现实的，因此，银行在资本金中除了包括抵补预期损失的一般准备金外，还要包括抵补非预期损失的部分。

在新巴塞尔协议中，按照“经济资本”与风险资产对应关系建立的最低资本要求，是银行贯彻安全性原则的另一基本要求。

(三) 盈利性原则

股东财富最大化或利润最大化是商业银行经营总目标。因此，在考虑了流动性原则和安全性原则的基础上，银行要尽可能追求利润，扩大盈利。银行是高负债企业，负债有较高的利息成本，而且银行在处理各种业务中还要涉及各种费用，如果没有一定的盈利能力，银行难以抵补较高的利息费用和非利息费用，更谈不上股东的利益。所以，在经营中，追求利润和盈利自然是一项基本原则。

在我国处在经济转型的特殊条件下，银行，特别是国有银行应该承担必要的社会责任，但商业银行是否应该把追求“社会效益”作为经营基本原则一直存有争议。对这一经营基本原则的准确理解应该是，我国商业银行应该在遵循社会责任的前提下追求利润。我们不能否认，在经济转型的时期，我国需要付出巨大的转型成本，这个成本不是政府或任何一方可以独立承受的。从这个角度讲，我国各行各业、各阶层，当然包括银行业，都存在一个要考虑“社会效益”的问题。然而，我国经济体制的性质是社会主义市场经济，银行体制也明确为商业银行体制，这就意味着我国在理论和法律上确定了银行作为“经济人”的存在。在经济体制转型中，我国银行业的确要考虑“社会效益”，因此，银行在如何追求自我利益与“社会效益”的协调之间，应该有着更为丰富和弹性的理解。然而，各级政府不应该以损害银行自身利益作为追求“社会效益”的借口，况且，站在我国中央政府和地方政府的不同角度，所谓“社会效益”在中国从来就有着不一致的解读。如，2010 年中国中央政府在全球经济危机后提出对经济结构和产业结构实施战略调整的规划，走可经济持续发展道路。那么，一项高耗能和高污染的投资项目，站在全国和地方的角度，就可能得出完全不同的理解，特别是在中国地方政府官员普遍患有“政绩焦虑症”的环境下，这项投资在当期是地方经济的发展，是地方 GDP 的增长，但几年后就可能因产能过剩或环境污染而下马。

三、银行经营原则之间的关系

由于银行的特殊性，银行的经营原则有别于其他工商企业。这三项经营原则对银行来讲都十分重要，应贯穿并指导银行的日常经营。然而，这三项基本经营原则相互之间不是孤立的，它们相互依存、相互作用。如果不考虑流动性，银行就可能随时面临头寸紧张的问题，严重时会引发挤兑，导致严重后果。如果银行不注重安全性，没有严格和科学的管理程序和制度，各种风险就极易出现，资产的损失不可避免。这样也就谈不上银行的盈利性。但是，如果银行只是注重流动性和安全性，也同样会导致银行经营出现很大的问题，甚至带来风险。例如，如果银行在日常经营中持有过多的现金资产以保持流动性，会极大地降低银行的盈利水平。如果银行在业务开拓中过分地看重风险的方面，可能会拒绝许多有潜力的客户，盈利的水平也会下降。在竞争日益激烈的环境中，任何银行想在穷尽风险的前提下开展业务，那它的商机也就没有了。因此，对于管理水平卓越的银行而言，在经营中不会去单纯地强调某一经营原则，而是会审时度势地追求三项经营原则的最佳组合。

第三节　银行业存在的经济学解释

在经济学的解释中，以银行为主的金融中介机构之所以能够存在和发展，是因为这种间接融资与资本市场的直接融资相比，有着它自身的相对竞争优势。

一、处理信息问题的竞争优势

根据当代经济学的理解，银行经营的性质，从某种角度可以理解为“信息的生产”。经济中对这种信息的需要来自信用交易中广泛存在的“信息不对称”现象（Information Asymmetry）和交易成本（Transaction Cost）。①

信息不对称在经济学中泛指买卖双方对交易对象质量掌握的信息是不对等的，卖者始终处在优势地位，比买者知道的信息多，且更准确。信息不对称会导致两种普遍的现象，即逆向选择和道德风险。逆向选择（Adverse Selection）是交易前各种隐藏信息对交易对手可能带来的风险，它发生在当事人签约之前。阿克洛夫（Akerloff）对“二手车”市场上因买卖双方信息不对称而导致市场交易出现“柠檬问题”的研究，开创了对逆向选择问题的理论研究②。阿克洛夫认为，在“二手车”市场上，只有卖者才知道旧车的真实状况，买者只知道旧车的平均质量，并且只愿意根据旧车平均质量支付价款。其结果，在“二手车”市场上，质量高的旧车的车主会逐渐退出交易，市场上剩下的只是低质量的旧车交易，并最终有可能导致交易完全不发生的“市场锁闭现象”。道德风险（Moral Hazard）是交易后各种隐藏行动可能对交易对手带来的风险，它发生在当事人签约之后。

在金融交易中，信息不对称问题指借款人和债务人处在信息优势地位，对自己的经营现状、财务状况和未来发展方面的信息，比贷款人或债权人知道得更多、更准确。在信用交易中，逆向选择风险出现在金融交易以前，表现为那些最可能造成不利结果（违约风险）的借款人，往往最为积极地寻求贷款。道德风险出现在金融交易发生之后，表现为借款人在借款后有可能违背契约，从事更具风险，同时潜在的收益更高的项目投资和业务。这种现象之所以普遍，是因为作为资金盈余的贷款人和作为资金短缺的借款人，对于投资结果权益分享的不对称性。在金融交易后，借款人的投资项目无论获得多高的成功回报，债权人只能获取契约规定的本金和利息，而项目成功的高额回报的绝大部分，却可以为作为借款人的业主带来巨额利润，然而，即使借款人转移的投资项目失败，对于借款人的最大的损失是可控制的，即股权投资部分，而债权人利息和本金则可能全部损失。

由于信息不对称，金融交易中存在着巨大的交易成本。概括而言，在任何金融交易中

---

① Coace R. H. The Nature of the Firm. Economics UK, 1937 Novernber.

② Akerlof G. The Market for ‘Lemons’: Qualitative Uncertainty and Market Mechanism. Quarterly Journal of Economics, 1970 Vol. 89: 488-500.

有四类信息成本：(1) 寻觅成本（Search Cost）。它指借贷双方相互寻找，获取有关信息，挑选适当的交易对手，就交易合约进行谈判所花费的成本。(2) 甄别成本（Verification Cost）。资金盈余者在贷款契约签约前，必须甄别借款人所提供信息的可靠性和完整性。(3) 监督成本（Monitoring Cost）。贷款一旦发放，贷款人必须按照契约的事先约定，对借款人的行为和资金的流向进行监督。(4) 执行成本（Enforcement Cost）。它涉及一旦发现借款人违背承诺或财务状况恶化等发生，贷款人必须立刻采取挽救性行动和相关对策。这四类信息成本在任何信用或金融交易中都存在。就民间一对一的个别交易来讲，这些成本是巨大的，在金融市场上，投资者的高度分散，使每一个持有少量债权或股权的投资者都感到监督和管理融资人的成本与回报极不成比例，这不可避免地会使债权人和投资者产生"搭便车"的意愿。

然而，银行学理论认为，金融中介或银行能够以巨大的相对竞争优势比金融市场更有效地解决上述信息不对称风险问题。

（一）信息揭示优势

信息揭示优势（Information Revealing Advantage）是传统商业银行在解决信息不对称问题中的重要优势之一，指银行在规模经济的基础上，可以利用自己的人才优势和技术优势，对借款人的诚信和资信进行较为准确的分析和判断。一般的资金盈余贷款者很难获取与借款人有关的经营信息和财务信息，特别是那些中小企业借款人。但是，无论哪类企业都在银行开有账户。具有规模经济的银行可以雇用大量财务专家进行信用分析，通过对存款账户所发生的现金流的观察和剖析，把财务数据转化成为有价值的信息，银行可以及时和准确地掌握借款人的收入、支出、财富、经营和投资策略，从而使银行可以比一般贷款人更为准确地了解借款人的内部信息和信用风险。

（二）信息监督优势

信息监督优势（Information Monitoring Advantage）是指，由于贷款契约非标准化和低流动性（这里暂不涉及贷款证券化），使银行可以对借款人行为进行长期监督，降低道德风险。由于对借款人行为监督的成本太高，大多数资金盈余贷款者把监督活动委托给银行处理。银行拥有各类借款人的存款账户和贷款账户，而且银行是"一对多"的监督方式，这毫无疑问会极大地降低监督成本。因此，在持续观察和监督债务人的事后行为方面，银行比个人和金融市场处在更有利的位置。

（三）信用风险的控制和管理优势

信用风险的控制和管理优势（Credit Risk Controlling Advantage）指通过专业化的机制，银行在解决贷款的"道德风险"问题上具有相对优势。第一，银行可以设计适当的契约来解决借贷双方利益背向的问题。最常用的方法就是在贷款契约中设计一系列限制性条款来制约借款人随意的经营和转移性投资。第二，银行在贷款中往往要求有抵押或担保，这可以强化借款人与银行的同向利益，形成激励相容。第三，在有些国家，法律允许银行可以在借款企业中持有股权，如日本和德国的"主银行制"（Main Bank System）；或者允许银行通过控股的基金或股票存托制度，集合并代表社会分散股权在借款企业董事会上行使表决权，从而享有在企业重大事务中的知情权和决策权，如在德国的"代理投票权"(Proxy)。

金融中介机构在处理信息不对称问题上所具有的相对优势，源于它们在信息生产过程中的规模经济。银行在信用分析、监督和风险控制中以大量的贷款为基础，换而言之，由少量的贷款人或专家管理着大量的借款人会极大地降低在处理信息不对称问题中的费用。因此，以银行间接融资为特征的资金融通和资源配置，在经济学中被认为是低成本、高效率的融资方式之一，这一点在信息不对称环境下特别突出。

对银行学理论颇有研究的经济学家戴蒙德①对信息不对称、交易成本与银行的相对竞争优势之间的关系进行了系统的研究和详尽的表述。

二、业务分销和支付系统的效率优势

金融中介的另一个传统竞争力是其高效的业务分销和支付系统（Delivery and Payment Advantage）。这个系统基于它们庞大和昂贵的分支机构基础体系，从而形成有效的进入壁垒。任何在传统上实行分支机构体制的银行，构建分支机构基础体系的耗费是惊人的，一个分行数千万或上亿美元的投资并不罕见，即便对一个网点投入百万美元也是常见的。一旦分支机构网络形成，银行就可以通过星罗棋布的分支行网点来销售由总行"生产"的各种标准化的金融服务和金融产品。分支机构体制的银行还有一个外部性很强的重要业务，即所提供的资金结算和支付。由商业银行和中央银行的结算支付机制所构成的支付体系在国民经济中占有十分重要的地位，它使得资金支付在任何地方都可以安全和便捷地进行，从而极大地提高了国民经济的运行效率，它是资金流通的"大动脉"。银行支付体系的建设成本是耗时耗力的昂贵投资，并非一般投资者可为。然而，银行对提供支付服务所收取的费用并不高，这是因为银行从提供多种金融产品和服务中可以对支付业务实行交叉补贴。这种巨大的竞争优势是直接融资很难形成的。

三、风险转移和缓释优势

风险转移（Bank as Risk Transformer）是银行业长期存在并发展的另一个重要优势。在这个过程中，银行至少有效地实现了两种转移。

（一）流动性风险转移

盈余-贷款者经常在机会成本和流动性风险之间面临两难选择。他们希望将盈余资金投资出去以增加收益，同时又希望保持随时运用资金的权利。但是，个体的小额资金很难实现两者的有效组合。通过集聚大量存款，金融中介机构可以预测资金需求的规律，从而能以最低成本的方式来满足存户的流动性需求，实现较高的投资收益。例如，在正常情况下，银行的存款中，即使是流动性最高的活期存款，有相当大的比率不可能是同时提款

① Diamond, D. W. Financial Intermediation and Delegated Monitering. Review of Economic Studies, 1984, 51: 393-414.

的，或者在部分存款被提取后，马上又有新的存款补充进来。这意味着银行在期限上是可以“错配”其资产负债表，或称“借短贷长”的。将低收益的现金资产控制在最低水平，而将大部分资金投资于收益率高的贷款项目上，银行这种转换为盈余-贷款者提供了集聚-分散流动性风险，即跨地、跨时转移经济资源的机制（在银行经济学上也被称为“非保险的保险”功能）。

（二）信用风险转移或缓释

信用风险转移也称信用风险缓释。银行的资产组合中以贷款为主，贷款契约违约的风险较高，而银行对发行的存款契约违约的风险却微乎其微，从而对大量厌恶风险的盈余-贷款人具有很强的吸引力。银行之所以能把潜在高收益资产的高风险进行转换和控制，从而使存款契约违约率大大下降，并能获取适当收益，主要是通过特有的风险管理技术和机制，如信贷组合分散风险、大数法则稀释风险、抵押和担保贷款的风险缓释、风险溢价的定价补偿机制、专业化流程管理的风险控制，以及通过持有足够的呆账准备金来抵消预期损失等。

四、有效配置资源优势

由于银行存在规模经济，在此基础上，银行可以雇用大量专家，通过对产品、企业、市场的综合分析，判断出经济中具有最高投资价值的项目，将汇聚的资金大规模地投向高效率的项目。由于资金来源的性质主要是负债，因此银行的经营理念是以稳健为主的。银行投资的项目成功率比较高，且一般都是经济效益较好的项目，这样的资源配置和转移方式，会提高社会资金资源利用的平均效率。

五、保护性金融管制的优势

直到20世纪80年代以前，各国金融管理当局，包括发达国家的，一直对银行业实行金融管制。尽管从表面上来看，对银行的金融管制措施是严厉的，但其核心理念却是对银行业的保护性管制。从两个方面的管制措施可以证明：第一，从20世纪30年代到80年代，各国对银行业内部一直限制价格竞争，各种存贷款利率由各国金融管理当局统一制定和调整；第二，大多数国家对银行业实施比其他行业更为严格的市场准入政策，即规定严格的最低资本金规模、从业人员资格的苛刻要求，除此之外，还实行限量发行营业执照制度。日本、德国、美国、英国都在这段时期对银行业实施过保护性金融管制。

长期以来，各国金融管理当局对银行业实施保护性金融管制，是基于一个原则和两个假设前提。对银行业实施金融管制的原则是“公共利益优先”，两个假设前提是：（1）大银行在清算和支付上比小银行有着更高的效率，而高效率的清算和支付系统有助于提高国民经济的运行效率；（2）由于银行有较强的外部经济性，过度的竞争会增加银行体系的系统性风险，因此，银行业不应该过分强调竞争（Llewellyn，1986）①。在保护性的金融

① Llewellyn，D T Regulation and Supervision of Financial Institutions，*Institute of Bankers* London，1986.

管制之下，新的竞争者很难进入银行业，绝大多数国家的银行业相比较其他行业而言，都呈现出较高的集中度，所以它们可以拥有较高的垄断利润，从而维持较高的经营成本，形成竞争优势。

◎小　结

1. 金融中介机构（Financial Intermediation）是资金盈余者与资金需求者之间融通资金的信用中介。之所以称金融中介所进行的融资为间接融资，主要是它们以发行间接契约（存款凭证）的方式形成资金来源，然后再把这些资金按一定原则提供间接投资（贷款契约）给企业或购买其他金融证券。金融中介机构有多种形态，但作为有效融通资金从盈余单位流向赤字单位，实现资源有效转移和配置的金融中介机构，银行最具有代表性。

2. 现代资本主义银行主要通过两条途径产生：一条途径是旧高利贷业转变为资本主义银行，另一条较典型的途径是以股份公司的形式建立的新型股份制银行。1694 年英国成立的英格兰银行是第一个具有现代公司制度的股份制银行，它是现代商业银行的标志，自此开始，内含现代化公司治理机制的股份制银行在各国得以普遍成立。

3. 从经济学和经营的角度讨论银行是以追求它自身利益的最大化为目标。现代经济制度中的银行以股份制为基本的产权结构，股东作为商业银行的最终所有者，他们所考虑的是股东财富最大化。股东财富最大化是一个比较抽象的概念，它既反映股东的短期目标，也反映长期目标。在现实中，作为银行经营目标更直接、且可测量的指标，往往把利润最大化最为近似表达。

4. 银行作为特殊企业的主要功能有：作为融通资金的媒介有效配置资源，创造货币和扩张信用，以及提供全面的金融服务等。银行的"特殊性"表现：第一，高杠率和资产负债的不匹配，是高风险行业；第二，银行能够以派生存款方式创造货币；第三，银行业的外部性极强。这些特殊性决定了银行在日常经营中必须坚持流动性、安全性、盈利性的原则。然而，这三项基本经营原则相互之间不是孤立的，它们相互依存、相互作用。

5. 在传统经济学的解释中，以银行为主的金融中介之所以能够存在和发展，是因为这种间接融资的存在方式与直接融资相比，有着它自身的相对竞争优势。主要体现在：(1) 处理信息不对称问题的优势；(2) 业务分销和支付系统的效率优势；(3) 风险转移和缓释优势；(4) 有效配置资源优势；(5) 保护性金融管制的优势。

◎重要概念

金融中介　商业银行　直接融资　间接融资　交易成本　信息不对称　逆向选择　道德风险

第二章 银行业的市场结构

商业银行的基本功能具有一致性，但是，各国银行业的市场组织结构模式、各商业银行的内部结构模式之间却有很大差异。任何国家的银行业的市场组织模式并非人为设计，而是在不同的历史背景、市场条件、文化和法律框架下，各国通过不断探索和实践逐步形成的，并与本国经济结构和运行特征相协调。单个商业银行在本身的发展过程中，内部组织结构也同样是随着市场环境和竞争战略的变化而动态调整。经济学则往往是在事后将这些模式形成的合理性抽象为理论。然而，作为教科书的表述逻辑，则往往需要将相关的理论铺垫在前。本章对世界典型国家银行业的市场组织结构和商业银行的内部组织结构进行介绍和阐述。

第一节 解释银行业结构模式的基本理论

一、规模效率

（一）银行规模效率的含义

在银行业市场组织结构理论中，规模效率，也称规模经济（Economy of Scale），研究银行的适度规模，进而引出一国银行业一般应以何等规模的银行为主才是最有效率的讨论。

在厂商理论中，规模经济研究厂商在产量为何种规模时，其边际成本曲线与平均成本曲线相交，从而达到成本最低的经济规模。对银行而言，规模经济讨论银行在扩张负债或资产时，何时达到在最低成本下提供产出的状态。在表述上，如果产出的增长率高于成本的增长率，该银行正处在规模经济状态中，即银行通过扩大规模，提高产出水平可以更有效率地经营；如果产出的增长率低于成本的增长率，或者说，产出的降低将导致成本更快的降低，该银行处在规模无经济状态中；如果产出的扩张所引起成本的增加没有变化，该银行处在常数态规模（Constant Retune for Scale）或适度规模上。

在有规模经济的产出水平上，产出的增加会降低平均经营成本，产生这一状态有两个主要原因：第一，银行经营一般需要较多的技术装备和设施投资，从而带来较多的固定成本。随着规模的扩张，银行主要增加可变成本，而固定成本相对稳定，使单位平均成本下降。例如，一台大型计算机处理 1 万个账户和处理 10 万个账户的成本可能是相同的。第二，银行技术专业化分工，可以提高经营效率，而专业化分工建立在银行一定的经营规模基础上。然而，规模经济有一定范围，银行会发现在某一个产出水平上，经营的平均成本停止下降并逐步上升，这表示规模效率已被耗尽。

（二）学术界对银行业规模效率的研究

1. 从成本角度的规模效率研究

阿赫德夫（Alhadeff）是最早系统研究银行规模与效率关系的学者之一。他对美国加利福尼亚州的210家银行进行了分析采样，选取这些银行1938年至1950年的数据，其中四家为大规模的、有分支机构的银行，其余的为单一银行。在研究中，阿赫德夫把信贷和投资等收益资产作为产出，以反映银行的经营能力，把总费用/信贷和投资的比率作为平均成本指标，以反映银行的成本费用，并且把费用按总费用、工资、定期存款利息、其他费用进行了分类。阿赫德夫在研究中发现，就每一货币单位的资金来源而言，分支行制大银行比单一制小银行有更大的产出，而小银行的成本几乎是大银行的两倍。归纳起来，银行业存在递增的产出规模效率和递减的成本规模效率。将信贷和投资作为产出来衡量银行效率有一个缺陷，即其他资产如信托经营等未包括在内，这种遗漏可能会导致估算偏差，使大银行的单位平均成本的反映不准确，成本曲线的变化状态不清晰。1961年斯科威基和麦济（Schweiger and McGee）利用总资产作为产出，对美国6 233家银行的费用成本状况进行了研究，其结果表明，大城市中单一制银行的费用成本随着存款规模的扩大而逐步下降，当存款规模达到2亿美元后，成本费用急剧下降。相比之下，在同一市场上分支行制银行的成本费用较高，而且随着规模的扩大，成本费用规模效率不明显。

20世纪60年代中期，格林鲍恩对竞争效率与银行业最佳社会结构的关系进行了大量研究。他提出，社会中最佳银行业组织结构应该是产出效率最高，资源配置功能中性（即银行结构不会破坏社会资金从储蓄向投资的自然流动），避免对消费者和银行客户的剥夺，同时能促进银行业对市场变化和技术变化作出反应的状态①。他在研究中发现，总存款低于1 000万美元的银行几乎是全面无效率，这个规模以下的银行，其人工费用的单位成本高，专业化程度不足，资金转移成本高，产品和业务的多元化十分有限。这些缺陷表明，如果不是法律保护，小银行会被逐步兼并或改组成分支行制。格林鲍恩指出，国际经验表明，如果将银行业的进入门槛提高，经银行间的相互合并后，美国有可能出现100家银行左右的银行体系，这会使美国银行业更接近市场最佳组织结构状态。1969年，贝尔和摩西（Bell and Muephy）再次对美国283家银行的成本弹性进行了研究，结果证明，回归系数（Regression Coefficient）的值域在0.86~0.96之间，这项研究支持了成本递减（或收益递增）的银行规模经济。他们强调指出，大银行的规模效率来自劳动力的专业化分工。在大银行中，较低技能的职工与较多资本可以匹配，从而使劳动成本下降②。

2. 从单一行制与分支行制比较角度的规模下利率研究

对银行规模效率另一项引人注目的研究是从对比单一银行制效率与分支行银行制效率

① Greenbaun S. Competition and Efficiency in the Banking System: Empirical Research and Its Policy Implications. Journal of Political Economy, 461-481.

② Bell F W. Murphy N B. Economics of Scale and Division of Labor in Commercial Lending. National Banking Review, 1969: 131-139.

的角度进行的。1981 年，经济学家本斯顿（Benston）、汉威科（Hanweck）和哈姆佛雷（Humphrey）运用"可分离多重指数"（Divisive Multilateral Index）作为新的产出测量指标来检验银行规模经济（简称 BHH 研究）。简单来说，可分离多重指数是各类产出账户数量的加权平均值，权数由各项产出的经营成本占总经营成本的比例决定。这项研究运用了转换对数（Translog）模型。有五项业务被看作是产出，活期存款、定期和储蓄存款、不动产贷款、分期偿还贷款和商业贷款。而工资，即有形资产等因素的价格被看作是投入。除此之外，该研究还考虑了银行持股公司、分支机构、平均账户规模等条件。表 2-1 展示了 BHH 研究的结果。表中数值为成本对产出的弹性，即银行产出每一单位百分比的变动所引起银行总经营成本每一单位相应百分比的变动。从表 2-1 中可以看到，单一银行呈现出规模无效率状态，随着经营规模的扩大，每一单位产出增加的百分比变动引起银行总成本更大的百分比变动。分支行制银行呈现出轻度的规模经济，银行总成本对产出的弹性系数小于 1。该项研究认为，这种现象是因为分支行制银行可以通过设立分支机构来增加账户的数量，而单一银行在增加新客户时成本要大得多。从表 2-1 中还可以看，银行的平均经营成本曲线呈 U 形向上倾斜，最低或最优的成本规模经济出现在存款规模 5 000 万美元到 1 亿美元的银行之间。①

后期的银行规模效率研究基本上都证实了同样的结论，即银行的平均成本曲线呈现出相对平坦的 U 形状态，中等规模银行在规模效率上要优于巨型银行和小银行。各项实证研究的不同分歧仅在于 U 形平均成本线底部（最低成本）出现在什么规模上。例如，伯吉（Berger）1987 年的研究、拉弗（Lovell）1990 年和鲍尔（Bauer）1992 年的研究都认为，成本最低点在银行存款规模为 7 500 万～3 亿美元之间。蒂米（Timme，1991）、劳拉斯（Noulas，1990）的研究认为，最低成本点通常出现在银行规模达到 20 亿～100 亿美元之间②。

表 2-1 **运用可分离多重指数对银行业规模效率的估算（1975 年，1978 年）**

存款规模 100 万美元	分支行制银行		单一制银行	
	1975 年	1978 年	1975 年	1978 年
0～10	0.87	0.81	1.00	0.95
25～50	0.95	0.93	1.12	1.07
75～100	0.94	0.92	1.21	1.13
200～300	0.93	0.92	1.32	1.19
>400	0.91	0.92	1.46	1.23

资料来源：Benston，Humphrey，Hanweck. Scale Economies in Banking. Working paper No. AEM8201，Univesity of Rochester，Nov. 1981.

① Benston，Hanweck，Humphrey. Scale Economies in Banking：A Restructure and Reassessment. Working Paper No. AEM8201，University of Rochester，Nov. 1981.

② Berger，Hunter，Timme. The Efficiency of Financial Institutuions. Journal of Banking and Finance，1993：221-249.

二、范围效率

范围效率，也称范围经济（Economy of Scope），是指银行是否提供了最节省投入成本的业务组合。在给定产出水平上，如果经营多种业务银行的成本低于专业经营银行的成本，那么多种经营银行存在着业务范围经济。如果多种经营银行的成本高于专业经营银行，则存在着经营业务范围的不经济。

银行产生业务范围效率的主要原因是各种投入和业务对同一固定资产和信息资源、人力资源的分享。例如，同一部门的出纳可以既处理支票，又可以处理储蓄账户。对客户所做的资信评估既可以用于不动产抵押贷款，也可以用于工商流动资金贷款。因此，那些同时经营多种业务的银行其成本可能比处理单一业务的银行要低些。除了表内项目外，银行还可以提供信用证、贷款承诺、证券承销、保险、衍生交易等许多表外业务，它们都可以在投入成本不增加或仅有较小的增加时给银行带来更多的收益。然而，在某一产出点上，多种经营的银行成本的上升会高于产出的上升，此时出现业务范围无效率的原因可能是更为繁杂的官僚管理结构使成本太大，也可能是繁琐的规则大大降低了效率。值得指出的是，在银行规模经济和业务范围经济之间往往存在相互联系。例如，银行可以用计算机处理各种贷款，也可以利用计算机提高处理速度，增加业务规模。

（一）银行范围效率的假说

经济学家鲍莫（Baumol）、潘泽（Panzar）、贝利（Bailey）和弗里兰德（Friedlaender）在1982年提出了假说，认为从事多种业务经营的银行可以享受到成本降低或多种供给的利益①。他们认为，银行通过提供多种业务产出而可以带来成本节约和增加收益的原因是：（1）固定成本分摊（Spreading Fixed Cost）。银行现有建筑大楼、计算机、其他设施、出纳和信贷员的成本，可以在银行不增加投入而扩展业务种类时，分摊这些固定成本。（2）信息经济（Information Economies）。银行在从事存款和贷款业务时，可以从客户那里获取和储存各种信息。当银行对这些客户推出其他金融服务时，可以重复利用已有信息，从而在进行信用分析时节约成本。（3）降低风险（Risk Reduction）。银行资产分散和资产与负债期限配平可以降低组合风险和利率风险，银行通过扩展业务种类可以在不增加额外成本的情况下降低风险。（4）客户成本经济（Customer Cost Economies）。银行客户在运用活期存款、储蓄存款和贷款业务组合时，可以降低由客户对外转移资金引致的银行成本，这是由于银行内部账户的资金转移可以带来成本节约。银行在满足这些组合服务时，还可以通过收取服务费来增加收入，增加市场份额。

（二）银行业务范围效率研究的难点和尝试

对于这些假设，经济学家们必须通过实证分析才能确定其真伪。然而，在分析中，研究人员发现对银行业务范围效率的实证比对银行规模效率的实证更为困难。困扰研究人员

① Berger, Hanweck, Humphrey. Competitive Viability in Banking: Scale, Scope and Product Mix Economics. Journal of Monetary Economics, 1987: 502.

的问题主要有两个：第一个难点是缺乏专业性银行的数据。在市场经济国家的银行业，几乎所有的银行都提供多种产品和业务，分业经营对于银行而言只是一个程度问题。因此，业务范围效率难以比较。第二个难点是，在对银行进行业务范围效率分析时，如果所用数据不是位于生产可能性边界线上，这就极易与银行的X-无效率或称技术无效率发生混淆。在经济学分析中，业务范围效率一般被假定为处在生产可能性边界线上，即在给定产出水平上，再来比较单一产品银行与多产品银行成本支出的情况。因此，银行范围经济与X-效率在实证分析中有时难以区分。

1987年，克拉里·詹姆斯（Kolari，James W.）尝试运用“聚类分析方法”（Cluster Analysis Approach）来解决一个国家内银行业务同质性的矛盾，以克服研究银行业务范围经济中的困难。① 克拉里首先对美国约600家银行进行业务倾向的相对分类，即根据各类业务占比状况，将样本银行分为四个组别：组别（1）为农村类银行，该组别银行的业务量20%以上集中在农业贷款上，而其他组别仅有不到2%的业务为农业贷款；组别（2）为城市类银行，该组别银行的工商业贷款比重很高；组别（3）被称为批发业务类银行，这类银行资产业务主体从货币市场上的批发性借款比例较高；组别（4）为零售业务类银行，该组别银行贷款种类比较多且分散，而且证券投资业务比重也较高，这一组从负债方面来看，银行资金来源以定期存款和活期存款为主。接着，克拉里进行了假设，他认为，在不同业务为主的银行组别之间，其业务范围经济的特征应不同。例如，农村银行由于主营农业信贷，较少进行证券投资，那么，其成本在信贷与证券之间的分担程度就比较低。城市银行购买了大量的市政债券，证券业务占比大，因此，它们的经营成本在贷款与证券业务之间的分摊程度应比农村银行高。克拉里还假设，业务范围经济很可能与银行规模有关，以城市类大银行为例，为了充分利用固定资产的成本，就需要较高的产出水平，银行需要以多种业务服务吸引客户。克拉里为此设立了“双产品业务范围效率程度比较模型”（Model for Degree of Scope Efficiency for Two Outputs），该模型基本表达式为：

$$\mathrm{SE}=\frac{[C(Q1,\ 0)+C(0,\ Q2)-C(Q1,\ Q2)]}{C(Q1,\ Q2)} \tag{2-1}$$

在式中，SE表示银行业务范围效率的程度②；

$C(Q1, 0)$ 表示假设仅有业务 $Q1$ 时银行所支付的成本；

$C(0, Q2)$ 表示仅有业务 $Q2$ 时银行所支付的成本；

$C(Q1, Q2)$ 表示同时经营 $Q1$ 和 $Q2$ 两种业务时银行所支付的成本。

克拉里运用SE模型，分别按定期存款与活期存款、证券与贷款、总存款与总贷款两两组合，对四类组别的银行进行了业务范围效率假设检验，结论如下：第一，银行同时提供活期存款和定期存款与银行单独提供活期存款或定期存款相比，其成本要节省30%至70%，这一现象在农村类银行组别（1）中特别明显。第二，银行同时提供证券业务和信

① Kolari J W. The Cost Economics of Banks with Different Product Mixes. Bank Costs, Structure and Performance, 1987: 127-179.

② 这是一个比率，在经济含义上表示多种经营与单一经营相比时，银行对成本的节约程度。其值越高，表明多种业务经营效率越高。

贷业务与银行单独提供其中一种业务相比，在1979年和1980年，存款规模超过4亿美元的大银行呈现出较高的业务范围经济，而在其他年份和其他规模的银行，同时经营证券和信贷业务银行的成本节约程度并不明显。第三，银行同时提供存款和贷款与银行仅提供存款或贷款相比较的成本节约状态明显。农村银行在提供存贷款整体服务时表现出较高的业务范围经济，而且小规模农村银行在提供存贷款整体服务时，其成本节约程度比大规模农村银行更为突出。概括起来，不管哪一组别的银行，经营组合业务都比经营单一业务会带来降低成本的业务范围经济。相对于经营单一业务而言，大银行经营多种业务带来的业务范围效率是明显的，由于实力的差异，大银行更倾向于开办尽可能多的业务。

1993年，伯杰（Berger）等提出了一个综合性的银行业务范围经济新概念——优化业务范围效率（Optimal Scope Economy）。① 这种范围经济基于利润函数和成本函数。伯杰认为，业务范围经济应该既包括产出组合的收入效应，又包括投入组合的成本效应，可以定义为产出效率和投入效率（Output Efficiency and Input Efficiency）同时存在的状态。利用优化业务范围经济的概念，可以考察一家银行在给定价格和其他外部因素条件下，是否可以最优的方式提供一系列完整的产出。伯杰等提出的范围效率的新测算方法，从理论上讲更加科学，但由于它所需要的假设太多，所以金融界还未有详尽的实证运用分析，但这种思路是值得继续探讨的。

三、管理效率或X效率

（一）银行X效率的含义

银行X效率主要指由于银行内部管理能力和水平提高所产生的经济效益。它又可被分解为技术效率与配置效率：技术效率反映给定投入的情况下，企业或银行获取最大产出的能力；配置效率价格则反映给定投入价格时，企业或银行以适当比例使用各项投入以使总成本最小的能力。X效率是由美国经济学家雷本斯滕（Leibenstein，1966）在研究企业微观层面上的效率时提出的一个概念，最初用来解释企业经营中不能被规模经济和范围经济所解释的部分，他认为企业的X效率与内部管理水平密切相关，可被用来分析资源配置不变的情况下企业内部成员努力程度、管理水平、技术创新、人力资本、学习效应、激励机制以及组织架构等诸多因素对效率的影响。目前，X效率也在银行业被普遍用来分析内部管理和组织结构的效率。

（二）银行X效率研究的主要方法

前沿效率分析法（Frontier Efficiency Analysis）是目前研究X效率普遍采用的方法，它可分为非参数法和参数法两大类：非参数法有两种——数据包络分析法（Data Envelopment Analysis，DEA）和无界分析法（Free Disposal Hull，FDH）；参数法则包括随机前沿法（Stochastic Frontier Approach，SFA）、自由分布法（Distribution-Free Approach，

① Berger, Huncock, Humphrey. Bank Efficiency Derived from the Profit Function. Journal of Banking and Finance, 1993: 317-347.

DFA）与厚前沿法（Thick Frontier Approach，TFA）三种。

（三）学术界运用 X 效率研究银行的进展

Fried，Lovell，Schmidt 和 Yaisawarng 的研究（2002）指出，企业的低效率既可能与规模效率、范围效率和外部环境有关，也可能是由于内部管理不善或组织结构不合理造成的。前面的因素是外生的，后面的因素是内生的。二阶段法并不能很好地剥离外生因素对效率值的影响，因此所得到的效率值并不完全反映企业的管理效率。为此，Fried et al 提出了一种新的效率评价模型——DEA 三阶段法。该方法最大的特点是能够将非经营的因素对效率的影响去除，使得所计算出来的效率值能更加真实地反映企业的内部管理和组织结构的效率。黄台心和陈盈秀（2004）运用 Fried et al 2002 年提出的 DEA 三阶段法对中国台湾地区 49 家商业银行的纯技术效率、配置效率进行了研究。随后杨永列等（2005）运用该方法对 2000 年中国台湾地区 35 家上市上柜银行进行了效率测算，并分析了银行效率与一些宏观金融指标的关系。黄宪、余丹、杨柳等（2008）运用 DEA 三阶段模型，对中国 13 家商业银行 1998 年至 2005 年的 X 效率进行的实证分析发现，样本期间我国商业银行的 X 效率整体呈现上升趋势，但 X 效率的提高主要源于资源配置效率的贡献，而纯技术效率贡献度较小。①

四、行业特殊性的理论

银行业比较特殊，它们以高杠率的财务结构形成的内部脆弱性、在信息不对称下形成系统性风险的高发性以及资金来源以负债为主形成的强外部性的行业特征，形成了与一般工商行业不一致的行业特殊性。因此，在分析和判断一个国家银行业市场组织结构的合理性时，以下理论经常被涉及。

（一）外部性与竞争的适度性

银行的资金来源主体是社会上千家万户的储蓄和厂商存款，再加上银行又是社会清算和支付中心，银行之间同业往来的资金批发交易频繁且数量巨大。如果一家银行管理不善而出现支付问题，极易产生对该银行的挤兑，甚至引发银行系统内的挤兑风潮，导致银行倒闭。与企业倒闭不一样，银行倒闭对社会的影响来讲是巨大的，因为即使在存款保险制度下，一家银行，特别是大银行的倒闭，都会使社会经济体遭受重创。银行业这种极强外部性的性质，使得在讨论银行业市场结构竞争强度的设计时，一直存在争议。

学术界在分析行业的竞争状态的评判标准时，往往以行业集中度和赫芬达（Herfindahl-Hirschman Index）指数来衡量②：前者一般以该行业前三大或前四大厂商所占

---

① 黄宪，余丹，杨柳．我国商业银行 X 效率研究——基于 DEA 三阶段模型的实证分析．数量经济与技术经济研究，2008（7）．

② 1985 年，Pepsico 和 Coca-Cola 两家公司合占市场集中率的 66%，赫芬达指数为 2 362 点。1986 年 Pepsico 计划收购 7-Up 饮料公司，而 Coca-Cola 公司准备收购 Dr. Pepper 饮料公司。如果这两项收购发生，软饮料行业的赫芬达指数将高达 3 528 点，大大超过联邦政府确定的 1 800 点的警示点。

的总体市场份额来表示，反映大公司的对本行业内的影响程度；赫芬达指数的表达公式为，该行业内各厂商市场份额的平方之和乘以 10 000，该指标反映市场竞争的均衡状态。举例说明，设某一经济社会内仅有三家银行，第一种情形，市场份额分别为 50%，25%，25%，赫芬达指数为（10 000）$[(0.5)^2+(0.25)^2+(0.25)^2]=3\,750$；第二种情形，市场份额分别为 33%，33%，33%，赫芬达指数计算则为 3 267。很显然，在银行业市场集中度相同时，第二种情形的竞争度要激烈。

对于一般行业而言，评价行业内是否存在垄断，或竞争是否均衡，往往分别取市场集中率和赫芬达指数的临界点值为 50% 和 1 200 点。然而，由于银行的外部性特征，大多数国家并不鼓励银行业内的过度竞争。1996 年，美国迈阿密大学金融系教授劳伦斯 G. 哥德伯格（Lawrence G. Goldberg）和纽约赫夫斯特拉大学银行金融系教授阿努帕 · 莱（Anoop Rai）对欧洲 11 国银行业集中程度进行了比较研究，这项大型研究运用前三家银行市场占有率和赫芬达指数对欧洲各国银行业的集中度和竞争状态进行了分析①。从表 2-2 中可以看出，大多数欧洲国家银行业市场结构的集中度高于一般行业，其中芬兰和丹麦两国前三家银行存款市场份额分别高达 91% 和 85%，垄断性也很明显，赫芬达指数分别高达 2 900 点和 3 000 点，仅有德国、奥地利、意大利和西班牙 4 国银行业集中度低于一般性行业标准。这充分说明在判断银行业集中度和竞争均衡度的标准上，不能简单地以一般性行业标准来划分。

中国改革开放以来，银行业从计划体制下绝对垄断状态（长期以来中国事实上仅存在一家银行）已经发展到目前竞争相对均衡的状态。我们以 1984 年开始的中国人民银行独立行使中央银行职能为划分历史阶段的标志，理论上认为那是中国现代银行业开始起步的起点，并假定银行业那个时点的市场集中度和竞争度为别为 100% 和 10 000 点。经过近 30 年的快速发展，我国银行业环境发生了巨大的变化，商业银行体系中除了工、农、中、建四大国有控股商业银行，近十几家上市的全国性股份制商业银行外，还有 100 多家城市商业银行，数百家外国银行和分支机构。2009 年，中国银行业前四大银行的市场占有率和赫芬达指数分别为 50.9% 和 1 152 点。以评价银行业是否垄断或竞争是否足够的国际一般状态来看，这些指标反映中国银行业至少不是垄断行业，甚至竞争强度高于许多欧洲国家。当然，这些指标是否能客观反映以国有制为特征的中国式的银行业垄断，那是另一类性质问题的讨论。

表 2.2　　**欧洲 11 国商业银行业市场集中度测量（1994 年）**

国家	银行家数	集中率	赫芬达指数	分类
英国	68	0.60	1 500	1
德国	121	0.31	600	2
法国	119	0.51	1 200	1

① Goldberg L G, Rai A. The Structure Relationship for European Banking. Journal of Banking and Finance, 1996: 745-771.

续表

国家	银行家数	集中率	赫芬达指数	分类
瑞士	118	0.63	1 400	1
比利时	35	0.71	2 200	1
芬兰	7	0.91	2 900	1
奥地利	39	0.49	1 100	2
意大利	41	0.33	700	2
瑞典	5	0.70	2 300	1
丹麦	26	0.85	3 000	1
西班牙	59	0.45	900	2

①集中率为在存款市场上最大前三家银行的市场份额。

②赫芬达指数为各银行资产的市场份额的平方之和乘以10 000。

（二）范围经济与利益冲突和风险“隔火墙”

混业经营和分业经营在银行学理论中被描述为两种市场组织结构模式的典型代表。然而，从各国银行业发展史看，混业经营与分业经营似乎处在不断的轮回中，它并非简单地重复，而是螺旋式地上升。自现代银行业诞生，直到2008—2010年全球金融危机基本结束后的各国相关法律和制度调整为止，绝大多数发达国家的银行业市场组织结构事实上都经历了混业—分业—再混业—再分业的螺旋式轮回。

1929—1933年的世界经济大危机以前，绝大多数国家的金融机构是混业经营，范围经济是支持银行混业经营的强力理论，但这场危机给全球的金融和经济带来了灾难性后果，整个资本主义世界工业生产下降了40%，美国的工业生产更是下降了56.6%。这场大危机源于资本主义基本矛盾，发端于美国，但引发的却是美国银行业市场组织结构的问题。

在这一危难时刻，福兰克林·罗斯福就任美国总统，他的第一个重大行动就是宣布全国银行休假，作为阻止银行历史性崩溃的措施。与此同时，美国朝野强烈要求认真反思金融业发展中的问题。从1931—1933年，美国国会举行了四次听证会（Congressional Hearings），这些是具有历史意义的会议。从听证会表面反映的情况来看，这场危机的产生似乎是在近似疯狂的金融交易中，一些最有声望和权势的银行家、商界巨子卷入了肮脏交易，搅乱了金融秩序，但许多议员和政府官员对前期金融制度所隐含的高风险表示出了极大的担忧和恐惧。国会参议员格拉斯和部分其他议员提出修订相应的法律和制度，重新构造美国金融体制和银行体制的强烈愿望或理由。经济学家克夫曼·乔治（Kaufman George）将这些理由概括为三条，它们被认为是导致“格拉斯-斯蒂哥尔法案”通过的基本理论依据①：

① George K. The U.S Financial System：Money Markets and Institution. 6th ed. Prentice Hall，1995：392-396.

1. 商业银行应回归本源业务，以保护商业银行的安全和健康，从而恢复公众对商业银行体制的信心。参议员格拉斯①认为，因为银行深深地卷入股票业务而应对银行体系的崩溃负责任。这位“联储之父”指出，造成银行混乱和经济大衰退的原因是银行业放弃了“真实票据论”或“商业贷款理论”，如果商业银行把贷款限制在自偿性的商业贷款方面，银行就不会遇到流动性问题。

2. 防止银行资金从正当的商业性使用转向投机性使用。参议员格拉斯认为银行参与股票证券交易会削弱银行业体系，把银行参与股票交易和投资行为均视为赌博。参议院银行和货币委员会成员鲍尔克里（Bulkley）在长篇讲话中指出，当银行，特别是所有大银行在股票证券市场上竞争时，社会上不可能有理智的存在，应考虑市场的吸收能力和维护市场平衡的条件，商业银行在巨额利润的引诱下会把大量资金转向股票证券抵押贷款，从而使银行业务走上歧途。因此，银行应固守银行业务而非在证券市场上去获取额外利润。

3. 消除“利益冲突”的根源，界定银行的业务范围。在所有支持商业银行与投资银行分业经营的观点中，最有力的莫过于对“利益冲突”(Conflicts of Interest）的论证，故“利益冲突”在分析金融业市场结构和金融监管中已经成为一个极为重要的理论。该理论概括为，当商业银行有权利可以同时经营银行业务和股票承销业务时，在追求利润最大化下，出于对自身利益的考虑，极有可能引发“利益冲突”，即银行会滥用混业的权力，从而可能严重损害消费者利益。参议员鲍尔克里的论点最具有代表性，他在发言中强调，证券承销对银行来讲不是一个合适的业务，银行的证券承销业务除了应对证券市场过度的扩张负责之外，还会影响资本市场的运行质量。他当时以反问的语调提出质疑：“当已知被推荐的股票和证券有较好的成长性，并且可以在交易中迅速获取高额利润时，或者当知道自己购买的证券质量下降，存在价格下降压力时，有哪一位银行家可以公平和公正地从事证券承销业务呢？……银行必然存在对借款人施加压力的企图，劝诱借款人到银行掌控的信托基金去购买银行难以销售的新股票和债券”②。在讨论利益冲突时，商业银行与其客户在业务关系中普遍存在的“信息不对称”是关键所在。银行是信息生产的企业，具有信息的规模经济，但这一特征对银行客户来讲是一把双刃剑：从好的方面看，银行可以为证券投资的客户提供正确的市场定位，比单纯的投资银行提供更好的投资分析；另一方面，当市场情形不好时，银行对企业和市场的预知优势，使之有可能将潜在损失尽快转移给客户和金融市场的一般投资者。

在经过大量听证和辩论之后，美国国会通过了《1933 年银行法》，也称《格拉斯-斯蒂哥尔法》，确定了通过将银行业务与股票承销和交易业务分开，分别由商业银行和投资银行来承担的原则。商业银行不得进行代理证券发行、股票证券承销、证券经纪等属于投

① 参议员卡特·格拉斯是美国一位有很高声望的，对银行事务极有研究的政治家。在他还是众议院议员时，就是联邦储备体系法案的发起人，在第一次世界大战期间，他曾担任过财政部秘书。1920 年后，他成为弗吉尼亚州的参议员，并分管参议院银行委员会。1931 年和 1932 年格拉斯主持了重要国会听证会“联邦储备体系听证会”，是《1933 年银行法》的发起人之一。另一位发起人是亚拉巴马的众议员亨利·B. 斯蒂哥尔。

② Congressional Record of United States 1932：911-915.

资银行的经营活动。同时，任何从事证券投资业务的银行，也不得在经营证券业务的同时开办存贷款等属于商业银行的活动。1933 年美国的银行法被称为格拉斯-斯蒂哥尔风险“隔火墙”(Fire Wall)，隔火墙的设立是美国在经历了惨痛教训后对如何重构金融体制的理性思考。

“利益冲突”理论和风险“隔火墙”原则从此成为世界各国金融监管当局在设计和确定本国金融业市场组织结构和制度时的标杆，它具有里程碑式的伟大意义。在 2008 年从美国引发的全球金融危机后，这些理论和原则更是值得理论界和实务界深刻思考。

第二节　主要国家银行业市场结构模式

各国银行业的市场结构千差万别，但以金融发达国家作为典型来进行模式划分，美国、英国、德国和日本具有代表性。每个国家的银行业市场结构都有特点，它们与本国的经济发展阶段、法律体系、历史环境，甚至文化都息息相关。但是从大类上划分，比较公认的是以美英为代表的“市场导向型”(Market Oriented Style）和以德日为代表的“银行导向型”(Bank Oriented Style）模式。市场导向型模式下的国家，资本市场比较发达，直接融资对银行业的竞争压力较大，银行业以分业经营和分业监管、不允许银行对工商企业直接持股为主要特征。银行导向型模式下的国家，资本市场相对较弱，银行业市场权力较大，银行业以允许银行对工商企业直接持股为主要特征。在经历了 20 世纪中期至 21 世纪初的银行业转型和混业经营大趋势，以及 2008 年由美国引发的全球金融危机后，各国都在对本国金融业和银行业的市场结构进行深刻反思，各类模式之间的特征和界限不再那么清晰，它们相互吸收对方优点，走向趋同。

一、美国模式

美国是最年轻的发达国家，其经济和金融实力为世界之冠。美国社会崇尚充分竞争和市场制衡机制的设定，从 1782 年美国第一家银行北美银行的建立至 1914 年联邦储备体系的诞生以及后来法律的重大调整，使得处于特定的民族、历史和社会经济条件下的美国银行体制在构建银行效率环境、协调银行与经济良性互动关系上形成了自己鲜明的特点。

（一）众多独立银行和追求竞争效应的市场结构

与世界各国相比，美国商业银行家数最多。20 世纪 20 年代末和 30 年代初，美国商业银行创纪录地达 3.1 万多家，以后长期稳定在 1.4 万家左右，1994 年仍高达 10 060 家，2009 年独立商业银行仍然有 5 000 多家。从大多数研究结论来看，这种现象被认为是由美国国情所决定的，有两个主要原因：第一，历史上美国地域广阔，人口众多，地理情况复杂，南北和东西各地经济结构和发展水平差别较大，地方政府在财经管理上有相当大的独立性。因此，遍布全国各地的银行，特别是中小银行适应了美国众多中小工商企业和南部、西部农业和畜牧业的发展。第二，美国的双线管理体制也是造成众多银行的主因。双线银行管理制度是指美国联邦和各州有关当局都有权分别接受银行注册登记并监督管理银行的制度。由于历史的原因，美国州立银行的建立和发展较早，联邦政府直至“美国第一银行”的建立后才开始这一工作，从而开创了美国双线银行体制的历史。1863 年，联邦政府通过了《国民银行法》，希望州银行迅速转入国民银行，杜绝州银行滥发银行券的现象，但由于国民银行法比州银行法更严格，主动要求转注册的州银行寥寥无几。针对这一局面，国会在银行法修改中，把对州银行发行银行券的征税率从 2%提高到 10%，同时放宽国民银行设立的条件，最低资本额从 5 万美元降到 2.5 万美元。于是，规模较小的国民银行纷纷建立，国民银行数目 1914 年比 1900 年增长了一倍，达 7 518 家，但是，州银行发展却更为迅速，从 1896 年的 7 785 家猛增到 1914 年的近 2 万家，其主要原因是当时支票开始盛行，使州银行不依赖发钞，仅利用吸收活期存款也能生存，再加上各州对州银行的管理要松得多，从而形成国民银行与州银行并存的局面。

当透过表面原因对这一现象进行更为深入的研究时，我们发现美国众多商业银行这一特征与弥漫并支配着美国经济社会的管理哲理有密切的关系。美国是最崇尚自由市场经济的国家之一，认为市场机制可以导致资源的最佳分配。尽管美国也认为存在“市场失灵”，但他们认为市场失灵的首要原因是市场缺乏充分竞争，如果竞争不充分，社会的产出就可能向其生产可能性边缘的内部移动，效率就会下降。这一管理哲理在美国银行业中同样得到了体现。如何理解美国众多的商业银行、双线银行管理体制和多头联邦金融管理机构？这里用美国金融学家劳伦斯·里特的表述来作为回答：“在现实中，竞争的条件意味着顾客可以有选择地随意购买。例如，是否存在着各种可供选择的机会，足以使存款者在存款条件和收益率上有多种选择，以便于他们挑选那些最适合于其特殊需要的银行呢？同理，借款人在被拒绝从某家银行得到贷款后，他们是否还有其他选择转向其他银行呢？银行是否通过提供比竞争对手更多的服务和更优惠的条件来积极寻求客户——存款人和借款人呢？——双线银行制度的显著特点是被管理者可以选择管理者，通过这种制度，银行可以去寻求注册和开业的便利，从而促进变革和创新。倘若把联邦银行业所有的权力都集中在一个机构里，那么，创新和变革将会是乏力的”①。里特教授的表述充分反映了美国在设计银行业市场组织结构时试图贯穿的哲理，即尽可能营造充分竞争环境，以此来促进银行业变革、创新和效率的提高。

在实践中，美国的反托拉斯法是举世闻名的。如前所述，联邦贸易委员会经常运用市场集中率和赫芬达指数作为执法的测量指标。在美国银行业内，体现反垄断和鼓励竞争的法律也多有展现。1837 年，美国密执安州议会通过了《自由银行条例》(*Free Banking Regulation*)，这在美国银行制度发展史上是一个意义重大的事件，该条例规定，任何个人或集团只要有充分的资本，并按法案规定履行义务，都可以取得银行的执照，而不必州议会再行逐个审议。1838 年纽约州议会也通过了类似法案，此后不久，美国大多数州都实行了这一制度，全国兴起投资建立银行的热潮。

自由银行制度一方面可以看作是州权主义同联邦主义斗争的结果，另一方面也是美国经济社会崇尚自由竞争在银行业的体现。

因此，美国长期以来基本上实行单一银行制度。从 1782 年美国历史上第一家商业银

① Ritter L S, Silber W. L. The Principles of Money Banking and Financial Markets, Chapter 18. Basic Books Publishers, 2000.

行建立直到1900年，美国共有12 500家商业银行，然而当时仅有87家银行设立了共119家分支机构。1927年美国实施的《麦克法登法》(*McFadden Act*)禁止银行跨州开设分支机构，仅允许国民银行在州内与州注册银行在同样的范围内开设分支行。《1956年银行持股公司法-道格拉斯修正案》(*Douglas Amendment to the Bank Holding Company Act of 1956*)强调禁止银行持股公司跨州界持有银行股份。在美国，银行可否任意设立分支机构的争论除了反映地方分治的传统与联邦集权化倾向之间的矛盾之外，也反映了大垄断资本与中小资本集团间的矛盾，因为积极主张推行分支行制的都是一些大银行，而极力维护单一银行制度的几乎是小银行。然而，以上法律的规定为美国营造了一个银行数量众多的市场组织结构。这些法律的制定十分明显地表达了一种精神，即在美国银行市场组织模式的设计中，注意运用法律和管制来防止自然垄断的倾向，以保障银行业市场的有效性。①

制度模式的设计与其发展的结果往往事与愿违。在经历了百余年历史后，美国终于发现，过度的竞争未必能提高效率，适度的垄断又未尝不能提高效率。从20世纪80年代开始，国际银行业发生了很大变化，在世界最大银行前100名的排行表中，美国银行的位次不断下滑。造成美国银行业在国际银行业地位下落的原因很多，其中《麦克法登法案》和各州反分支机构法构造了美国数以万计的中小规模银行，无法形成规模效率是重要原因之一。

在反思落后的原因后，美国开始着手进行银行业市场组织结构的调整和变革。1994年9月29日克林顿总统签署了《1994年里格尔·尼尔跨州银行分支机构效率法》，该法规定从1997年6月1日起允许银行全方位跨州经营业务。跨州银行法的通过意义重大，它意味着美国承认所谓众多银行的充分竞争并非带来高效率，而规模效率和与此相关的业务范围效率可以给银行业带来更多的优势，在国际竞争中更是如此。该法的通过使得美国商业银行市场组织结构快速变化，除了中小银行变成大银行收购或兼并的对象之外，大银行之间的并购也频频发生。20世纪90年代中期以来，银行并购浪潮席卷全球，其出现的频率之高，涉及的资产规模之大，并购的跨度之广，对全球金融和经济的影响之深远，都堪称空前。

美国既是银行并购浪潮的起源国，又是当今世界上最大的银行并购国之一。1995年9月，位于纽约的大通曼哈顿银行和化学银行宣布合并成为全美最大的银行，这是当时美国历史上规模最大的银行合并案，新的大通曼哈顿银行资产3 040亿美元，其业务遍及52个国家和地区。1995年11月6日，美国第一州际银行宣布与第一银行合并，由此产生美国第九大银行，该兼并案总额为103亿美元，合并后固定资产总值达924亿美元。之后仅隔一天，即1995年11月7日，美联储（即美国联邦储备银行，后同）宣布批准底特律国民银行与第一芝加哥银行合并，合并后成为当时美国第七大银行，资产总额为1 234亿美元。1998年4月6日，美国花旗银行和旅行者公司合并，创建了具有全球营运能力和7 000亿美元资产的超级金融服务集团，号称“世纪合并”。1998年10月，美国第五大银行美国银行与美国第三大银行国民银行合并，合并后的新银行仍称美国银行，成为全美最

① 自然垄断是指，在存在着规模经济和范围经济条件下，在竞争的演化过程中，最有效率的结果是由极少数甚至一个厂商来组织生产或经营。

大的银行。2000年9月13日，大通曼哈顿银行正式宣布与JP摩根银行达成了兼并协议，新公司的收入将超过520亿美元，利润高达75亿美元，拥有9万员工，6 600亿美元总资产，成为位于花旗集团、美国银行之后的全美第三大银行集团。尽管并购风潮使美国独立银行的数量快速下降，分支机构数快速增加，但美国独立银行的总数仍然是全世界最多的。2009年底，美国的独立银行仍然为5 000余家。

可以断言，美国银行之间的兼并和并购会持续下去，数目众多的单一银行体制将会逐步转向分支机构银行体制，银行业的集中度会进一步提高。必须指出的是，美国监管当局仍然会把银行业竞争和垄断之间的平衡控制作为管理的重点。因此，美国银行业的集中度在短期内不会出现其他欧洲国家那样的状况。

（二）混业—分业—再混业—重新定位

美国的商业银行曾经历了混业—分业—再混业的过程，但是长期以来，美国商业银行在经营模式上属于分业经营的典型代表，其表现是比较成熟和完善的分业经营的法律和理论，以及在此框架下的银行业市场组织结构。然而，在遭遇了2007—2010年的金融大危机之后，美国痛定思痛，对造成危机的原因进行深刻反思，并由奥巴马政府起草了新的金融监管改革法案，企图修正无约束的金融混业给消费者和一般投资者带来的巨大潜在风险。尽管这项法律草案公布后立即遭到华尔街利益集团的游说和强烈反对，但该法案仍然于2010年6月25日在众议院得到高票通过，并于7月15日在参议院通过。这部被称为《多德-弗兰克法案》① 的法律体现了“沃克尔规则”，这项规则是以美联储前主席保罗·沃克尔名字命名的，旨在通过适度修正和界定各类金融机构的业务边界，遏制金融机构过度投机行为，为金融消费者权益提供必要的制度保障。

1. 从传统分业到模糊混业

美国银行业最初从事比较纯粹的商业银行业务，即接受存款、发放贷款、开办相关结算和汇兑类中间性业务。这种状态一方面是早期的法律禁止银行从事风险类证券投资，如《1864年国民银行法》不允许国民银行进行普通股票的承销和交易，《1913年联邦储备法》对成员银行作了类似的限制（但允许它们可经营公司债）。另一方面是银行与非银行金融机构的竞争并不激烈，银行的生存条件比较宽松。从20世纪20年代起，非银行金融机构大量涌现，来自银行外部的竞争明显加强。面对经济高涨带来的股票和公司债的价格飙升以及证券承销、自营和代理交易业务产生的丰厚利润，银行业快速进入证券业。银行从事证券业务主要有两个方式：一是通过银行内部证券部掌管的信托基金去购买股票和债券；二是银行建立一个控股或独资的子公司进行证券承销和交易。这些子公司在新业务中利用了母公司的名称，享受了母公司的商誉。如，美国1922年仅有10家国民银行通过组建新的所属机构来从事证券交易，1930年这个数字达到192家。在这段期间，国民银行利用内部证券部信托基金从事证券经营的家数也从62家增加到123家，州银行以两种方式进入证券业的家数则从356家增加到1 929家，可想而知美国商业银行当时进入证券业的速度是非常快的。因此，1927年的《麦克法登法案》明确允许国民银行可通过内部部

① 该法案以参议院银行委员会主席多德和众议院金融服务委员会主席弗兰克的名字命名。

门从事证券承销和交易，只不过是对当时现存状态的法律认同。当时经济学界支持商业银行进入证券业的理由是“业务范围经济”，即银行利用已有机构和设施开展新业务可以降低成本，拓宽获利渠道。需要指出的是，这时美国金融的混业是在法律不完善、存在大量模糊领域的条件下发生的，而且在理论界和实务界当时只是理解到对业务范围拓宽的层面，混业还没有成为一个特定的专业术语。换言之，此时的混业在理论和现实运作中都是模糊的。

2. 从模糊混业到理性分业

1929—1933 年的经济大危机给美国银行业重创，而大危机引发的直接原因却是美国银行业将证券业引入银行业务范围的逻辑必然。1929 年 10 月 24 日“黑色的星期四”，美国纽约证券交易所价格狂跌，引发了美国银行业倒闭的“多米诺骨牌效应”。从 1930 年到 1933 年，美国商业银行倒闭每年超过 2 000 起！1920 年所存在的近 3 万家银行到 1933 年只剩下不到 1.5 万家，全国公众对商业银行体系已失去信心。美国朝野强烈要求认真反思金融业发展的历史轨迹，并制定相应的法律和制度，希望重新构造美国金融体制和银行体制。1933 年美国银行法和相应的制度改革的贡献是，在理论、法理和制度上，理性地选择和形成了金融业分业经营的模式。在这个理性模式的制度安排下，美国商业银行、投资银行、保险业各自形成业务领域，确定业务边界、匹配建立相应监管机构和法律体系，在金融业构建了风险“隔火墙”，再加上联邦存款保险公司的成立，使美国社会公众逐步恢复了对商业银行的信心，整个金融体系在新的秩序环境中运转。

3. 从理性分业到追随性混业

美国是金融市场最发达的国家，直接融资向来十分活跃和便利。20 世纪 70 年代以来，商业银行明显地感到来自银行外部竞争的压力。这种新型竞争来自非银行金融机构，主要是证券机构和保险公司，这些机构主要以两种方式侵入了商业银行的领域：第一种方式是业务创新，例如，美国最大的投资银行美林公司 1977 年开设了现金管理账户（CMA），它由一组金融业务构成，包括信用卡、即时贷款、签发支票、在货币市场互助基金的投资以及全部财务记录的保管。再如，各类共同基金是银行存款的一种极好替代品。第二种方式是由非银行金融机构购买并拥有“商业银行”。例如，普鲁登斯-贝奇公司、美林公司和德赖法斯基金都已经拥有了自己的银行，这种融合是钻了法律的空子。从法律理论来讲，商业银行被定义为接受存款和发放商业贷款的机构，这几家证券公司所做的就是，停止它们自己新获取的银行这两种职能中的任何一种，新获取的这家银行从法律上说就再也不是商业银行了。于是，美国金融界产生了一个奇怪的称呼——“非银行性的银行（Non-Banking Banks）”。

在新的竞争环境中，商业银行认为它们受到了《格拉斯-斯蒂哥尔法》的歧视，其资产市场份额持续迅速下滑，反观投资银行和各种共同基金的市场份额却越来越大，有超过商业银行的势头，甚至商业银行在美国一度被认为是“夕阳行业”。面对严峻的形势，商业银行业不断向政府呼吁和施压，要求重新审视《格拉斯-斯蒂哥尔法》，进入金融市场领域，提高银行业务范围效率，重振银行业。商业银行界的呼声通过在国会两院中的利益代言人得到了表达，随之在国会出现了一系列相关提案，这些提案反映了银行业集团的利益，同时，美国商业银行在生存压力下，也纷纷尝试向传统法律挑战，越来越多的银行通过兼并或控股公司的方式进入其他金融领域，1998年美国金融监管当局默认的花旗银行与从事保险和投资为主的旅行者公司的合并最为典型。必须指出，在这一历史时刻，欧洲的商业银行也遇到类似的窘境，但它们早在美国银行业前面开始进行混业的转型，并获得成功，混业经营成为国际银行业的大趋势。1999年美国国会通过了《金融现代服务法案》，它既是对美国金融业内已经混业现实的承认，也是对银行业转型国际大趋势的追随。

然而，美国金融业是否能彻底改变分业经营的模式并非欧洲那么简单。首先，与德国的全能性银行制度不一样，美国自20世纪30年代以来实施的分业经营模式已经在金融业内形成了若干强大的利益集团。任何利益集团在业务界限已相对明确划分的现实中拓展自身的业务范围，势必遭到其他利益集团的抵制或针对性的经营战略的博弈。其次，美国的金融分业是一套完整的体系，除了经营机构分业外，还对应着众多的金融监管机构和支持这套体制的庞大且繁杂的法规体系，混业程度的深化过程必然带来变革成本和阻力的不断上升。最后，即使在混业过程中，美国比其他发达国家更强调金融规制。作为金融高度发达、金融品种和交易不断高技术化和复杂化的美国，混业经营带来的银行业效率提高与金融业内“隔火墙”对风险的控制效果之间始终会存在一个得失权衡的问题，毫无疑问的是，如果两者的矛盾和冲突一旦激化，美国一定会做出法律和制度的调整，将金融体系稳定的总体利益放在高于提高银行效率利益的地位。

4. 从追随性混业到重新定位

对于这场由2007年美国银行次贷危机引发的美国和全球的金融危机，理论界已经给出了很多分析和解释，大到以美元为核心的国际货币体系的弊端、中美经济增长模式的不可持续性和全球经济的失衡，小到结构性金融衍生品的泛滥，它们都可以部分解释这场危机。然而，从金融体系安排的角度，这场危机的必然性要追索到1999年美国对《格拉斯-斯蒂哥尔法》的撤销。正是1999年美国的《金融现代服务法案》，废除了分业经营模式，使美国商业银行与投资银行的界限变得非常模糊，像花旗银行这样的商业银行楷模，居然也为各类资产抵押债券担保，甚至参与交易。两个不同性质金融行业的联手，带来了一场金融业的“证券化革命”。这场“证券化革命”不仅使以金融资产为抵押的证券以几何速度达到天文数字，更为可怕的是它使推向金融市场的产品极度复杂、难以判别风险，违背了在市场上交易的金融产品应该具备“标准化、透明度高”的原则。

2006年美国房价普遍开始下跌，2007年一季度次级房贷的违约率已经高达13.71%，7月份年中报表显示美国大银行出现巨额亏损，次贷危机正式爆发。2008年美国第五大投资银行贝尔斯登难以维系被摩根斯坦利兼并，同年9月，有着150年历史的雷曼兄弟投资银行倒闭和紧随其后美国第三大投资银行美林证券的倒闭震惊世界，全球金融市场陷入恐慌性流动性危机。随后美国政府大规模向市场注入流动性，宣布7 000亿美元救市计划，并由财政部斥巨资收购美国国际集团（AIG），高盛和摩根斯坦利两家投资银行巨头紧急申报转为商业银行控股公司并迅速获批（受联邦存款保险公司保护）。至此，美国才避免了国家金融体系崩溃的厄运，但这场华尔街的金融风暴也将全球金融和经济拖入危机之中。

经过世界各国的共同努力，花了近三年的时间，这场由美国引发的全球金融和经济危机渡过了难关。然而，这场华尔街引发的金融危机使得美国21世纪以来的金融变革模式受到了全世界的质疑，美国自身也在深度反思并重新定位自己的金融体系。由美国奥巴马政府起草，并于2010年7月在国会通过的新的金融监管改革法案已经部分反映了美国金融业调整的目标和定位。该法案主要内容有四条：第一，参加联邦存款保险公司的任何成员银行或机构，不得以存款参与高风险投资（这意味着高盛和摩根斯坦利必须分离本公司的证券和衍生品的自营业务）；第二，银行在对冲基金和私募基金的投资不能超过一只基金总资本的3%，其他类投资总规模也不能超过银行有形股权的3%；第三，银行将专注金融衍生品的交易，而将一些商品性的衍生品交易业务，包括金属、能源、大宗商品等分离出去；第四，实施这项法案高达约200亿美元的费用，将由那些高风险经营的银行和金融机构以“银行税”的形式支付。这项法案的核心思想可以解读为，通过规制约束过度投机的行为，降低银行的风险，部分回归“分业经营和监管”的规制。

针对这场金融危机，美国还将出台一系列金融监管法规，它们除了对美国本土金融业市场组织结构模式的走向产生重大影响外，还必将引起世界各国金融界的高度关注。

二、英国模式

英国是发达国家之一，也是最早进行工业革命的资本主义国家。英国金融中介的发展错综复杂，并在发展中创造了丰富的经验，其银行制度颇具特色，至今许多方面仍被英联邦国家和其他国家视为构造银行制度的基本参照。

（一）自然构造的规模经济组织结构

英国的银行制度犹如它的经济体制，带有较少人为干预的自然构造的特征，这个自然构造的过程经历了近300年的历史演变。英国经济社会同样崇尚自由竞争，但不刻意追求人为设计制衡机制，虽有政府干预，但属于最低限度的政策引导和法律规范。由于英国银行制度比较复杂，而且有关银行法律定义出现的较晚，在分析英国银行市场组织模式的特征以前，有必要对其分类并加以说明。

英国的金融体系发展最早，许多做法国际上没有先例，因此银行尽管是最先发展的金融中介，但在《1979年银行法》公布以前，没有任何法律给予银行明确的定义，传统的商业银行就是指存款银行或清算银行。《1979年银行法》对于接受存款的金融机构按两级认可标准划分为获准银行(Recognized Banks)和执牌存款机构（Licensed Deposit-Taker)。随后，英格兰银行主要为统计目的，将接受存款的机构归类为“英国银行部门”(Banking Sector)，包括伦敦清算银行、苏格兰清算银行、北爱尔兰银行、英格兰银行的银行部、贴现所、国民汇划银行、商人银行、其他英国银行、海外银行。1981年，英国实行新的货币控制，英格兰银行又对“英国银行部门”重新作了定义，扩大了定义范围，并定名为“英国货币部门”，将银行划分几个主要层次：(1)零售性银行（Retail Banks)，包括在英国有广泛分支行网络的银行；（2）商人银行；（3）其他英国银行，包括所有在英国注册的其他银行机构；（4）美国银行与日本银行，包括美国、日本的银行分行及其子公司；（5）其他外国银行；（6）国际财团银行；（7）贴现所；（8）信托储蓄银行和财务所。除此之外，英国还有大量非存款性金融机构。英国银行业的市场结构被称为“英国模式”，区别于欧洲大陆模式和美国模式。

英国银行业的市场结构模式可以概述为规模经济型的市场组织结构，具有集中程度高和分支机构发达的特点。这个模式几乎完全是自然形成的，在国际银行业中享有很高声誉。英国的大银行在全球范围内快速、便捷、安全转移资金的能力和提供多种金融服务的能力给工商界深刻的印象。如表 2-2 中所示，英国商业银行（不含外国银行）前三家银行存款市场集中率高达 60%，赫芬达指数为 1 500。英国最大的几家商业银行如巴克莱银行、劳合-TSB 银行、国民·西敏寺银行和汇丰银行在国内外拥有的分支机构均在千家以上。国际银行学家普遍认为，英国银行业的高集中率和众多分支机构体系体现了规模经济的优越性，它至少有三个方面的好处：（1）大银行能享受规模经济和业务多元化的利益；（2）大银行的资金实力可以使银行较易度过经济衰退困难和分散风险；（3）发达的分支行制可以在全国乃至全世界范围内利用内部网络系统转移和配置资金，提高资金运用效率。

英国银行业高集中度和海内外分支机构呈网络分布的规模经济模式，是市场机制长期作用的自然结果。与德国和日本主要通过国家法律促进和政府鼓励银行业集中不同，也与美国那种人为反对金融垄断和限制银行合并不同，英国银行业的集中是伴随商品经济发展不同阶段，通过在竞争中的不断兼并而实现的。在 19 世纪中叶以前，英国数百家银行分布全国各地，其主要组织形式是独资和合伙公司制。随着股份制银行的出现和 19 世纪 70 年代开始的兼并浪潮，英国商业银行数目锐减，从 1865 年的 250 多家减为 1900 年的 98 家，1913 年再减为 61 家。英格兰和威尔士大多数银行业务已被当时十几家清算银行所控制。1920 年，清算银行的数字已减至 11 家，被称为“五大”银行和“六小”银行，即巴克莱、劳合、米兰、国民地方和西敏寺银行为“五大”银行，而库茨、地区、格林·米尔斯、国民、威廉·迪肯斯和马丁银行为“六小”银行。在此后约 50 年再没有发生进一步的兼并。进入 20 世纪 70 年代，随着经济环境变化，英国银行界认为较大银行集团有助于适应电脑化趋势，以适应国际银行业竞争，银行合并或兼并出现高潮，而且这种合并更多地出现在较大的银行之间，较少敌意并购。如 20 世纪 70 年代中，西敏寺银行和国民地方银行合并为国民·西敏寺银行、威廉·迪肯斯银行、格林·米尔斯银行与国民银行合并为威廉·格林银行，1982 年皇家银行与苏格兰皇家银行合并等。1999 年 11 月，苏格兰银行敌意收购国民·西敏寺银行，将其收购价提高了至少 22.7%，达到 276 亿英镑（按当时汇率合计约为 445 亿美元），希望吞并比它大两倍多的国民·西敏寺银行，而国民·西敏寺银行则努力抵挡苏格兰银行的收购企图，后来这项敌意收购由于另一更大规模的苏格兰皇家银行的介入而失败。

这些兼并和合并使英国银行数量从 1988 年的 244 家下降到 2008 年的 100 余家，清算银行业从 11 个减至 5 个（巴克莱集团、劳合-TSB 集团、汇丰集团、国民·西敏寺银行集团和苏格兰皇家银行集团等）。与这一状态符合的另一特征便是英国银行业实行全国性甚至世界性的总分支行制。英国大银行均有众多国内外分支机构，目前仅伦敦的分支机构就有近万个。尽管英国国土地域不大，但其经济发达，是老牌的殖民帝国，机构网络遍布全球，高集中度和发达的分支机构特征与英国的国情相吻合。

（二）银行业的高度国际化

伦敦作为国际银行业中心的历史悠久，除了与英国是最早工业化和最大的海运大国的地位有关外，还有三个重要的特征优势：一是金融管制富有弹性。英国对金融业的市场准入较少限制，采取不敌视金融创新的税收政策，较低的法定存款准备金率，1979 年取消了外汇管制。二是时区特征。伦敦处于西部时区和东部时区的中间，每日的金融交易必然在纽约、东京和伦敦之间流转。三是语言优势。英语既是英国母语，又是金融业的母语。这项优势是欧洲其他国家难以取代的。

根据国际银行业中心按照“跨境银行贷款额”排名的标准①，20 世纪 80 年代初，伦敦银行业的国际贷款占国际银行业贷款总额的 27%，排名第一。到 20 世纪 80 年代末，日本短暂超过英国，该比率分别为 21.5%和 19%。然而，20 世纪 90 年代初随着日本经济的衰退，国际银行业中心的排名开始变化，到了 2001 年，英国跨境银行贷款额达 20.9%，大于德国与法国之和，又成为世界第一，美国的份额为 11.5%，在国际银行业排名上升为第二，而日本仅为 5%，排名降为第三，到 2008 年英国跨境银行贷款额保持在 21.%，仍为世界第一。

还有一个现象是世界各国公认伦敦作为国际银行业中心，那就是在伦敦的外国银行数量巨大，它已构成英国银行业市场结构的重要部分，这些外国分支机构大多数只做资金批发交易，它们与伦敦的各金融中心相连，俗称“伦敦城”。各国的银行都热衷于在伦敦设立分行，其主要目的不是这里的盈利机会大，而是看中伦敦作为国际金融中心汇聚了价值无限的金融信息和市场信息。如：伦敦是全球最大的外汇市场，占全球外汇交易的 31%；尽管伦敦只是全球第三大股票市场，但在伦敦交易所上市的外国公司数和外国股票交易量为全球之首；伦敦是国际再保险中心，欧洲最大债券交易中心和基金管理中心，以及全球场外（OTC）金融衍生品的最大交易地。这些金融中心活跃的交易所带来的市场信息和金融趋势是各国银行最看重的。1990 年末，在伦敦开业的外国银行分支机构就高达 200 余家，2008 年在英国授权开展业务的银行数量总数为 332 家，而外资银行就占 252 家。尽管近十年英国的金融帝国地位被美国取代，但是它的独特地理区位、稳定的经济环境和法律的适用性，在伦敦经营的各类外国银行一直居世界各国之首。

（三）从自律性的分业经营转向追求范围经济的混业经营

1. 历史上形成的自律性短期资金融通、专业分工的经营模式

从历史上看，英国金融制度有明显分工。英国商业银行传统上以短期资金融通为主，其资产业务多集中发放基于商业行为而能自动清偿的自偿性贷款。英国商业银行的类别相对较多，比较典型的有这样三种：存款银行是商业银行的主要形式，其负债业务是存款，资产业务以短期贷款为主。凡是在英国清算委员会中获得席位的存款银行又称清算银行，它们往往是特大银行，那些没有席位的银行只有通过一家清算银行作为代理人。目前英格

① 迈克·巴克尔，等．英国金融体系．第四版．陈敏强．译．北京：中国金融出版社，2005：130-133.

兰和苏格兰仅有5家存款银行作为清算银行。贴现所是专门从事票据贴现业务的金融机构，作为存款银行与工商企业之间以及存款银行与英格兰银行之间的中介人。一般的情况是当工商企业需要资金时，它们便把自己持有的未到期的票据向贴现所要求贴现。若贴现所资金短缺，它们就用这些票据向存款银行要求贴现。若存款银行资金短缺，贴现所可以向英格兰银行要求再贴现。承兑公司专门从事汇票承兑，为国内外商人进行资金融通提供付款承诺，汇票经承兑公司承兑以后极易向贴现公司进行贴现。这样就形成了一类机构做承兑，一类机构做贴现，另一类机构专司存贷款的商业银行系统。这样的安排使短期业务专业化，分散了风险，又避免了众多机构围绕短期资金融通提供同样业务时而产生摩擦和矛盾。

英国商业银行这种业务特征与英国历史长期处于世界工业强国、国际贸易大国和拥有众多殖民地的地位有联系。英国资本原始积累相当充分，企业自有资金率高，不需要向银行筹集长期资金。英国国际贸易、海运、结算和国际货币中心的地位也促成其商业银行短期和专业分工的经营特征。英国商业银行之间这种相互分工、流畅衔接的业务合作方式已经历了很长历史。令人感兴趣的是，英国商业银行业组织结构模式不是法律强制的结果，而是银行通过自身进行自律性业务限制（Self-Imposed Restriction on the Range of Business）和中央银行道义说服的结果。在世界各国中，英国的银行法规数量最少，直至1979年才有一个较为全面和正规的银行法。英格兰银行对各金融机构之间关系的调节，使用较多也是最有效的方法是道义说服和君子协定。这表明英国银行界各方对彼此相互影响和依赖的整体性有深刻认识，监管者和被监管者能够做到彼此信任、理解和合作，这是长期以来英国自律性银行体制能有效运作的基础。然而，无法律制衡的稳定状态必须处在相对稳定的外部环境中，一旦外部环境发生大的变化，无法律制约的银行业市场组织结构会变革得更为迅速。

2. 在竞争中从专业分工经营走向混业经营

从20世纪80年代中期开始，短短几年时间里，英国金融业明晰的专业分工界线被突破了，金融行业呈现出混业经营的状态，最突出的表现是银行业进入了证券业和保险业的领域。

（1）英国商业银行对证券业的进入

英国金融体制的巨变以1986年10月27日伦敦证券交易所进行大规模改革为转折点，这次事件也被称为“金融大震”(Big Bang)。这次改革的主要内容有：第一，取消证券经纪商和自营商分设经营的限制，将两者合二为一；第二，取消固定最低佣金制，改为协商定价的方法；第三，允许英国银行和外国银行以全资购买伦敦证券交易所会员公司的方式进入证券交易领域。“金融大震”以后，大批英国银行和外国银行以证券批发商的身份进入了证券业的领域，资产组合也发生了很大变化，银行的国债组合投资大幅度上升，一些最大的清算银行甚至开始放弃部分传统业务领域的优势地位而发展证券业务。巴克莱银行和国民·西敏寺银行等采取兼并或合并的方式建立了各自的投资银行业务网。例如，1996年国民·西敏寺银行分别以4.66亿和3.85亿英镑收购了擅长于政府证券交易的卡特摩尔公司和擅长于房产抵押贷款业务的格林威治资本持股公司。

伦敦证券交易所的改革起因，在其与纽约证券交易所和东京证券交易所的竞争中，英国感到了巨大的压力。为了维持和扩大在国际金融市场竞争中的地位，有助于更多资金流入本国，英国决定放宽限制。然而，英国金融业历史上形成的自律性管理和无严格法律制衡的体制环境，却在客观上促成了银行向混业经营的快速发展。既然没有综合的法律架构和管理机构对银行业进入其他业务领域做出限制，在竞争环境大变化中，银行自然会进行自我利益最大化的调整。

（2）英国商业银行对保险业的进入

20世纪80年代末和90年代初以来，英国清算银行迅速进入了保险业的零售业务领域。目前银行提供保险业务的种类非常多，水平也高。可以说，除了一般保险的批发业务以外，商业银行不仅分销保险产品，甚至还成了保险品种的“制造商”，来自保险业务的利润成了商业银行利润的重要构成部分。

第一，银行进入保险业的表现和特征。由于没有法律限制，英国商业银行涉及保险业务比涉及证券业务时间更长。大约在20世纪60年代末，几家大清算银行已开始小规模地从事保险业务，主要方式是作为保险公司的代理进行保险分销。20世纪90年代开始，商业银行不仅大规模进行保险代理，分销保险公司的保险产品，关键是银行开始“生产或制造”自己的保险品种。大商业银行还纷纷建立起自己的人寿保险公司分支机构。

第二，银行进入保险业的原因。商业银行迅速进入保险业领域除了英国法律架构在历史上没有对银行业务范围进行明晰界定外，政府有关管理政策的改变被认为起到了催化剂的作用：首先，20世纪80年代中期，英格兰银行和英国贸易工业部达成非正式协议，不再限制银行与保险公司相互控股。其次，1986年的《住宅建筑协会法》扩展了协会的权限，允许将住宅建筑协会①的业务扩大到保险领域。20世纪90年代后，英国住宅建筑协会加快向银行转化，由1997年4月份阿利安斯—莱斯特住宅建筑协会领先，紧接着6月份哈利法斯（Hlifax）住宅建筑协会、7月份乌利治、10月份北方岩石（NorthemRock）住宅建筑协会也先后转换成银行。至1998年底，通过一系列的转型和兼并，10大住宅建筑协会中的5家转换成银行。这些大型住宅建筑协会在全英拥有分支机构，并在福利基金、保险和消费信贷等业务领域进行大规模的扩张。最后，1987年政府就银行参与保险产品的分销实施了分离的要求，根据这项要求，银行不能同时作为几家保险公司的业务代理，但银行有两种情况可以选择。一类情形，一家银行可以选择单一保险公司确定联系代理关系，为其出售保险，也可以出售银行自身所开发的单一保险；另一类情形，银行可以选择作为独立金融顾问，就客户对所有保险公司的各种保险品种提出购买建议。结果大银行都选择了前者，并以建立保险分支机构的形式来开发和推销自己的保险产品。

英国宽松的法律环境使银行可以比较方便地进入保险领域，但英国银行业为什么积极将业务领域扩展到保险领域呢？英国学术界对这一现象有大量的研究。从纯理论的角度分析，部分学者们认为银行业务与保险业务具有潜在的替代性和互补性，某些险种，如人寿

① 住宅建筑协会（Building Societies）原来为规模很小的地方性互助组织。1960年英国住宅建筑协会共有2 286个，均为独立法人，每个协会平均拥有会员256人，资产2.6万英镑。随后不断合并，1990年协会数为124个，平均每个协会拥有会员40万人，资产16亿英镑，前5家巨头占总资产50%以上。

保险几乎演化成与银行储蓄业务相类似的业务，相互竞争。另一些保险业务，如抵押保险（Mortgages Insurance）和家庭财产保险成为银行信贷业务的互补品。对于银行来讲，提供这两类业务既可以获得新的业务，又可以增强对银行现有业务的吸引力。

3. 银行业混业转型后的金融监管创新

在英国自律性金融分业时代，金融监管也是分业实施的。银行业、保险业、证券业和住宅建筑协会（也称住房抵押贷款互助会）都分别有各自的监管机构。英格兰银行作为中央银行也肩负对银行和银行集团实施金融监管的职责。然而，在银行业混业和国际化程度加深后，金融业务之间的风险边界变得模糊，金融风险市场传递带来的危害超出金融分业监管的控制能力。1995年英国巴林银行的倒闭极具典型意义。巴林银行是一家以投资银行为主的银行集团，该集团在新加坡一家子公司的交易员未经批准进行金融衍生品大规模交易，招致巨额亏损，亏损额高达8.6亿英镑，超过了巴林银行的资本金。巴林银行倒闭的直接原因看起来是该集团内部缺乏风险控制，但却暴露出作为监管者的英格兰银行面对交织风险的无奈，以及缺乏对各类风险清晰判断的能力。面对由分业转向混业后的新问题，英国在原实行金融分业经营和监管的国家率先创新金融监管模式，即实施统一金融机构下的功能性监管。英国1997年成立了金融服务管理局（FSA），接替了证券与投资委员会（SIB）的职责，1998年又接管了英格兰银行原监管银行业的职责，并逐步将其他原来的金融监管部门撤销或剥离出来，将各种金融监管职能统一在这个独立机构下。从范围经济考察的角度，单一监管机构的最大优越性是，监管者是以站在金融全行业的视野来判断、分析和处理混业下各类金融机构的风险，不容易留下监管盲点，协调成本低。批评统一机构下功能性金融监管的论据是，无所不能的金融监管者缺乏对处理专业风险所必需的深度理解和相关技能。

三、德国模式

德国是后起的资本主义国家，也是民族特性较强的国家。第一次世界大战前，德国银行业务的发展程度和银行制度的发达程度均远在英国之后。19世纪中叶，随着工业化发展和巨大的资金需要，德国银行业迅速发展，并在长期的经济和政治的变化中形成了独具风格的银行制度。第二次世界大战后，德国被划分为东和西两个部分，实行不同的社会制度，1990年10月3日，双方正式合并为一个统一的德国。双方统一后，原联邦德国正在为重建原民主德国付出巨大的代价，原民主德国在经济转型中承受巨大痛苦。目前原民主德国与原联邦德国的统一在经济与政治方面已经达到实质性的融合。

（一）规模经济和适度竞争并存的组织结构

德国近代经济和银行业的发展要比英国晚约100年。为了跻身于资本主义强国之列，德国采取了适度的金融超前发展战略，它突出表现在两个方面：一是从1870年开始，政府对股份有限公司的设立采用标准化原则，大力促进独资或合伙私人小银行转化为股份制大银行，其方式主要是通过吞并和资本参与，如德意志银行在第一次世界大战前夕，通过股份参与已不同程度地控制了87家银行，成为当时欧洲资本最雄厚的银行集团之一，1909年以德意志银行为首的柏林9大银行集团的资本占全国银行总资本的83%。二是推行全能型或综合性业务金融机构。一般国家都是先设立经营短期资金融通业务的商业银行，再建立长期信用银行和证券机构。德国在1848—1870年即自觉推行综合性银行，银行同时兼营投资和信用业务。在第二次世界大战中，德国的货币和金融体系完全崩溃，盟国在原联邦德国建立了一个新的仿效美国联邦储备体系的两级中央银行体制。为防止金融垄断资本对政治的影响，在占领当局的管制下，原联邦德国三大商业银行，即德意志银行、德累斯顿银行和商业银行被分成30个银行，并分别被限制在一个州的地域内进行业务活动。然而，德国是一个民族特性较强的国家，国土面积和人口适中，地区间经济水平相对均衡，人口素质高，具有极大的发展潜力。德国在战后尽管形成财政经济和政治相对分散的联邦制，但传统上它具有的特色，证明原联邦德国实行适当集中的总分行制银行与一定数量相对独立的地方银行共存的混合型银行制度是适宜的，银行业的这种结构既体现了规模经济的优势，又保证了银行之间有效的竞争和灵活性。20世纪50年代以后，被拆散的三家银行又逐步合并，并于1956年重新建立。德国的商业银行业市场结构逐步构成了三个层次，即以德意志银行、德累斯顿银行和商业银行三大银行为核心的大银行，从事地方金融业务为主的地区性银行和独立小银行。从20世纪50年代起，大银行分支行数目快速增加，地方银行数目变化不大，独立小银行家数显著减少，但银行业的分支机构数也有所增加。

尽管德国实行总分支行银行制，追求规模效率，但德国商业银行市场集中程度并不是很高。从表2-3中可看出，1994年的商业银行资产业务市场占有率分布，大银行市场份额为36%，地区银行为53.9%，独立小银行为4.9%，外国银行分行为5.2%。表2-2中数字也证明，德国商业银行前三大银行市场集中率为31%，赫芬达指数为600，在世界各国银行业中属于市场集中度和竞争度比较适度的。

表2-3　**德国商业银行资产业务市场占有分布（1994年）**

商业银行种类	资产业务量（10亿马克）	市场占有率%
大银行	524.4	36.0
地区银行	782.9	53.9
独立小银行	70.8	4.9
外国银行分行	75.4	5.2
合计	1453.5	100.0

德国商业银行市场组织结构一方面通过实行全国总分支机构大银行制，发挥了银行规模经济的优越性，为国民经济运行提供高效支付系统，可以为大工商企业发展提供巨额资金和全方位的服务。另一方面，德国维持较多中型银行和小银行与大银行并存的格局，保持银行业市场适度的竞争强度和氛围，也为地方经济、社区经济和中小企业的发展提供灵活和针对性强的金融服务。

（二）具有典型范围经济特征的全能银行制度

全能业务是德国银行体制最突出，也是最重要的特征。全能型银行（Universal Banks）也称全能服务银行（Full Service Banks）。在这种制度安排下的银行具有很强的业务渗透功能，它们不仅开办传统的存贷款业务，还从事证券承销和金融租赁、信托业务，甚至还可以进行不动产投资和保险业务。德国的全能型银行分三大类：商业银行、合作银行和公营储蓄银行，这三类银行业务量很大，约占全部金融机构业务总量的75%以上。

德国银行具有全能型或综合性的特征，并不是德国银行业有意识追求范围经济的效率的结果，而是与德国工业经济的发展历程有关。19世纪30年代，当德国刚开始进入工业革命时，英国的工业革命已经基本完成。19世纪70年代后，德国工业化进程十分迅速，建成许多大股份制企业。大工业的迅速发展，一方面对资金产生大量需求，另一方面社会资金积累虚弱，证券市场落后，缺乏私人大规模投资基础，工商业自有资金率低，客观上形成了对银行和政府在资金上的严重依赖性。政府面对国际竞争环境的巨大压力，以及所怀有的奋起直追的强烈愿望，鼓励银行向工商业提供长短期资金和全方位服务。这使得德国现代银行一开始就没有余地作为传统意义上的商业银行发展，走的是长短期业务并重、银行业务与证券业务兼营的经营模式。

然而，全能型银行在德国经济工业化阶段起到了极大的促进作用。1929—1933年的世界性经济金融大危机和第二次世界大战中，德国的金融危机暴露出综合性银行的弱点，即由于业务过宽，银行流动性和资本金的管理和控制十分困难，特别在经济急速衰退时极易造成严重后果。在这次大危机中，一大批实力较弱的综合性银行，由于企业破产而倒闭。当时，世界许多国家的银行制度纷纷改为采用严格的金融分业经营制度，对银行业、证券业和保险业实行分业经营和管理。然而，德国并没有简单地否定综合性银行制度，认为这种银行制度也有其适应性强、业务范围经济明显、方便客户等优越性，同时考虑到德国历史上形成的习惯。面对出现的困境和矛盾，德国政府和银行业分别采取了一些制度性的措施和调整：一方面，政府采取了严格的金融监管措施，例如，加强银行资本充足性管理，加强对证券发行和交易的监管，督促各银行对企业加强信用风险分析和经济形势的分析等，以便把综合银行的负面效果控制在尽可能小的范围内；另一方面，商业银行没有单纯采取让处于困境的企业破产清偿的方式，而是采取债权转投资或股权的方式，即银行挑选一部分基础较好的企业，将其无法偿还的贷款转化为银行的投资或控股权。用这种方式，德国银行业在20世纪30年代大危机中挽救了许多濒临倒闭的企业。① 在第二次世界大战后，德国银行又以大量长期贷款和直接投资的方式协助工业复兴，在德国经济发展中功不可没，同时也使银行与工业企业的关系进一步密切。

全能型银行制度一直是银行理论和实践中长期争论的问题，德国在坚持该制度的同时，也在长期研究和分析其利弊以及对德国经济的影响。20世纪80年代以来，随着经济环境的变化，原来采取业务分离主义银行制度的美国、英国，甚至日本均出现了商业银行、投资银行和保险公司相互渗透的趋势。面对这种变动，德国坚持全能型或综合性银行

① 饶余庆．现代货币银行学．北京：中国社会科学出版社，1982：47-48.

制度的信心和决心更强了，但也加快了本国证券市场发展和国际化的步伐。例如，德累斯顿银行 1995 年以 22 亿马克高价购买了伦敦一家证券公司。德意志银行将投资证券业务总部移往伦敦，股票调研部门也全部改由伦敦的子公司负责，1996 年其证券业务收益达 7.7 亿马克，比 1995 年增长 32%。德国商业银行在 1996 年特设了专营证券的投资银行部，同时还收购了伦敦的一家证券交易商。

（三）分业监管与全能银行制度长期并存及其监管转型

尽管德国是全能银行制度的典型，但德国长期以来实行的却是金融分业监管。然而，全能银行制度在各类业务的无所不能与分业监管的不协调，以及全世界金融混业经营和统一监管的趋势，也使得德国试图提高监管的有效性和银行的竞争力。2002 年 4 月 22 日德国通过《统一金融服务监管法》(*FinDAG*)，在合并原来银行监督局（BAKred）、保险监督局（BAV）、证券监督局（BA We）三家机构基础上，于同年 5 月 1 日正式组建成为德国金融监管局（BaFin），负责统一监管当时 2 700 家银行、800 家金融服务机构和超过 700 家的保险企业。德国金融监管采取的是专业化的分业监管与统一协调监管相结合的模式。金融监管局设置了三个专业部门，分别监管银行、保险、证券业务，同时还设置了三个交叉业务部门，负责专门处理交叉领域的风险问题，这也充分说明金融分业制度的确有它的优越性。鉴于德国中央银行在欧元区的特殊地位以及国际金融市场交易的复杂性，特别是 2008—2010 年美国华尔街引发的全球金融和经济危机，德国对跨境交易的金融市场风险高度重视。德国政府在 2009 年 10 月签署的联合政府协定中，建议以德国中央银行为主参与对金融市场的监管，这就会使得德国中央银行和德国金融监管局（Bafin）均拥有对金融市场的监管权。很显然，这个变化并非那么简单，德国中央银行与金融监管局之间除了需要厘清非常复杂的法律关系外，还要确定在实施监管中的监管边界和协调问题。

（四）德国银行业全能化经营与英国银行业的混业经营的区别

英国银行制度从传统专业分工体制很快就进入混业经营状态，这个过程显得比较简单是由于英国历史上没有金融分业法律限制的约束，管理的弹性较大。因此，英国银行制度的变化被看作是对竞争环境变化的自然反应和自然演化的结果。金融理论界普遍认为，目前英国银行混业经营与德国全能型或综合性银行制度有本质差别。首先，德国的全能银行制度模式对公司客户和私人客户均提供全方位金融服务，而英国仅对个人提供；其次，德国在法律和实践中从未存在真正意义上的金融分业，而英国在传统上分业或分工是较严的，尽管其模式是自律性管理；最后，也是最为重要的，两国银行业制度设计不一样，德国银行可以，并且实际控制了大量公司客户的股权，形成银企相互持股的格局，而英国则几乎不存在这类现象。因此，英国金融理论界认为英国模式更准确的表述是，金融混业模式或称金融联合大企业模式（Financial Conglomerates Model），它不同于德国式全能银行模式（Universal Banking Model）。

历史事实与理论似乎开了个玩笑，美国和世界各国由饱受金融混业之痛后理性选择金融分业经营的模式，到经济环境变化后各国金融业再度混业，试图通过范围经济以求生存。银行业这种理性选择的国际趋势演变和轮回的结果，在德国却在 100 年前就确定，并一直坚持着。然而，这些都是表面现象。分业经营模式作为建立在实实在在的银行业惨痛历史上的人类的理性选择，其历史地位功不可没，它至少在制度上保障了许多国家数十年经济发展与金融稳定的共存。德国模式的成功和21世纪初美国金融危机只能再次证明，各国金融业市场结构模式的形成或选择，在其共性的后面，也有着各国自身更多的历史、经济、法律的特殊性。

四、日本模式

（一）集中与竞争并存，纵向与横向并存的市场结构

日本是一个发展较晚而后来居上的发达国家。1868年日本明治维新是一次不彻底的资产阶级革命，明治维新后，日本采取了银行超前发展战略，迅速推动了经济发展，再加上从1894—1895年中日甲午战争中获得2亿3千万两白银的赔款，很快跻身于资本主义强国之列。日本金融和银行体制从1868年至21世纪头10年，经历了140年的发展历史，以第二次世界大战结束和1984年5月大藏省发表《金融自由化与日元国际化的现状与展望》为标志，日本银行业市场结构的演变可划分为战前、战后、金融自由化和银行长期危机四个阶段。在政府强烈干预下，日本吸收西方银行的优点，又融进本民族的特色，形成了一套极富个性的银行体制，促进了日本经济的起飞和经济奇迹。

日本银行业市场结构模式的特点是人为重构专业分工前提下的垄断竞争型市场组织结构。第二次世界大战后，日本银行业经历了整顿和重构两个阶段。1945年9月，美国占领军下令关闭和清理战时变成军需金融机构的特殊金融机构，把它们部分转化为商业银行（称普通银行）和债券发行银行。1947年前后，随着国际形势的急剧变化，美国对日政策由限制改为扶植和利用，日本政府立即着手恢复了以城市银行为中心的金融中枢，并成立了"金融制度调查会"，由金融界、学者、产业代表18人组成，着手调查和设计日本金融制度。在学习欧美先进银行制度的同时，日本根据本民族的历史传统和特点，很快重建了一个相对完整并适应日本经济发展需要的银行市场组织体系。从规模经济的角度来讲，日本银行业市场组织结构的特点是：

1. 鼓励分工范围内的竞争

第二次世界大战后日本急需巨额资金恢复和发展经济，在这种条件下，银行体制的模式规划既要考虑经济结构的现状，满足对金融的多种需求，又要考虑如何高效率地集中使用资金，维持较稳定的金融和经济秩序。日本选择了按不同产业和信贷条件分门别类设定各有业务范围、服务于不同对象的专业化银行制度。第二次世界大战后日本人为构造的专业银行组织结构分工之细，举世罕见。然而，这里特别要指出的是，日本在设计专业分工银行制度时，并没有忽略保留竞争机制，在每类专业分工领域内都有一定数量的金融机构，以维护自觉提高经营效率的竞争环境。银行体制强调分工领域内的竞争，既保证专业分工的金融技术效率，又保持竞争效率。

2. 具有规模效率的大银行和区域性灵活发展的地方银行并存

日本银行业的集中程度较高，我们以三类商业银行的机构分布和业务占比指标来看，1998年在全国154家商业银行中，13家城市银行的平均网点达235个，资本比重达

63.7%，存款占比为58.1%，贷款达62.0%。但日本银行业的垄断并不是自然形成的，它带有很强的人为干预色彩，政府不断运用法规和措施限制全国大银行的兼并。二战期间，日本政府就确定了“一县一行”的方针。另外，地方经济在日本经济的高速发展中的作用十分突出，第二次世界大战后，日本采用地方分权制，建立了地方自治的行政体制，地方财政比较重要，地方金融活跃，地方银行与地方企业和公共团体关系十分密切，从而加大了地方金融机构的意义。日本很多地方银行作为地方公共团体的指定金融机构，在全国47个都、道、府、县中，有41个县的金融事业掌握于地方银行，而以城市银行为指定金融机构的只有6个县。这样就形成了全国性的、众多分支机构的、具有规模经济的大城市银行与众多区域性的、灵活性很强、地方色彩较浓的地方银行并存的格局。

(二) 历史形成的主银行制与范围经济

日本银企关系以其“主银行制”(The Main Bank System) 而闻名于世，它指日本银行与企业通过产权联系形成的一种机制安排。在传统上，日本许多企业会与某家银行有密切联系，银行往往是一家企业的股东，同时也是这家企业的最大贷款人，为其提供资金转划和清算等金融服务，甚至派人在企业担任领导。日本的主银行制曾被认为是一种成功的机制安排，它在促进日本经济增长的同时，也扩大了银行业务范围，并保障了银行效率的质量。

它被日本经济学家概括为四种功能①：

1. 内含保障作用（Implicit Insurance）

这一假设由 Nakatani 于1984年提出。他的研究发现，有主银行的企业的经济指标波动性比较低，如利润率、销售率等。由于主办银行根据销售波动周期调整贷款利率，把对联系企业贷款的利率与信贷资金成本波动相隔离，使企业的利润稳定，从而也保障了银行的本息偿还稳定。

2. 缓解信息不对称问题（Alleviation of Information Asymmetric Problem)

这一假设由 Myers 和 Majluf 于1984年提出。他们认为银企之间疏远的关系会由于信息揭示问题而同时降低银行和企业的效率。主银行制有助于降低银企之间信息不对称的负面效应。

3. 降低企业困境对银行带来的成本（Reduction of the Cost of Firm's Financial Distress)

企业的生存与外部融资条件有密切联系，企业在财务出现问题时，会本能地淡化困难程度，以取得银行贷款。主银行制度可以使银行了解企业财务真实信息，及早采取措施，从而可以降低企业财务进一步陷入严重经济危机时给银行带来较高的挽救成本。主银行制还可以使银行在其他方面减少企业财务困境的成本，其中最重要的是合作行动的问题，如债务重组、债务本息的部分减免、援救工作等。由于主银行往往是最大的债权人，并着眼于长远利益，故最有威望充当协调人，使众多债权人以最有利的方案合作行动。有统计表明，从第二次世界大战后企业陷入财务困境后的恢复情况来看，有主银行的企业状况要好

---

① Hoshi T. Back to the Future：Universal Banking in Japan. Universal Banking. IRWIN Professional Publishing，1996：210-215.

得多，倒闭率较低。主银行在帮助有联系企业的同时也为自己争取到了将来稳定的好客户。

4. 有效和低成本的公司监督（Effective and Costless Monitoring）

银行对工商企业客户的信贷监督是要付出成本的，银行对企业贷款质量的保障不能指望信用合同，更重要的是对借款企业经营状态的密切监督，因为企业的信用状态和经营状态是动态变化的。日本银行与企业的相互持股，使监督的利益相关度提高，因此，信贷监督的成本下降。日本银行往往派人在联系企业出任董事，出席企业日常内部管理层会议，参与重大决策，了解真实情况，这种监督的效率和准确性比任何形式的外部监督都要高得多。

（三）主银行制的优劣之争

日本主银行制所建立的长期稳定银企关系不仅使银行获利，而且也给工商企业带来巨大利益。20 世纪 80 年代以前日本经济高速增长和经济、金融体制长期稳定并存的奇迹，其中包含着日本主银行制所产生的效应。著名日本经济研究学者在其著作《日本主银行体制》中给出了三点正面评价：第一，日本的主银行体系在许多方面，尤其为大型企业有效配置资源是成功的典范。这种模式特别适合许多发展中市场经济国家和转轨中的社会主义经济国家。第二，日本银行的模式是微观性的。有鉴于现实市场是不完全的，也不可能是完全竞争的，因此该模式是一种低成本、有效率的解决不对称信息问题的制度性安排。第三，日本的主银行制最突出的特点是它将对陷入困境的大型企业进行重组作为自己的核心功能，这为银行带来可观的成本，已被证实是一种低成本有效的重组机制”。① 但 20 世纪 80 年代以来，日本大企业开始大幅度降低对主银行的借款依赖强度，而同时增加对外发行证券融资。这种现象提出一个问题，如果日本的银企关系对双方都有利无弊，企业显然不会改变融资结构。日本经济学家 Hoshi，Kashyap 和 Scharfstein 的归纳性研究提出假设，日本现代主办制式的银企关系对企业构成了一些隐含的成本②：第一，监控成本。联系企业时常感觉到，向主办银行融资受到了太多的监控，远不如发行公司债自在，在没有银行监督情况下，公司信息处理的空间更大。第二，目标成本。企业经理感觉到，银行往往要求企业过多地按银行的目标行事，而较少考虑企业自己的目标。第三，债权人和股东的利益冲突成本。日本一些企业家抱怨，当主办银行影响力太大时，联系企业的管理人员就可能把工作重心更多地放在满足债权人的利益上，而较少注重股东的利益。例如，银行联系企业的财务结构可能较多呈现向银行借款而不是成本最小的组合。有主银行的企业在投资决策上会过分谨慎或保守，极少涉及较高风险但回报潜力极大的投资项目，因而利润率会低于其他企业。任何理论假设都需实证证明，日本经济学家 Nakatani 于 1984 年对比了有主银行的企业与没有主银行的企业，两组企业的利润没有发现明显区别。1994 年

---

① 青木昌彦，休·帕特里特．日本主银行制度．北京：中国金融出版社，1998：489-493.

② Hoshi，Takeo，Kashyap A. The Choice between Public and Private Debt：An Analysis of Post-Deregulation Corporate Finance in Japan. Universal Banking. IRWIN Professional Publishing，1996：214-215.

经济学家 Weinstein 和 Yafeh 的研究再次证明两者的利润率无大差别①。在任何社会中，权利和责任相辅相成，企业有向主办银行随时获取贷款的权利，就有接受银行真实和严格监督的责任。企业作为债务人逃避监督属于本能的利益趋向，但日本的主银行制的严格监督有效起到了制约作用，不仅保障了银行效率的质量和社会存款人的利益，从长远来讲也是保护了借款企业的利益。

日本经济从 20 世纪 70 年代高速起飞，创造了举世瞩目的经济奇迹，但日本经济的过度扩展和房产业、股市上的巨大资产泡沫，也为日本经济大衰退埋下了伏笔。20 世纪 90 年代日本经济泡沫的破灭立刻带来了银行业的灾难。1997 年 11 月，排名日本城市银行第 20 名的北海道拓殖银行因巨额不良贷款宣告破产，几乎同时，日本最大的投资银行山一证券被美林兼并。这两家巨头的倒闭在日本引起金融恐慌，信奉了 50 多年的“银行不倒”的神话就此终结。日本政府和金融界猛然惊醒，开始解决银行业巨额不良贷款，但为时已晚，且给经济“雪上加霜”。银行普遍“惜贷”，中小企业纷纷倒闭，失业增加，不良贷款继续增加，整个信用体系步入恶性循环。1998 年 5 月，日本长期信用银行（简称长银，在日本当时排名第 19 位）处于破产边缘，在政府救助后仍难维系，8 月破产。为了避免大型银行倒闭的连锁反应，政府连续公布了《金融健全化法案》和《金融再生关联法案》，其目的在于通过宣布对困难银行的存款者利益实施保护和对陷入财务困境银行实施国有化来稳定市场信心，遏制金融危机势头。1998 年 11 月日本三大长期信用公司中有两家被收归国有。至此，日本银行业与日本经济一道一蹶不振，陷入长达十几年的低迷状态。

一度对日本经济高速发展做出巨大贡献，被许多发展中国家，特别是亚洲国家视为楷模的日本银行业陷入如此窘境，人们开始了对日本经济发展模式和银行业模式的质疑和“拷问”。有人将 20 世纪 90 年代日本泡沫经济的破灭归罪于日本银行与企业密切的股权联系，但这种观点过于简单。日本 20 世纪 90 年代经济危机原因很多，从银行方面来讲，是由于其宽松的抵押政策和投资失误，在资产价格全面下跌时，作为贷款担保的抵押品的价格同时下降，借入者无法偿还借款，抵押品的缩水顿时使银行贷款变为坏账，并导致全国性债务紧缩。然而，这仅仅是问题之一。在总体经济发展上，导致日本泡沫经济破灭的一个非常重要的因素是没有控制好房地产和股票等资产价格的疯涨，结果当房价和股价大幅度下降时，日本的银行为了防范风险，不得不全面收缩信用，从而进一步导致全面经济萎缩。另外，20 世纪 80 年代中期后日本没有控制力下的金融自由化、长期低利率、泡沫经济、国内进出口贸易和经济结构失衡、对金融业的过度保护等，都应该对银行业这场灾难负责。

五、中国模式

1979 年以前，我国银行业是一个绝对垄断的系统，全国基本上只有一家特大银行——中国人民银行，垄断一切金融业务。中国现代银行制度的建立应以 1983 年 9 月 17

① Hoshi, Takeo, Kashyap A. The Choice between Public and Private Debt: An Analysis of Post-Deregulation Corporate Finance in Japan. Universal Banking. IRWIN Professional Publishing, 1996: 214-215.

日国务院发布《关于中国人民银行专门执行中央银行职能的决定》为标志，该项决定明确中国人民银行是国务院领导和管理全国金融事业的国家机关，不对企业和个人办理信贷业务，集中力量研究和做好金融调控和银行监管。这项决定隐含这样一种市场秩序安排，一般银行是经营性实体，具有追求自我利益的内在冲动和广泛的经营自主权，中国人民银行则超然于经营性银行之上，行使维护金融秩序的职能。从此以后，中国银行业的内部才开始萌生市场经济的成分，导入市场化机制。

（一）体现国家集中资源配置的垄断竞争性行业特征

1983年9月国务院决定中国人民银行专门行使中央银行职能，并分设几家国有专业银行后，中国银行业开始植入市场竞争的因子，其方式和内容都体现了渐进和不断强化的过程。中国银行业的竞争始于专业银行的业务领域拓宽和业务交叉，深化于众多新型股份制银行的出现。目前中国银行业的竞争程度已达到对经营方式和效率产生影响的程度。下面用表2-4说明我国银行业竞争强度的变化状态，表中运用市场集中率、赫芬达指数三项指标。

表2-4　**中国银行业市场竞争强度指标**

项目＼年份	1980	1990	2000	2010
赫芬达指数（HHI）	10000	2255	1188	1210
四大银行存款市场集中率（%）	100.0	89.0	67.4	73.0

注：1. 数据根据BVD数据库、《中国金融年鉴》和《中国人民银行统计季报》各期整理得出。由于这三种统计报告口径有偏差，该计算结果较为粗略。

2. 存款市场指我国存款货币银行的存款总计。

3. 我们的统计计算口径包括四大国有控股银行，15家全国性股份制银行和100多家城市商业银行，城乡信用社。

4. 外资银行和政策性银行不包括在内。

表2-4显示，第一，在短短20多年中，我国银行业从高度垄断体制迅速转向垄断竞争性体制，银行家数从1980年的1家，1985年的四大家，1990年的11家，发展到2010年的140家左右（我们的统计计算口径包括四大国有控股银行，15家全国性股份制银行和100多家城市商业银行；不包括城乡信用合作社、外资银行和政策性银行，它们在银行业中的功能和竞争性质不具备可比较性）。前四家最大银行的人民币存款市场占有率从1990年的89.0%下降到2000年的67.4%，然后保持数年稳定下降，从2006年开始，四大国有控股银行的市场占有率又略有上升。但是，这是否能判断中国银行业在国内是垄断行业呢？请关注赫芬达指数，由于这个指标的经济含义能更为准确地表达是否为竞争状

态，我们看到，该指标从1990年的2 255点降至2010年的1 210点左右。如果按照银行业经济学的衡量标准，已经不能说中国银行业是垄断性行业，它与西方发达国家的平均水平相当。至于我国四大国有控股银行和绝大多数股份制银行中的国有股权和政府实际上对任何银行高层领导的任命权，则是另外的研究领域，适用其他经济学理论和政治经济学的解释。第二，中国银行业的竞争强度已达到了国际银行业市场竞争的平均状态。中国银行业竞争强度相对于其他市场经济国家，仍属于集中率较高或竞争强度偏弱的水平。参考表2-4的数据，中国银行业的市场竞争强度与英国、法国、瑞士、奥地利等国相当，而弱于德国、意大利、西班牙等国。第三，中国银行业市场竞争强度的提高速度逐步变缓，尽管赫芬达指数下降得较快，但四大国有控股银行存款市场份额从1994年开始下降速率大大减慢，而且从2006年开始上升。第四，中国经济发展速度较高，但经济和政治体制的改革是渐进性的，四大国有控股银行作为体现中央集权配置资源的工具的功能，还会存在相当一段时间，特别是考虑到我国银行业还未启动市场退出机制，这使得我国商业银行的竞争既有激烈到甚至不计成本的一面，也有在面对消费者时容易合谋的一面。

总体概括，我们可以这样认为，中国银行业目前的竞争格局已基本形成，竞争强度已给银行业产生了较大的压力，银行业是垄断行业的提法在国际学术界通行的对银行业垄断的学术衡量标准上不再成立。目前中国金融管理当局需要注重的是引导竞争的方式，改善竞争的内容。

（二）运用金融控股集团的形式追求范围经济

我国金融业在法律上一直实施的是分业经营和分业监管。然而，在国际金融业混业的大趋势下，以及出于竞争的需要，我国银行业的分业经营和监管实际上仅仅是名义上的，其实质上已经转变为在金融控股集团下的混业经营。

中国的金融分业制度正式始于1995年颁布的商业银行法，并在随后的证券法等其他相关法规中得以加强。我国正式确定金融分业制度，是为了整顿1993年后混乱的金融秩序，加强风险防范与控制，确保对银行业、证券业、保险业的监管执行力度。然而，实施金融分业经营制度仅过了几年的平静期，我国金融机构又开始以业务合作的方式相互参与和渗透到对方的领域，在金融分业法律制度的框架内，以独特的方式追求范围经济。这种现象在2000年以来达到高潮，并成为我国金融机构的普遍行为。从21世纪开始，以五大国有控股银行为代表的我国银行业，实际进入了以金融控股集团形式实施混业经营的时代。我国银行在追求范围经济效率上，从业务合作到金融控股集团下的混业经营，有以下几类主要形式：

1. 互为客户型

互为客户型的合作，指银证保三业之间，一方视另一方为服务对象，利用自己的传统业务优势，把竞争对手作为新客户来开发，实现自我经济利益。这种类型的业务包括：银行为证券公司、保险公司和基金公司提供托管、资金结算，利用日益增加的个人金融服务需求，大规模地为证券、保险、基金提供大范围的产品代销，对券商和保险公司提供质押贷款；保险公司为银行的住宅贷款和汽车贷款提供保险，其中有些甚至已成为自己重要的利润来源。

2. 围绕共同客户型

这种合作类型指银行、证券、保险三者将对方已经成熟的业务与自己的客户资源相结合，通过重新进行市场细分、开发新型客户群体来扩大市场，重新分割利益。它既包括各金融机构现有业务之间的合作，如相互进行业务委托代理，也包括新产品和销售方式的创新性合作，如银证转账、银证通、客户理财、银行保险、投资型保险新品种等。

3. 金融控股集团型

这是一种较高层次的合作方式，指通过控股公司来组成银行、券商、保险公司、信托相融合的金融集团，其启发思想来源于市场经济发达国家的金融控股公司模式。21世纪初，国内除了国有银行和股份制银行外，证券、保险、资产管理公司都纷纷构建金融控股集团，甚至工商企业也都涉足对金融机构的参股和控股。

我国金融业出现的业务合作和金融控股公司涌现的潮流，不是由国家层面推动的，基本上是由下而上的自发行为，其快速发展反映出中国的金融业不再单纯地考虑规模扩张，而是在理性地尝试多元化经营，追求范围经济。这同时也表明我国银行和其他金融机构生存意识和商业化意识的加强，以及对法律理念与创新理念两者之间关系的深刻理解，是我国金融业的巨大进步。当然，2008—2010年全球金融危机的深刻教训提醒我们，在国家金融基础不扎实、法制不健全、风险防范和控制水平不高、对金融服务和产品的复杂性解读能力十分有限的情况下，对不同金融机构业务之间的高度交融以及在金融控股集团内的关联交易所带来的潜在风险，要有足够的认识和准备。

◎小　结

1. 商业银行的基本功能具有一致性，但是，各国银行业的市场组织结构却有很大的差异。在不同的历史背景、市场条件、文化和法律框架下，各国形成了与本国经济结构相协调的银行业市场组织结构。银行业市场组织结构往往从规模经济、范围经济和银企关系的角度来进行分析。

2. 规模经济在银行业组织结构中讨论银行的规模在什么程度上是恰当的，从而引申出对一国银行业的一般状态应该是以什么样规模的银行为主，才是有效率的组织结构的讨论。从国际经济学界的研究结论来看，银行存在着明显的规模经济效应，但在哪一点上是最佳规模，或成本最低没有定论。从世界各国银行业的现状来看，除了美国等少数国家的银行业表现出银行数量众多外，大多数国家的银行业结构都表现出一种集中度较高或垄断竞争型的状态。它反映了银行业的行业特征。

3. 范围经济在银行业组织结构中讨论银行是否提供了最节省投入成本的业务组合。在给定产出水平上，如果经营多种业务银行的成本低于专业经营银行的成本，那么，多种经营银行存在着业务范围经济，否则，则存在着经营业务范围的不经济。银行出现产生业务范围经济的主要原因是各种投入和业务对同一固定资产和信息资源的分享。在经济学的研究上，范围经济在金融机构明显存在，但是，在历史上出现的重大银行业危机，曾经普遍被认为是由于银行业经营范围太宽，造成风险失控而引起的，即银行追求范围经济带来的风险大于混业经营所引起的效益。因此，除了德国等少数国家坚持全能银行制度外，绝大多数国家长期以来采取分业经营模式。然而，随着环境的变化和金融业竞争的加剧，20世纪末以来，各国银行业存在向混业经营发展的趋势。

4. X效率主要指由于银行内部管理能力和水平提高所产生的经济效益。它又可被分解为技术效率与配置效率：技术效率反映给定投入的情况下，企业或银行获取最大产出的能力；配置效率价格则反映给定投入价格时，企业或银行以适当比例使用各项投入以使总成本最小的能力。目前，X效率也在银行业被普遍用来分析内部管理和组织结构的效率。

5. 银行业具有与一般工商行业不一致的行业特殊性。因此，在分析和判断一个国家银行业市场组织结构的合理性时，以下银行业特殊性的争论和解释经常被涉及：(1) 外部性与竞争的适度性问题。与企业倒闭不一样，银行倒闭对社会的影响来讲是巨大的，银行，特别是大银行的倒闭，都会使社会经济体遭受重创。银行业这种极强外部性的性质，使得在讨论银行业的竞争强度的理论设计时一直存在争议。学术界在分析行业的竞争状态的评判标准时，往往以行业集中度和赫芬达（Herfindahl-Hirschman Index）指数来衡量，前者一般以该行业前三大或前四大厂商所占的总体市场份额来表示，反映大公司对本行业的影响程度，而赫芬达指数反映市场竞争的均衡状态。对于一般行业而言，评价行业内竞争是否足够或均衡，往往分别取市场集中率和赫芬达指数的临界点值为50%和1 200点。然而，由于银行的外部性特征，大多数国家并不鼓励银行业内的过度竞争，其取值要高于一般行业。(2) 范围经济与利益冲突和风险“隔火墙”。该理论认为，银行追求范围经济的结果会导致混业经营，尽管混业经营可以提高银行经营效率，但最大的问题是容易导致银行的“利益冲突”，在一定条件下极易给社会带来巨大的灾难，最好的解决方式，就是从法律和制度对金融业要求分业经营，从而在行业细分上形成风险“隔火墙”。自现代银行业诞生，直到2008年全球金融危机后各国相关法律和制度的调整，绝大多数发达国家金融业的市场结构事实上都经历了混业—分业—再混业—再分业的螺旋式轮回。

6. 各国银行业的市场结构千差万别，但以金融发达国家作为典型来进行模式划分，美国、英国、德国和日本具有代表性。每个国家的银行业市场结构都有特点，它们与本国的经济发展阶段、法律体系、历史环境，甚至文化都息息相关。但是，从大类上划分，比较公认的是以美英为代表的“市场导向型”和以德日为代表的“银行导向型”模式。前者模式下的国家，资本市场比较发达，直接融资对银行业的竞争压力较大，银行业以分业经营和分业监管、不允许银行对工商企业直接持股为主要特征。后者模式下的国家，资本市场相对较弱，银行业市场权力较大，银行业以允许银行对工商企业直接持股为主要特征。在经历了开始的银行业转型和混业经营大趋势，以及2008年由美国引发的全球金融危机后，各国都在对本国金融业和银行业的市场结构进行深刻反思，各类模式之间的特征和界限不再那么清晰，它们相互吸收对方优点，走向趋同。

7. 中国现代市场经济意义上的银行业出现在1985年前后，经过不到30多年的发展，中国已经形成了具有中国特征的银行业市场组织，即国有控股银行为主体的银行系统，银行业不再是垄断性行业，而是体现了国家集中资源配置的垄断竞争性行业特征。中国金融业在法律上一直实施的是分业经营和分业监管。然而，在国际金融业混业的大趋势下，以及出于竞争的需要，我国银行业实质上已经转变为在金融控股集团下的混业经营。

◎重要概念

市场组织结构　规模经济　范围经济　X效率　利益冲突　市场集中度　赫芬达指数　分业经营　混业经营　主办银行制

第三章 银行内部组织结构

内部组织结构（Organizational Structure）指商业银行作为企业，用来协调组织内部各利益主体的机制设计和对业务如何分工、协作和执行的制度安排。现代商业银行大都是按照公司法组建的股份制银行，它们的内部组织结构（Organizational Structure）可分成两大类：第一类是公司治理结构层面的，指银行协调内部各利益主体的机制设计，其基本内容和框架是一致的；第二类是业务运行和管理层面的，指银行管理层对于业务如何分工、协调与合作，以加强管理执行力的制度安排。这类组织结构依据银行的规模、经营领域的覆盖面以及经营地域的跨度范围不同，则有着很大的差异。

第一节 银行公司治理结构

银行公司治理层面的组织结构一般分为四个层次：决策层、执行层、监督层和经营管理层。

一、决策层

商业银行的决策层次主要由股东大会和董事会，以及下设的各种委员会构成。

（一）股东大会

股东大会是商业银行的最高权力机构。与公司股东一样，银行股东也分为普通股股东和优先股股东。普通股股东在法律上为银行的所有者，但有权参加股东大会，即有权参与银行对管理的决策。银行每年至少召开一次股东大会，股东们有权听取和审议银行管理层对经营状况的汇报和重大事务的议案，有权提出质询，并有权对银行的经营方针、管理决策和各种重大议案进行表决。由于各国国情不一样，股东大会的权利和对管理层的影响力迥然不同。欧美国家的银行股权比较分散，大股东是相对意义上的。股权高度分散下的小股东们对股东大会不感兴趣，干脆不参加股东大会，因此对股东大会的决策也无多大影响。所以，欧美国家银行，特别是大银行的高级管理层比较稳定，“内部人控制”现象普遍。但是，银行在资本市场上控股权的更替比较频繁，兼并与被兼并事件经常发生。在德国和日本，机构投资者和财团往往是稳定的大股东，控股权比较稳定，但是对经理层的考核比较严格。

（二）董事会

商业银行董事会是由股东大会选举产生的决策机构，对银行经营的大政方针、发展战略和重大投资进行决策和表决。各银行董事会的人数依银行规模大小不同而定，小银行的董事有时5人就可以了，大银行则可达20余人。董事的任期一般为2~5年不等，可连选连任。在大多数情况下，董事在银行中并无具体经营职务，也不能在银行领取薪金，但银行给予董事的费用补贴较高。很多国家对当选商业银行董事都规定了一些条件。近年来，各国越来越强调公司治理结构的健全，特别是强调对中小股东的保护，因此，各国金融管理当局要求在董事会中必须设立独立董事。独立董事一般由与公司没有利益关系，同时有一定专长和较强独立人格的人来担任。由于股东大会每年召开次数极为有限，且人多分歧大，效率低，银行的决策机构实际上是董事会。银行定期和不定期地由董事长召集董事会，对经营战略、策略和经营管理的各项重大议案进行议政和决策。商业银行董事长由董事会决定。由于董事长在银行中处于举足轻重的地位，所以这一职位通常由那些具有较强的判断能力、决策能力和交际能力，并与社会各界有较密切关系的人士担任，以便为银行的发展提供有利条件。

二、执行层

商业银行的执行和管理层通常被称为高级管理人员，由行长（总裁）、副行长（副总裁）和董事会秘书组成：行长（总裁）是银行的行政首脑，其职责是执行董事会制定的经营方针和投资策略，对重大的经营性工作进行判断和决策，组织和实施银行日常业务活动的经营管理；副行长（副总裁）的职责是协助银行总裁分管主要部门的业务；董事会秘书在较大规模的银行里属于高管层，他直接对董事会负责，保障董事会的决策能得到准确和切实的执行。

三、监督层

商业银行的监督系统由股东大会选举产生的监事会及银行的稽核部门组成。

监事会由监事组成。银行监事分内部监事和外部监事。当选为银行内部监事的一般都是具有丰富的银行管理经验的人员，他们熟悉银行业务的各个环节，能及时发现银行经营活动中存在的问题。外部监事则由那些与银行无利益关系、品行端正，熟悉银行基本业务和管理的人士担任。监事会的职责是对银行的一切经营活动进行监督和检查。作为公司治理结构一环的监事会的检查报告，在理论上比银行内部稽核委员会的检查报告更具有客观性和权威性，它除了检查银行执行部门的业务经营和管理之外，还要对董事会制定的重大决策、各项规制被执行的情况进行检查，一旦发现问题，可以直接向有关部门提出限期改进的要求。

对董事会进行监督是公司治理结构中一个重要的权力制衡机制，然而在实际机构设计中，各国模式还是有较大差别。我们可以概括为英美模式和德日模式。在英美模式下一般没有设立监事会，由董事会中的外部董事行使监事职能，而德日模式下则设立监事会，其地位一般高于董事会，由监事会选聘董事，董事会再选聘经理层。

四、经营管理层

经营管理层主要由银行内各业务职能部门经理和下一级分支机构的经理组成。以一个中型银行为例，在其内部可设置公司金融业务、个人金融业务、清算与结算、资金交易、金融工程、财务管理、人力资源、运营和公共关系及研究和开发等部门。银行总行以下可再设二级或三级分支机构。一般来讲，商业银行的所有经营和工作都是以客户为中心，以市场为导向，但是在具体分工上，往往把公司金融业务、个人金融业务、清算与结算和资金交易等经营部门称为前台部门，它们直接面对客户。金融工程、财务管理、运营、公共关系和电脑等部门称为中台部门，专门为前台服务。商业银行的人力资源、后勤、行政等部门称为后台部门，主要负责内部管理，协助业务部门开展经营活动。

第二节　银行公司治理结构与目标冲突

在产权明晰的股份制银行里，所有权和经营权是相分离的，股东和管理者在公司治理结构中是一种委托-代理关系。股东作为最终所有者的代表，雇用专业管理人员，并委托管理人员代表股东的利益经营银行，因此，股东们希望经理层所追求的经营目标与他们一致，即股东财富最大化。然而，股东和经理阶层在公司治理结构中是两个不同的利益集团，现代经济学越来越多地发现，银行，特别是大银行的高层管理人员在日常经营中所追求的目标与股东常常是不一致的，这种状态严重时可以对银行经营绩效产生很大的影响。

一、股东与管理者之间的目标冲突

如前所述，商业银行、特别在英美股权分散的大银行，高层管理人员在日常经营中所追求的目标与股东常常是不一致的。例如，高层管理人员更倾向于扩大银行的规模而不是利润，因为银行的规模和高层经理的权力与其社会地位有着密切的关系。在银行，相当多的高层管理者希望自己的“隐含补贴”最大化，他们希望乘坐豪华轿车，享受富丽堂皇的办公室，能支配巨额的职务消费。甚至还有相当部分的银行高层管理人员为了自己的利益而随意调整风险偏好，导致经营行为的极端化，他们或者为了维护自己的职位，而不愿意承担银行发展必要的风险，在发展中往往选择最为保守的项目和经营策略，或者为了在短期内攫取巨额绩效奖励而铤而走险，在产品设计和资金投向上，追求高回报和高风险的项目。2008—2010 年的金融危机就充分暴露了所谓华尔街“金融精英”缺乏起码的职业道德的行为对银行的破坏力。

从表面上看这个问题不难解决，如果银行高层管理人员不能最大程度地代表股东利益经营，将他们解雇就可以了。但是，在现实中对这个问题的解决比表面上看起来要困难得多，问题的根源还是在于“信息不对称”：第一，信息不对称使所有者很难监督和判断高层管理人员的行为是使银行利益最大化还是使他们个人利益最大化。例如，有些银行在某一阶段超常规地快速发展是有利于银行的长远利益还是自我的短期利益？乘坐豪华轿车、旅差下榻总统套房是有助于提高银行商誉还是贪图个人享受？如何在投资项目和经营策略的选择上，在必要的可承受的风险与安全性之间划一条明晰的界限？这些都是很难判断的。第二，从常理上来讲，作为所有者的股东理应积极地监督管理层的经营业绩，缓解信息不对称对银行带来的损害，但是，对于股权分散的银行，有着成千上万的股东，就任何单一股东来讲，都存在一个对银行监督激励所付成本与回报之间取舍的问题。每个小股东都会感觉监督一个大银行所付的成本与所获得的回报不成比例，在以国有控股为主要股权结构特征的中国商业银行，高管人员行政化和最终所有者处于“虚拟”或缺位的状态，使监督的成本更高。于是，让别人去监督，自己“搭便车”是理性的选择。全体个别股东理性选择集合的结果，必然是股东利益集团整体丧失了对高层管理者的有效监督。毫无疑问，股东与高管层的目标冲突，必然对银行绩效，特别是长期绩效产生重要影响。

二、对目标冲突问题的解决

银行股东和管理者在经营目标上冲突的解决在各国有不同的模式。在银行导向型经济体制的国家，这类问题主要是通过大股东和机构投资者实行股权联盟（Ownership Consolidation）从而实现对银行控制权和决策影响力的目标。在德国和日本以及北欧有些国家，大股东和机构投资者对银行的股份往往占到相当高的比重，可以影响到控制权（在日本主要是财团控制，在德国主要是机构投资者控制）。由于占有较高的股权，这些大股东财团和机构投资者既有内在的激励去监督银行管理层的行为，也有能力去处理那些不称职的，或者经营行为与股东利益集团有重大偏离的高层管理者。

例如，德国的商业银行通过相互交叉持股的股权结构，使银行在公司治理结构上更有利于对管理层的控制。表 3-1 中的数据表明，1994 年德国五大商业银行的大股东通过交叉持股，在股东大会上占的份额分别为：德意志银行 32.07%，德累斯顿银行 44.19%，商业银行 18.49%，巴伐利亚·弗林斯布银行 32.19%，巴伐利亚·海帕银行 23.87%。这种结构使银行的大股东之间结成隐含的控制同盟，在股东大会上相互支持。表 3.1 中清楚表明，这种方式集合的投票权，在五家银行都超过了 50%，最高者达到 64%，这足以对高级管理层形成巨大的监督和控制压力，使高层管理人员的行为偏好必须服从银行的经营总目标。

在市场导向的国家里，由于股权相当分散，难以形成股权联盟，单个股东很难有内在激励去监督银行管理层。在这些国家如英国、美国和北美国家，对不称职和行为有重大偏离的高级管理层的处理，是通过公司并购的市场机制来实现的。我们把这种机制称为外部压力型的公司治理机制。当一家银行经营不善，股价下跌或被认为股价被高估的情况下就会由另一家银行或者一组私人投资者将这家银行兼并，然后替换那些不称职的管理人员，确保银行管理层能按照股东的意愿经营。为了使管理层与股东的利益能够更好地协调，在两种市场经济体制下，特别是在市场导向体制中，目前十分流行对高层管理实行长期利益的补偿机制。在这种机制下，董事为银行管理人员配给本银行的股票期权，这些股票期权将在 5 年或 10 年后才能开始行权，在市场上按市价出售。银行通过这种机制，试图把银行股东和银行管理人员的利益在更高层面上协调起来，形成激励相容。

表 3-1　**1994 年德国最大五家银行在股东大会上表决权分布（%）**

银行名称	德意志银行	德累斯顿银行	商业银行	巴伐利亚费林斯布银行	巴伐利亚海帕银行	总计
德意志银行	32.07	14.14	3.03	2.75	2.83	54.82

续表

银行名称	德意志银行	德累斯顿银行	商业银行	巴伐利亚费林斯布银行	巴伐利亚海帕银行	总计
德累斯顿银行	4.72	44.19	4.75	5.45	5.04	64.15
商业银行	13.43	16.35	18.49	3.78	3.65	55.70
巴伐利亚·费林斯布银行	8.80	10.28	3.42	32.19	3.42	58.11
巴伐利亚·海帕银行	5.90	10.19	5.72	10.74	23.87	56.42

*包括银行持股和附属投资公司持股。

资料来源：Baums，Fraune. Institutionelle Anleger und Publikumsgesellschaft，Die Aktiengesellschaft，1995（3）：106.

第三节　银行内部管理的组织结构设计

银行组织结构还可以从业务运行和内部管理的角度来划分和设计。此时的组织结构是指银行为实现组织目标，对优化配置组织要素，提高组织运行效率的结构和制度安排。简言之，它是银行对内部各要素优化组合的一种组织形态和整个管理系统的“框架”。

一、组织结构设计的性质

客观来讲，商业银行作为经营资金的特殊企业，在经营管理层面没有自身的组织结构设计的理论，它主要还是取自厂商理论或管理学。在管理学理论中，设计组织结构要考虑五个最重要的组织元素，即工作设计、工作组合、职位间的报告关系、职权的分配和协调。所以，组织结构设计可以概括为配置整个组织结构要素间关系的总合，而它逻辑的起点是为组织内的人员进行工作设计①。另外，现有技术、环境、规模和战略也是影响组织结构设计的重要因素。

银行进行组织结构设计的目的是为了实施战略与规划，加强管理的执行力，以实现银行的经营目标。

二、组织结构的基本形式

世界各国商业银行组织结构的形式很多，但在大的类别上可以归为五类：

（一）总分行科层制

总分行科层制是20世纪60年代以前世界各国大多数银行的传统组织结构设计，也是20世纪中期到21世纪初，我国四大国有商业银行和大型股份制银行的内部管理组织结构形式。在我国，该组织结构典型形式是以纵向（条）职能部门化与横向（块）行政区域

① 里基·W. 格里芬. 管理学. 第九版. 刘伟，译. 北京：中国市场出版社，2008：279-298.

部门化结合的"条块"组合为主要特征。除此之外，我国的科层制组织结构还有以下特点：第一，总行一层按照主要业务进行部门化的机构设置，银行在全国按照行政区划设置分支机构和网点；第二，各省和直辖市的一级分行实行财务独立核算，财务报表和绩效考核主要是块状结构，即按照总行、分行和支行的层级进行；第三，各一级分行在分行行长的直接领导下，分行内再设立各职能部门对应着总行的职能部门。然而，这种划分是粗线条的，这些大银行之间的组织结构又有不少差异和不断的变化，如，根据管理和控制幅度的需要，它们又可划分为高大的组织和扁平的组织。再如，中国银行的境外业务具有传统优势，在国外有大量分支机构，它组织结构设计上就添加了矩阵式的内容。21 世纪以来，随着金融业务领域的不断扩宽，国内四大银行和大中型股份制银行都逐步转变为金融控股公司，各银行的组织结构形态也呈现出多元化变化。

（二）功能部门化结构

功能部门化结构（Functional Departmentalization Structure）是根据银行业务的职能来实行部门化的组织结构的设计。在这类组织结构设计中，人员和单位根据银行最核心的业务首先进行部门化的分类和配置。

功能部门化结构的主要优点有四个：（1）每个部门由专业人士组成，从而银行可以在各职能部门上有效地实行专业化管理；（2）主管的管理工作比较方便，分管行长或经理只要熟悉相对较少的专业技能和管理；（3）部门内部的工作协调比较容易；（4）有利于实施集权化管理，银行总裁（CEO）可以方便地监督和协调组织内的全部活动。然而，随着规模的扩大，这种组织结构的缺陷就会逐步凸现出来。例如，银行 CEO 的全面管理和协调会变得越来越困难。决策速度可能变慢，组织官僚化。员工和部门领导变得只关注本部门而忽视了银行整体的需要。对责任和绩效的监督和分解也会变得越来越困难等。上述特点使得这类组织结构比较适用于那些小型银行。

温州银行属于股份制城市商业银行，它的前身——温州市商业银行成立于 1998 年 12 月 17 日，是在城市信用合作社的基础上合并组建的。2007 年 12 月 17 日，温州市商业银行正式更名为温州银行。截至 2009 年末，温州银行各项存款余额 337.20 亿元，各项贷款余额 245.94 亿元，资产总额 418.76 亿元，资本金总额约 42 亿元。在 2008 年中国《银行家》杂志发布的全国城市商业银行综合竞争力排名中居第 18 位。2009 年 11 月中国人民银行公布的全国 177 家商业银行所有者权益排名榜中，温州银行名列第 67 位；平均资本税前利润率达到 36.832%，排名全国第 8 位。在中国属于比较有代表性的小型商业银行。

建行以来，温州银行借助独特的地缘经济优势，依托相对健全的公司治理结构和灵活的决策运行机制，确定了"立足地方、立足中小、立足市民"的市场定位，以打造"精品零售银行"为战略目标为促进地方经济建设和区域金融稳定作出了重要贡献。

在组织结构设计上，温州银行采取的是比较典型的功能部门化型，根据公司金融、个人金融、国际业务、电子银行业务等主要业务划分职能部门，总行营业部和一级分行在财务核算上相对独立（在行政级别上，它们与总行职能部门平级），分行行长对所属机构经营业务的绩效负责，但总行营业部和一级分行的各类业务也需在汇报路径与总行职能部门对接，接受其专业化领导和协调。自 2007 年温州银行尝试跨区域经营以来，先后在衢州、宁波、杭州等城市设立了分行，但其组织结构的整体仍然属于功能部门化型。见图 3-1。

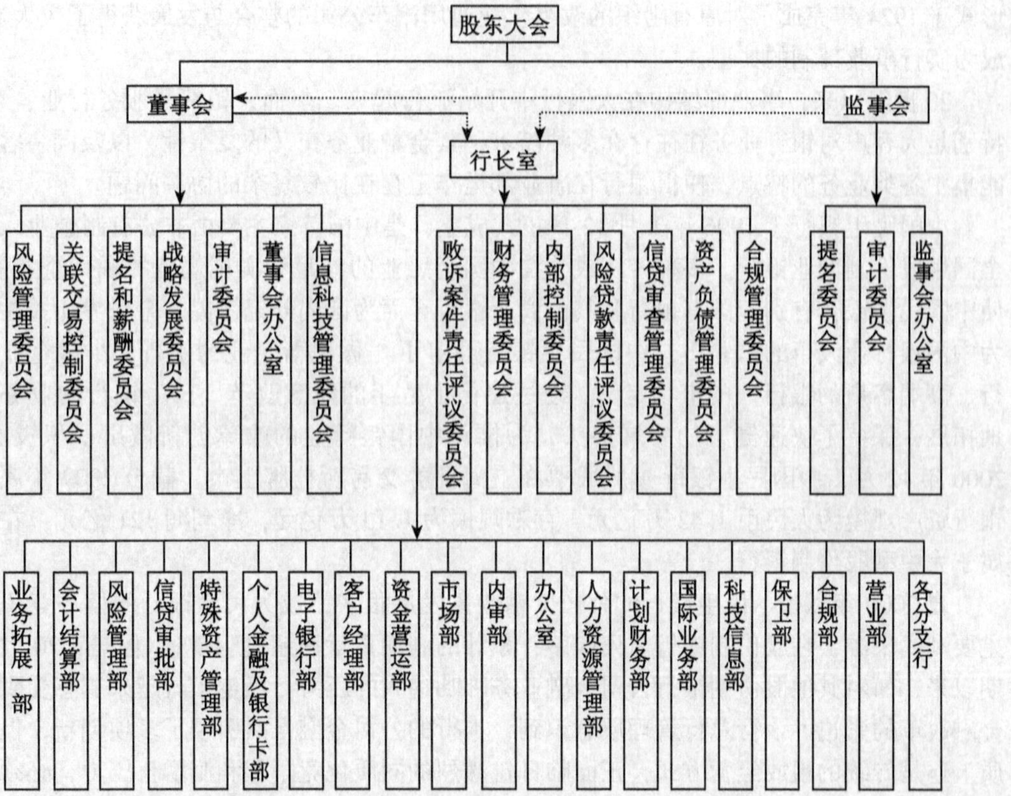

图 3-1　功能部门化型银行的组织结构图——中国浙江省温州银行

（三）事业部结构

事业部结构也称 M 型结构（Multidivisional Structure），是对银行内部相关多元化业务进行组合的结构设计，其战略理念是实现相关业务多元化下的高效率。

在事业部组织结构下，银行根据自身所能提供的主要产品或服务对象的不同，进行事业部划分，总行将某些业务分权给各事业部，事业部由各自的总经理负责，他们拥有相当大的权限。在银行内部，事业部有着较完整的职能部门，相对独立制定经营计划和预算，从而形成管理会计意义上的"利润中心"。

事业部结构设计的最大优点是优化内部竞争，即通过在银行内部的事业部之间对资源的健康竞争和专业化处理，对所专注的业务有着较高管理效率，从而提高银行整体运作效率。该组织结构的不足是，它对跨事业部之间的交叉业务的协调以及业绩的分解存在难度，不利于较大规模银行多品种经营"范围经济"的实现。

事业部结构最早是由美国通用汽车公司总裁斯隆于 1924 年提出的，故有"斯隆模型"之称，也叫"联邦分权化"。当时，通用汽车公司合并收购了许多小公司，企业规模急剧扩大，产品种类和经营项目增多，而内部管理却适应不了这种急剧的发展而显得十分混乱。时任通用汽车公司常务副总经理的斯隆参考了杜邦化学公司的经验，以事业部制的形式于1924年完成了对原有组织的改组，使通用汽车公司的整合与发展获得了较大成功，成为实行事业部制的典型。

20世纪以来，事业部结构在大银行中开始流行起来。然而，银行是服务行业，客户，特别是大客户对银行业务往往存在多种需求，其金融业务交叉的复杂性，以及同一客户可能集中各类业务的特点，使得银行在事业部运作上存在比较复杂的协调问题。

中国民生银行于1996年1月12日正式成立，是中国首家主要由非公有制企业入股的全国性股份制商业银行。多种经济成分在中国金融业的涉足和实现规范的现代企业制度，使中国民生银行有别于国有银行和其他商业银行，而为国内外经济界、金融界所关注。作为中国银行业改革的试验田，中国民生银行确定了“做民营企业的银行、小微企业的银行、高端客户的银行”的市场定位。经过建行十数年的锐意改革，民生银行的业务不断地拓展，保持了快速健康的发展势头，为推动中国银行业的改革创新做出了积极贡献。2000年12月，中国民生银行A股股票在上海证券交易所挂牌上市。截至2009年底，该银行资产规模为人民币1.43万亿元，存款规模为1.13万亿元，净利润121亿元，在中国属于大中型股份制银行。

自2000年以来，民生银行的公司金融业务发展很快，成为民生银行的核心竞争力和主要利润来源，在股份制银行名列前茅，累计的利润贡献率超过100%。但是，20世纪中期以来，面对其他股份制银行公司金融业务咄咄逼人的压力，民生银行越来越感受到公司金融改革的紧迫。该行总行管理层意识到，本行的公司金融虽然引领了多项创新，但从本质上还是传统的粗放经营方式，正面临日益激烈的同质化竞争和利润增长压力，必须进行脱胎换骨的革新。经过银行高层充分论证，决定进行银行组织结构的改革，即变传统的总分行体制为事业部体制、变部门银行为流程银行。

事业部是对传统的、带有很强行政化管理的总分行层级体制的否定，但如何把按照行政区划设置并考核的总分支行层级架构变为按照流程进行垂直考核的事业部结构呢？在充分考虑到民生自身的特点之后，民生银行将公司金融事业部改革总体思路确定为“公司化”运作和三个“专业化”。“公司化”运作就是战略定位清晰，实现人财物相配套、责权利相对应；三个“专业化”分别是：专业化销售——基于产品和客户细分建立专业化的营销架构和团队，业务单元之间划分清晰的边界，建立明确的协作模式和收入共享机制；专业化管理——管理流程化，专致于提升制定规则、资源配置、战略决策支持和集中运营管理能力；专业化评审——风险管理嵌入业务单元，充分授权、专业评审，实现授信、监控和市场有效对接，其中将风险管理体系嵌入事业部被认为是一个成功的尝试，它将有利于业务发展与风险控制的平衡。

由于处于试验阶段，民生银行总行的各事业部目前主要从事的公司金融业务包括三个方面：不利于分行做的，包括能源交通等大客户行业；风险高的，如房地产、冶金等行业；发展性的，如石化、财政存款等行业。民生银行还对事业部总裁、分行行长和支行行长给予了初步定位：事业部总裁是本业务单元业务的推动者和责任利润的承担者；分行行长是分行公共管理平台的协调者、银行在本地区的首席代表、分行首席合规官、留在分行公司业务的推动者和利润责任承担者、零售业务推动者；支行行长是本支行零售业务的推动者和利润责任的承担者、支行公共业务平台的管理者。

对于民生银行的分行而言，事业部改革就是对其现有功能的拆分，从过去什么都做到做零售业务和特色公司业务。改革之后，50%的公司金融业务还由分行来进行，包括：组建适当数量的负债业务部，吸收存款，重点加强对地方行政事业单位和行业的营销；提高专业化水平，对重大财政、能源项目支持；成立特殊行业部，营销当地龙头企业。分行还有一项重要的职责是做好保障，加大对落地的公司金融事业部分部的支持。分行同时还是公共管理平台，对事业部营销支持的中台和运营保障功能的后台都设在分行。

任何改革都有一个过程。民生银行的事业部改革既是管理组织结构的改革，同时也就是责、权、利结构的重新组合和调整，在其过程中必然会遇到一些困难。在改革过程中，民生银行这一内部管理组织结构所遇到的最大问题体现在三个方面：首先，阻力主要来自中高级管理层的思想观念和利益观念的认同和调整。其次，执行力如何有效地落实。事业部改革不是简单组织形式变化，而是管理理念、流程变化，因此执行力的落实就变得非常重要，这不是仅靠文件的规定和权力的强势推行就可以实现的，而是要靠全员的真正理解和支持。最后，来自管理平台的挑战。从原来考核分行、支行，转换到考核产品、客户、客户经理，这种条线的改革适应性也很困难，协调成本一度很高。对业务分解和绩效考核很难精确定位，在较长时间内形成下级分支机构对直属总行事业部所承担业务在基层平台形成的交叉业务缺乏主动配合和支持的内在动力，这在另一方面又带来了效率下降和较大的磨合成本。然而，尽管存在困难和阻力，经过几年不懈的坚持努力和合理调整，民生银行在事业部组织结构改革上已经取得明显成效。

(四) 矩阵结构

矩阵结构（Matrix Strcture）的设计是可以基本概括为由至少两类以上组织结构叠加而成的组织形态。典型的矩阵结构，首先是设计一组职能部门，然而再将其他产品部门叠加在职能部门上。

矩阵结构是企业为了解决经营管理的高度和宽度都同时增加时如何提高效率而设计的一种组织形态。该组织结构常常出现在银行面临以下环境状态时：第一，激烈的外部竞争要求营销部门形成强大的营销冲击，而产品线的多元化又需要银行围绕客户需求进行产品设计；第二，经营宽度和高度的增加，需要银行极大地提高处理信息的能力；第三，银行内部各部门之间和上下级机构之间对分享信息有较高的要求；第四，当银行经营跨境，变为国际组织时，管理的半径过长以及东道国环境和金融监管的特殊性，对分支机构提出了明确的分权要求。

矩阵结构有以下主要优点：（1）组织富有弹性，可以随时组建、重组、甚至撤销；（2）方块团队中的成员有较高的决策权，其激励作用较大，从而对银行经营计划的承诺水平也较高；（3）方块团队成员保留了职能部门的身份，从而在银行职能部门与方块团队之间维系了沟通渠道，减少了信息损耗；（4）对于大型银行，矩阵结构是一种有效的分权工具，它除了可充分调动尽可能多员工的积极性外，还将日常运营分离出去，最高层总裁可以有更多时间从事长期规划和战略工作。当然，矩阵结构也有其不足，最主要的问

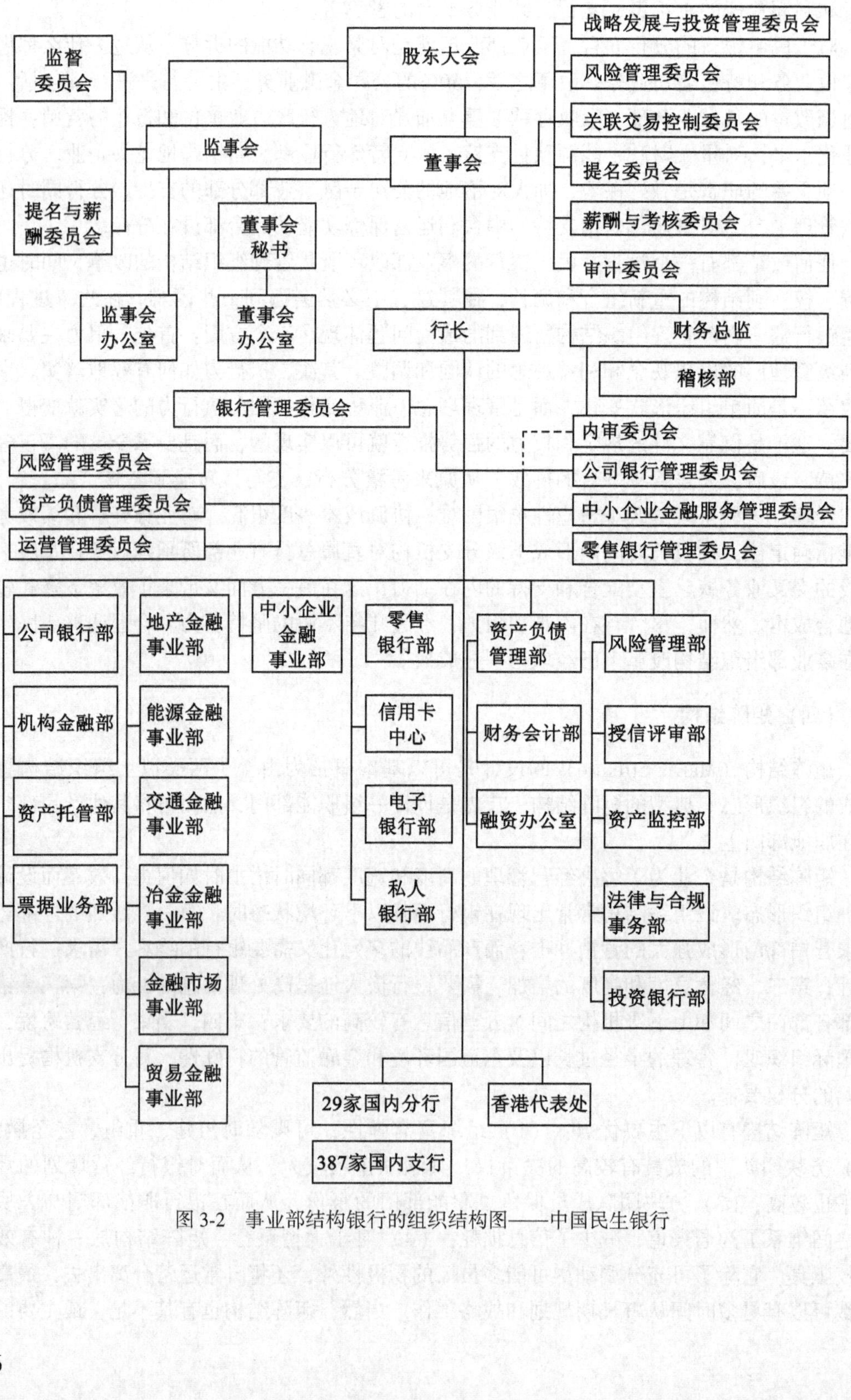

图 3-2　事业部结构银行的组织结构图——中国民生银行

题有两个：第一，下级管理人员和员工对职位间的报告关系有时会感到迷茫，特别是他们面临同时需要向上级职能主管和横向团队主管同时报告时；第二，在复杂的矩阵组织中，群体比个人需要更长的时间才能做出决策，这种状况有时带来混乱，如安排和控制不恰当，要么会出现过度分权独裁，要么出现多方的过度妥协。因此，矩阵组织在决策前协调所花费的时间往往是最长的。

（五）混合结构

有些银行组织采取上述两种和更多组织形式的混合形态。例如，将总分行科层制与事业部结构组合，或者将功能部门化结构与矩阵结构结合。在现实中，很少有哪家银行是上述纯粹意义的某类形式，其做法都是选择一种基本组织结构作为运营的基础形式，再在实践中不断根据自身需要对各种组织结构元素进行增减或调整。例如花旗银行集团（简称花旗）组织结构，就是随着业务品种创新的飞速发展和经营区域的迅速扩大一直在不断调整，以适应外部竞争的需要。在20世纪80年代之前，花旗长期设有三个业务职能部门，即机构银行业务部、个人银行业务部和投资银行业务部，两个服务部门，即金融与信息服务组和法律与外部事务组，还有若干公司委员会，下面设置分支机构和网点，在组织结构上属于功能部门化结构与总分行科层制的结合。到20世纪90年代初，随着国际化业务的快速扩展，花旗开始改组原来的组织结构为以矩阵结构为主，并实行了扁平化管理幅度，减少组织内的决策层次，设立了15人的高管层，后来又削减为12人。2002年6月，花旗再次对原矩阵结构进行重组，调整为以战略业务单位（SBU）为基础的矩阵组织结构，其核心内容是细分市场，在全球范围内围绕客户寻求产品与地域之间的平衡，目标是向全球客户提供具有花旗品质的商誉品牌——“国际化的本地银行”，确保花旗在全球各区域市场都能够占据领先位置。

以上银行内部组织结构的划分是非常粗略的，在现实中，银行内部组织结构存在许多复杂和细微的差异，这些差异是各银行根据自身的需要增添或修正的。因此，在讨论银行设计组织结构模式时，有三点要特别加以强调：首先，各国国情不一样，组织结构的设计在形式上相同，并不代表其内容和管理方法的一致性；其次，任何银行的组织结构设计是动态的，它会随着银行自身条件、经营环境的变化而不断调整；最后，越是大型的银行，其组织结构的设计越复杂，其中包括许多明显的差别和不断的变化。

花旗是全球卓越的金融集团公司，资产超过1兆美元，全球雇员逾27万，在100多个国家设有分支机构，为超过约2亿的个人消费者、企业、政府和机构提供品种丰富的金融产品及服务，包括消费者金融和信贷、公司金融、投资银行业务、保险、证券经纪及资产管理服务等。

花旗目前的矩阵组织结构是典型的以战略业务单位（SBU）为基础来设计的（见图3-3），整个银行集团组织结构纵横交织：首先，集团按照大类业务，从纵向按照职能设立了批发金融业务、零售金融业务、私人银行业务和投资管理业务四大管理集团；其次，从横向再按照经营所属区域分为两大部分，第一部分是北美业务区域，另一部分是国际业务区域；最后，在国际业务区域下又细分为亚太、中东、欧洲、非洲和拉美等分区，而在分区内再在若干重要国家设立总部。如20世纪中期，集团在香港设立花旗中国总部，21世

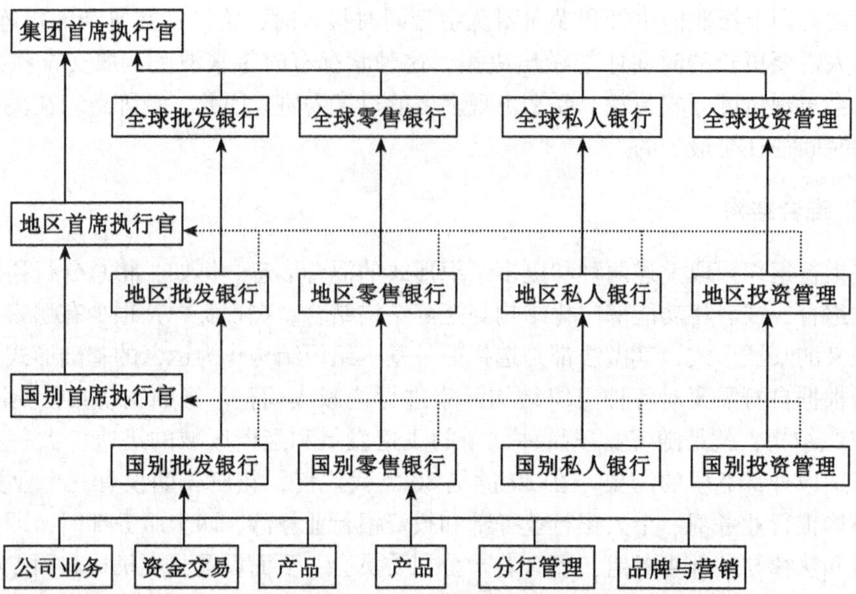

图 3-3　矩阵结构银行的组织结构图——美国花旗银行集团

纪初集团中国总部由香港迁往上海。各区域性集团的国际业务除了接受总部职能性管理集团的领导外，还要受花旗国际事业部的领导。花旗这种矩阵结构可以概括为由“纵轴”产品线和“横轴”地域组成，轴心是客户群。

值得指出的是，花旗的管理组织结构与其法律组织结构是不同的。花旗所控制的各个法律实体，是其在全球扩张过程中进行并购或者根据其所要进入的国家的金融监管要求所设立的。由于各国在对外资银行设立法规上的差异（如中国 2007 年外资银行法规定，在中国境内经营人民币业务的外资机构必须采取独立法人实体的形式），花旗的法律意义上的股权结构非常复杂，最上层的总部并不直接控制各个子公司。但是，在内部业务管理上，花旗是将各个子公司内部的业务按照业务线的划分来进行一体化管理的，并不因为控股结构的原因而有所变化。

花旗在矩阵式管理中，体现了二维双重报告关系，即各国分行或子公司的主管，必须同时向横向划分的区域集团国际主管和纵向划分的业务职能性集团相应业务线主管报告并负责。总行的业务职能性部门在产品上拥有更多的话语权，区域集团主管则更多的是协调好产品进入该市场后的政策法规及文化差异等问题，以保证产品能很好地融入市场。

花旗在其风险管理和品牌营销战略中也体现了矩阵式管理。在风险管理方面，花旗强调风险管理的独立性，在总行一级设立全球风险总裁，纵向各业务职能集团和横向区域集团都设立首席风险官，下属各级机构再设立风险总监和风险经理。更为关键的是，风险管理在集团内部高度独立、垂直管理，在专业汇报路径上是“先直后横”，以确保风险甄别、授信和控制的独立性。在品牌营销战略中，长久以来享誉全球金融业的花旗品牌，是依靠集团总部高度重视，构建清晰和高强度执行力的品牌营销组织结构予以保证的。与花旗高度协调的矩阵式品牌营销组织结构相适应，其“横轴”区域集团为团队提供有着不同从业背景的专业人员，“纵轴”上的品牌经理被赋予相当的权力，可以充分获取不同部门的信息，从而以最小的成本避免人力资源重叠、收集信息效率低下等问题，同时也能更加灵敏地对市场的变化做出反应。通过这样的线面结合的组织结构，既能保证在各地市场品牌的理念得到很好的理解，全面推进具有统一“花旗品质”的产品，又能充分照顾到各区域市场的差异。

花旗作为国际活跃银行，产品丰富，业务遍及世界各地，在经营过程中时刻面临着“国际一流与本土化”的矛盾和冲突，但除了它强调以客户为导向的一流管理和不断的金融创新之外，花旗通过不断调整和变化其内部管理的组织结构，在客观上极大地帮助了花旗实现它最具企业核心竞争力的理念和最具社会美誉度，并被全球广泛认同的企业形象——国际化的本地银行。

三、组织结构的发展趋势和面临的问题

20世纪70年代金融危机前，当时的银行业在资金市场上处于卖方市场，基本上是客户上门，其组织结构的基本形态是按照银行业务种类或产品设置部门，是一种比较简单的科层制结构。20世纪80年代以来，西方国家资本市场获得极大的发展，金融管制的放松使得非银行金融机构的经营边界变得模糊，信息技术下的虚拟银行纷纷出现，金融创新层出不穷，金融业的竞争日益加剧，商业银行业曾作为金融业内极具市场垄断力行业的时代已不复存在。面对巨大的生存压力，西方商业银行通过拓宽业务领域和混业经营进行着长期且艰苦的转型，但在转型的同时，许多银行，特别是大银行深深感到其内部管理结构与面对外部竞争所需的战略和业务决策的高效率、信息的高度分享、环境的快速适应，以及单位元素设立和撤销的弹性等格格不入。银行纷纷借鉴发达国家企业组织结构变革所取得的成功经验，开始了银行业探索与自身业务发展战略相匹配的管理组织结构模式的道路。

从上述介绍的银行现代组织结构基本模式来看，各类组织结构模式各有利弊，没有绝对的优势与劣势，它们分别与各银行的规模、业务范围、市场定位和长期发展战略密切相关，而且组织结构模式并非静态的，各银行在其发展过程中还会不断调整，即使是一类模式里，也存在许多元素的差别。总之，银行管理组织结构如何设立不是一门追求最优的科学，而是充满人类智慧、追求实际效果、因势而变的一门艺术。

在银行组织结构的设计中，面对快速变化的经营模式和日益激烈的竞争环境，如何实现银行资源的有效配置，各类银行组织结构的模式都面临着三大趋势和所涉及的问题：

第一，扁平化的组织结构

近几年来，银行业比较流行扁平化的管理组织结构。在管理学上，扁平化属于管理幅度的设计要求。管理幅度包含管理的高度和宽度，管理的高度指自上而下的垂直管理链条的环节数量和长度，管理的宽度则指直接管理的下属单位。较多的研究表明，扁平化的结构有着更高的生产效率，有利于提高员工的士气，而高大的结构由于环节多、链条长，信息损耗大，因而管理成本更高。目前复杂的银行业务范围和集团结构使传统的职位间的报告关系受到挑战，因此银行尝试扁平化的组织结构已经形成趋势。事实证明，扁平化的组织结构由银行总行直接管理更多的下属机构和部门业务，权力更多地集中到总行，这对降

低信息损耗、集中配置资源、提高直管部门员工的士气是有效的。

然而，凡事不可绝对，扁平化的有效性与组织内职位间的报告关系效率密切相关。各银行规模和经营范围不一样，为了提高管理效率，银行内组织结构的设计要有利于信息的有效流动和明确职位间的报告关系。组织内职位间报告关系的原则是：必须有着明确的指挥链和恰当的管理幅度。明确的指挥链强调指挥的统一性，即本组织内任何一个人都必须明确地向一位上级并且只向一位上级报告，而且报告路径应该是一条清晰的自下而上的阶梯链。恰当的管理幅度指组织内高层的直管下属单位的数量，应该限制在直管单位增加所导致管理复杂性的可控制范围之内。管理学原理告诉我们，在任何组织内，一位管理者与下属单位的关系至少包括三种，即直接关系、交叉关系和群组关系，每增加一名直管下属单位，所导致关系复杂性的程度总是会大大超过前一名下属单位带来的，直管下属单位从3位增到4位，与从6位增到8位是完全不同的。而且，超过管理者能力的直管单位数量的增加，必然会提高计划和控制的难度，容易形成官僚主义，导致部门职责不清，相互扯皮，不利于整体战略的实施。所以这里强调，尽管IT技术使得组织通信网络获得改善，但是扁平化银行组织结构的幅度是有限度的，过高宽的幅度会导致高管层经理行政责任和监督责任的增加，一旦超出能力所限，组织的效率反而会下降，银行的损失甚至会增加。

第二，金融国际化下的组织结构

在经济和金融全球化下，各国银行无论出于“跟随性服务战略”或者“主动性扩张战略”，都涉及其业务的国际化或在国外设立分支机构，这成为21世纪各国银行的大趋势。以我国为例，随着中国作为经济大国的崛起和“世界加工厂”的地位，不仅仅大中型银行，甚至城市商业银行都大力发展国际业务。由此带来了组织结构的设计如何考虑面对国际市场竞争的问题。

一般来讲，小型银行多采取拥有权力较大的国际业务部，通过与国外众多银行建立代理行关系的组织结构，向客户提供国际金融业务的服务。部分中型银行则采取在金融最发达国家设立分支机构和与国外银行建立代理行关系相结合的组织结构，这些分支机构主要从事资金批发交易，了解国际金融市场信息和国际银行业最新动态。金融发达国家的大银行和发展中国家的个别大银行则采取大型跨国企业的最常用的形式，即将国际化的战略布局放入组织设计框架内，其组织结构多为矩阵结构与事业部结构的混合形式。在中国，仅仅中国银行集团可以算作这一类，而国际银行典型的组织结构则以花旗银行集团为代表。

第三，虚拟银行业务的组织结构

以网络和高速运转大型计算机相结合所创造的虚拟银行或网上银行（on-Line Bank），曾经对传统商业银行带来生死考验，并迫使传统商业银行进行了痛苦却成功的转型。虚拟银行的发展和变化可分为三个阶段：第一阶段，真正的虚拟银行诞生（20世纪90年代前后）。第一家虚拟银行（Virtual Bank）是美国1998年创立的“第一安全银行”（WingspanBank. com），它仅花了6个月时间就从一个纯概念变成一家能够实际运作的网络银行。法律意义实体的虚拟银行出现后，美国天才软件巨头比尔·盖茨曾断言：随着信息技术的发展，银行业已经步入“恐龙时代”，随着鼠标的不断点击，建立在以“水泥和砖头”为基础的传统商业银行，将在21世纪头10年就会被虚拟银行淘汰。实体虚拟银行出现的初期，确实给传统商业银行业带来了恐慌心理和巨大的压力。第二阶段，商业银行网银业务击败虚拟银行（20 世纪 90 年代后期至 21 世纪初）。面对实体虚拟银行的出现，传统银行业迅速做出了反应和战略调整，它们纷纷组建了自己的网络银行和电子商务平台，在传统银行原有的物理分支机构的架构上增添网上银行业务系统，这种结合具有物理性机构的可信度和声誉，以及各类传统业务在网上交易的便捷和高效率的综合优势。商业银行家骄傲地称其为虚拟银行业务（Virtual Banking）以与虚拟银行区别。叠加在传统商业银行母体上的虚拟银行业务从而一举击败了仅有成本和效率优势，但缺乏声誉和安全性的纯虚拟银行。第三阶段，虚拟银行业务从低端客户向高端客户发展（2010 年前后）。随着使用网络的高收入群体增加和在年轻人群体中的普及化，银行尝试扩大虚拟银行业务的范围，不仅仅有网络银行，它将几乎所有经过网络处理的银行电子业务都包括其中，如银行卡业务、电话银行业务以及各类客服中心等，并且银行集团都将这些业务在集团内外部打通，对客户将银行业、保险业和证券基金业联为一体，银行服务甚至扩大到各类消费性商业服务。在这个背景下，银行主动将以网银为主的虚拟银行业务从低端客户向高端客户推广，并获得成功。

传统商业银行引入虚拟银行业务的成功，也带了相应的组织结构设计问题。银行虚拟业务的团队或组织有很大的特殊性。在很多情况下，虚拟业务的组织非常独立，由于它们具有科技含量高、业务技术含量低的特征，这类虚拟业务的组织内通常只有少数几个永久性雇员和规模很小的行政总部，大量地聘用临时工，甚至整体招聘都采取外包形式。在这种组织结构下，其优点是银行的绩效考核简单，人力成本可以极大地降低，在对不合格员工的解聘时关系复杂性大大降低。但是，这种组织结构的缺陷也很突出，银行虚拟业务相应团队职员的流动性很大，更谈不上对银行的忠诚度，责任心、主动服务和金融风险的意识都极为淡漠。这种现象已经引起了不少银行的关注，并在这类组织结构内开始进行职工行为长期化的机制设计。

◎小　结

1. 现代的银行大都是按照公司法组建的股份制银行，它们的内部组织结构可分成两大类：第一类是公司治理结构层面的，指银行协调内部各利益主体的机制设计，其基本内容和框架是一致的；第二类是业务运行和管理层面的，指银行管理层对于业务如何分工、协调与合作，以加强管理执行力的制度安排。这类组织结构依据银行的规模、经营领域的覆盖面以及经营地域的跨度范围不同，则有着很大的差异。

2. 在产权明晰的股份制银行里，所有权和经营权是相分离的，股东和管理者在公司治理结构中是一种委托-代理关系。然而，股东和经理阶层在公司治理结构中是两个不同的利益集团，银行的高层管理人员在日常经营中所追求的目标与股东常常不一致。

3. 银行股东和管理者在经营目标上冲突的解决在各国有不同的模式。在银行导向型经济体制的国家，这类问题的解决主要是通过大股东和机构投资者实行股权联盟，从而达到对银行控制权和决策的影响力。在市场导向的国家里，由于股权相当分散，难以形成股权联盟，单个股东很难有内在激励去监督银行管理层。在这些国家解决这类问题主要是通过公司并购的市场机制来实现，这种机制也被称为外部压力型的公司治理机制。

4. 银行的内部组织结构是指银行为实现组织目标，对优化配置组织要素、提高组织运行效率的结构和制度的安排。世界各国商业银行组织结构的形式很多，但在大的类别上可以归为五大类，即总分行科层制、功能部门化结构、事业部结构、矩阵结构和混合结构。在讨论银行设计组织结构模式时有三点需要注意：首先，各国国情不一样，组织结构的设计在形式上的相同，并不代表其内容和管理方法的一致性；其次，任何银行的组织结构设计都是动态的，它会随着银行自身条件、经营环境的变化而不断调整；最后，越是大型的银行，其组织结构的设计越复杂，其中包括许多明显的差别和不断的变化。

5. 在银行组织结构的设计中，面对快速变化的经营和竞争环境，如何实现组织内资源的有效配置，各类银行组织结构模式都面临着三大趋势和所涉及问题：一是扁平化的组织结构的流行和它的局限性，二是在金融国际化下银行对如何处理国际业务的组织结构布局和设计的合理性，三是虚拟银行业务在经历了三次转型，发展到目前的为高端客户服务的阶段时，其相应的组织结构变得富有弹性和灵活性，但是所造成的员工行为短期化、缺乏组织归属感等缺陷是值得重视和改善的。

◎重要概念

管理组织结构　公司治理　委托代理　激励约束机制　总分行科层制　功能部门化结构　事业部结构　矩阵结构　扁平化结构　虚拟银行　虚拟银行业务

第二编　银行资金来源管理

第四章　银行资本管理

资本是商业银行资金来源的基础部分，银行的设立和经营活动的开展都要以一定数量的资本金为前提，更重要的是，银行资本的充足程度还关系到债权人和社会公众对银行的信心。因此，资本金管理对于商业银行有着特殊意义。银行资本管理主要涉及如何确定资本的适度规模、合理安排资本结构，以及选择适当的资本融资渠道。

第一节　银行资本的构成与功能

一、资本的含义及构成

（一）银行资本的含义

银行资本是一个较为复杂，且不断发展的概念。就目前来讲，银行资本可以从会计资本、经济资本和监管资本（或法定资本）三个层面上加以理解和定义。根据会计学中的定义，银行资本是银行总资产与总负债账面价值的差额，即银行的净值。因此，会计意义上的银行资本项目与一般工商企业资本项目无大的差异；经济资本指银行在财务困难时可用来吸收损失的最低所需资本，金融理论界和实务界认为，经济资本用以应付银行的非预期损失，也即用来抵补超过预期内损失的风险；监管资本则是一国金融监管当局对银行的资本要求，包含了用于抵补银行预期损失的准备金和银行非预期损失的经济资本部分。在这里，预期损失是指银行资产组合在一定时期内可能遭受的平均损失，银行从资产利息收入中提取普通准备金（或称拨备）予以抵补，列入税前费用。当一国银行监管当局以法律的形式来定义监管资本项目时，监管资本也被称为法定资本。

形成这种差异的主要原因是：会计学对资本的界定强调产权性质，而监管者对银行资本构成的规定反映了监管者对银行资本功能的理解。监管者认为，银行资本的主要功能在于吸收和消化银行损失，尽可能保障存款者的利益，因此，建立在经济资本上的监管资本的外延要宽于会计资本。例如，损失准备金是银行提取的用于备抵银行贷款、租赁和证券损失的准备金，银行某些债务具有长期性和后偿性，可以缓解银行及时兑现存款的压力，故两者均被列入监管资本的范畴。

（二）银行资本的构成

按照较广泛的监管意义上的资本界定，银行资本主要包括：

1. 权益资本

股份制银行的自有资本也称股东权益，由普通股、优先股、资本盈余、未分配利润组成。普通股和优先股采用账面价值标准，即以发行股数乘以每股面值计算。资本盈余（Capital Surplus）主要是指资本溢价，即银行溢价发行股票所获得的筹资额（实收资本）大于股票面值的部分，也包括银行资产市场价值重估的增值和由捐赠而增加的资本。未分配利润（Undivided Profit）又称留存盈余（Retained Earning），是银行税后利润未以股息和红利的形式分配给股东的保留部分，可以分为以前年度累计留存和本年留存。如果银行是国有独资，则自有资本包括财政拨入资本和利润提留。

2. 损失准备金与资本准备金

银行为应付意外事件，通常会在已实现的利润中按一定比例提取损失准备金，在我国也称拨备。贷款与租赁损失准备金以及证券损失准备金分别用于弥补贷款、租赁业务和证券投资损失。资本准备金（Equity Reserves）则用于未来回购股票、支付可能的法律诉讼费用、延期税收支付或偿付其他意外债务等项目。多数国家允许银行从税前利润中提留准备金，银行由此可得到免税优惠。但是，准备金的提留规模有一定限制，一方面是来自政府的限制，另一方面则是银行的自我控制，以避免银行的股票价格受到不良影响。

3. 债务资本

商业银行可以发行长期次级债务工具（Long-Term Subordinated Debt）作为资本的补充来源，其持有者对银行收益和资产的要求权优先于优先股、普通股，但次于存款人和其他债权人，又称附属债务。附属债务可以采取多种形式，如资本票据（Capital Notes）和资本债券（Capital Debentures），前者是期限7到15年的固定利率小面额证券，后者是期限长且发行面额较大的固定利率或浮动利率债券。此外，银行还可以发行具有债务和股本双重性质的混合资本工具（Hybrid Capital Instruments），如可转换债券、长期优先股、累积永久性优先股等。由于债务资本的债务属性，各国银行法原则上不允许用债务资本直接冲抵银行损失，它仅在债务系列的追索权上位于最后。

二、资本的功能

与一般企业相比，银行资本在其全部资金来源中的相对比重较低，但意义十分重大，这与资本在银行经营活动中的特殊作用有关。银行资本具有三种基本功能。

（一）保护功能

保护功能是银行资本的首要功能，即保护存款人的利益，避免银行经营不善或意外事件的冲击给存款人造成损失。资本的保护职能具体体现在以下方面：

一是作为银行日常经营中的风险缓冲器。当银行业务遭受损失时，若银行当年收益不足以抵补损失，则需以资本冲销营业损失，故资本对银行的运营中的暂时性亏损起着缓冲和吸收作用，使存款安全得到更多的保障。①

① 资本各组成部分吸收损失的能力并不相同。贷款损失准备金只能覆盖预期内贷款损失，超过预期损失的意外损失要由权益资本吸纳。长期债务不能用来吸纳日常经营损失，除非对倒闭的银行进行清算时，才能发挥保障存款人利益的作用，因而吸纳损失的功能有限。

二是在银行破产的情况下对存户的权益起保障作用。若银行发生危机以致破产清理，存户可以优先于股东和次级债务持有者获得偿付，因而可以在资本耗尽前得到适当补偿。虽然目前许多国家建立了存款保险制度，但这些国家大多是限额保险，对于不受存款保险保护的大额存款来说，资本仍然具有补偿性保护作用。

三是起到抑制银行经理人员从事高风险投资行为的作用。由于存款保险制度的存在，银行经理可能更具有将存款资金投资于高风险资产的倾向，而且存款保险制度的实施，使存款人也不会密切关注银行经营。若资本在银行资金来源中占一定比重，则银行股东就有压力监督银行经理层的行为，以保护自身利益，从而避免银行经营活动承载过高的风险。

（二）管理功能

资本为监管当局提供了控制银行风险的管理杠杆。金融监管当局对银行设置的最低资本要求，实际上起到了限制商业银行片面谋求发展而盲目扩张经营规模的作用，因为它要求银行的资产扩张一定要有某种比例的、昂贵的自有资本的支撑，不允许完全运用负债资金从事经营。

（三）经营功能

资本是任何银行创立之初开展经营活动的启动资金，用它来购置土地、建筑物、设备等必需的物质条件。银行成长壮大后，还可以通过追加资本为增设分支机构、添置和改善办公设施、扩大营业场地等提供资金支持。同时，资本也是银行在日常经营活动中树立公众信心和市场声誉的必要前提。资本雄厚的银行往往在客户中享有较高的声誉，吸收公众存款和拓展其他业务就会比较顺利。即使遭遇意外事件而出现暂时流动性不足，银行凭借其充足的资本，也可以维持公众信心，避免出现挤提现象，从而得以平稳运营。

第二节 银行的资本充足率标准的确定

一、确定资本充足率标准的基本原则

确定银行资本充足率标准的目的是使银行资本规模适度且结构合理，既与银行的总体风险状况匹配，也与银行谋求利润最大化的经营目标相协调。

资本充足率是商业银行在市场竞争环境下自我约束的一项指标。银行资本的核心功能是抵御风险，资本充足率能够反映商业银行应付金融风险的能力。同时，资本充足率也是监管当局对商业银行施加外部约束的一个重要工具。监管当局对银行资本充足度进行监管的假定前提是由于信息不完全等原因，因而，市场不能精确地判断银行的资本水平是否适度。监管者要求银行维持一定的资本水平，不仅资本总量要能够支撑银行风险，而且在资本构成中风险承受力较强的资本项目也要占一定比重，并以此限制银行承担的风险规模，有利于督促银行谨慎经营。

不过，从经营运作的角度看，银行资本也不宜过多。银行是典型的负债经营的金融中介机构，过高的资本水平将限制银行发挥财务杠杆作用，影响银行资本回报率，而且也会

增加银行筹集资金的成本。对股东而言，最优资本规模是银行在可承受的风险范围内创造最大收益的资本量。

由此可见，确定商业银行的资本充足率水平需要考虑两方面因素：首先要保证资本发挥其风险保护功能与管理功能，同时也要兼顾银行股东利益最大化的要求。

二、资本充足率衡量方法的早期演变

资本充足率的衡量标准经历了一个逐步演进的过程，在此过程中，资本充足率的衡量方法随着银行界和监管者对资本充足度认识的深化不断改良，为最终向国际清算银行巴塞尔委员会制定的国际统一标准过渡奠定了基础。

（一）资本与存款比率

20世纪初，由于存款挤提是银行业面临的主要威胁，各国普遍将银行资本与存款总额的比率作为衡量银行资本量是否充足的尺度。其理论依据是，为避免银行无法兑付存款的流动性风险，银行应维持一定规模的资本作为保障。1914年，美国通货监理署正式建议将该比率作为衡量国民银行资本充足度的指标，并根据普遍经验，要求该比率至少保持在10%。

该指标的优点是简单、明晰，易于操作，但问题在于对银行的风险源缺乏深入分析，简单地根据存款规模确定银行应持有的资本水平，忽视了银行的潜在损失与风险性贷款和证券投资的密切关系，而后者才是使银行遭受意外损失而丧失清偿力的主要原因。

（二）资本与总资产比率

银行家和监管当局逐渐认识到银行资本主要是抵御资产运用所带来的损失，只有资产损失得到弥补，存款人的利益才可能得到保障。20世纪40年代，美国监管当局放弃资本/存款比率，使用资本对总资产比率作为判断银行资本是否充足的标准。美联储要求该比率的最低下限为7%。对于参加存款保险的商业银行，联邦存款保险公司以全国银行资本与资产总额的平均比率作为衡量其资本是否充足的标准。

该比率计算简便，能够在一定程度上反映银行资本抵御资产损失的能力。然而，银行各项资产的风险程度不同，该比率未能反映各银行资产的风险结构对资本需要量的影响，以及银行资本抵御风险的真实状态。

（三）资本与风险资产比率

美国商业银行在二战期间为帮助联邦政府筹资购买了大量公债。由于银行资产结构发生变化，银行监管的重点相应转向考察资本与风险性资产的比率。当时的界定很简单，现金、存放同业和政府公债被认为是无风险或风险较小的资产，风险资产主要是贷款和长期投资。1948年，美国监管当局正式采用银行资本与风险资产总额的比率作为资本充足度标准。美国监管当局最初认为该比率应保持在20%的水平，20世纪50年代初下调到16.7%。

该指标是对资本/总资产比率的改进，将银行资产区分为无风险与有风险资产，突出了资本抵御资产运用损失的功能。但该指标没有将风险资产进行细分，各种风险资产的风险程度存在较大差异，对风险度不同的资产结构保持相同的资本要求仍然不科学。

（四）资本与各种分类资产比率（纽约资本充足率公式）

为弥补资本/风险资产比率的缺陷，美国纽约联邦储备银行于1952年设计了一个更为细致地分析资本需要量的公式。该公式将银行资产按其流动性和风险的高低划分为6类，分别确定其不同的资本比率，将各类资产额乘以相应的资本比率后加总，即得出银行的适度资本需要量。资产风险类别与相应资本金要求比率的关系为：

1. 无风险资产，包括现金、存放同业、5年内到期的政府债券及其他性质相近和到期日很短的资产，如银行承兑汇票、贷出联邦基金等。这类资产流动性强，基本无风险，这类资产的资本要求比率为0。

2. 风险较小资产，指流动性较高，风险较小的资产，包括5年期以上的政府债券、政府机构债券、由政府担保的贷款和债券、由储蓄存单和人寿保险单担保的贷款、信用良好的商业票据及其他性质相似的资产。这些资产只需相当于其总额5%的资本。

3. 普通风险资产，包括政府公债以外的证券投资与证券贷款，又称有价证券资产，资本要求比率为12%。

4. 风险较大资产，包括由于债务人财务情况差或偿债信誉不良、抵押不足以及其他原因形成的较上一组风险更高的资产，要求具有相当于其总量20%的资本金。

5. 有问题资产，包括被银行检查官员认定为有问题的可疑贷款、股票、已拖欠的债券。这些资产或超过偿还期限，或流动性很差，资本要求比率为50%。

6. 亏损资产和固定资产。亏损资产是已造成损失，基本不能收回的资产，其损失须全部由银行资本承担。固定资产是银行为营业购置的土地、房屋、设备、办公用具支出所形成的固化资本，只有在银行停业时才能处置。这些资产要求100%的资本金保证。

纽约资本充足率公式的意义在于对不同风险类别的资产赋予不同的资本要求，为1988年巴塞尔委员会设置国际银行资本标准提供了重要的参考依据。不过，纽约资本充足率公式的资产分组还不精确，每家银行的资本比率要求其实是不一致的。这一法律要求的最大问题是难以实施，因为客观上对银行没有设置统一的总体资本充足率标准。

（五）综合分析法

在实践中，商业银行的资本需要量受多种因素的影响，除了资产规模及其风险程度外，还有银行的经营管理水平、盈利状况、资产与负债结构、股东状况等，监管机构仅根据单一因素设定对商业银行的资本比率要求可能会产生误导。鉴于此，美国银行监管机构又在20世纪50年代末提出了综合分析法，其特点是不局限于银行业务的某一方面，而是在综合考虑银行的经营状况及其市场环境的基础上，评估银行应保持的资本水平。监管当局主要通过对以下八个因素进行考察和分析，综合测定银行资本需要量：①银行经营管理质量；②资产流动性；③历史收益状况及收益留存；④存款结构的潜在变化；⑤银行股东的特点和信誉；⑥营业费用的数量；⑦经营活动的效率；⑧银行在竞争中满足本地区目前或未来融资需求的能力。如果一家银行的经营管理水平较高，资产流动性强，盈利业绩良好，股东信誉卓著，经营成本低，存款构成稳定，经营效率高，颇具市场竞争力，则该行所需资本可相对较少，否则就需要较多的资本。

综合分析法为判定资本充足性提供了更为全面的依据，但它不能用于精确确定商业银行所需资本的绝对量，只是大致估计银行资本需要量的一般水平，因而被称为“定性分析法”。因此，在实际工作中，该方法一般与资本/风险资产比率结合使用。

三、国际银行资本充足率的统一标准①

为了确保国际活跃银行拥有充足的资本水平，维护国际银行业体系的安全与稳健，同时消除因各国银行资本监管规则不同而产生的国际银行之间竞争的不平等，国际清算银行下属的巴塞尔银行监管委员会希望确定一个全球统一的国际银行资本充足率最低标准。经过反复磋商、咨询和修订，巴塞尔委员会终于在1988年7月首次颁布《关于统一国际银行的资本衡量和资本标准的协议》(*International Convergence of Capital Measurement and Capital Standards*)，简称《巴塞尔协议》(*The Basle Accord*)。在经历了实践的考验后，银行业在发现首次颁布的《巴塞尔协议》对风险管理的积极作用外，还存在若干重大缺陷和不足。通过近10余次的修改和征求意见稿，巴塞尔委员会又在2004年正式出台了《新巴塞尔协议》。然而，任何法规都是滞后于现实的，巴塞尔协议也不例外，随着银行生存环境的巨大变化和实践的快速发展，巴塞尔协议也处在不断的修改过程中，特别是2008—2010年爆发的全球金融危机中，暴露出巴塞尔协议资本约束性监管核心理念的矛盾之处，即它的最大优点同时可能也是它的最大不足。学术界和银行界在肯定巴塞尔协议对银行业风险管理的巨大历史贡献之时，也从多方面质疑该协议在银行业内的适用性问题。

本节重点介绍1988年首次颁布和经过重大修改后2004年颁布的《巴塞尔协议》的两个正式版本的主要内容，并在本章附录中介绍《巴塞尔协议》产生的历史、每次重大修改的背景，以及2008—2010年全球金融大危机后对《巴塞尔协议》的反思。

（一）1988年的《巴塞尔协议》

1988年的《巴塞尔协议》是国际银行业首次统一的资本衡量和资本充足率标准，它为各国监管部门如何对商业银行和银行控股集团的资本进行界定以及如何确定最低统一标准，提供了金融监管的范本。该协议一问世就在世界各国的银行业引起巨大反响，除了发达国家，许多发展中国家的银行和银行监管部门对《巴塞尔协议》表示出极大兴趣，并先后开始了在本国的尝试。

1988年公布的《巴塞尔协议》的直接作用有两个，即如何对银行的资本进行界定和如何确定银行资本的最低统一标准。该协议的主要内容可分为四个部分：

1. 资本的组成

---

① 必须强调指出，这里的国际银行专指国际活跃银行。国际活跃银行是那些以国际业务为主体、机构遍布世界各地的大型银行，而非一般意义上的世界各国的商业银行。指出这种差异对于我们准确理解巴塞尔协议的历史贡献和其适用的局限性都有重要作用。

1988 年巴塞尔协议统一了对银行业资本构成的认识，将银行资本分为两级。

(1) 核心资本

核心资本 (Core Capital)，又称一级资本 (Tier 1 Capital 或 Primary Capital)，是银行资本中最重要的组成部分，其特点是价值相对比较稳定，对风险的承受力较强，并且反映在公开的账目中，是市场判断银行资本充足度的基础。核心资本由以下项目构成：

股本 (Equity)，包括已发行的完全缴足的普通股和非累积永久性优先股。

公开储备 (Disclosed Reserve)，是通过留存收益或其他盈余的方式在资产负债表上明确反映的储备，例如资本公积、未分配利润等。

就综合账户而言，核心资本还包括银行在合并列账的附属机构中的少数股东权益。

无形资产应从核心资本中扣除，其中主要是商誉 (Goodwill)①。

(2) 附属资本

附属资本 (Supplementary Capital)，又称二级资本 (Tier 2 Capital 或 Secondary Capital)，包括以下项目：

非公开储备 (Undisclosed Reserve)，可以根据各国不同的法律和会计制度以不同方式组成，但只包括虽未公开，但已反映在损益表上并为银行监管机构所接受的储备。虽然非公开储备的内在质量可能与公开的留存收益相同，但缺乏透明度，且许多国家不承认它是可接受的会计概念，也不承认它是资本的合法成分，故不列入核心资本。

重估储备 (Revaluation Reserve)，有些国家按照本国监管和会计条例，允许银行对某些资产进行重估，以便反映其市场价值，并将重估储备计入资本。重估储备可以通过两种形式生成：一种是反映在资产负债表上的银行自有房产的正式重估；另一种是隐蔽价值或潜在的重估储备，是银行持有的证券的市场价值相对于历史成本的名义增值。因为这种潜在收益尚未实现，证券市价和历史成本价的差额一般打 55%的折扣后才能计入附属资本。

普通准备金或普通呆账准备金 (General Provision/General Loan Loss Reserve)，用于弥补未来不可预见的损失，对已确认的损失或针对某项特别资产价值明显下降而设立的准备金不应包括在内。普通准备金可以用于弥补贷款和租赁损失，也可包括证券损失准备金。

混合债务资本工具 (Hybrid Debt Capital Instrument)，具有债务和股本的双重性质，其具体范围因国别而定，但应符合下列要求：是从属的、无担保的和缴足金额的；不可由持有者主动赎回，未经监管当局同意，也不得赎回；除非银行停止交易，否则它们得用于分担损失；虽然附有利息支付的责任，且不能削减或延期，但当银行盈利不敷支付时，应允许推迟付息。具有上述特征的累积优先股可包括在此范畴中。国际上常见的此类工具还有美国的强制性可转换债务工具、加拿大的长期优先股、法国的参与证券与从属证券、英国的循环从属债务等。

次级长期债务 (Subordinated & Term Debt)，包括普通的、无担保的、初始期限最少 5 年以上的次级债务资本工具和不许购回的优先股。与债务资本工具不同，这类工具有固定

① 商誉是一种代表企业资产的市场价格与其账面价值之间差额的无形资产。当企业的股票价格超过企业的账面价值时，商誉就体现出实际价值。对于企业集团和大量非上市公司，其商誉往往通过专业公司评估而得出。银行商誉是银行通过长期对客户提供良好服务而取得的。

期限，且通常不用于分担继续从事交易的银行的损失，因而风险吸收能力有限。

2. 风险权重

1988年，巴塞尔协议对银行风险的资本要求主要集中在信用风险和信用风险中更深层面的国家转移风险上，按风险程度将银行资产负债表内的资产项目分为5个类别，每一类确定了不同的风险权数，见表4-1。

表4-1　　资产负债表内的资产风险权数

风险权重系数	资产项目
0%	①现金 ②以本币计值并以本币对中央政府和中央银行提供融资的债权 ③对OECD① 国家的中央政府和中央银行的其他债权 ④用现金或用OECD国家中央政府债券作担保，或由OECD国家中央政府提供担保的债权
0%、10%、20%或50%（各国自定）	对本国公共部门机构（不包括中央政府）的债权或由这些机构提供担保的贷款
20%	①对多边发展银行（世界银行或其他地区性国际开发银行）的债权以及由这类银行提供担保或以其发行的债券作为抵押的债权 ②对OECD国家的注册银行的债权及由其担保的贷款 ③对非OECD国家的注册银行余期在一年内的贷款 ④对非本国的OECD国家的公共部门机构（不包括中央政府）的债权及由其担保的债权 ⑤托收中的现金
50%	以居住用途的房产作抵押的贷款
100%	①对私人机构的债权 ②对非OECD国家的银行余期在一年以上的债权 ③对非OECD国家中央政府的债权（以本币计值和融资的除外） ④对公共部门所属商业公司的债权 ⑤房屋设备及其他固定资产 ⑥不动产和其他投资 ⑦其他银行发行的资本工具 ⑧所有其他资产

巴塞尔委员会认为银行表外业务同样包含一定风险，因而应将表外项目包括在衡量资

① 巴塞尔委员会选择了一组信誉较高的国家作为区分国家转移风险的基础，这些国家是经济合作与发展组织（OECD）的正式成员国，或者是已与国际货币基金组织达成与其借款总安排相关的特别贷款协议的国家。这一组国家简称OECD国家。

本充足度的架构之中。由于表外项目风险测度相对困难，可以把表外项目的本金乘以信用转换系数使之转换为表内资产数额，再根据表内同等性质的项目进行风险加权，以衡量其信用风险。巴塞尔协议将表外项目分为5类，前4类设定信用转换系数，见表4-2，第5类因与利率和汇率有关，需要作特别处理。

表4-2　**资产负债表外项目的信用转换系数**

信用转换系数	表外项目
100%	①直接信贷的替代工具，如一般性债务保证和承兑 ②销售和回购协议以及有追索权的资产销售 ③远期资产购买、超远期存款等项目
50%	①某些与交易相关的或有项目，如投标保证书、履约担保书、认股权证、为某些特定交易开出的备用信用证 ②票据发行融资和循环包销便利 ③其他初始期限在1年以上的承诺（如包销承诺、商业信贷额度等）
20%	有自行清偿能力的与贸易有关的或有项目（如有优先索偿权的装运货物作抵押的跟单信用证）
0%	类似初始期限在1年以内，或可以在任何时候无条件取消的承诺

对于与利率和汇率有关的或有项目（如利率和汇率互换、期货、期权业务），若交易对手不履行合约，商业银行面临的损失仅是重新安排和调度现金流的替换成本（Replace Cost），而非合约全部面值所代表的信用风险，巴塞尔委员会建议用现时风险暴露法或更为简便的初始风险暴露法进行特殊处理，估算表外利率与汇率合约的信用风险①。

3. 目标标准比率

巴塞尔协议将银行的表内资产项目与表外项目根据其风险权数进行加权，以反映银行的信用风险敞口：

表内风险加权资产 = $\sum$ 表内资产数额 × 风险权数

表外风险加权资产 = $\sum$ 表外项目金额 × 信用转换系数 × 表内相同性质资产的风险权数

风险加权资产总额=表内风险资产+表外风险资产

---

① 现时风险暴露法（Current Exposure Method）的计算：首先，按合约的市场价格计算所有为正值的利率和汇率合约的替换成本总额；然后，根据合约剩余到期日以账面本金乘以对应的核算系数，计算出在合约剩余期内潜在的信用风险额；最后，将二者相加。

初始风险暴露法（Original Exposure Method）的计算：仅根据合约的种类和到期日确定换算系数，然后以账面本金乘以换算系数，求出表内风险资产对等额。

在此基础上，计算资本与风险加权资产的比率：

$$资本与风险资产总额比率=\frac{核心资本+附属资本}{风险加权资产总额}\times 100\%$$

$$核心资本比率=\frac{核心资本}{风险加权资产总额}\times 100\%$$

巴塞尔委员会规定，资本对风险加权资产的比率不应低于8%，核心资本比率不应低于4%，附属资本不得超过核心资本，同时对附属资本的成分也提出了限制，如普通准备金不能超过风险资产的1.25%，次级债务资本不得超过一级资本的50%。

4. 过渡与实施安排

巴塞尔协议自公布之日起到1992年底为过渡期，以便银行在过渡期内提高资本比率并努力达到最终目标标准，同时也便于在各国监管体系中逐步实施新的资本充足度要求。

1988年巴塞尔协议首次提出以资本充足率为核心对银行进行监管，并建立了国际通用的基于风险的资本充足度衡量标准，确立了统一的最低资本充足度要求，这在推进全球银行监管协调合作和提升银行业风险管理水平方面具有划时代的意义。虽然巴塞尔委员会不具备凌驾于国家之上的跨国监管特权，其文件并无法律效力，但1988年的巴塞尔协议发表后即产生了广泛的国际影响，不仅在十国集团内得到执行，而且也为非十国集团国家和地区的金融监管当局所认可和接受，国际银行业也将银行的资本规模及资本充足率作为衡量银行实力与信誉的重要尺度。1988年的巴塞尔协议主要针对国际活跃银行（Internationally Active Banks），但鉴于其对银行风险管理的科学合理性，许多国家，包括我国对大银行的监管理念和方法也基本采用了巴塞尔资本协议的主要内容。①

（二）2004年和2010年的《新巴塞尔协议》

1988年的《巴塞尔协议》提出的资本标准监管架构侧重于控制银行业面临的信用风险。然而，随着银行业对金融衍生工具交易的参与不断增加，金融市场的波动对银行的影响日益显著，从20世纪90年代中期至21世纪初，先后在英国巴林银行新加坡分行、日本大和银行纽约分行和法国兴业银行等发生的一系列恶性案件和巨大损失，都与银行对市场风险管理和操作风险管理的不力有关，单纯从信用风险的角度衡量银行资本充足度显然已不适应银行业务范围与经营环境的变化。巴塞尔委员会开始着手对银行资本监管框架和内容进行一系列重大修改。1996年初，巴塞尔委员会发布《资本协议关于市场风险的修正案》（*Amendment to the Capital Accord to Incorporate Market Risks*），要求银行量化市场风险并计算资本要求。1997年4月，巴塞尔委员会发布了《有效银行监管的核心原则》，除继续要求最低资本要求外，更强调对银行进行全方位、多角度的系统性监管，从7个方面制定了有效银行监管系统必备的25条基本原则。在多国博弈的环境下，经过深入讨论和反

① 1988年巴塞尔协议已成为国际银行业的“公约”，但并非绝对准则，而是为银行资本充足度监管提供了一个有弹性的基本框架，为了确保该协议的精神被尽可能多的国家接受，协议框架允许各国在应用和解释时具有有限自由决定权。在实践中，对大银行8%的最低资本充足率标准得到普遍认同，但各国可以根据自身的实际情况对中小银行的资本构成以及资产风险权数在具体规定上有所差别。

复修改，巴塞尔委员会先后于1999年6月、2001年1月、2003年4月三次公布征求意见稿，并于2004年6月正式公布了《新巴塞尔协议》(*The New Basel Capital Accord*，简称*Basel* Ⅱ)。

在适用范围上，新协议强调，该协议在合并报表基础上适用于国际活跃银行，因此范围扩大到国际活跃银行集团控股的其他银行和证券公司等一切相关金融机构。在其思路和内容上，资本监管的整体框架和核心理念、风险监管的全面性以及风险度量手段的科学化要求是最为突出的三个特点：

第一，新协议的整体框架和核心理念

新协议的框架由三大支柱组成，它们分别是最低资本要求、监管当局对资本充足率的监督检查和市场纪律（信息披露）。该框架所表达的新协议的思路是，资本监管不仅包括最低资本充足率要求，并维持8%不变，而且还包括监管当局的监督检查和市场纪律的管理规定，这三大支柱之间是平行关系，不存在孰轻孰重。新协议的核心理念则是，大幅度提高最低资本要求的风险敏感度，即将银行资本的多少与银行资产运用和经营业务的风险紧密挂钩。①

第二，风险监管的全面性

新协议规定，在对作为分母的风险加权资产计算时，除了包含信用风险和市场风险外，明确提出将操作风险纳入资本监管的范畴，即在新协议中资本充足率的计算中，操作风险将作为银行资本比率分母的一部分（对操作风险作为分母的计算只做指导性建议）。计算公式中分母的因子12.5，是最低资本充足率8%的倒数。

$$资本充足率=\frac{总资本}{信用风险加权资产+（市场风险资本要求+操作风险资本要求）\times 12.5}$$

第三，风险度量手段的科学化要求

2004年新协议在衡量资本充足率中采用了更为科学的风险度量方法。新协议所提出的对信用风险的度量中，基本维持了旧协议中标准法的合理内容，但也考虑并修改了其中经实践证明不合理的成分，同时引入了计量程度更高的内部评级法。对于市场风险和操作风险则提出了全新的风险度量思路和方法。

2010年巴塞尔协议Ⅲ是针对2008年由美国引发的全球金融危机而进行的修改。巴塞尔协议Ⅲ要求对金融机构的监管恢复，甚至采取更为严格的审慎原则，对三大支柱都做了修改。概括主要的修改：对第一支柱要求增加股权资本和一级资本的比重，并较大幅度修改风险计量的办法，特别是对证券化资产的风险计量。当然，巴塞尔协议委员会也注意到资本监管的弊端和适用性问题，在信息风险计量中对中小企业的风险标准进行了修正。对第二支柱要求加强监管的国际协调和强调对金融控股公司的监管。第三支柱对信息披露作了更为严格的要求，比如，原本属于银行商业机密的证券化技术要进行披露。

四、满足资本充足率要求的策略

要达到巴塞尔协议提出的最低资本要求，银行有两种基本策略：

① 新协议提出“提高最低资本要求的风险敏感度”的要求是该协议最具智慧之处，它相当于在监管中嵌入了一个银行自我降低资产风险度的内设机制，从而企图大大降低外部监管成本。

一是分子策略，即银行针对巴塞尔协议的资本界定，增加资本总量或是调整资本结构。银行可以通过增加留存收益、发行股票扩充核心资本，还可以通过增加弥补风险的准备金，对现有房地产、证券等资产按市值重估，发行银行资本债券或混合资本工具等方式增加附属资本。银行使用分子策略对资本来源进行选择取决于各种来源的优点和通过限制条件，以及银行对最优资本结构的考虑。

二是分母策略，即银行减少风险暴露，以提高资本充足率。银行可以通过压缩风险资产规模或优化资产结构减少表内资产的风险暴露。在各类资产中，证券投资与贷款的调整空间较大，如果银行资本不足，可以考虑以贷款出售、证券化等方式减少对低信用等级客户的信用暴露，同时购买政府债券或高等级企业债券，从而降低资产组合的风险度。同时，银行也可加强表外业务管理，选择转换系数及对应的风险权数较小的表外业务。根据新巴塞尔协议草案中市场风险修正案的精神，银行资本应足以支撑多种风险，仅着眼于控制信用风险并不能保证银行达到资本要求，银行还应该采取措施，约束高风险的市场交易活动，缩小市场风险敞口，同时强化内部控制机制，减少因系统失灵、操作失误或雇员违规导致的操作风险。

在实践中，银行可以结合自身的经营战略及增加资本和降低风险的难易程度等因素，在两种策略中取其一，或同时采用两种对策的组合来满足资本充足率要求。

第三节　银行的资本计划与资本来源

一、资本计划

银行制定资本计划的过程可以归纳为三个步骤。

第一步，以银行的财务计划和监管部门的资本要求为基础，估算资本需要量。

银行资本管理是银行总体性资产管理与负债管理的自然延伸。当银行确定了与一定风险水平相联系的未来盈利目标时，银行的资产及负债结构将随之进行调整，以保证实现预期的银行收入与支出计划，与此同时，银行资本亦会作相应的安排，以配合银行制定的发展计划。因此，银行的资本计划是其总体财务计划中的有机组成部分。

银行对所需资本量的估算及其结构安排是与银行的资产负债预期和损益预测同步进行的。银行首先要分析历史经营业绩与当前的经营状况以及影响其未来经营的若干重要因素(宏观经济形势、市场竞争格局、银行公信度等)，据此预测未来可增加的存款与非存款资金以及未来持有的资产规模和结构，并估计利息与非利息收入及支出，在编制预计财务报表的基础上，确定银行未来需增加的资本。银行的未来资本金规模①原则上等于预期总资产与总负债间的差额，预期资本金与银行现有资本金的差额便是银行的资本需要量。这个环节的关键是制订合理的资产增长目标，资产扩张速度越快，承担的风险越大，所需资本也就越多。

银行的资本计划不仅要适应银行的发展计划，同时必须满足监管者对银行资本的要

---

① 为便于理解，这里所说的资本金是指股东权益。

求。银行的资本水平至少要达到监管当局规定的最低限额，否则，不但可能受到监管制裁，而且会影响公众对银行的资信评价。

第二步，估计银行内部能够生成的资本数量。

银行可以通过增加留存收益来获取所需追加的资本。为此，银行应在预测未来收益增长率的基础上选择适当的红利支付方案，确定留存收益的比例。

第三步，评价各种外源资本渠道，确定筹资计划。

当银行的提留利润不能满足其资本需求时，银行将寻求外部资本来源。银行应该对各种筹资渠道的成本和收益进行评估，选择适宜的筹资方式。

为了演示资本计划编制原理的实际应用，下面给出银行制定资本计划的两则案例。

案例一，银行如何确定下一年度的资本计划。

A 银行 2009 年拥有资产 5 000 万元，股权资本 200 万单位元，正好满足一级资本对总资产比率为 4%的要求，股息支付率（股息/净收益）为 40%。A 银行计划 2010 年资产增长率为 10%，即下年资产总额预计为5 500万元，由于既定目标一级资本比率为 4%，故预计股权资本需要量为 220 万元，意味着 A 银行需增加股本 20 万元。A 银行预计下一年资产收益率为 0. 5%，若股息支付率保持不变，A 银行通过保留盈余所能形成的内部新增资本为 16. 5 万元。A 银行决定发行股票从外部筹集余下的 3. 5 万元。

案例二，银行如何根据监管要求、自身的经营战略和市场环境制定长期资本计划。

假设另一 B 银行出现了利润水平下降、资产质量降低、贷款损失上升的趋势，监管当局要求该银行在 4 年内将核心资本与资产比率从目前的 7%提高到 8. 5%。根据这一指令，B 银行需要在 2009 年的基础上编制未来 4 年的预计财务报表，并制定未来 4 年的资本计划，其基本框架见表 4-3。

表 4-3 **B 银行 2010—2013 年资本计划**

	2009 （已实现）	2010 （计划）	2011 （计划）	2012 （计划）	2013 （计划）
选择 1：保持原有资产增长速度，发放 25 万元股息					
总资产（百万元）	80. 00	88. 00	96. 80	106. 48	117. 13
净利息差额（%）	4. 40	4. 40	4. 45	4. 60	4. 70
资产收益率（%）	0. 45	0. 45	0. 60	0. 65	0. 75
总资本（百万元）	5. 60	5. 75	6. 08	6. 52	7. 15
总资本与总资产比例（%）	7. 00	6. 53	6. 28	6. 12	6. 10
选择 2：缩小银行规模，每年减少 100 万元资产，发放 25 万元股息					
总资产（百万元）	80. 00	79. 00	78. 00	77. 00	76. 00
净利息差额（%）	4. 40	4. 40	4. 50	4. 60	4. 70
资产收益率（%）	0. 45	0. 45	0. 60	0. 65	0. 75
总资本（百万元）	5. 60	5. 71	5. 93	6. 18	6. 50

续表

	2009（已实现）	2010（计划）	2011（计划）	2012（计划）	2013（计划）
总资本与总资产比例(%)	7.00	7.22	7.60	8.03	8.55
选择3:放慢银行发展速度,每年资产增长200万元,不分配股息					
总资产(百万元)	80.00	82.00	84.00	86.00	88.00
净利息差额(%)	4.40	4.40	4.45	4.60	4.70
资产收益率(%)	0.45	0.45	0.60	0.65	0.75
总资本(百万元)	5.60	5.97	6.47	7.03	7.69
总资本与总资产比例(%)	7.00	7.28	7.71	8.17	8.74
选择4:放慢银行发展速度,分配25万元股息,2005年注入80万元外部资本					
总资产(百万元)	80.00	82.00	84.00	86.00	88.00
净利息差额(%)	4.40	4.40	4.45	4.60	4.70
资产收益率(%)	0.45	0.45	0.60	0.65	0.75
总资本(百万元)	5.60	5.72	5.97	7.08	7.49
总资本与总资产比例(%)	7.00	6.97	7.11	8.23	8.51

该银行2009年总资产为8 000万元，由于资产质量低劣，资产利润率只有0.45%。在以前5年中，该行每年对普通股股东发放总计25万元的股息。如果该银行在以后的4年中继续保持10%的资产年增长率，假定其资产利润率上升缓慢，到2013年仅升至0.75%，而银行仍然每年支付25万元的股息，不依靠外部增资，在这些条件下，2013年银行的资本比率将降至6.1%，显然无法实现监管当局的要求。

为满足监管当局的资本要求，该银行可以在下面三种不同的策略中选择。

第一个资本计划方案（表中“选择2”）是银行收缩资产规模①，每年将资产减少100万元，但每年的股息支付保持原有水平，没有外部筹资安排。由于银行总资产下降的同时，保留利润也随收益水平的上升而增加，将使总资本与总资产比例逐步上升，因而到2013年资本比率将达到8.55%，可如期实现监管要求。

第二个资本计划方案（表中“选择3”）是银行放慢资产增长速度，每年增加200万元，同时取消股息分配，不安排外部筹资。由于保留利润的增长快于总资产的增加，到2013年资本比率将是8.74%，超过监管部门设定的目标比率。

第三个资本计划方案（表中“选择4”）是银行资产规模以每年增加200万元的速度缓慢增长，维持25万元的股息支付水平，同时该银行将于2012年在其盈利状况得到充分

① 在新巴塞尔协议框架的操作下，还可以通过改变资产组合或运用风险缓释技术，使总风险资产（分母）减少。

改善后发行 80 万元的普通股。到 2013 年，该行资本比率将是 8.51%，既可以实现监管资本要求，同时也兼顾了股东的利益。

在实践操作中，银行管理者还会考虑其他可供选择的方案，比较每种方案的成本与利益，直到确定最佳资本计划。

二、资本来源

（一）内源资本

如果银行确定下一阶段发展计划以后，发现现有资本不足以支持其资产规模的扩张，银行首先可以增加内源资本（Internal Capital），即考虑将留存收益用于充实资本金。

1. 内源融资模型

戴维·贝勒（David Bernon，1978）提出的银行资产持续增长模型，对利用内源资本进行融资的各种因素进行了概括。

如果银行要将资本水平维持在监管部门要求的最低资本比率上，其资产增长率就要与资本增长率保持一致：

$$SG = \frac{\Delta TA}{TA_0} = \frac{\Delta EQ}{EQ_0} \tag{4-1}$$

式中，$\Delta TA = TA_1 - TA_0$；$\Delta EQ = EQ_1 - EQ_0$

其中，SG 表示由内源资本支持的银行资产增长率（持续增长率），TA_0 和 TA_1 分别是期初和期末银行总资产①，EQ_0 和 EQ_1 分别是期初和期末银行总股本。

如果新增资本全部来自银行内部收益留存，则银行资产持续增长模型表述为：

$$\begin{aligned} SG &= \frac{EQ_1 - EQ_0}{EQ_0} \\ &= \frac{EQ_0 + ROA(1 - DR) \times TA_1 - EQ_0}{EQ_0} \\ &= \frac{ROA(1 - DR)}{[EQ_1 - ROA(1 - DR) \times TA_1]/TA_1} \\ &= \frac{ROA(1 - DR)}{EQ_1/TA_1 - ROA(1 - DR)} \end{aligned} \tag{4-2}$$

式中，ROA 是资产收益率，DR 是红利支付率。

公式（4-2）揭示了银行资产持续增长率与银行资产收益率、红利支付率和资本比率间的关系。银行高层管理人员如果希望完全利用内源资本来融资，就要反复考察银行目标资产增长率、银行资产收益率、股东分红压力和法定资本比率间的平衡关系。

2. 内源资本的优点与局限

通过保留收益的形式实现资本化有不少好处。首先，银行不必在资本市场上筹资，因而不需耗费发行资本工具所需的成本；其次，不会影响现有股东对银行的控制权；最后还

① 为简化分析，这里不考虑资产的风险构成。

避免了对银行股东股权收益的稀释。

然而，内源资本对银行资产规模扩张的支持能力是有局限性的，它受到银行盈利水平、股东利益集团分红压力和银行自身规模的制约。

(二) 外源资本

如果银行的留存收益不能满足资本需要，银行就要通过外部渠道筹集外源资本(External Capital)。如果银行资本同时来自于内部保留利润和外部筹资，则可以在上述模型的基础上加入外源资本变量：

$$\frac{\Delta TA}{TA_0}=\frac{ROA\ (1-DR)\ +\Delta EC/TA_0}{EQ_0/TA_0-ROA\ (1-DR)} \tag{4-3}$$ ①

公式 (4-3) 推导如下：

$$\frac{\Delta TA}{TA_0}=\frac{\Delta EQ}{EQ_0}$$

$$=\frac{TA_1\times ROA(1-DR)+\Delta EC}{EQ_0}$$

$$=\frac{[TA_1\times ROA(1-DR)]/TA_0+\Delta EC/TA_0}{EQ_0/TA_0}$$

$$=\frac{\left(1+\dfrac{\Delta TA}{TA_0}\right)\times ROA(1-DR)+\Delta EC/TA_0}{EQ_0/TA_0}$$

$$\Rightarrow\frac{\Delta TA}{TA_0}[EQ_0/TA_0-ROA(1-DR)]=ROA(1-DR)+\Delta EC/TA_0$$

$$\Rightarrow\frac{\Delta TA}{TA_0}=\frac{ROA(1-DR)+\Delta EC/TA_0}{EQ_0/TA_0-ROA(1-DR)}$$

其中，ΔEC 是新增外源资本。

假设某银行希望将第二年的资产增长率维持在 12%，仍然保持 40% 的红利支付率，但是由于该银行资产收益率仅为 0. 69%，不可能通过内源融资来满足银行资产增长。此时，银行就应该考虑通过外源资本来筹措资本金。

银行有多种外部筹资方式可供选择，每种资本来源渠道都各有利弊：

1. 普通股

银行发行普通股筹资有诸多好处：如可获得永久使用的资金、无需还本；没有固定的利息负担，分红派息视实际经营状况灵活确定；新增股本计入核心资本，能够对债权人提供充分的保障，有利于提高银行的公信度。然而，发行普通股也存在一些不利之处：普通股发行一般要受到监管部门的严格管理，手续繁多，发行成本较高；股东分红是对银行税后利润的索取权，故而资金成本较高，无法产生扣减银行应纳税所得额的“税盾”效应；

---

① 该公式也可表达为$\frac{\Delta TA}{TA_0}=\frac{ROA\ (1-DR)\ +\Delta EC/TA_1}{EQ_1/TA_1-ROA\ (1-DR)\ -\Delta EC/TA_1}$，推导过程从略。

增发新股可能会削弱原股东的控制权；新股发行所增加的资本并不能立即带动利润总额的同步增长，可能导致每股收益率下降，从而影响银行股票的市场价格；当股市低迷时，发行股票计划可能受阻，或只能低价发售。

2. 优先股

银行发行优先股的好处主要有三个方面：第一，既能筹集到稳定的资金，又可避免影响原股东的控制权；第二，由于股息固定，可以使银行获得财务杠杆效应。如果银行按低于投资收益率的股息率发行优先股，就能够提高资本收益率，当经营不佳，未能创造利润时，银行当期可不必支付股利①，从而不至于使银行陷入财务困境；第三，若银行破产清算时无剩余资产，可以不必对股东进行补偿。优先股的缺点在于股息率一般高于债券利率，而且股息固定，在银行盈利不多时回旋空间较小，而且股息不能作为费用在税前支付。

3. 次级长期债券

资本票据、资本债券这类次级长期债券的优点体现在：债券投资者不能参与银行经营决策，故银行股东不必顾虑控制权转移的可能性；监管者对次级债券的发行限制较股票宽松，手续简便，发行成本较低；利息固定，债权人不能与股东分享银行的价值增值，而且利息可在税前作为费用列支，因而税后资金成本较低；如果债券契约中有赎回条款，银行可以根据业务发展和管理当局对资本结构要求的变化调整次级债券在总资本中的比例。次级债券的缺点主要是不能吸纳日常经营损失，只能在银行倒闭清算时对存款人提款压力起到延缓作用；债务利息固定，缺乏灵活性，在银行盈利减少的情况下会对股东收益产生不利影响；属于非永久性资金来源，银行通常要建立相应的偿债基金，在到期偿还本金时会带来流动性压力。

4. 可转换债券

可转换债券一般附有换股期权，为投资者提供了潜在的获利机会，因而发行可转换债券筹集资本的有利之处是票面利率可以低于普通的不可转换债券，降低筹资成本。另外，可转换债券是延期的股权融资，可以使新股发行对当期每股收益的稀释作用得以延迟，从而避免立即对银行股价产生冲击。不过，发行可转换债券具有一定的融资风险。发行可转债（即可转换债券）的适当时机是利率高企而股市相对低迷，发行银行相信未来利率下降而股价回升，投资者可以行使其转换权利并从中获益时候。但是，如果银行发行时机把握不当，对股市未来形势预期过于乐观，可能会导致转换失败，不仅投资者会遭受利息损失，而且银行将面临到期偿债的沉重压力。

银行对外部增资途径的选择应综合考虑多种因素：每种增资方式的相对成本，每种增资方式对股东收益的影响，对股东在目前和未来的所有权和控制权的影响，每种增资方式的相对风险，每种增资方式对银行后续筹资能力的影响，相关法规，以及银行最佳资本结构等。银行应进行缜密的分析和比较，以便选择最为有利的筹资方式。

如果我们将讨论集中于比较各种筹资方式对银行普通股每股收益的影响程度，可运用以下案例作为分析重点。假设某银行拥有总资产计 25 亿元，自有资本1 500万元，由面值

---

① 累积优先股股东有权要求在下期支付股息。

为50元的20万股普通股和500万元的资本盈余和未分配利润组成，资产收益率①为1.2%，边际所得税率为50%。该银行计划从外部筹集300万元的追加资本，假设有几种方案可供选择：方案一，发行6万股普通股，每股面值50元（不考虑股票溢价）；方案二，发行3万股优先股，每股面值100元，股息率10%；方案三，发行面值为100元的资本票据3万张，利率10%；方案四，发行可转换债券，利率8%，转换价格60元（溢价率20%）。表4-4列出了各种外部筹资方式对银行每股收益的影响。

表4-4　**各种外部筹资方式对银行每股收益的影响**　单位：元

	初始状态	增发普通股	增发优先股	增发资本票据	增发可转债
资产收益	3 000 000	3 036 000	3 036 000	3 036 000	3 036 000
利息支出	—	—	—	300 000	240 000
税前净收入	3 000 000	3 036 000	3 036 000	2 736 000	2 796 000
应纳税收入	1 500 000	1 518 000	1 518 000	1 368 000	1 398 000
税后净收入	1 500 000	1 518 000	1 518 000	1 368 000	1 398 000
优先股股利	—	—	300 000	—	—
普通股收益总额	1 500 000	1 518 000	1 218 000	1 368 000	1 398 000
普通股每股收益	7.5	5.84	6.09	6.84	6.99

表4-4显示，未追加资本前，银行的普通股每股收益是7.5元，采用发行普通股、优先股、资本票据、可转换债券筹集新增资本后，每股收益依次为5.84元、6.09元、6.84元、6.99元。从这些数据可以看出，在追加资本后，新发行的普通股立即会对每股收益产生很强的稀释作用，而资本票据和可转换债券则不会对每股收益影响过大②。虽然从稀释效应的角度看，债务筹资优势明显，但银行必须同时考虑其他因素，而不能将稀释效应作为筹资决策的惟一依据。

◎小　结

1. 银行资本可以从会计资本、经济资本和监管资本（或法定资本）三个层面上加以界定。会计意义上的银行资本是银行总资产与总负债账面价值的差额。经济资本指银行在财务困难时可用来吸收损失的最低所需资本，用以应付银行的非预期损失。监管资本是一国监管当局对银行的资本要求，包含了用于抵补银行预期损失的准备金和非预期损失的经济资本。

2. 银行资本具有保护功能、管理功能和经营功能。

---

① 为简化分析过程，这里假定银行的资产收益中已经扣减了除新增附属资本以外的其他资金来源的利息成本和银行的经营成本。

② 不过，假设未来可转换债券全部转换成功，则银行普通股将增加5万股，而每股收益就会下降到5.592元。

3. 资本充足度是银行在市场竞争环境下自我约束的一项指标，也是监管当局对银行施加外部约束的重要工具。确定银行的资本充足度水平需考虑两方面因素：首先要保证资本发挥其风险保护功能与管理功能，同时也要兼顾银行股东利益最大化的要求。

4. 资本充足度的早期衡量方法有资本与存款比率、资本与总资产比率、资本与风险资产比率、资本与各种分类资产比率、综合分析法等。

5. 为了维护国际银行体系的安全稳健，消除各国银行资本监管规则不同而产生的国际银行间不平等竞争，巴塞尔委员会于1988年7月颁布《关于统一国际银行的资本衡量和资本标准的协议》，该协议首先确定了银行资本的构成，其后对表内资产设置了风险权重，并对表外项目设定了信用转换系数，在此基础上，提出了资本对风险加权资产的目标标准比率。

6. 2004年，巴塞尔委员会正式公布新资本协议。新资本协议综合考虑了信用风险、市场风险和操作风险的资本要求。对于信用风险，新协议提出标准法、初级IRB法和高级IRB法以供选择，用于确定资产的信用风险权重。对于市场风险，仍然沿用既有的度量方法。

7. 要达到巴塞尔协议提出的最低资本要求，银行有两种基本策略：分子策略和分母策略。

8. 银行制定资本计划的过程包括三个基本步骤：第一步，以银行的财务计划和监管部门的资本要求为基础，估算资本需要量；第二步，估计银行能够生成的内源资本数量；第三步，评价各种外源资本渠道，确定外部筹资计划。

◎重要概念

会计资本　经济资本　监管资本　资本充足率　巴塞尔协议　核心资本　附属资本　风险加权资产　目标标准比率　标准法　IRB法　分子策略　分母策略　内源资本　外源资本

第五章　银行负债业务管理

第一节　存款管理与个人理财

存款是商业银行最基本的资金来源，是银行生存和发展的基础，存款竞争能力的强弱往往被看做银行是否被社会公众广泛接受的象征。银行存款来自个人、企业、社会团体、政府机构和其他组织以及金融同业。银行存款经营管理的目标是开拓广阔的存款来源、保持稳定的存款规模和合理的存款结构、存款成本控制得当，这些指标同时也是评价一家银行存款经营管理是否有效率的标准。

一、存款业务的品种

发达国家商业银行的存款品种十分丰富，尤以美国为代表，但发展的状况是基本趋同。

（一）交易账户

交易账户（Transaction Accounts）是客户出于交易目的而开立的支票账户，交易账户允许存款人直接提款，或是通过开出支票、汇票以及电话指令等方式进行转账，银行在得到客户或客户指定的第三人的付款要求时立即支付。交易账户包括传统的活期存款账户和各种新型付息支票账户。① 长期以来，美国法律规定银行不能对活期支票存款账户支付利息。为了规避利率管制，应对资金市场的激烈竞争，拓宽存款来源，自20世纪70年代以来，美国存款性金融机构开发出一系列既可签发支票，又支付利息的新型存款账户，拓宽了交易存款的范畴。目前世界各国银行业在支票类账户方面发展趋同。

1. 活期存款账户

活期存款账户（Demand Deposit Accounts）是由个人、企业和政府部门持有的无息支票账户，存款人可随时支取现金或使用支票进行支付，无需事先通知银行。银行允许符合条件的客户超出其存款余额签发支票，即可进行透支。

---

① 美国国会在1980年的《货币控制法案》中提出交易账户这一概念，用来描述所有存款机构需要缴纳准备金的存款类型。该法案免除了对所有个人定期存款和储蓄存款的准备金要求，而交易账户仍需提取存款准备金。交易账户包括活期存款、可转让支付指令账户、自动转账账户、股金提款单账户以及其他可以直接用以付款或交易的账户。货币市场存款账户在计算存款准备金时被归入储蓄存款，虽然联邦监管当局未将之列入交易账户，但由于存户有签发支票的权利，故通常仍将其归为交易账户。

多数发达国家银行业早期也对活期存款付息，而且竞相以抬高利率的办法吸引客户，使存款成本不断上升，许多银行不得不因此从事高风险的贷款与投资活动。为避免恶性价格竞争影响银行安全，1933 年美国联邦政府颁布《格拉斯-斯蒂格尔法》，其中 Q 条例禁止向活期存款支付利息①，对使用支票的次数与最低存款余额则无法定限制。目前，各国银行的活期存款大部分来自企业等营利性机构，个人活期存款余额仅占较小比例。

2. 可转让支付指令账户

可转让支付指令账户（Negotiable Order of Withdrawal Accounts，简称 NOWs）实际上是一种付息的活期存款账户。开立 NOW 账户的客户可以随时开出支付指令书，支付指令经背书后可转让，银行将满足客户提款或对第三者进行支付的需要，因而该账户实际上具有支票账户的功能，但其存款人可以取得利息收入。

NOW 账户由美国马萨诸塞州一家互助储蓄银行首创。1972 年，马萨诸塞州法院判定该州互助储蓄银行 NOW 账户合法。随后几年中，美国国会逐步授权新英格兰地区各州及纽约和新泽西州的存款机构向客户提供该账户。基于监管平等的考虑，美国 1980 年的金融法规定从 1981 年起，各州存款机构都有提供该账户的权利。在 1986 年储蓄存款利率上限取消前，银行对 NOW 账户规定支付的最高利率。现在每家银行都能根据竞争情况自行为该账户定价。不过，只有个人和非营利性组织才可以持有 NOW 账户。

3. 超级可转让支付指令账户

1983 年，美国联邦监管机构授权银行开办超级可转让支付指令账户（Super NOWs）。该账户对签发可支付指令书无限制，法定最低存款余额为2 500美元，存款余额保持在2 500美元以上的账户不受利率管制，但若账户余额降到2 500美元以下，银行只能支付最高 5.5%的利率。由于该账户要缴纳法定存款准备金，且可以频繁支付款项，成本较高，因而利率低于货币市场存款账户。超级 NOW 账户也只能由个人和非营利性机构持有。

4. 货币市场存款账户

货币市场存款账户（Money Market Deposit Accounts，简称 MMDAs）是美国商业银行为应对来自货币市场基金的竞争而开发出的存款品种。

20 世纪 70 年代，美国创立货币市场基金，通过这种基金，小投资者可以将其零散资金集中起来投资于货币市场工具，共同分享投资所获收益。货币市场基金风险低、流动性好，而且投资者可以签发以其基金账户为基础的支票，因而货币市场基金实际上具有支票存款账户的性质，但又无需缴纳法定存款准备金，也不受利率上限的管制。货币市场基金自其创设以后，对商业银行构成了较大的竞争威胁，银行需要创造新型存款产品与之竞争。1982 年，美国《甘·圣·杰曼法案》授权存款机构可提供货币市场存款账户。MMDA 账户曾经有 2 500 美元的最低余额要求，银行可按货币市场工具的平均收益率确定 MMDA 账户的利率水平。存款人每月可从账户上进行 6 次转账，其中 3 次可以是支票转账。1980 年美国的金融法颁布后，MMDA 账户无需提取法定存款准备金，银行由此能够对 MMDA 账户支付更高的利率以吸引存款资金。目前 MMDA 账户已经没有法定最低存款

① Q 条例不仅规定不得对活期存款付息，对定期和储蓄存款也设定了利率上限。1980 年的《货币控制法案》规定所有形式的利率限制都在 1986 年取消。

平均余额限制。MMDA 账户对存户身份无限制。

5. 自动转账服务账户

自动转账服务账户（Automatic Transfer Service Accounts，简称 ATS）规定存款人可以在银行开立两个账户，即有息的储蓄账户和无息的支票账户。客户对支票账户上的平均余额有一个授权限额，客户的存款平时放在储蓄账户计收利息，当支票账户出现透支时，银行自动将资金从储蓄账户转移到支票账户上。ATS 账户使客户兼得活期账户和储蓄账户的双重优点，既可以利用活期账户开出支票对外支付，又可以利用储蓄账户获取利息收入。ATS 账户由电话转账服务账户发展而来，ATS 刚推出时公众反应热烈，但是相当一部分消费者习惯只使用一个交易账户，加之自动转账服务收费较高，随着 20 世纪 80 年代 MMDA 账户在社会逐步推广，ATS 账户的需求有所下降。

（二）储蓄存款

储蓄存款（Savings Deposits）主要是为个人和非盈利性机构开设的账户，分为活期储蓄存款和定期储蓄存款。活期储蓄存款的持有人能够取得利息收入，但不能签发支票，也不能透支。存款人无须出具提款通知，但存款机构有权要求定期存款人提前 7 天书面告知其提款意向，这样存款人才可提取款项而不损失利息。定期储蓄存款与定期存款的主要区别是，前者以居民和非盈利性机构为服务对象，后者以厂商为服务对象。传统的储蓄存款是以存折的形式，银行发给存户存折，作为存款和取现的凭证。由于存折使用不便，银行试图引导客户改用银行定期寄送的对账单和银行借记卡，但一些消费者仍然不愿放弃存折，其原因主要是消费者认为存折的有形特征能够产生安全感。

（三）定期存款

定期存款（Time Deposits）是银行与客户事先约定存款期限并支付利息的存款。客户存入款项时，银行一般签发载明存款金额、利率和期限的定期存单，作为客户存款所有权及获取利息的证书，到期时凭此提取存款本息。定期存款也可采用存折形式，可随时续存。定期存款期限最短是 7 天，通常是 3 个月、6 个月、1 年，也有 3 年、5 年甚至更长时期的。定期存款存款人在约定期限到期前提取，银行会处以罚息。在利率自由化的国家，银行能够根据竞争实力对定期存款支付市场利率，并按存期设多种档次。一般来讲，定期存单分为小额和大额两类，小额存款单多由个人持有，通常不能流通，而大额定期存单，主要是向机构投资者发行。在国外，大额可转让存单可以是非流通的，也可以是可转让的，不过，大公司更欢迎能在二级市场出售的大额可流通存单（由于大额可转让存单的特殊性，后面将专门介绍）。

由于金融发展水平、监管环境、银行体制等因素的差异，目前我国与发达国家相比，存款分类有所区别，且存款品种也相对单调。发达国家多按支取方式和账户功能对存款分类，而我国则首先以存款人身份作为分类标准，将存款分为对公存款和居民储蓄存款，前者是企业、事业单位、机关、团体在银行的存款，后者是个人和居民的存款。各银行存款产品基本类同，对公存款包括活期、定期、协定、通知存款等；个人储蓄存款包括活期、整存整取、零存整取、整存零取、存本取息、定活两便等①。随着银行商业化改革、利率市场化进程的加快以及竞争加剧，我国商业银行的存款创新意识不断增强，各类理财性质的存款不断涌现，监管部门也逐步放宽了银行自主开发存款品种的政策空间。

二、存款管理的理念及其发展阶段

商业银行日常的负债管理主要是存款管理。存款一方面是银行的主要资金来源，另一方面也是银行向客户提供的金融产品或服务。

随着时代的变迁，以存款为主的负债业务管理经历了很长的历程，但到目前为止仍然是银行日常工作的重心。然而，存款和负债经营管理的理念却一直在不断变化，并经历了几个主要管理理念的阶段。在目前，单纯存款业务作为资金来源的经营管理理念已经过时，取而代之理念是“代客理财”，“个人金融”由此成为独立的业务条线。因此，“财富管理”对于现代商业银行，不仅在提法上，更重要的是在理念和业务运作上，重新诠释了银行负债业务的经营和管理。然而，必须指出的是，每一个新理念阶段的出现，并不意味着对前面阶段的否认，而是银行业根据环境变化对前者的“扬弃”，它既包含了新的内涵，又保留了传统中优秀的元素。下面根据主要的理念对存款业务的经营管理划分几个阶段。

（一）存款为本管理理念阶段

这一阶段在 20 世纪 30—70 年代，在银行业经历的时间最长。1929—1933 年的世界经济大衰退和银行业危机后，以美国为首的西方国家反思危机的根源，重新整顿银行业，实施了严格金融管制，内容包括分业经营、产品合规性、利率控制和保护性的管制。例如 1933 年的美国银行法中的 Q 条例，对银行各种性质和期限的存贷款利率都做了严格规定。在这种大背景下，商业银行在争取客户存款方面发挥主观能动性的范围很有限，难以有所作为。因此，在负债业务上银行业强调“存款为本”的管理理念。这一阶段的核心思想和经营手段可概括如下：

1. 存款是银行经营的最重要基础。在分业金融管制下，银行负债的最重要渠道只能是社会的各类存款，存款是立行之本，几乎是资产运用唯一的基础。

2. 在存款经营管理过程中，存款者处在相对主动的地位，而银行处在相对被动的地位。由于利率、期限、品种的合规性都受到严格金融管制，各银行提供的产品和服务具有同质性。所以，到银行选择存款的种类、数额和期限，均取决于存款者的意愿，银行主动作为的范围不大。

3. 银行在争取存款中所能做到的是，考虑网点布局和设置的便利性，尽可能对客户提供良好和温馨的服务以及努力维护客户关系。

4. 流动性和稳健性是银行经营管理内在的要求。在以存款为主要资金来源的情况下，

---

① 2003 年 4 月，中国人民银行颁布《人民币银行结算账户管理办法》，将个人的活期存款账户分为“个人结算账户”和“储蓄账户”，前者可办理个人转账结算和现金存取业务，后者仅可办理现金存取业务，该办法于 9 月 1 日起实施。

尽管一些国家已经开始设立存款保险制度，但社会存款保险制度的设计理念是保护中小存款人，所以社会公众对银行的流动性的状态和是否稳健经营的风格高度敏感，以避免存款损失。

（二）购买负债管理理念阶段

将负债看作可以主动“购买”的产品的阶段主要发生在20世纪70—80年代末。在对银行业实施严格的价格管制的同时，各国金融市场得到了充分发展，不仅品种与银行产品构成竞争压力，而且世界各国普遍的高通胀使得银行存款的实际利率为负，社会上出现“脱媒”。在这一背景下，为了生存，银行业开始了“金融创新”，并出现高潮。金融创新范围很宽，可概括为产品和业务创新、市场创新和机构创新，其中产品创新中最突出的内容就是，银行以隐形和显性的方式提高实际利率，突破监管当局对银行的价格限制，变被动为主动。这一行为的普遍性直至西方各国被迫先后放弃了对银行业的利率管制，实现了以利率放开为主要特征的金融自由化。因此，这一时期又可分为利率管制和从管制走向利率放开两个阶段。购买负债的管理理念阶段的核心思想和经营手段可概括如下：

1. 银行在负债资金来源的获取中并非完全被动，银行可以通过主动性负债来获取资金，并藉此改变银行资金配置管理的模式。或购买资金来维持银行资产的扩张和流动性。

2. 如果将资金变为购买对象，银行购买资金的范围是十分广泛的，除了在金融市场上的产品外，公司客户和私人客户的存款都可以理解为购买的对象。

3. 通过间接和直接提高各类负债产品的价格，是实现购买资金的主要手段。在金融利率管制环境下，这类新产品必须在不违反法定利率规制的前提下，通过金融产品要素的组合来实现价格的提高，比较典型金融创新的产品有大额可转让定期存款单、可转让支付命令账户等。这段涌现新产品的时期被称为“金融创新”时期。在利率管制放开后，金融产品要素的组合的空间大大扩展，各类提高价格吸引力的新产品层出不穷、举不胜举，这一后阶段又被称为“金融自由化”时期。

4. 盈利能力和信用风险是银行经营管理的重心。当所有的银行都以提高价格和主动购买的方式来获取存款和负债，它在使银行业摆脱“脱媒”的生存压力的同时，也必然使得银行业的整体资金成本提高。这无疑使主要依赖利差来获取利润的银行业盈利能力下降，同时，成本的提高迫使银行在贷款上也会产生提高利率的压力，高利率的贷款又必然在客户群的开发中导致更多的“逆选择”客户和行为。至此，信用风险管理在银行管理中的必要性和重要性客观上得到极大的提高。

（三）负债营销管理理念阶段

在利率完全自由化和取消保护性竞争之后，所有银行都采取提高利率来争取存款的效果快速下降，同业之间的恶性竞争也对银行自身带来了很高的风险，这种粗放式价格战的“红海竞争策略”不再受到银行，特别是奉行科学管理导向类银行的追捧。银行业整体回归理性，考虑新的生存方式。大约在20世纪90年代中后期，银行业将已在工商业成功运用的市场营销的理念和策略引入银行的存款管理，并迅速得到推广。

市场营销的基本定义是，市场营销是计划和执行关于商品、服务和创意的观念、定价、促销和分销、售后服务和信息反馈，以创造符合个人和组织目标的交换的一种过程。这个定义最初由美国营销教师协会 AMA 的 CEO 丹尼斯·杜兰普于 1935 年提出，1948 年被 AMA 正式采用。1960 年，当 AMA 重新审视第一版定义时决定依然保持不变，不做任何修改。就这样，关于市场营销的最初的定义一直沿用了 50 年，直到 1985 年起被多次重新修订，也是当今见到的关于市场营销最普遍的定义。该定义突破了将企业营销活动仅局限于流通领域的狭窄范围的理解，而放宽至视企业整个经营销售的全过程，即包括市场营销调研、产品开发、定价、分销广告、宣传报导、销售促进、人员推销、售后服务等。

银行在负债和存款的市场营销管理理念的理解上多采用了工商界广义的定义，故银行存款营销的核心理念是，通过满足客户多样化和不断变化的需求，向客户提供更有针对性的产品和服务以及良好的售后服务，来最大限度地争取客户和资金来源。

概括而言，银行营销理念下的存款管理过程有以下几个主要环节：

1. 市场机会分析。不同银行有不一样的相对竞争优势和市场范围。在争取存款来源时，任何银行首先要根据自身特点，分析市场的机会在哪里。

2. 市场细分。在现代营销理念的理解中，银行的客户并不具有同一性，需要对巨大的客户群体进行市场细分，了解不同客户群体的特殊或具体金融需求。

3. 运用 4Ps（营销组合），有针对性和高效率地完成对潜在存款人从选择、生产到销售的全过程。主要包括，Production——有针对性地生产金融产品和提供金融服务；Price——合理的定价；Promotion——根据市场定位和客户细分进行金融产品和服务的促销；Place & Distribution——确定高效的渠道和分销方式，将有关金融产品和服务的性能、特征有效地传递给消费者。银行存款市场营销的整个过程与传统金融产品的销售过程关键差别是，它不是传统的不加区分的“地毯轰炸”式销售，而是有针对性地提供金融产品和创造性的金融服务，因此能最大限度地吸引和满足细分客户的具体需求。

4. 售后服务，信息反馈。银行在解决好金融产品和服务的供给问题，使之能及时转移到客户之后，还需要提供良好的售后服务，同时应该主动获取并倾听客户的信息反馈，以便在下一轮营销中不断改善。

在营销管理理念下，银行存款管理有了根本性的改变，它使得存款和负债管理从简单粗放管理转变为一种精细化的范式管理，对从业人员的专业素质要求也有了极大的提升。

（四）财富管理理念阶段

21 世纪初，财富管理是金融服务业中成长最快的部分。财富管理的出现几乎从根本上颠覆了银行传统存款业务管理理念和运作方法。目前个人金融业务涵盖并大大超越了传统个人存款业务，成为银行一个独立的业务部门。

1. 财富管理的定义和含义。到目前，财富管理（Wealth Management）在学术界和实务界都没有一个统一的定义。基本认同的广义定义是：“财富管理主要是为个人及其家庭提供的金融服务”；狭义的定义是：“财富管理是向富裕客户提供的金融服务”。财富管理作为针对个人金融需求而推出的专业化服务，是银行站在全新的角度重新诠释对存款管理内涵的崭新理念。在这里，存款不仅是客户的服务需求，更是一种投资需求，客户在银行存款的同时，伴随对其有着较高增值的要求，它远远超过了一般存款利息的标准。当金额巨大时，客户甚至不满足存款的大幅度增值，而是要求银行提供他们所需要和可以想像的一切金融和非金融服务。

2. 财富管理理念出现的动因。财富管理理念在银行的出现，并使得个人金融业务取代传统的存款管理取决于许多因素的推动，主要有以下六大因素：(1) 经济的增长。从长期来看，经济增长是推动财富管理发展的最重要的因素。因为任何国家经济的持续强劲增长，都必将改变社会的收入分配格局和与之密切相关的金融配置理念和格局的变化。(2) 个人收入的增加。作为经济持续增长最主要的派生效果，是它必将带来的该国居民收入的普遍增加和恩格尔系数的下降，这意味着人们手中暂时闲置的资金增多，投资性和投机性的理财需求自然上升。(3) 资产价格上升。经济持续增长另一主要的派生效果是，该国的股票市场价格和房地产市场价格等资产价格的普遍上扬。资产价格的上升会诱发资金富裕者快速形成财富积累的意愿。(4) 富裕阶层的形成或收入分布差距的拉大。在居民总体收入增长趋势中，往往伴随着另一个趋势，即富裕阶层的形成或收入分布差距的拉大。对世界各国基尼系数的统计显示，随着国家富裕程度提高，收入分布差距的拉大是普遍现象，而它在新兴国家甚至超过发达国家。富裕阶层的形成以及所表现出来的对财产性收入增加的欲望，对银行个人金融形成了巨大的商机，财富管理成为银行最重要的利润来源。(5) 人口因素。从对财富管理需求角度看，对它影响较大的另一个因素是人口年龄周期。一般来讲，45~60 岁年龄段的人口，最可能为退休而积累资产，同时处于收入的高峰期，他们对个人财富管理的需求十分旺盛。(6) 混业经营与金融品种多元化。20 世纪 90 年代，金融混业经营成为金融机构改革的大趋势，各类金融产品层出不穷，金融机构服务范围不断延伸和扩展，这对满足个人财富管理的需求提供了充沛的供给和选择。

财富管理作为银行对存款管理崭新理念的一个相对独立的阶段，正处在高速发展期，它不仅极大地提高了个人金融服务的技术含量，也对银行专业化服务的深度和整合金融业各类服务宽度的能力提出了很高的要求。

再次强调，存款管理每个阶段都有其非常宝贵的理念和内容，都是对银行发展的贡献，每一个后出现的阶段都是对前者的“扬弃”，即吸收精华，淘汰落后，创新符合现代环境的成分。

三、存款增长的环境和稳定性分析

银行在开拓存款来源的同时，也需要考察存款的稳定性，这对银行主动合理安排资金的运用，同时尽量避免流动性风险具有重要意义。在中国银行业内的竞争中，各家银行都将存款规模和市场份额视为重要指标，然而在银行竞争力的评价中，应更多地看这些存款的增长规模和市场份额的扩大是否建立在合理和稳定的基础上。因此，存款增长环境和存款增长稳定性分析构成存款管理中不可或缺的环节。

(一) 存款增长环境分析

影响银行存款增长的外部环境原因很多，主要有以下几方面因素：

1. 趋势性因素。社会经济的长期发展趋势，如人口迁移、技术进步、消费行为的变化和经济结构的调整等，都会对银行存款能否增长产生很大影响。

2. 季节性因素。自然气候、社会风俗和习惯等可能会使银行存款规模的波动表现出鲜明的季节性特征。例如，在作物种植和生长季节，处于农业地区的银行存款余额因农户提取而大量减少，到收获季节正好相反。在以旅游业为经济支柱的地区，银行存款也会随淡旺季而上升或回落。在重大的传统节日前，居民储蓄和企业存款都会减少或增幅下降，节后则重新回升。

3. 周期性因素。受经济周期的影响，银行的存款变化也会具有周期性的变动规律。在经济繁荣的高潮时期，存款趋于上升；在经济萧条时期，又可能大幅度下滑。

4. 临时性因素。意想不到的突发事件可能会导致银行存款急剧波动，如对银行不利的谣言、大客户巨额提存等。

5. 市场价格因素。市场利率水平的波动通常会对存款供给产生直接影响。比如，当存款利率持续下降，而债券股票等投资工具的收益率相对上升时，必然会导致银行存款资金严重分流。许多银行零售存款直接转移到资本市场或投入共同基金之中后，其中的一部分又会以批发存款的形式重新回存银行，从而使银行存款规模不断变动。

此外，银行存款波动可能是因为货币政策取向的调整、国际金融市场形势变化所致。同时，银行自身的服务质量、社会信誉等也是影响存款稳定性的重要因素。

（二）存款增长稳定性分析

银行考核存款管理绩效的重心不在于存款规模的简单增减，如在中国直至目前，不少银行以期末余额作为考核标准，导致了很多短期行为甚至基层管理的弄虚作假，完全不能体现管理的水平和金融技术含量的高低，考核存款增长更看中存款增长的稳定程度。在管理科学的银行，以下几个方面的内容或因素分析存款增长稳定性：

1. 平均余额

在我国，银行业内往往对存款计划和规模采取期末余额考核法，它以月末、季末和年末日为考核日，以一个时点上的存款余额数据来判断一家银行的存款规模或下级行是否完成了存款计划目标。很显然，这类考核意义不大，因为基层机构有很多方法可以低成本地改变这一天的存款余额，更值得警觉的是，这种考核助长了短期行为和虚报之风，而且使得银行在资金运用期限安排的精确性上也大打折扣。发达国家银行以及我国部分务实管理的银行，多采取平均期限余额考核方法，即在一个月、一个季度、乃至一年，考核下级经营单位的日均余额。

2. 核心存款

核心存款（Core Deposits）是那些对利率变化不敏感，同时也不随经济环境和季节、周期变化而变化，相对比较稳定的存款。以积累财富以备远期消费为目的的储蓄存款、追求资金安全的保管性定期存款以及有特定用途的专项存款等品种在约定期限内一般不会提前支取，属于稳定性较强的存款。小额存户对银行忠诚度较高，其存款通常也较为稳定。核心存款在近期内的提取概率很小，银行无需为之保留较多的准备头寸，故而是形成银行中长期和高盈利资产的主要资金来源。不过，一旦银行失去信誉，核心存款也会流失。

3. 非核心存款

非核心存款（Non-Core Deposits）也称易变性存款或波动性存款（Volatile Deposits），

包括季节性存款和脆弱性存款。季节性存款在美国又被称为波动性账户，这类存款的存取有明显的季节性规律。脆弱性存款是对利率等外部因素非常敏感的游资，一旦经济环境发生对银行不利的变化就会大量流失。不稳定的存款随时可能被提取，因而需要大量流动性储备作为支付保障，可用度自然下降。

为提高存款稳定性，银行应争取增加核心存款的比重和延长波动性存款的占用天数。为此，银行可以通过调整客户结构的方式分散存款资金来源。在存款总量一定的情况下，存户越少，个别大客户的存款波动对银行总体存款稳定性的影响越大，因而银行应适当发展中小企业客户、重视个人存款业务。同时，银行更需要通过提高服务水平来巩固客户关系。只有以高效优质服务为依托，银行方能与客户长期保持良好密切的关系，建立一个稳固的核心存款基础；反之，劣质服务不但无法吸引新客户，甚至老客户的存款也会转移和流失。银行也应把握存款相对于其他替代投资品的比较优势，着力宣传存款安全可靠、支付便利的特点。根据市场利率走势适当调整存款利率也是维持存款规模的一种选择，但银行必须考虑到由此可能引发的利率战所导致的不良后果。归根结底，银行的经营实力、资信状况和市场口碑是保证存款稳定性的基础，急功近利的短期行为无法使存款持续稳定增长。

国际先进银行在存款管理中，非常注重存款规模增长、稳定性与结构合理性之间的平衡关系。它们除了运用传统的网点优势外，更多地是运用自己推出的高技术含量的各类业务和衍生交易来维护客户关系，提高客户的忠诚度。

我国实行商业银行制度以来，银行存款管理的水平有了一定提高，但是在存款管理的理念上却变化很小。长期以来我国各银行在存款管理的理念上普遍只重规模本身，缺乏对合理的存款结构和降低存款波动性的追求。在存款竞争的动力上，中国银行内有一个上下皆知的表述，“冲规模”。为了“冲规模”，各银行用尽办法，但实质性的创新不多，基本停留在运用“红海战略”的价格战，甚至在日常绩效考核中，把存款规模指标分解到银行内部每个员工的身上，不加掩饰地把中国式的“关系营销”推行到极致状态。这种做法在短期内可以扩大银行存款规模，但存款规模极不稳定，更谈不上结构合理。值得注意的是它在中国银行行业内形成一种庸俗的企业文化，阻碍了我国银行管理水平和技术含量的提高。

四、个人金融或理财管理

如前所述，由于环境的变化，传统上银行对存款来源管理的认知和管理都已经不能跟上环境的变化，目前的存款管理无论在理念和管理方法上都被银行的“个人金融管理”所取代，个人金融业务和管理在商业银行已经成为一个内部独立的业务部门。

（一）个人金融与存款管理

个人金融也可称个人理财，是银行针对个人金融需求而推出的专业化服务。商业银行个人金融在提法和运作上替代传统的存款管理，是银行站在新的视角重新诠释新环境下对存款管理内涵的崭新理解，其最主要的变化是，在这里，存款不仅是客户的服务需求，更是一种投资需求。

(二) 个人金融或理财的特征

个人理财不仅仅是存款管理，它同时关注客户资产负债表的两方，为客户提供财富的聚集、维持、保存、增值和转移管理等服务。个人理财的特征有：第一，服务的全面性和整体性；第二，隐私性和深入性；第三，强调对财富的短期规划和代际转换（财富转移）规划以及相应的非金融的投资咨询；第四，为客户提供各类特定目的的投资操作、财产保存或财产转移。

(三) 个人金融或理财管理的基本业务和运作模式

1. 基本业务。个人金融或理财的基本业务和品种涵盖面很广，既包括传统的金融服务，也包括广义的财富管理。例如，传统的银行产品和服务有各类存款和现金管理，各类个人贷款，以及财产、人寿保险和养老金的安排等。广义的财富管理则有金融和非金融的配置。金融配置很好理解，如税收遗产处理、慈善资金运作和投资等；非金融配置则范围极广，有艺术品和古玩投资、各种咨询和建议、旅游设计、“富贵病”心理治疗以及“管家式”服务等。个人理财的本质是投资委托，即银行是一个具有信托意义的资产管理者，它在不同性质的委托下为客户提供不同的服务。

2. 运作模式

(1) 客户细分。与银行对其低端市场细分不太一样（地理、人口、收入、持有资产的类别、偏好和住所等），个人理财客户的定义通常不太清晰，但有以下基本划分：第一类，财富金字塔划分。这是最基本的划分，根据财富将客户分四类，即“大众富裕客户”，高净值客户，更高净值客户，超高净值客户。第二类，财富来源划分。高端客户财富的来源是决定其投资、产品和服务需求的极重要因素。财富来源最主要的划分是“旧财富”还是“新财富”，前者一般是继承，后者一般是创造。第三类，代际划分。富人人群在个人理财中可以被划分为三代，第一代是创造者，不太重视理财，风险容忍度较高，第三代被认为勤奋工作与财富的因果关系基本消失，重视理财风险，容忍度较低。

(2) 建立客户档案。银行应尽可能全面了解和收集客户信息，主要包括客户的收入及来源，所有的金融和非金融的投资、负债，税收，预期的财富传承，家庭结构和稳定性，爱好等。

(3) 评估客户的风险容忍度和服务偏好。银行个人理财部门将使用专门和特制的测试表、问卷和专题询问，根据评估结果，理财顾问初步确定客户对财富管理的偏好和期望后，就可以进行产品定价，并准备提出一份全面的理财建议。

(4) 拟定理财委托建议契约。个人金融投资委托形式可分为三大类，即，(1) 执行型委托。这类服务的目标客户是“自行理财型”(Self-Directed)。(2) 顾问型委托。它指银行理财机构与客户讨论投资机会，并提出建议。客户在综合考虑银行理财分析师的建议后，自行作出投资和交易决策。(3) 全权委托（契约型）。这类委托指，在客户同意银行提供的理财建议后，授权银行可以代表客户进行资产买卖和执行交易。

(5) 达成一致与实施。一份全面的理财契约包括：适用和不适用的投资类型、拟使用资产配置的模型、资产配置策略和技术、联系的方式和频率等。专业的建议中，应该包括情景分析和风险分析。理财顾问对提出的理财建议方案要与客户进行商议，并最终达成一致。接下来的是执行，个人理财，特别是高端客户的财富管理必须获得团队支持，包括投资组合、执行相关交易、提供契约内各类金融和非金融服务，确保积极的维护等。

（6）审查和再评估。在契约实施过程中，必须规定理财顾问持续审查契约的执行情况和客户满意度，包括定期与客户一起正式审查的频度，查看客户的财富长期增值目标和满意度（物质和非物质）的进展或者是否实现，并对方案进行必要的修正。

（四）中小银行的个人金融思路和管理

中小银行的产品、网络和社会资源的整合能力远远不及大银行，高端客户和私人银行似乎与中小银行相关性不大。然而，富裕永远是相对的，个人金融服务需求是广泛的。因此，在中小银行高端客户理财和个人金融的思路有一点非常关键，即注重“长尾理论”对中小企业的启示。“长尾理论”（The Long Tail Theory，克里斯·安德森，2006）告诉我们，存款客户贡献在统计中处于统计右端，即长尾部分的价值在于它的惊人规模，通过高度专业化和适当的组合，“利基市场”（Niche Market）① 同样可以取得丰厚的利润。利基市场的理念和运用，对传统客户群体与贡献的 2：8 黄金分割定律观念是一种理性思维，它也给中小企业和银行在各类业务上如何竞争，开辟了正确和宽阔的思路。

（五）银行对高端客户理财与反洗钱的矛盾

1. 面对反洗钱的脆弱性

通过犯罪取得的资产，经过洗钱便使得其与罪恶的联系模糊。洗钱活动形式多样，如贩毒、恐怖主义、有组织犯罪、内部交易、逃税以及其他希望避免别人注意的意外之财等。多年来的实践表明，商业银行在面对高端客户理财与怀疑该客户可能在洗钱时应该采取的措施时时常是脆弱的，其主要原因有：（1）私人银行是客户利益的维护者；（2）客户的强大；（3）谨慎和保密的文化；（4）竞争和利润的要求。

2. 不可触及的监管和行业自律底线

20 世纪 80 年代后，国际社会越来越重视洗钱和逃税，特别是 2001 年 9.11 事件后，国际社会在反洗钱方面有一系列规则和协议，发达国家和新兴大国政府普遍签约，国际著名银行出于声誉考虑也大都参加。2009 年全球金融危机后，瑞士也宣布配合国际社会加强国内私人银行的信息披露。在银行面临自我利益与国家利益，甚至国际责任冲突时，应该毫不犹豫地服从整体利益，这也是所有银行的长远利益。

目前国际社会有以下著名的涉及反洗钱的国际组织和公约：（1）金融行动组（FATF）。这是成立于 1989 年的一个政府间组织，目前有 29 个国家，该组织开创了反洗

① 利基的英文是 Niche，指那些高度专门化的需求市场。Niche 来源于法语。法国人信奉天主教，在建造房屋时，常常在外墙上凿出一个不大的神龛，以供放圣母玛利亚。它虽然小，但边界清晰，洞里乾坤，因而后来被用来形容大市场中的缝隙市场。在英语里，它还有一个意思，是悬崖上的石缝，人们在登山时，常常要借助这些微小的缝隙作为支点，一点点向上攀登。20 世纪 80 年代，美国商学院的学者们开始将这一词语引入市场营销领域。

钱的基本框架，在反恐怖的反洗钱方面颇有影响和效率；（2）国际清算银行，其金融论坛（FSF）成立离岸金融特别工作组；（3）欧盟 2001 年颁布反洗钱指引；（4）联合国安理会的决议，敦促成员国加强全球反洗钱合作；（5）Egomont 集团，这是一个金融情报非正式组织，推动成员国之间的情报交流，支持反洗钱；（6）世界银行与 IMF 制定了反洗钱行动计划，与多个主权国家分享，而且 IMF 对各国反洗钱能力进行定期评估。

附录：存款保险制度

存款保险制度是旨在保护存款人利益、维持金融体系稳定的一种制度安排，它要求接受存款的金融机构为其吸收的存款向存款保险机构投保，当投保机构发生危机无力支付存款时，由存款保险机构向其提供财务援助或直接对存款者给予偿付。

美国是世界上最早创建现代存款保险制度的国家。1929 年，美国遭遇空前严重的经济危机，随之而来的是持续的经济大萧条，引发了银行连锁倒闭的风潮，众多存户因此损失惨重。为了使存款人的债权安全不受银行破产的冲击，同时恢复公众对银行体系的信任，化解银行业的流动性困境，美国国会于 1933 年通过了“银行法”，根据该法第 12B 条款成立联邦存款保险公司（FDIC），由其负责实施 1934 年 1 月 1 日生效的临时存款保险计划和 7 月 1 日生效的永久性计划，并规定所有联邦储备系统的会员银行都必须参加存款保险，自此建立了存款保险制度的基本构架。1934 年，美国联邦政府成立了联邦储蓄贷款保险公司（FSLIC），专门承保在联邦注册的储蓄贷款协会（下称储贷协会）的存款。1970 年，美国政府又成立了国家信用协会股份保险基金（NCUSIF），为信用协会提供存款保险。同时，美国于 1950 年将相关法案条款单列出来，形成《联邦存款保险法》。在 20 世纪 80 年代以前，美国存款保险体系一直运作平稳，在 1950—1980 年间，平均每年不超过 7 家银行倒闭。然而，进入 80 年代后银行业破产率再次上升，尤其是储贷协会大批倒闭，致使 FSLIC 清偿力严重不足。1989 年，美国通过《金融机构改革、复兴和加强法案》（FIRREA），对存款保险系统进行重组，撤销了 FSLIC，代之以储贷协会保险基金（SAIF），与银行保险基金（BIF）一起统归 FDIC 管理。由于分设两个保险基金存在弊端，1996 年的《存款保险基金法》（DIFA）下令最终将这两家基金合并为存款保险基金（DIF）。

美国在建设和完善存款保险制度的过程中积累了大量经验，为其他国家提供了参考依据。20 世纪六七十年代，伴随金融自由化趋势，金融业风险明显加大，加拿大、日本、德国、法国、荷兰、英国、比利时等发达国家纷纷效法美国建立存款保险制度，一些发展中国家也相继建立了存款保险制度，包括印度、菲律宾、巴拉圭、阿根廷等。80 年代后，特别是 90 年代以来，银行危机的频繁发生使存款保险制度普遍受到关注，这一时期有土耳其、哥伦比亚、肯尼亚、委内瑞拉、智利、尼日利亚、巴西、秘鲁等国先后建立存款保险制度。欧盟在 1994 年提出将建立存款保险制度作为单一银行市场的共同标准。一些遭受亚洲金融危机冲击的国家也在考虑建立这一制度。

各国存款保险制度的建立虽然基于相似的动因，但因各自经济金融制度、历史传统、经济金融发展水平等因素的差异，在诸多方面又有所不同：

1. 存款保险机构的性质

由于存款保险不同于普通的财产保险，故各国存款保险机构均以维护金融体系安全与稳定为己任，基本不以赢利为目的。目前，存款保险机构的组织形式大致有三种类型：

一种由政府出资建立。美国1933年银行法规定由联邦政府和联邦储备系统为FDIC提供创办资金①。FDIC由三人组成的理事会管理，其中一名理事为财政部的通货检查官，另外两名理事须经参议院同意并由总统任命。加拿大、巴西、阿根廷、智利、肯尼亚、尼日利亚、巴拉圭及委内瑞拉等国的存款保险机构也是官方举办的。

另一种由政府和金融机构共同组建。日本存款保险公司（DICJ）于1971年7月成立，由政府、日本银行和民间金融机构联合提供初始资本金。DICJ的理事长由日本银行副总裁担任。荷兰、比利时、哥伦比亚、菲律宾及土耳其等国家的存款保险机构亦由政府和银行公会合办。

还有一种是在政府支持和督导下，由银行同业公会建立的民间存款保险机构（保险基金）。德国的存款保险体系主要由私营商业银行业存款保险基金、储蓄银行业存款保险基金、信用合作社保险基金构成，德国政府不直接介入银行业的存款保险活动，三只基金由各有关行业公会管理和经营。法国银行公会于1979年根据财政部和国家信贷委员会的计划制定了自己的存款保险制度。英国则是在1982年建立存款保护基金，向所有注册银行和其他存款机构征收保费，由英格兰银行官员组成的委员会管理。有些国家是由银行业协会的会员银行间相互担保或订立损失分担协议来建立存款保护制度，如瑞士和奥地利。意大利、印度、特立尼达等国的存款保险机构也属于这种银行同业合办型。

2. 存款保险的参加原则

各国金融机构的参保原则与存款保险机构官办或非官办的组织性质之间并不存在必然联系，总体上可归纳为三种情况：

一是强制投保，凡符合条件的存款性金融机构必须参加保险。日本在《存款保险法》中明确规定了纳入存款保险制度的各类金融机构，并要求其成为存款保险机构的会员。英国、加拿大、哥伦比亚、印度、尼日利亚、菲律宾、土耳其及委内瑞拉等国也实行强制投保。

二是自愿投保，允许存款性金融机构自愿参加。德国实行自愿保险的原则，没有法律条文规定所有银行类金融机构都必须参保。奉行自愿原则的国家还有意大利、荷兰、阿根廷、智利及巴拉圭等。

三是强制与自愿相结合的投保原则。美国1933年银行法规定联邦储备体系的会员银行必须参加FDIC的存款保险，非联储会员的州银行及其他存款机构可自由决定是否参加存款保险，自愿参加保险的银行必须向FDIC提出申请，经审查合格后方可投保。巴西等国家也对不同金融机构区别对待，规定综合性商业银行必须参保，其他存款性金融机构则自愿参加。

事实上，存款保险制度一旦建立，对于所有存款性机构都有一定的客观强制作用。由于存款保险为存款安全提供了保障，使之成为银行存款竞争的一个重要条件，特别是规模

① FDIC最初的资本金由财政部与联邦储备银行提供，但后来又将资本金归还，在财务上完全属于参加该公司的成员银行所有。

较小的银行，如果不参加存款保险，在与大银行竞争中就会处于不利地位。为此，即使没有强制约束，大多数存款性机构都会选择参保。

3. 存款保险的承保范围

关于存款保险承保对象的国别范围，大多数国家以领土为界，保险对象除包括本国境内的银行外，还包括外国银行在本国开设的分支机构和附属机构，但不包括本国银行在国外的机构。不过也有例外，比如德国和日本将本国银行的国外机构也包括在存款保险计划内，而比利时、日本以及巴西、印度、土耳其等国则将外国银行在本国的分支机构排除在外。

关于存款保险标的范围，即可获保险的存款品种，各国的规定也不尽相同。多数国家的存款保险都包括本币和外币存款，如美国、瑞士、荷兰、德国等，有些国家则不保护外币存款，如加拿大、法国、日本、英国等。同时，多数国家主要保护小额存户的权益，对银行间同业存款、一定期限以上的定期存款和大额可转让存单等不予保险，但加拿大、哥伦比亚、肯尼亚、尼日利亚等国对银行同业存款也给予保护。

4. 保险基金的筹集方式

存款保险机构主要从两条途径筹集保险基金：一是政府的财政拨款或由存款保险机构发行股票和债券；二是向投保的金融机构收取一定的保险费。不过，有的国家事先没有资金筹措安排，一旦某银行出现问题，由参加存款保险的成员机构保证支援，或是临时筹集资金向存款人支付，比如智利。此外，有些国家还规定在特殊情况下，存款保险机构可以从财政部或中央银行获得资金支持。

5. 保险费率的设置

各国采用的保险费率有单一费率和差别费率之分，前者不考虑投保银行各自的风险状况，后者则与投保银行风险水平挂钩，风险高则费率高，反之亦然。目前，多数国家实行单一保险费率，不过，各国费率水平差别较大。由于单一保险费率和银行经营管理水平、资产风险状况无关，客观上鼓励银行从事冒险经营，与保险的基本原理相悖。相比之下，有弹性的差别费率是比较理想的选择，但需要一个健全的风险评价系统。美国 FDIC 基于 CAMELS(“骆驼评级”）标准设计出与风险联系的保险费率制度，收到了较好效果。

6. 存款保险的额度

除个别国家（如挪威）实行无限承保制外，大多数国家都规定了承保的最高限额，实行有限承保，这样做既可对储户提供一定保障，又可通过让大额存款人承担部分损失的方式迫使其关注银行的经营状况，发挥市场选择和监督机制的作用，以避免道德风险问题，减轻存款保险机构的压力。

由于受各国经济发展水平和居民储蓄状况及保险制度的完善程度的影响，各国设定的保险限额是不同的，同一国家不同时期的保险限额也并非固定不变，而是随着经济发展水平、通货膨胀率以及保险基金的变化进行调整。目前，各国对每个存款账户规定的最高保险额度依次是美国 10 万美元①、加拿大 2 万加元、法国 20 万法郎、日本1 000万日元、荷

① 1980 年《存款机构放松管制和货币控制法》将 FDIC 赔偿的最高限额从 4 万美元提高到每个账户 10 万美元（一人开立多个账户按一户计），超过限额的存款待破产机构财产清理完毕后作为破产债权获取清偿。

兰3万荷兰盾等。对于保险范围内存款的赔偿额度，各国规定的比例也不相同，多数国家在法律规定的最高额度内给予100%的赔偿，如美国、法国、加拿大等，还有一些国家在限额内规定了赔付比例，比如英国规定1万英镑之内的损失只能得到75%的赔付，而瑞士规定的赔付率随存款金额的增加而递减。有的国家根据存款种类和存户的不同予以区别对待，一般对活期存款的赔付比率略高于其他存款。

此外，各国存款保险机构的职能也有所不同。有的仅具备提供存款保险的单一职能，而有的则兼具金融监管、紧急救援和关闭处理等多重职能。FDIC是美国银行监管体系的主要组成部分，各投保银行须接受FDIC的检查，FDIC对存在严重问题的银行可勒令其停业整顿或终止其被保险人资格。对于濒临倒闭的“有问题金融机构”，各国存款保险机构也采取不同的处理措施。FDIC除了直接对破产银行的存户赔付外，还可以物色并出资支持经营良好的银行并购收购问题银行。在寻找到合适的买主之前，FDIC可短期接管该银行。

存款保险制度的理论基础有三个核心：一是这种制度有助于避免“囚徒困境”问题导致的银行挤兑风潮；二是存款保险制度能有效地防止单个银行倒闭演化为银行系统风险；三是在前两者的基础上，一个国家的银行业才有可能真正实施“市场退出机制”。然而，存款保险制度并非完美无缺，它在保障存款人利益和维护金融稳定方面发挥了积极作用，同时也因其隐含的各种问题而备受争议。如存款保险制度会导致道德风险，其结果可能是更多的银行破产和更频繁的系统性银行危机。美国20世纪80—90年代银行倒闭高潮，让FDIC的保险基金接近枯竭。对于存款保险制度的内在缺陷，其支持者主张通过设计科学合理的存款保险体系，以最大限度地减弱其负面影响。美国1991年出台《联邦存款保险公司改进法案》(*FDICIA*) 对原有制度的修正，该法案要求FDIC设计一个将保险费率与银行资本充足率或资产风险联动的风险敏感性费率方案，鼓励银行充实资本或降低经营风险。该法案实施后对于FDIC的保费资金来源问题大为缓解。但也有一些学者指出，这种做法实际上是对银行的双重征税，使得银行负担过重，反而促使银行采取更为复杂的方法隐匿风险。2002年联邦存款保险又推出两项改革法案。《2002年联邦存款保险改革法》的主要内容为：(1) 在该法通过90天以内把银行保险基金（BIF）和储蓄贷款协会保险基金（SAIF）合并成存款保险基金（DIF）；（2）授予DIF向联邦住宅信贷银行（FHLB）体系借款的权力；(3) 普通账户的存款保险限额从10万美元提高到13万美元；某些退休账户的保险数额增加到26万美元；自2005年起根据通货膨胀水平每5年调整存款保险限额；(4) 取消零保险费的限制，即取消资本充足、高级别的机构在基金储备率超过1.25%的指定储备率（DRR）时就无须交纳保险费的规定；(5) 废止以23为基点起征的保险费法定费率；(6) 设定DRR的目标区间为1.15%~1.4%；(7) 最低限额收费账户的保险费率削减50%等。《2002年存款保险安全和公平法》议案主要宗旨是改善存款保险体制的安全和公平，推进存款保险体制现代化。其核心内容为两大部分：存款保险基金的合并和存款保险体制的现代化与改进。

目前，有相当一部分国家对是否建立存款保险制度还存有疑虑。不过，由于银行系统在经济金融运行中的核心地位，当一国的银行业面临系统性危机时，即使没有建立存款保险制度，政府也会考虑对存款人适当给予各种形式的保护，这些国家实际上存在着隐性的存款保险制度。

第二节　借款管理

银行传统的资金来源主要是存款，20 世纪 60 年代至 70 年代，随着负债管理理念逐渐在西方银行业中盛行，银行开始更多地利用其他渠道主动借入资金以满足流动性需要，借款在银行资金来源中的地位日趋重要。银行借款的目的不仅是为了平衡资金头寸，同时也是为了支持资产规模扩张。由于单纯依靠存款的自然增长满足不了快速增加的信贷需求，为了维持与优质客户的良好关系，银行迫切需要开辟多元化的非存款融资渠道，缓解信贷资金的供求矛盾。在进行市场经济改革以前，我国银行主要依赖向中央银行借款，但目前我国商业银行借款的理念和方式都有了较大的变化。

一、借款对银行的意义

与存款相比，银行通过借款筹措资金可以规避当时严格的存款利率上限管制，而且不需交纳存款准备金和存款保险费，但借款作为管理型负债的积极意义和深远影响并不仅限于此，这种筹资方式使商业银行的负债管理更具主动性和灵活性，银行由此能够更加自如地统筹资金来源与资金运用，以便把握盈利机会。

首先，银行可以根据实际需要合理地控制借款规模和期限结构。存款数量多少、期限长短主要由存款方的意愿主导，而借款的主动权则掌握在银行手中。

其次，银行可以自行确定借入资金的运用及偿还计划。存款的提取有相当大的不确定性和不规则性，而借款合约对偿还期限和金额的约定十分明确，一般不能要求提前偿付。由于借款资金的稳定性强，为银行预测债务偿付的流动性需求提供了便利，从而可以提高借款资金使用效率。

最后，借款突破了银行现有存贷关系的束缚，筹资范围更加广泛，不受银行所在地区资金状况和银行网点分布的限制。银行可以随时购买资金以获得流动性供给，从而得以减少对低收益高流动性资产的持有，将释放出来的资金用于贷款和投资。

二、借款的种类

银行有许多可供选择的借款方式，总体上分为从短期货币市场借入资金和在资本市场上发行长期债券①两类途径。

（一）短期借款

商业银行可以向其他银行和非银行金融机构以及非金融企业借入短期资金，或是从中央银行获得短期资金支持，既可以在国内借贷，也可以通过国际金融市场融资。短期借款最初主要用于调剂头寸和满足银行临时性资金周转需要，随着银行管理技术的改进，短期借款的连续使用实质上将其转化为长期资金使用。短期借款的主要方式有：

---

① 以债券形式筹集的长期资金只要符合有关规定，可以作为附属资本的组成部分。

1. 同业拆借

同业拆借是商业银行与其他金融机构之间的临时性借贷行为，同业拆借是商业银行最为便捷的借款方式之一。

（1）同业拆借的产生

同业拆借最早源于法定存款准备金制度。中央银行规定商业银行存放在中央银行的法定准备金存款不能用于盈利性业务，而且一般不计利息或利率较低。商业银行为减少机会成本损失，将超过法定存款准备金的超额储备拆借出去，而头寸或准备金不足的银行则需及时拆进资金。随着同业拆借的发展，货币中心银行甚至逐渐成为净借款方，它们不再只是调剂短期资金余缺，而是借助循环拆借的方法将拆入资金作为一种长期资金来源，以此作为支撑扩大信贷能力，而中小银行由于缺乏信贷机会，通常作为净拆出方对大银行拆出富余资金。

（2）同业拆借的交易方式和主要类别

拆借双方可以直接联系并协商成交。小银行由于拆借规模不大，通常以大银行作为代理银行。这些代理银行往往是双边报价的造市商，同时买进并卖出拆借资金。拆借经纪人或短期融资公司等专门中介机构也可以充当资金供求双方的媒介。虽然直接交易的成本较低，但通过中介机构进行拆借，不仅可以降低搜寻成本、提高交易效率，还有助于保障同业拆借的秩序和安全。

拆借按期限分为三种类型：一是隔夜拆借，即“日拆”，双方一般通过电话、电传或网络沟通，不签订书面合同；二是指定日拆借，在书面合同中预先确定某日为清算日期，期限一般为1天以上，1年以内，中途不得解约或延期；三是续期拆借，这是一种期限较为自由的拆借方式，一般当日借次日还，但若拆借双方都不发出要求收回或返还的通知就自动展期。在融资期限很短的情况下，为方便交易，拆借双方大多在良好的资信和法律规范的基础上进行信用拆借，倘若彼此缺乏了解或借方信用不足、借贷时间较长，可采用有担保拆借方式。

（3）同业拆借的价格与运作过程

同业拆借利率由借贷双方根据市场资金供求状况、拆借者的信誉和实力以及拆借期限自行协商确定。同业拆借由于违约风险低，其利率能较准确地反映金融系统头寸或银根的松紧情况，往往作为其他金融工具定价的基础利率。伦敦银行同业拆借利率（LIBOR）因伦敦国际金融中心的地位及其严格规范的形成程序而成为国际上广泛使用的基准利率，具有代表性的还有纽约同业拆借利率（NIBOR）、香港同业拆借利率（HIBOR）和新加坡同业拆借利率（SIBOR）等。

同业拆借一般通过商业银行在中央银行开立的存款账户进行资金划转，拆出行通知中央银行将款项从其存款账户转到拆入行账户。中央银行贷记拆入行的账户，同时借记拆出行的账户，借款到期后，再将资金连本带息划回拆出行。

（4）我国银行间同业拆借市场的形成、发展和现状

我国银行间同业拆借活动始于1984年，中国人民银行提出“实贷实存，相互融通”的新型信贷管理体制，鼓励银行间利用资金的行际差、时间差、地区差进行拆借。1986年，国务院颁布《中华人民共和国银行管理条例》，明确规定专业银行之间可以相互拆

借，同业拆借市场得以正式启动，在全国范围内形成了以上海、武汉、重庆和广州等中心城市为主的有形市场。此后，中国同业拆借市场的发展经历了一个颇为曲折的过程。由于缺乏有效的规范，在经济过热和通货膨胀的背景下，拆借市场上出现了严重的违规现象，大量短期拆借资金被用于房地产投资、炒股票，或实业投资，延长拆借期限，哄抬拆借利率，扰乱了金融秩序。而且，市场内存在系统分割和地区分割，降低了融资效率。为了从根本上纠正同业拆借市场的混乱现象，中国人民银行于1995年撤销各商业银行及其分行开办的融资中心等同业拆借中介机构，1996年1月，依托全国外汇交易中心提供的电子交易系统和信息服务，全国统一的同业拆借市场在上海建立，全国银行间同业拆借中心作为市场中介组织，为市场参与者提供安全、高效、方便、低廉的服务。中央银行在加强对交易主体市场准入及交易行为规范的同时，于1996年6月取消了对同业拆借利率的上限管制，确立了交易双方自由议价的市场机制。拆借利率一般高于在中央银行存款的利率，低于商业银行短期贷款利率。同业拆借包括1~7天的头寸交易和期限在120天内的借贷交易，人民银行每日公布的“全国银行间同业拆借利率”(CHIBOR) 是各交易品种每笔交易利率的加权平均值（后来根据国际惯例改为以金融交易中心城市上海为名的SHIBOR)。

1996年建立的全国银行同业拆借交易系统最初包括两级交易网络。当时进入一级网络的交易主体是经中央银行批准、具有独立法人资格的商业银行总行（20家）和中央银行各省市分行组建的融资中心（35家），以及全国性金融信托投资公司，它们之间的交易利用中国计算机网络进行。二级网络由当时的35家融资中心组成，交易主体为各商业银行总行授权的分支机构以及在各地人民银行开立账户的信托投资公司、城乡信用合作社、金融租赁公司、企业集团财务公司、保险公司等非银行金融机构。融资中心接受省内金融机构拆出拆入的报价，就地交易，在本地市场无法平衡的情况下，将差额通过一级网络平衡，并将成交银行、数量、期限、利率等交易信息反映到一级网上，同时将一级网的报价传到省内机构，以保持一级网、二级网拆借利率的大体一致。各地融资中心既是一级网络成员，又是二级网络的组织者和参与者，成为沟通一级网络和二级网络的桥梁。1998年2月后，融资中心退出拆借市场，二级网络宣告终止。此后，中央银行在增加入市主体、完善相关法规等方面积极推进同业拆借市场建设，使同业拆借市场成员的数量不断增多，类型更加广泛，交易规模日趋扩大，除了国内金融机构外，一些外资银行已获准进入拆借市场。

目前我国金融机构间同业拆借全部在无形市场上进行，交易双方可以通过数据专线及其他通信方式进行格式化的报价、询价，就各种交易要素进行多轮对话磋商，最后确认成交。虽然我国同业拆借的交易系统在技术上是先进的，但国内尚未形成对银行进行资信评级的权威机构，银行之间相互授信的管理体系还不完善，存在信息不对称，交易还不够活跃和稳定的问题。

2. 转贴现

贴现是票据持有者将未到期的票据交给银行，银行按票据面额扣除贴现利息后，将票面余额付给票据持有人的买进票据的行为。贴现实际上是银行的一种短期放款，票据持有人提前取得现款，而银行垫付了资金，票据到期后贷款便可收回，如果票据债务人违约，银行可以向前手追索。当银行资金紧张，周转发生困难时，可将已经贴现但尚未到期的票据转让给另一金融机构，要求给予转贴现，以取得资金融通。由于转贴现涉及的关系人较多，手续复杂，法规对其一般有较严格的规定。我国规定转贴现期限最长不得超过6个月，商业票据应以真实、合法的商品交易为基础，转贴现利率由双方自由协定。

3. 向中央银行借款

在各国金融体系中，中央银行都充当着最后贷款人的角色。商业银行向中央银行借款在惯例上只能用于补充预期之外的准备金不足和资产结构的临时性调整，若商业银行刻意利用向中央银行借款以满足放款和投资的盈利性需要，将招致中央银行的处罚。

中央银行主要通过直接贷款或再贴现的方式向商业银行提供信用支持，二者同时也是中央银行执行货币政策、调控货币供应量的重要手段。

（1）直接借款

商业银行可以将自己持有的票据、政府债券等作为抵押品向中央银行申请信用借款。

我国商业银行从中央银行获得的借款按期限和用途不同分为下列三种：

第一，年度借款，主要用于解决商业银行因经济合理增长或承担政策性贷款①而引起的信贷资金不足，期限一般为一到两年。实际上，这部分借款在中央银行账户上同时形成存款，是中央银行在年度内为商业银行增拨的可较长时期占用的基础货币。

第二，季度借款，主要解决商业银行因信贷资金先支后付或存贷款季节性变化等因素导致的暂时资金不足。该项借款期限一般为两个月，最长不超过四个月，也是由商业银行总行统一向人民银行总行借款和还款。中国人民银行对这种贷款的管理原则是“合理供给，确定期限，有借有还，周转使用”，即中国人民银行根据商业银行业务经营的实际情况和宏观金融调控的需要适当地发放这种贷款，在规定的额度和期限内，商业银行可反复借还使用。

第三，头寸借款，主要解决商业银行因汇划款项未达或遇到意想不到的存款提取或借款需求突增情况而造成的临时性资金短缺。这种调剂性借款的期限多在10天以内，最长不超过30天，金额相对较小，贷款次数较频繁。商业银行分行可直接向当地中央银行省分行借款，但不得超过商业银行总行规定的数额和期限。

（2）再贴现

再贴现是指商业银行将未到期的已贴现商业票据向中央银行转让，从而获得资金融通的行为。中央银行除对商业银行进行审查外，还对票据质量、期限及种类有严格要求，并根据货币政策调控的需要适时调整再贴现率和再贴现限额。

美国12个区域的联邦储备银行通过贴现窗口对商业银行提供三类贷款：一是短期调整贷款（Short-Term Adjustment Loan），帮助商业银行解决存款意外流出或其他突发原因引起的短期流动性需要，通常是隔夜借款；二是季节性贷款（Seasoning Borrowing

① 1993年以前，国有银行承担较多国家中长期政策性贷款任务，如农业银行承担的扶贫贴息贷款、土地资源开发贷款，建设银行承担的国家重点基本建设投资项目贷款等。由于投资回收期长，人民银行适当给以年度性贷款支持，随着政策性银行的组建，政策性业务逐渐从商业银行剥离，人民银行对商业银行的贷款不再直接与贷款项目挂钩，而是根据宏观经济的发展情况和商业银行对再贷款的需要，适时调节贷款数额。

Privilege)，协助小银行解决存贷正常季节性变化产生的资金需要；三是延期贷款(Extended Credit)，用于救助那些因存款持续外流而面临资金困难的银行。

我国再贴现业务起步较晚，1986年，国有专业银行正式开办票据承兑和贴现业务，中国人民银行则开办了再贴现业务。再贴现窗口设立于中国人民银行总行，受理、审核、审批各银行总行的再贴现申请，并经办有关的再贴现业务。中央银行的一级分行和计划单列城市分行设立再贴现窗口，受理、审查并在总行下达的再贴现限额之内审批辖区内商业银行及其分支机构的再贴现申请。授权窗口认为，必要时可对辖区内一部分二级分行实行再贴现转授权。再贴现的对象是在当地中央银行开立账户的商业银行、政策性银行及其分支机构。目前暂不对非银行金融机构办理再贴现业务。中央银行对各授权窗口的再贴现实行总量比例控制，并根据金融宏观调控和结构调整的需要，不定期公布优先支持的行业和产品目录。

4. 回购协议

银行可以将其拥有的高流动性证券暂时出售给其他金融机构、中央银行、工商企业或政府，同时换回可用现金资金，并承诺在一定时期后在指定日期以约定价格重新购回资产。回购协议的实质是有担保的短期资金融通①。回购利率具体取决于抵押品的品质、回购期限、交割方式等，一般低于无担保同业拆借利率。回购协议可以是隔夜回购、也可以是长达数月的隔期回购，还可以采用约定自动展期的可续协议。在美国市场上，虽然回购协议一般至少是100万美元的大额批发交易，但是近年来也出现了10万美元以下的零售交易。

回购协议为借款银行提供了一种有效的筹资方式，银行可以不必因急于变现而在市场低迷的情况下放弃对优质债券资产的持有，由于有约定回购价格，银行还可以避免回购证券时市场价格上升而造成的损失，而且在协议有效期内证券的利息收入仍归属银行。虽然回购协议的抵押品质量较高，但并非完全没有违约风险。如回购交易后证券价格下跌，逆回购方拥有的抵押品价值就会低于贷款价值，而证券价格上升，回购方则会担心抵押品的收回，因为这时其市场价值高于贷款价值。对此，回购协议可以进行更为精巧的设计，一种做法是贷款金额少于证券的市场价值，这为贷款者在证券价格下跌时提供一定缓冲，证券市值高于贷款价值的部分相当于“保证金”。

我国的国债回购交易是1993年后逐步开展起来的。最初，国债回购采取场外交易的方式，集中在地方性证券交易中心。自1995年起，上海证券交易所和深圳证券交易所的国债回购交易开始迅速增长。1997年，中国人民银行发布《银行间债券回购交易暂行规定》和《禁止银行资金违规流入股市》的规定，将回购市场分割成两个独立的市场：一个是通过交易所进行，由券商、公司、个人投资者参与的国债回购市场；另一个是通过全国银行间拆借市场，主要由银行和其他金融机构参与的债券回购市场。债券回购的交易对象目前主要是国债和政策性金融债券，合约期限最短为1天，最长为1年。由于回购相对于信用拆借安全度较高，已成为银行间市场中最为活跃的交易品种。2000年9月，全国

① 虽然回购协议类同于质押借款，但是二者从法律的角度看又有一定差异，回购协议有可能被认为是购买—销售协议，而不是担保借贷交易。

银行间债券市场的机构参与者签署了债券回购主协议，与国债回购合同共同构成回购交易的完整合同，使市场参与者有了一个共同的游戏规则，这对于规范市场操作、控制结算风险、促进交易活跃有着重要意义。

5. 大额可转让存单

大额可转让存单（CDs）①（有时称为定期存单、可转让定期存单）是银行发行的，记载了固定金额、期限和利率，并可转让流通的存款凭证，由美国花旗银行首创。20 世纪 50 年代后期，美国货币市场利率不断上升，而银行存款利率受美联储 Q 条例的限制，无法采用竞争性利率，使银行的筹资能力受到制约。为规避管制，在证券经销商的支持下，花旗银行于 1961 年开始发行可在二级市场上转让的定期存单。由于大额可转让存单利率较高，且存单持有人需要现金时可以在市场上将其售出，因而广受欢迎，迅速成为大公司、地方政府及富有阶层的重要投资工具。大额可转让存单不仅为投资者提供了流动性，而且有固定到期日，客户不会提前支取，也增加了银行资金来源的稳定性。具有历史意义的是，这种兼具存款与投资双重性质的混合型债务工具，使银行从过去被动吸纳存款转变为主动出售债务产品，这导致银行经营理念发生了重大转变。

我国银行开办大额可转让存单业务始于 1986 年，最初只有交通银行和中国银行发行，1989 年以后，其他银行也陆续开办此项业务。中国人民银行 1989 年出台大额可转让存单的管理办法，对其发行人、发行对象、面额、期限、利率、发行方式、流通转让、法定存款准备金缴纳等作了具体规定。虽然我国大额可转让存单因利息收益高而受到投资者的欢迎，但由于各种原因，银行发行的大额可转让存单数量十分有限，而且二级市场很不活跃，所以，并未形成银行主要负债品种。不过，随着金融市场的发展，我国大额可转让存单具有很大的发展潜力。

6. 商业票据

商业票据是信誉良好的工商企业和金融机构发行的短期期票，20 世纪 60 年代后期成为银行筹集资金的重要形式。虽然许多国家的银行法规定商业银行不能直接发行商业票据，但西方银行往往利用它们的持股公司，或者设立附属公司发行商业票据，并将所得资金用于贷款和投资。国外商业票据的面值一般以 10 万美元为下限，500 万美元或者1 000 万美元的面额更为流行，期限以 30 天到 270 天为主。

7. 欧洲货币市场借款

西方各国银行在国际金融市场上的借款活动多在欧洲货币市场进行。欧洲货币市场既不受交易货币发行国的管制，也较少受到交易所在国的约束，在税收、利率、法定存款准备金等方面的负担或限制均较国内宽松，这对于巨额资金需求者是一个理想的筹资场所。从 20 世纪 60 年代末开始，欧洲货币市场借款即成为商业银行重要的融资途径，当时油价上升，石油输出国由此获得了丰厚的收入，并将之存放在欧洲银行，为了争揽这部分极为可观的石油美元，各国商业银行纷纷在欧洲各金融中心设立分支机构，积极参与欧洲货币市场的资金交易。20 世纪 70 年代初，离岸金融市场向亚洲、北美和拉美地区扩展，现在

① 大额可转让存单实质上是一种银行本票，它的问世被公认为银行业负债管理革命迈出的第一步，故也在借款中予以介绍。

广义的欧洲货币市场早已超出欧洲的地域范围，不仅包括伦敦、巴黎、法兰克福、卢森堡等欧洲金融中心的离岸市场，而且也包括中东、亚洲、美国、加拿大和加勒比地区的离岸市场。

短期资金借贷是欧洲货币市场最主要的业务，期限短可 1 天，长可 1 年，一般为 7 天至 3 个月。借贷活动一般不签署书面合同，亦无需提供担保品，交易通过电话或电传就可以协商完成。借款利率由交易双方依据 LIBOR 为基准具体商定，借款金额一般以百万美元为起点单位。跨国银行的总行与海外分行之间的借贷活动是沟通国内资金市场与欧洲货币市场的重要渠道，大量欧洲美元资金经由海外分行流向总行。无国外分支机构的银行也可向大型国际性银行借款，此时银行间借贷欧洲货币的过程经过代理系统完成，借出行指示一家拥有其存款的代理行将欧洲货币贷款款项转到借入行相应账户上，当贷款到期后，代理行的会计分录作反向调整。

（二）长期借款

商业银行的长期借款一般采用发行金融债券的形式，即根据资金运用的项目需要，有针对性地发行约期付息、定期还本的债务凭证以筹集长期资金。金融债券信用等级较高，投资风险小，不但收益率一般高于同期存款利率，而且有一定流动性，故而对投资者颇具吸引力。

银行发行的金融债券根据筹措的资金能否计入银行资本，可以分为资本性金融债券和一般性金融债券，其差别主要是前者的求偿还权列在存款人之后，如属于次级债券的资本票据和资本债券。除此之外，由于商业银行的金融债券广义上也属于企业债券，因而与普通工商企业债券的种类划分并无本质差异。

金融债券的利率根据债券市场资金松紧、借款银行的信誉、债券发行总额、币别以及期限而定，一般低于同类企业债券利率。鉴于这种资金来源的长期特性，债券利率也成为体现发行银行声誉价值和风险状况的指示器。

金融债券的发行一般都须经过信用评级，由专门的评级机构对发行者的偿还能力作出评价，为债券投资者提供参考。银行国际债券的信誉评级不是对发行者的资信评级，而只是对该笔债券还本付息能力的评估，因此同一发行者发行的每笔债券的等级不一定相同。此外，金融债券发行还受到监管当局的控制，金融法规完备、奉行市场经济原则的国家多实行注册制，银行在发行债券前向证券监管机构申请注册登记，只要银行依法提供的相关资料全面、真实、准确，发行申请即自动生效。金融法规不够严密或金融管制比较严格的国家一般实行核准制，银行的债券发行申请须经监管机构的严格审查、获得批准方能生效。一些国家对商业银行发行金融债券的数量有所限制，通常的做法是规定发行总额不能超过银行资本的一定倍数。

我国银行于 1985 年开始发行金融债券，分为普通金融债券、累进利息金融债券和贴现金融债券三种。商业银行应当依照法律、行政法规的有关规定报经批准后，方可发行金融债券。迄今我国商业银行发行的都是固定利率信用债券，今后随着我国市场利率体系的逐步形成，浮动利率债券的发行势在必行。2004 年我国参照巴塞尔协议修改的新商业银行法公布后，长期债券可作为银行的二级资本，我国商业银行纷纷在金融市场上发行长期金融债券，以调整自身的资本结构。

三、借款的管理策略

（一）借款的风险与成本

借款的资金分布不像存款那样分散，单笔借款的平均金额远远高于存款的平均金额，而且期限确定，因此借款的流动性需要无论在时间上和金额上都比存款集中。如果银行不能在约定期限归还借款，就会极大地丧失信誉。就这点而言，其流动性压力要高于存款。

借款还面临相对较高的利率风险。存款利率可能受到监管当局的管制或同业组织的协调，相对稳定，而借入资金的价格是随行就市，与市场资金价格波动密切相关。当市场银根普遍紧张时，借款利率将急剧上升，使借款成本大幅度提高，尤其是货币市场中的资金供给者对利率非常敏感，如同业拆借、CDs 等均易受市场情绪影响，市场利率预期上涨时可能要价很高。

借款还可能遭遇信贷可得性风险（Credit Availability Risk）。当资金紧缺时，市场上资金有效供给不足，银行的借款需要难以得到满足。尤其是当银行遭到财务困难，急需大量资金时，却可能由于其信用等级下降而很难借到资金。例如，美国大陆伊利诺银行，在扩张贷款时大量借入资金，其中 CDs、欧洲美元存单、商业票据和隔夜借款等易变负债占总负债的 64%，后该行陷入经营困境，其筹资能力骤然下降，银行同业中止对其贷款，并拒绝购买新发行的 CDs，迫使该行不得不向美联储申请巨额借款，结果失去了存款人的信任。

借入资金除了面临上述风险①之外，借款的成本也相对昂贵。虽然没有法定存款准备金和存款保险要求，但借款利率一般要高于同期存款。同时，借款银行除需支付利息外，还要承担一定的融资费用，尤其是金融债券的发行费用较高，包括前端费用和期中费用，前者有承购手续费、印刷费、上市费用、律师费等，后者则是债券管理费、付息手续费、还本手续费和其他服务费等。

从上述角度看，借款管理在某种意义上比存款管理更为复杂。借款能够提高银行资金的营运效率，但同时也对银行的负债管理提出了很高的要求。

（二）借款的风险与成本管理策略

1. 确定借款的适度规模

银行首先要科学地预测流动性需要量和存款量之间的资金缺口，保证借入资金能够合理使用，避免资金闲置，同时也要考虑借入资金的成本，如果成本较高则不宜过多借款。银行借款量须以自身的清偿能力为度，避免为填补资产超负荷扩张形成的营运资金缺口而过量借款。如果利用借款所承担的成本与风险过高，则不应考虑继续利用借款渠道，而应通过调整资产结构的办法来保持流动性，或者通过进一步挖掘存款潜力扩大资金来源。

---

① 如果银行在国际金融市场融资，还需格外注意所借外币汇率的变化，以免因汇率变化遭受损失。

由于借款不是一个稳定的筹资渠道，小银行通常对借款持谨慎态度，更多地采用保守型的资产管理策略，也即依靠二级准备的调整维持流动性。大银行由于能够在金融市场上凭借其实力和信誉以较低价格大规模筹集资金，故常采用主动借入资金的进取型策略。

2. 安排合理的借款结构

银行在选择借款方式时需要综合考虑多种因素：

(1) 各种借款来源的相对成本。利息成本是借款的主要成本，但非利息成本也不容忽视。银行需要测算各种借款方式的实际成本，寻找便宜的资金来源。

(2) 借款的风险因素。其一是流动性风险，银行要有计划地将借款到期时间和金额分散化，以减少流动性需要过于集中的压力；其二是利率风险，银行管理人员必须有丰富的市场经验与知识，反应灵敏，能够对市场利率的走势进行准确分析和判断，并作出恰当反应；其三是信贷可得性风险，经验显示，可转让存单、商业票据和欧洲美元市场对借款人的信用品质变化十分敏感，当银行风险过大时，价格就会急剧抬升，贷款甚至可能遭到拒绝。

(3) 所需资金的期限长短。同业拆借、回购协议适合应付紧急的临时性资金需要，可转让存单、商业票据、金融债券的发行成本虽然较高，但可以满足银行更长时期的资金需求。

(4) 法规限制。银行向中央银行贴现窗口借款的利率可能较低，但这些借款却被附加了许多限制性规定；同业借款所受制约相对宽松，但监管当局也可能施加某种管制。

(5) 借款规模与银行信用等级。货币市场的子市场多数具有批发性质，交易单位多以百万货币单位计，而且要求发行债务工具的银行具有较高信用级别。小银行资金需求规模不大且资信等级相对较低，一般只能通过同业拆借、再贴现等渠道借取资金，难以进入国际金融市场。

总之，以上各种因素都会对银行借款策略的选择产生影响，因此，在借款决策中，银行要综合考虑，全面分析，选择最佳方案。除此以外，银行在平时就要注重和善于保持与同业和市场各方的良好关系，使筹资渠道多样化并富有弹性。

第三节　银行资金来源成本的测算

资金来源①成本测算对于商业银行具有十分重要的意义，通过精确的成本测算，银行能够及时发现问题并采取措施，压缩不必要的成本开支，将资金成本控制在最低水平；银行还可以在各种可选择的资金来源之间进行比较，以便确定成本最小化的资金结构；银行只有掌握资金来源的成本，才能确定资金运用所要求的最低收益率，保证资产定价足以弥补筹资成本并获取股东所要求的回报。

银行在计算资金来源成本时，可根据实际需要采用平均历史成本法和边际成本法。

① 本节所说的“资金来源”是指银行的全部资金来源，除负债外，还包括银行的权益资本。

一、平均历史成本法

资金的平均成本是指银行为筹集单位资金所花费的成本，银行通常根据历史数据计算各种资金来源的平均成本。平均历史成本法多被用于银行自身的绩效分析。

银行为获取资金（不包括股本）而耗费的成本包括利息支出和非利息支出两部分。银行对债权人支付的利息和支付的存款保险费可归为财务成本。同时，银行在吸纳存款时还要付出经营成本，包括营业场所和办公设施购置费、业务人员工资、管理费、广告费等各项费用，如果通过同业拆借或发行债务凭证借入资金，除利息外还需支付各种相关的融资成本，比如经纪人佣金、承销费用等。尽管银行需要为其筹措的全部资金付出成本，但筹集的资金并非都能为银行直接创造利润，因为银行不仅要保留现金准备，而且银行自用物业等非盈利性资产并不产生利息收益。因此，银行应将某项资金来源的利息支出与非利息支出相加，并除以这笔资金可用于投资（放贷）的金额，求出其平均历史成本率。

$$\text{单项资金来源的平均历史成本率}=\frac{\text{利息支出}+\text{非利息支出}}{\text{可投资资金金额}} \tag{5-1}$$

公式（5-1）中将净投资资金作为分母，才能真实反映银行为吸收资金支付的成本与投资到可抵消这些成本的盈利性资产之间的关系。由于可投资资金少于银行筹得的资金，故而银行资金的实际成本率高于名义成本率。

在单项资金来源成本率的基础上，可求出银行全部资金的加权平均历史成本率，其公式如下：

$$WAHC = \sum_{i=1}^{n} C_i W_i$$

$WAHC$ 是全部资金总体上的加权平均历史成本率，C_i 是第 i 种资金来源的平均历史成本率，n 是银行各种资金来源的数目，W_i 是权数，等于第 i 种资金来源在银行获得的资金总额中所占的比例。$WAHC$ 是银行当前实现盈亏平衡所要求的最低资产收益率。

如果将银行的股本也考虑在资金来源中，股本的成本率也需计算，它等于股东要求的税前资本回报率×银行资本，将之与负债加权平均历史成本率相加，即可得到银行收回债务成本并满足股东的收益要求的最低收益率。

不过，资金的加权平均历史成本率并不适宜作为未来投资决策或资产定价的依据，它的主要问题在于不能反映未来利息成本的变化。当利率上升时，平均历史成本率低估了银行发行新债务的实际成本，以历史成本作为定价基准的固定利率资产的收益将不足以弥补成本并实现利润目标。当利率下降时，则相反，平均历史成本率高估了新债务的实际成本，以致固定利率贷款可能定价过高而丧失了市场竞争力。实际上，平均历史成本率的最佳用途是评价银行过去的经营业绩，对资金成本的历史分析有助于银行在未来更好地控制成本支出。

二、边际成本法

银行的资产定价决策应以资金来源的边际成本与资金运用的边际收益之间的比较为基础。贷款定价是增量决策，故而应该基于增量资金成本评估贷款盈利性，而不是平均历史成本。推而广之，资金的边际成本就是银行贷款和证券投资所要求的最低收入，银行可以在边际成本之上加一定的风险加价来确定资产价格，以锁定有利可图的利差。资金的边际成本也可作为不同资金来源相对成本的指示器，银行据此选择成本最低的资金增长来源。

1. 负债的边际成本

银行负债的边际成本是通过吸收存款或主动借款获得一单位新增可投资资金所要付出的融资成本。

要测算债务资金的边际成本率，银行需要明确它所预期支付的利息与非利息成本，以及筹得的资金可以投入盈利性资产的比例，公式（5-2）是单项负债资金来源边际成本率的计算方法：

$$\text{单项债务资金的边际成本率}=\frac{\text{利率+非利息成本率}}{1-\text{用于非盈利性资产的资金比例}} \tag{5-2}$$

除了利息、服务费用等显性成本外，银行也可以将非直接的隐性成本加入到分子中，比如因负债增加而增加的流动性风险，以得到更加精确的边际成本率的估计。分母实际上表示的是负债中可以用于放贷或其他投资以生成收益的部分。

不同类型债务的边际成本因其性质、期限的差异而不同。活期存款和交易存款账户利率较低，但服务成本很高，而且法定存款准备金比率和浮存（Float Deposit）也较高，银行的可投资比例较小；定期存款和储蓄存款虽然需支付较高利率，但银行提供的附加服务较少，非利息支出并不高，且到期前通常不会提取，加之有些国家对其无法定存款准备金要求，故可用资金比率较高；借入资金要支付更高的利息和中介费用，但不涉及服务费用，而且无准备金要求，故可投资比例较高。

在边际成本率测算的实际操作中，有两个问题可能造成度量误差：第一，银行需要预测整个计划期间内的利率水平，由于利率的波动性，银行须经常修正预测；第二，银行须掌握与每种债务来源相关的非利息成本，这就要求银行对营业费用和管理费用在各项资金来源间进行合理的分摊，这加大了成本核算的难度。

2. 股本的边际成本

股本是银行的资金来源之一，尽管在全部资金来源中所占比重不高，但是成本率很高，而且这一点往往容易被误解。在计算总资金来源的加权平均成本率时，股本的边际成本率是不可缺少的部分。

股本的边际成本率是股东所要求的最低回报率。股息支付是非强制性的，因而它不能直接测算，银行往往根据实际情况使用下面几种方法估算股东要求的回报率。

（1）股息评估模型

模型对股东持有股票所能得到的预期现金流进行折现，以确定股东合理回报。

普通股的价格等于股票生命期限内的预期股息的现值之和，公式如下：

$$P=\sum_{t=1}^{\infty}\frac{D_t}{(1+K_e)^t} \tag{5-3}$$

在公式中，D_t 是第 t 期的预期股息，K_e 是将未来现金流转换成现值的折现率，也就是股本成本。为了对公式进行简化，可以假定股息每期以一个固定不变的速率增长。如果假设定期增长率 g 是一常数且小于 K_e，该公式可简化为：

$$K_e = \frac{D_0(1+g)}{P} + g \tag{5-4}$$

D_0 是基期的股息收入。

该模型在实际应用中存在一些障碍。由于难以对未来股息的精确估计，不同的股东对银行前景的预期经常有很大差异。一些银行的股票交易并不活跃，股息和股票牌价不能真实反映银行股东的回报。不过，这个模型提供了一个估计普通股股东所要求的回报率的简便方法。

(2) 资本资产定价模型

股票公开交易的大型银行可以用 CAPM 模型来估计其股本成本。该模型将用 β 值度量的市场风险与股东的回报要求相联系，股东的回报要求等于无风险收益率加上不能被分散的系统性市场风险的银行普通股风险溢价。该关系在公式（5-5）中表示：

$$K_e = r_f + \rho \tag{5-5}$$

风险溢价 ρ 等于股票的 β 值和市场组合的预期收益（K_m）与预期无风险收益率（r_f）间的差额的乘积。其中，β 值度量银行股票的历史价格波动性与市场组合的价格波动性间的相关性，公式为：

$$\beta = \frac{Cov\text{（银行股票收益，市场收益）}}{\sigma^2_{\text{市场收益}}} \tag{5-6}$$

如果 β 值等于 1，则银行股票的历史价格波动性与市场组合的价格波动性相同，如果 β 值大于 1，股票的价格波动性超过市场组合的价格波动性，反之则表示股票的价格波动性较小。β 值越大，银行股票的相对系统性价格波动性越大，则其市场风险越大。

如果利用银行股票的历史 β 值和市场组合的风险溢价（市场组合的预期收益——无风险收益率）代入公式（5-5）中计算银行股票的风险溢价 ρ，从而可得出股东回报要求的估算值：

$$K_e = r_f + \beta(K_m - r_f) \tag{5-7}$$

(3) 股本目标收益模型

股本目标收益模型的基本思路是在债务成本的基础上加一个风险溢价，以估算股本的目标收益，亦即股本成本。该模型的根据是，普通股股东要求得到较债务人更高的预期回报，因为他们承担了更大的风险，因此银行的股本成本应与其债务成本间存在一个正的差额。虽然这一测算方法存在不足，但它对于没有公开交易股票的银行来说是一个简易的计算方法。

不论银行使用哪个模型估计股本成本，都要将最终得到的税后支付的股东预期回报率转换成税前的等价收益率，即将计算的股本目标回报除以（1-银行边际所得税税率）。

如果银行还发行优先股，可以利用股息评估模型中的公式估计优先股的边际成本。虽然现在支付可变股息率的优先股越来越普遍，这里仍假定银行支付固定股息，股息增长率为 0，股东要求的回报率（K_p）的公式是：

$$K_p = \frac{D_p}{P_p} \tag{5-8}$$

D_p 是约定的股息支付额，P_p 是优先股的价格。银行也要将优先股回报率转换成税前值。

虽然不要求保留准备金，但银行通常会将股本资金分配到不能产生利息收入的固定资产等资产项目上。银行可将估算出的股本边际成本除以（1-非盈利性资产比率），得到更为精确的股本边际成本。

三、全部资金的加权平均边际成本

对于银行资产定价来说，最适当的成本测算方法是全部资金的加权边际成本（WMC），也即将各项资金来源税前边际成本加以综合，得到一个总体资金加权边际成本率。这一方法假定银行所有资产的资金都来自于一个包括各种负债和股本的资金池，特定的资金来源不直接与特定的资金运用相联系。WMC 的计算分三步：

1. 预测需要从每种债务和股本来源筹集的资金数额。管理者应确定一个计划期，比如 1 年，并预计债务和股本结构在此期间内的重大变化。

2. 估计每种资金来源的边际成本率。管理者应预测每种资金来源的利率和股息成本，在各种资金来源间分配非利息成本。每种资金来源的成本估值应反映管理者对非盈利资产的分配。

3. 将单项资金来源的边际成本估值综合起来，推算出全部资金来源的加权边际成本。

WMC 等于所有资金来源的单个加权边际成本率之和，其公式如下：

$$\text{WMC} = \sum_{j=1}^{m} w_j k_j \tag{5-9}$$

公式（5-9）中，m 是各类资金来源（负债与股本）的总项目量；k_j 等于第 j 项资金来源的个别筹资成本率；第 j 种资金来源的权重 w_j 等于预计从该来源筹集的资金金额除以负债和股本的总额。

表（5-1）是某美国假设银行预测 2011 年总资金来源加权边际成本率的各项基础数据和计算结果。

表 5-1　　**假设银行预测 2011 年总资金来源加权边际成本#**

负债与股本	(1) 平均金额	(2) 比重	(3) 利息成本	(4) 非利息成本	(5) 非盈利资产比例	(6) 边际成本	(7) 加权边际成本
活期存款	26 195	31%		8%	18%	9.76%	0.0302
付息支票账户	5 155	6.1%	2.5%	6.5%	15%	10.59%	0.0065
MMDA 账户	12 844	15.2%	3.5%	3%	3%	6.7%	0.0102
其他储蓄账户	3 380	4%	4.5%	1.2%	1.5%	5.79%	0.0023
小额定期存款	17 069	20.2%	4.9%	1.4%	1%	6.36%	0.0129
大额定期存款	8 408	10%	5%	0.3%	0.5%	5.34%	0.0053
联邦基金购买	169	0.2%	5%			5%	0.0001
其他负债	4 225	5%			40%		

续表

负债与股本	(1) 平均 金额	(2) 比重	(3) 利息 成本	(4) 非利息 成本	(5) 非盈利资 产比例	(6) 边际 成本	(7) 加权边际 成本
股东权益	7 056	8.4%	18.9%*		4%	19.69%	0.0164
资金总额	84 501	100%					
资金加权边际成本率（*WMC*）							8.39%

*税前回报率

#该案例取自 Timothy W. Koch. 银行管理. 第四版. 2000

表（5-1）中的第（1）栏和第（2）栏分别列出下一年度（2011 年）负债与股本的预测金额及其在资金总额中的比重；第（3）栏列出下一年度的预期利率水平和股东要求的股本回报率；银行估算出的获取资金的非利息成本和非盈利资产占用的资金比率在第（4）栏和第（5）栏中列示；第（6）栏是根据第（3）、（4）、（5）栏数据计算出的每项资金来源的预计边际成本；第（7）栏是第（6）栏与第（2）栏的乘积，将这一栏中各项数据加总求和，即得到 2011 年全部资金的预期加权边际成本，结果为 8.39%。这意味着，该银行对具有平均风险贷款的定价至少不应低于 8.39%的利率，以便能抵偿负债的边际成本，同时对股东支付一个合理的回报。对于高于平均违约风险的贷款，银行可以加上一个风险溢价。

◎小　结

1. 商业银行的存款品种十分丰富，从大类来讲，可分为交易账户、储蓄存款和定期存款。交易账户包括活期存款账户、可转让支付指令账户和各种支票类账户、货币市场存款账户、自动转账服务账户等。储蓄存款包括活期储蓄存款和定期储蓄存款。定期存款分为小额存款和大额存款。

2. 存款一直是银行最重要的资金来源，它既是银行的负债，也是银行提供的产品。在银行存款管理历史中，在不同阶段一直有着某种主要的管理理念作为指导，因此经历了银行存款管理理念的阶段。它们先后经历了存款为本管理理念阶段、购买负债管理理念阶段、负债营销管理理念阶段和财富管理理念阶段。存款管理每个阶段都有其非常的宝贵理念和内容，都是对银行发展的贡献，每一个后出现的阶段都是对前者的“扬弃”，即吸收精华，淘汰落后，创新符合现代环境的成分。

3. 银行注重考察存款增长的稳定性，这对银行主动合理安排资金的运用，同时尽量避免流动性风险具有重要意义。存款增长的环境分析和存款增长的稳定性分析构成存款管理中不可或缺的环节。

4. 存款保险制度是旨在保护存款人利益、维持金融体系稳定的一种制度安排，各国存款保险机构的性质和职能、存款保险的参加原则、存款保险的承保范围、保险基金的筹集方式、保险费率的设置、存款保险的额度等方面存在一定差异。

5. 除了吸收存款外，银行还可通过借款融取资金。这种筹资方式使商业银行的负债管理更具主动性和灵活性。银行的短期借款包括同业拆借、转贴现、向中央银行借款、回购协议、大额可转让定期存单、商业票据、欧洲货币市场借款等形式。长期借款一般采用发行金融债券的形式。银行在分析借款的风险与成本的基础上，确定借款的适度规模，安排合理的借款结构。

6. 银行可使用平均历史成本法和边际成本法计算资金来源成本率。平均历史成本法适用于评价银行过去的经营业绩，边际成本法适合作为资产定价决策的依据。

◎重要概念

交易账户　活期存款账户　可转让支付指令账户　货币市场存款账户　自动转账服务账户　储蓄存款　定期存款　购买性负债　财富管理　核心存款　波动性存款　同业拆借　再贴现　大额可转让存单　商业票据　欧洲货币市场借款　金融债券　资金成本

第三编　银行资金运用管理

第六章 信贷业务经营管理

贷款是指银行以还本付息为条件，将一定数量的货币资金提供给借款人使用的一种资金运用方式。贷款在传统上一直是银行的核心资产业务。银行发放贷款不仅能够直接获取盈利，而且还能凭借对客户的信贷支持巩固与客户的联系，以便交叉推销其他金融产品。贷款业务同时也是银行向社会提供的最重要的金融服务之一，对现代经济的运行和发展起着极大的推动作用。虽然在国际银行业的转型中，银行的业务范围已大为扩展，利润来源呈现出多样化特征，但是贷款业务在银行经营中仍然占有极为重要的地位，而且，贷款业务中产生的信用风险既是银行最传统的风险，也是银行时刻面临的最重要的风险之一。因此，银行一方面要制定行之有效的贷款政策，开发设计适应市场需求的信贷品种，另一方面，要使用科学严密的手段分析并控制信贷风险，使信贷资金得以优化配置。

第一节 银行贷款的种类与贷款业务的一般过程

一、贷款的分类

由于信贷合约由贷款的对象、用途、期限、利率、担保方式、还款安排等要素构成，银行的贷款品种相应也可以从不同角度按多种标准分类。

（一）按贷款的对象或用途分类

1. 工商业贷款

工商业贷款是指发放给工商企业，用于生产经营活动的贷款。我国银行通常将工商企业贷款按具体用途划分为流动资金贷款和固定资金贷款①。

流动资金贷款主要满足借款企业购买原材料或其他存货、支付工资等方面的周转性资金需求或临时性、季节性资金需求。流动资金贷款又可分为短期流动资金贷款和中期流动资金贷款。短期流动资金贷款主要为企业的库存或应收账款的占用资金融资，期限不超过一年，一般具有自动清偿的特点。中期流动资金贷款的期限为1到3年，一般不具有自动清偿的性质，企业需利用其多期经营收益还贷。

固定资金贷款用于工商企业建筑、安装、维修、更新改造厂房、机器设备等固定资产，包括基本建设贷款和技术改造贷款。基本建设贷款主要用于支付新建、改建和扩建工

① 西方银行业通常将对各类企业发放的短期流动资金贷款统称为商业贷款（Commercial Loan），与投资贷款（Investment Loan）相对，后者是指贷放给借款人用于扩充或改良企业生产设备的贷款。

程中发生的资金需求。技术改造贷款用于技术改造、设备更新和与之关联的少量土建工程。

2. 农业贷款

农业贷款是提供给农业企业或农户以支持农业生产经营的贷款。短期农业贷款用于购买种子、化肥、农药、饲料之类的农业生产资料以及支付种植和收割农作物所需的费用支出。长期农业贷款用于购买农业机械设备，或用于农业基础设施建设和农业开发。

3. 不动产贷款

不动产贷款可分为商业不动产贷款和住房抵押贷款①。商业不动产贷款的借款人是房地产开发商和土地开发商，主要有不动产项目建设贷款和土地贷款，用于住房开发、土地开发和配套设施建设。住宅抵押贷款主要是个人借款者用于购买家庭住房的贷款。不动产贷款一般要求以土地、厂房、仓库、办公楼、住宅等不动产作为抵押品。

4. 消费贷款

消费贷款是银行向个人发放的用于消费目的的贷款。消费者借款主要是购买汽车、家用电器等耐用消费品，也可用于支付旅游、教育、医疗、婚嫁等服务费用。这类贷款能使消费者在其个人预算约束之内，对商品和劳务的超前消费需求得以满足。

5. 金融机构贷款

金融机构贷款包括对其他银行、保险公司、证券公司、财务公司、信托公司及其他金融机构的贷款。

6. 其他贷款

这些贷款是没有纳入上述类型的某些杂项贷款，比如对科技产业或服务行业的贷款、为解决企业发行股票和债券或购并时的融资需求而发放的过渡性贷款、对政府或政府部门的贷款等。

(二) 按贷款的期限分类

1. 定期贷款

定期贷款具有固定的偿还期限，如果没有特殊约定，银行一般不能提前收回贷款。定期贷款包括短期贷款、中期贷款和长期贷款。根据我国的有关规定，短期贷款是期限在1年以内的贷款，中期贷款是期限在1年以上（含1年）、5年以下（含5年）的贷款，长期贷款指期限在5年以上的贷款。

2. 活期贷款

活期贷款是指没有预先约定期限，银行可以随时通知客户收回，客户也可随时归还的贷款，故又称通知贷款（Call Loans)。由于活期贷款的还款期限具有不确定性，因此银行通常对借款用途有较大限制。活期贷款常见于银行与其他金融机构间的短期资金借贷。对于资信良好的企业，银行也可以对其发放通知贷款，以解决其结算过程中的资金周转需要。

---

① 西方国家一般将个人住房抵押贷款从消费贷款中分离出来，归入不动产贷款，因为其具有独特的风险特征和运作规则。

3. 透支

透支（Overdraft）包括支票存款账户透支和信用卡透支，是指银行允许存款人在约定额度内超出存款余额签发支票或用信用卡进行支付，不需事先通知银行。客户向银行透支的款项有最长免息期限限定，客户超过时间则需支付透支利息。由于利息负担较重，客户大多会在免息期内还款。

4. 循环贷款

循环贷款（Revolving Credit）是一类特殊的信贷协议，规定贷款的最高限额，在一定期限内，只要不超过限额，借款者可以随时获得贷款和偿还贷款。循环贷款协议带有信贷承诺的性质，同时又将短期和中期贷款灵活地加以结合。银行相当于对借款者提供了一个资金蓄水池，借款人可以在一定期限内按约定条件周转使用贷款额度，以便满足其持续且不确定的资金需要，但是，银行则要为这种安排持有较高的备付金。

（三）按贷款的保障方式分类

1. 信用贷款

信用贷款（Unsecured Loan）是银行完全凭借款人信誉发放的贷款，无需其他保障。银行对发放信用贷款一般持谨慎态度，通常只提供给信誉卓著、实力雄厚、与银行有密切关系的大客户，且期限较短。

2. 担保类贷款

根据我国担保法，担保类贷款（Secured Loan）包括保证贷款、抵押贷款和质押贷款三种形式。保证贷款是以第三方承诺在借款人不履行还款义务或不能偿还贷款时，由其按约定承担一般保证责任或连带责任为前提而发放的贷款。抵押贷款和质押贷款都是以借款人或第三人的特定财产作为还款保障，如果借款人不能按期归还贷款本息，银行有权处分担保品，并优先受偿。抵押与质押的主要区别在于抵押品不需要从抵押人向抵押权人转移，而质押物则往往由质权人即债权人保管。借款人多以机器设备、车辆船舶、房地产等固定资产或不动产作为抵押物，而以有价证券、专利权等动产或权利作为质押物。担保贷款起到了信用增强作用，但手续复杂，涉及担保品的认证、评估、保管等各项费用，交易成本较高。

3. 票据贴现

票据贴现（Note Discount）是银行以购买借款人未到期商业票据的方式发放的一种特殊形式的贷款。持票人在票据到期以前将票据权利转让给银行，并贴付一定利息从银行取得现款，银行拥有在票据到期时向票据载明的付款人收取票款的权力，同时保留对前手的追索权。票据贴现是将银行信用与商业信用相结合的一种授信行为，实质上是银行以票据为担保而对持票人发放的贷款。

（四）按贷款利率的确定方式分类

1. 固定利率贷款

固定利率贷款是指贷款利率在整个放款期间内不变，即不管市场利率是否发生变化，借款人均按约定利率支付利息。固定利率贷款有利于借贷双方准确核算放款收益和借款成本。不过从另一个角度，借贷双方也可能因市场利率波动而产生机会成本损失。

2. 浮动利率贷款

浮动利率贷款是指在贷款期内，贷款利率根据作为基准的市场利率的波动按约定时间和方法自动进行调整，从而将利率风险在借贷双方间进行均衡的分担。

基础利率通常有优惠利率、同业拆借利率、国库券利率、大额可转让存单利率或其他有代表性市场的低风险利率。

（五）按贷款的偿还方式分类

1. 一次性偿还贷款

借款人在贷款到期时一次性还清贷款本息，短期贷款通常采用这种简单的还款方式。

2. 分期偿还贷款

借款人在贷款期限内按约定的时间间隔（如月、季、年）分次偿还本金和支付利息。中长期贷款大都采用分期偿付的还款安排，还款额可以是等额的，也可逐期递增或递减。

（六）按银行发放贷款的自主程度分类

1. 自营贷款

自营贷款是指银行以合法方式筹集的资金自主发放的贷款，由贷款人收取本金和利息，其风险由贷款人自担。

2. 委托贷款

委托贷款是指由政府部门、企业事业单位和个人等委托人提供资金，由银行（即受托人）根据委托人确定的贷款对象、用途、金额、期限和利率等代理发放、监督使用并协助收回的贷款。其风险由委托人承担，银行作为受托人不承担信贷风险，只收取手续费。

（七）按贷款涉及的地域范围分类

根据信贷行为涉及的地域范围，可以将银行贷款分为国内贷款和国际贷款。狭义的国际贷款是指银行在国际金融市场上向外国借款者发放的贷款，借贷双方是不同国家的居民，但广义的国际贷款也包括银行与境内借款人之间涉及国际经济活动的借贷业务，这类贷款可以用本币或外汇作为借贷货币。短期国际贷款一般都与短期国际贸易融资直接联系，如进出口押汇、打包放款等，或者是金融同业间的短期拆款。中长期国际贷款主要是针对大型成套设备或其他大宗商品采购的卖方信贷、买方信贷等中长期国际贸易融资，以及为基础设施等建设项目和固定资产投资提供支持的银团贷款等国际项目融资。

以上所列的是几种基本的贷款分类方法，银行贷款不仅种类繁多，而且随着经济与金融结构的发展，贷款形式也在不断发生变化。银行可以从经营管理的需要出发，对贷款按照不同的标准进行分类，不同的分类方法对于银行经营管理具有不同的意义。

二、贷款业务的一般程序

各类贷款交易都是借贷双方达成协议并履行合约的行为，尽管不同的贷款品种各具特色，但都要奉行银行经营的基本原则，即在追求盈利性和安全性之间谋求平衡，因而贷款业务的流程一般包括以下基本环节：

（一）贷款申请

贷款申请是信贷过程的起始阶段，借款人必须以书面形式向银行表述借款意向。银行信贷人员可以主动向目标客户推销贷款产品，但是客户最终必须直接向银行提出借款申请。贷款申请书的主要内容包括借款人基本情况（如个人的姓名、职业、收入，企业的名称、性质、经营范围）和申请贷款的种类、期限、金额、用途、还款计划等。此外，借款人还要向银行提供各种资料，不同的贷款品种对借款人提供资料的要求有所不同。个人一般应出示身份、住所、收入等方面的相关证明，企业则要提供营业执照、企业章程、财务报表、项目可行性研究报告和银行所需要的其他材料，以便银行对申请人的借款资格、财务状况以及贷款项目有明确的认识和了解，为其做出贷款决策提供可行性与可信性依据。

（二）贷款调查

银行受理贷款申请后，即着手就借款申请材料真实性以及申请人信用品质等各方面情况进行全面深入的调查。在大中型银行，贷款调查往往由客户经理和风险经理同时对借款企业进行，我国银行称之为平行作业法，其目的是减少信息扭曲，尽可能追求信贷业务与风险控制平衡发展。企业贷款的调查内容主要包括：借款人主体资格或法律地位、行为能力；企业财务状况，包括借款人财务报表的真实度、资产负债结构、财务指标水平、现金流变化；企业生产经营情况，包括厂房设备状况、生产车间规划、生产能力、存货控制、销售情况以及产品开发能力；企业主要领导人素质，如道德品质、经营管理能力、团队协作精神等；企业的信用记录，即企业的履约历史。银行还要掌握企业所在行业的目前状况、竞争格局、发展前景以及国家产业政策和地区经济政策。信贷调查人员通常会安排与客户面谈，也可以亲临企业现场调查，必要时还要同与借款申请人有业务往来的关系人接触，包括企业的客户、供应商、债权人等。各类私人或公共机构编制的报告和其他资料，如商业信用报告、行业比较研究、投资指南等，也能为调查人员提供可利用的信息。对于个人贷款的调查，银行可借助消费者资信报告机构收集个人信用历史资料，或向其单位或雇主、社区管理部门等方面了解申请人道德品质、家庭情况、收入水平、教育程度和职业资格。如果借款人承诺以提供担保作为还款保障，调查人员还需核实抵押物产权归属，估计抵押物价值与变现力。

在搜集、整理各项文件、资料和信息的基础上，调查人员将根据银行既定的贷款标准对客户的贷款申请进行初步评估，并就贷款的条件进行初步洽谈。然后，调查人员将意见和结论形成调查报告，并提出贷款与否以及关于贷款方式、额度、期限、利率等贷款安排的建议，提交给贷款审查部门作为审查与审批的依据。

（三）贷款审查

信贷调查部门将初审合格的客户推荐给贷款审查部门，后者对借款人资料和调查部门呈报的调查报告以及初审意见作进一步核查与评定。贷款审查人员履行两项基本职能，首先是规范性审查，确定该项贷款是否符合国家的产业政策和法律法规，是否符合银行的信贷政策、信贷程序和操作规程；其次是技术性审查，对调查报告涉及的有关数据、资料的真实性复审核实，判断信贷调查人员使用的客户信用评价和贷款项目评估方法是否正确、取值标准是否准确，必要时对贷款风险进行复测。审查部门有权要求调查部门补充或重新提供有关资料和信息，并对调查失准、遗漏的方面予以修正、补充，或是否定调查部门的错误结论。在确认贷款合法合规、所需各项手续和有关文件资料齐备、有充分的还款保障的前提下，审查部门进而对调查部门提出的贷款方案进行研究，并形成复审意见。

（四）贷款审批

贷款审批是银行的信贷决策环节，关键在于合理设置审批权限。银行一般实行分级审批制度。所谓分级审批，是指银行总行根据各级分支机构的业务量、管理水平和信贷资产质量状况，核定其贷款量的审批权限，超过审批权限的贷款应报上一级行审批。

（五）贷款合同的签订与贷款发放

贷款审查报告经批准后，借贷双方就可签订借款合同，也即根据国家有关法律，在协商的基础上签订资金借贷契约。在签订合同之前，银行要与借款人就贷款具体条件进行谈判。银行通常会提供标准化的格式合同文本作为蓝本，谈判主要集中于贷款金额、期限、利率、担保形式与内容、还款安排、双方的权利和义务、违约责任的确认和违约处理等方面。双方经谈判达成一致后，银行与借款人签订具有法律效力的正式借款合同。如果采用担保贷款方式，银行还要与抵押人、出质人或保证人签订抵押、质押或保证合同。借款合同一经签订，受法律保护的合法的借贷关系即已确立，双方均应依据合同约定承担义务并享有权利。银行应按合同规定按期足额发放贷款，借款人可根据合同约定，在提款期内一次或分次提款。借款人办理用款手续时，应填写《借款借据》，经信贷部门签章，交会计部门审核无误后，由其将信贷资金划入借款人存款账户，供其支用。信贷经办人员还需相应登记贷款台账。

（六）贷款检查

贷款发放后，银行就应该开始跟踪检查借款人执行贷款合同的情况，监测贷款质量，分析各种风险因素的动态变化。严密的贷前考察是相对的，各种不确定因素和难以预见的变化随时都可能对贷款安全构成威胁，因而后续监控的重要性不容忽视。

信贷人员在研究借款人报送的材料的基础上，通过登门拜访客户，监督借款人是否严格履行贷款合同的约定，关注借款人的财务和信用状况是否发生了对银行贷款安全不利的变化，观察抵押品的状况和价值的变化等。除了有规律的日常例行定期检查外，信贷管理人员还要对借款人出现的异常情况（如经营效益明显下降、企业改组改制等）进行特别检查，识别风险预警信号。对于检查中发现的问题，银行应根据其性质和严重程度及时采取措施予以纠正或补救，避免问题恶化造成银行的实际损失。

（七）贷款收回

借款人应按合同的约定主动支付贷款利息和偿还到期本金，银行通常也会提前通知借款人，要求其如期还款。在银行本利已经全数收回之后，银行应将抵押权证等归还借款人，并收回抵押品收据，办理完相应内部手续后，该笔贷款业务便圆满终结。

倘若借款人不能按期偿还贷款，应提前向银行提交延期还贷的书面申请，说明不能按期还款的原因、延期的期限等，经银行审查同意后办理贷款展期。对于银行不同意展期或展期后仍然不能归还的贷款，即作逾期贷款处理，银行可按有关规定加收罚息，同时，银行应向借款人发出催收通知，并采取各种手段清收贷款。如果借款人拒不偿付或无力还贷，银行可对借款人提起诉讼，要求法院判决并强制执行；或是处置抵押品或质物，以其价款抵偿债权；也可以要求保证人承担保证责任，代为清偿。如果贷款最终成为确实无法收回的呆账，银行将按一定程序予以核销。

值得指出的是，鉴于借款人不履行还款义务的原因各有不同，银行对问题贷款的处理应该区别对待。对于经营困难暂时亏损但通过加强管理有望扭亏的企业，银行可以考虑采取更富有弹性的方式，如通过债务重组、减息、企业重整甚至追加贷款等措施帮助企业摆脱困境、逐渐康复。对于有还款能力但恶意拖欠逃废银行债务的借款人，银行应对其实施严厉的制裁。

第二节　贷款信用分析

银行所经营的贷款业务面临信用风险，即借款人不能按期还本付息或资信品质下降而导致银行遭受损失的可能性。银行作为授信方必须严格考察受信方的信用状况，准确地评估信贷风险程度。如果对风险估计不足，银行就可能因所采取的规避风险措施不力而造成较大损失。若风险估量过高，银行则可能会舍弃获利的机会。因此，银行在进行信贷决策时，应该慎重权衡贷款风险和因承担风险而获得的收益。

一、企业信用分析

银行在评估企业的借款申请时，通常遵循一些基本的审贷原则，最传统和最具代表性的是5C原则：品格（Character），企业是否具有责任感且诚实守信；能力（Capacity），企业是否具有创造超额收入以偿付债务的能力；资本（Capital），企业的资本规模能否为自身营造经营的物资基础，同时为银行债权提供一定保障；担保（Collateral），企业能否提供价值充分、稳定且具有可销性的抵押或质押品作为还款保证；经营状况（Conditions），企业外部经营环境是否稳定，企业对环境条件变化是否敏感。此外，在5C原则基础上，银行界还普遍主张增加事业连续性（Continuity）作为一个原则，即企业能否在竞争中求得生存与发展，这就成为6C原则。在提法上，还有18P、5W、CAMPARI等贷款法则等，这些原则为银行的信用评估构建了基本框架，是银行进行信贷分析的指导原则。

（一）财务分析技术

财务分析是判断潜在借款人信用状况最为通用也是最经典的技术。银行通过解读和阐释企业的财务资料，对企业的既往业绩、目前状况以及未来前景做出评价和预测。

银行进行财务分析的原始资料主要是借款企业的财务报告，包括财务报表（资产负债表、损益表、现金流量表）及有关附表和财务报表附注。为避免企业编制的财务报告中存在虚构成分，银行一般要求企业提供注册会计师的审计报告，银行自身也需对财务报告予以审查和进行必要的调整。此外，银行还可以要求企业提供纳税申报单、内部管理报告、经营计划等材料，以便获取更为详细的补充信息。

在确保财务报告的质量和可靠性的基础上，银行着手进行财务分析。银行首先应对财务报表作初步的全面概览，把握企业经营的基本状况，然后对财务数据进行更加透彻的考察，追寻决定财务数据水平高低的因素和导致其变化的根源，并预测财务数据的变化趋势。财务分析的重要技术是财务比率分析和现金流量分析。

1. 财务比率分析

财务比率是将财务报表中各相关科目的财务数据进行比较所得到的比值。财务比率能揭示单项科目难以表达的经济含义，突出主要问题。银行应该通过比较借款企业同一财务比率的历史变动趋势（纵向比较），以及比较企业当期财务比率与同行业类似企业当期财务比率的差异（横向比较），以获得企业经营状况的全面和准确的信息。

银行业在信用分析的实践中使用的财务比率指标很多，我们可以将借款企业的财务比率划分为盈利能力比率、营运能力比率、杠杆比率和流动性比率四大类。

（1）盈利能力比率

盈利能力比率反映借款企业获取利润的能力，通常使用的比率有：

①销售利润率

销售利润率是企业利润和销售收入之比，主要有销售毛利率和销售净利润率两种形式。

$$销售毛利率=\frac{销售毛利}{销售收入}\times 100\%$$

$$销售净利润率=\frac{销售净利润}{销售收入}\times 100\%$$

销售毛利等于销售收入减销售成本。销售毛利率越高，说明单位销售收入中销售成本占比越低，企业生产活动和销售活动的盈利水平越高。净利润等于毛利加上投资净收益和营业外收入，扣减其他费用支出（管理费用、财务费用、营业外支出）和企业所得税。销售净利润率是反映企业总体盈利能力的常用指标，体现着企业主营产品的定价策略、生产效率及附营业务的收入水平、投资获利水平和控制管理成本和费用支出的能力。

②资产利润率

$$资产利润率=\frac{利润总额}{总资产平均余额}\times 100\%$$

资产利润率（ROA）是利润量与企业资产规模存量均值的比率，表示企业单位资产创造的利润，从而反映企业资产的综合利用效果。资产利润率的高低与企业利润额、资产规模和资产结构、资产运用效率等密切相关。

③权益报酬率

$$权益报酬率=\frac{利润总额}{所有者权益平均余额}\times 100\%$$

权益报酬率（ROE）显示企业利用所有者权益创造利润的效率，同时也反映了企业所有者的收益水平。不过，该比率的水平与企业资本结构有关，所以，它又反映了企业高级管理层对财务杠杆的把握能力或运用策略。

④成本费用利润率

$$成本费用利润率=\frac{利润总额}{成本费用总额}\times 100\%$$

企业的成本费用总额是销售成本、销售费用、管理费用、财务费用和营业外支出的总和。成本费用利润率反映单位成本费用支出所能带来的利润。

（2）营运能力比率

营运能力比率衡量企业有效利用各类资产的能力，进而评价企业的经营管理效率。营运能力比率主要是测算企业各资产项目的周转速率。

①总资产周转率

$$总资产周转率=\frac{销售收入}{总资产平均余额}\times 100\%$$

总资产周转率表示企业总资产在计算期（可取年、季、月等）内周转的次数，用于分析企业全部资产的使用效率，周转率越高，说明企业以全部资产实现的销售收入越多，利用效率越高。

②固定资产周转率

$$固定资产周转率=\frac{销售收入}{固定资产净值平均余额}\times 100\%$$

若企业固定资产周转率较高，一般表明其固定资产利用程度较高。不过，银行还要结合企业固定资产折旧和更新的情况进行分析。周转率过高可能暗含着企业固定资产投资不足，周转率过低既可能是企业固定资产存在闲置，也可能是由于企业添置大量固定资产所致。

③存货周转率

$$存货周转率=\frac{销售成本}{存货平均余额}\times 100\%$$

存货周转率表示企业从购入原材料到售出产成品之间的时间耗费。存货周转速度越快，意味着一定时期内销售出去的产品越多，库存占用资金少，经营效率高。若存货周转速度慢，说明企业可能采购量过大或存货积压过多。

④应收账款周转率

$$应收账款周转率=\frac{销售收入}{应收账款平均余额}\times 100\%$$

应收账款周转率反映企业应收账款转换为现金收入的速度及管理效率的高低。各行业应收账款周转速度差异较大，因而该比率在不同行业间通常不具备可比性。如果企业应收账款周转明显过慢，可能是应收账款被拖欠或无法收回所致，银行应察看应收账款的账龄分析表。

（3）杠杆比率

杠杆比率简称杠率，反映企业资金来源的债务与股本结构以及企业对财务杠杆的利用程度。较高的杠杆比率意味着企业较多地通过举债来经营，也即试图更多地利用财务杠杆。不过，财务杠杆的效应具有两面性，若企业经营报酬高于负债成本，负债经营会使所有者收益增加，反之，则使所有者收益减少。随着杠杆比率的提高，企业所有者因负债经营而导致的收益波动性也将加大，企业面临的财务风险随之上升。因此，银行在信用分析中的倾向性观点是，在结合考虑企业的经营状况和经营策略的前提下，企业的杠杆比率不宜过高。杠率指标主要有以下几种：

①资产负债率

$$资产负债率=\frac{负债总额}{资产总额}\times 100\%$$

企业资产是由所有者和债权人提供的资金形成的，资产负债率表明债权人的资金对企业全部资产的支撑程度，从另一个角度揭示了企业投资者对债权人权益的保障程度。如果负债率很高，说明企业自有资金不足，过度依赖债务融资，企业经营风险主要由债权人承担，一旦企业破产清算，股东权益远远不能抵偿债务，债权人可能遭受严重损失。不过，负债率也并非愈低愈好，业绩良好、资金周转稳定的企业可以利用财务杠杆，通过适当的负债提高股东回报率。银行应结合考虑企业的行业特点、经营情况、发展前景，判定企业负债率是否适度。

②负债与所有者权益比率

$$负债与所有者权益比率=\frac{负债总额}{所有者权益总额}\times 100\%$$

该比率是资产负债率指标的补充，反映所有者权益对债权人权益的保障程度，该比率越高，所有者权益对债权人的保障程度越低。

③利息保障倍数

$$利息保障倍数=\frac{息税前利润}{利息费用}\times 100\%$$

利息保障倍数是企业一定期间内所赚取的纳税付息前的利润与当期付息额之比，表明借款企业以其收益支付债务利息的能力。该倍数越高，贷款利息越可能得到及时支付，相反，说明企业负债过多或盈利能力较差，无法保障利息按期足额支付①。一般认为，企业的收益至少应该能够覆盖其负债利息，并有一定富余。

（4）流动性比率

流动性指标衡量借款企业对外及时支付的能力，包括企业偿还对银行短期负债的能

① 利息保障倍数是通过债务利息负担与资产利润规模的比较间接反映企业财务杠杆的高低，与资产负债率、负债与所有者权益比率的反映角度有所不同。

力。银行通常用以下几个指标衡量企业的流动性状况：

①流动比率

$$流动比率=\frac{流动资产}{流动负债}\times100\%$$

流动比率较高，表明借款企业有较多流动资产作为流动负债的偿还保证。但是，过高的流动比率也意味着企业流动资产占用资金过多，影响资金使用效率和盈利能力。在财务分析上，一般认为流动比率维持在2∶1为宜，不过这个标准并不绝对，银行在实践中还需考虑各行业的经营性质和经营周期的特点加以调整。值得注意的是，流动比率本身不显示流动资产的质量。因此，银行还需结合流动资产结构、周转情况等因素分析借款企业的流动性。

②速动比率

$$速动比率=\frac{速动资产}{流动负债}$$

$$速动资产=流动资产-存货$$

速动比率又称酸性测试比率。速动资产是指能够迅速变现的流动资产。存货需经过销售和收回账款两个环节方能转化为现金，有的存货可能不具备适销性而无法变现，故速动资产将存货排除在外。较之流动比率，速动比率更为精确地衡量了借款企业的流动性。在财务分析中，一般认为速动比率为1较为合适。速动比率不宜过高，否则会造成资金闲置，企业可能因此失去有利的投资机会。在实际操作中，银行也应根据各行业资产循环周期的不同特点看待企业速动比率所体现的含义。

③现金比率

$$现金比率=\frac{现金类资产}{流动负债}$$

$$现金类资产=速动资产-应收账款$$

现金比率是速动比率补充说明指标。应收账款中可能隐藏着大量逾期的款项和部分未冲销的坏账，现金类资产仅包括高流动性的货币资金和有价证券，因而能够直接反映企业对外支付能力和偿付流动负债的能力。同理，企业应持有适当规模的现金资产，否则会导致机会成本损失。

上述四类指标并非完全独立和彼此割裂，它们之间存在着某种联系。因此，银行在运用财务比率分析时，需要在不同指标之间相互比较，寻找个别指标异常的原因，准确判断企业总体经营状况。

2. 现金流量分析

现金流是企业偿还债务本息最可靠的基础，因此现金流量分析也是判断借款企业偿债能力的重要手段。在损益表中，企业盈亏核算以权责发生制为基础，企业销售收入和成本、费用等项目与实际的现金流入流出并不完全一致，尤其是一些计入利润核算的项目当期并未发生现金流入，譬如未到账的应收账款并不能产生现金流入，因此，企业的账面盈利不能准确地反映企业当期的净现金流量。现金流量表是以现金收付实现制为编制原则，反映企业一定期限内现金流入流出情况的动态报表，可以更好地反映企业对债务的实际偿付能力。

现金流量表将企业的现金流量归为经营活动、投资活动、融资活动的现金流量，分别反映企业当期各种活动所引起的现金流入和现金流出。经营活动产生的现金流入主要包括销售商品和劳务所得现金、收到的租金、收到的增值税销项税额和退回的增值税款等，现金流出主要包括购买商品和劳务所付现金、因经营租赁而支付的租金、支付给职工的现金、支付的增值税款和所得税款等。投资活动产生的现金流入主要包括收回投资所得现金、获得股利或债券利息所得现金、处置资产而收回的现金等，现金流出主要包括购建固定资产等所支付的现金、权益性与债权性投资所支付的现金等。筹资活动产生的现金流入主要包括吸收权益性投资所得现金、发行债券所得现金、借款所得现金等，现金流出主要包括偿债所付现金、分配股利或偿付利息所付现金、融资租赁所付租金等。上述三类活动各自的现金流入量和流出量之差为其净流量，将之加总即得到企业的净现金流量总额。现金流量表的分析格式有多种，有非常细致的，也有比较简略的，但它们的基本分析逻辑是一样的。下面给出许多银行常用的现金流量分析表一般范式。

银行可以根据测算出的净现金流量，对企业支付能力进行直觉判断。如果净现金流量为正值，意味着现金流入大于现金流出，企业目前的净现金状态还具有支付能力。但是，如果净现金流量与往年相比是持续下降的，则应对企业的现金支付能力保持高度警惕，这往往是财务陷入困境的一个危险信号。如果净现金流量为负值，意味着现金流入总量小于现金流出总量，但是企业能否偿债还需作具体分析。

实际上，现金流量分析更为关键的是进一步分析企业净现金流量的组成元素、形成过程及其增减变化的原因。因此，银行在总量分析之后，还需要对现金流量进行结构分析。银行可以在企业现金流量表的基础上编制现金流入结构表、现金流出结构表和净现金流量结构表。现金流入结构表列明现金流入各组成部分占现金流入总量的百分比，现金流出结构表列示现金流出各项目占流出总量的百分比，净现金流量结构表则列示三种活动的净现金流量占现金总体净流量百分比。银行首先应分别对三张报表进行分析，然后进行综合分析，以判别企业现金流量构成是否合理。

（1）银行认为偿还贷款本息的最可靠来源是借款企业的经营性现金利润，所以，在现金流入构成中，来自经营活动的现金利润部分占比越高越好。银行往往用一个简单的公式作为判定借款企业还款能力的指标。

来自经营活动的现金利润÷（本期红利+本期到期长期、短期债务）≥1

该公式表明，借款企业来自经营活动的现金利润如果能够抵补本期应该偿还的所有到期的长期和短期债务，则该企业经营基本正常，所提出的对新项目的借款要求或扩大生产的借款要求的偿还能力可信度高。

（2）在现金流出构成中，用于非经营活动的部分越低越好；经营活动的现金流入首先要用于维持企业正常生产经营活动，若剩余部分不足以还款，企业就要变卖资产或对外融资，此时的还款来源就只能是投资活动或融资活动。

借款企业现金流量分析表一般范式＊

净销售	收入
-应收账款增量	资产
现金净销售	
-产品销售成本	费用
-存货增量	资产
＋应付账款增量	负债
（现金购买）	
现金毛利润	
-营业费用	费用
+折旧	
-预付费用增量	资产
＋应付费用增量	负债
（现金营业费用）	
现金营业利润	
+其他收入	收入
-其他费用	支出
利税前现金利润	
-利息费用	支出
-税款支出	支出
+应付税款增量	负债
来自于经营中的现金利润＊＊	
-偿还到期长期债务	
-红利支付	
-资本支出	
-长期投资增量	
（自主性现金支出）	
+债务增量	负债
+股票增量	收入
=现金增量	

＊在进行现金流量分析时，只有当最后一列“现金增量”与所比较的两期资产负债表上的“现金项目”的差额完全一致时，现金流量分析的计算才是正确的。

＊＊由于经营活动的现金流量十分重要，故用黑体标出。

银行还可以编制企业现金流量变化表，对借款企业连续数期的现金流量进行纵向比较。银行可以采用某一时期的数据为基数，将各期数据与之对比，观察现金净流量及构成现金净流量各项目的变化情况、分析变化趋势及其原因。需要注意的是，不同行业或处于不同发展阶段的企业，其现金流量的特点各有差异，银行应对此有清楚的了解，以便确定分析重点。

由于企业内外部经营条件都处于不断变化之中，因此比较理想的现金流分析是银行不仅观察企业现金流量的历史数据，还预测企业未来的现金流量，作出动态变化的判断。首先，银行应确定影响企业未来现金流量的主要因素，包括企业内部经营管理的调整和外部经营环境的变化；其次，银行要区分哪些是短期因素，哪些是长期因素，哪些因素为企业可控，哪些不可控；最后，在此基础上，预测这些因素对未来现金流量的影响力度，得出企业未来现金流量的结构与总量变化情况，从而评价将来企业偿还贷款的可能性。

现金流量分析与财务比率分析有内在联系，银行应对两种分析中暴露的问题进行相互比照使它们相互补充。

（二）非财务分析

财务分析是评价企业经营业绩的有效定量分析工具，但它存在一些局限：第一，财务报表并不能全面反映企业的相关信息，尤其是不能量化的经营环境信息；第二，企业可以在会计准则允许的范围内自行选择会计处理方法，这可能使财务数据产生较大差别；第三，借款企业的经营环境是动态变化的，包括国家宏观经济与行业变化等。因而，银行不能简单地依赖财务分析，还需对企业作全面的非财务分析，以便拓宽视野，并增加分析深度。

1. 企业外部环境分析

借款企业是一个开放的经济系统，其经营活动是动态变化的过程。因此，银行需要把握企业外部环境的现状及变化趋向，识别有利于企业发展的机遇和对企业构成威胁的因素。

企业的外部环境可分为微观、中观、宏观三个层次：微观环境是决定企业生存和发展的基本环境，包括客户、竞争者、合作者、供应商、经销商以及税务部门、主管部门、所在社区等要素。银行的分析重点是企业所在市场的竞争格局、客户特征和需求变化、采购渠道和销售网络、社会公共关系等。中观环境包括企业所处的行业环境和地理环境，前者指行业性质、现状和发展趋势，后者则是指企业所在地区的经济结构、资源条件、人口分布、交通通信、文化教育、自然地貌等。需强调指出，行业分析是信贷人员不可忽视的关键环节。每个企业都处在特定行业当中，而每一行业都有其固有的风险、发展规律和趋势。银行应当着重考察行业所处的发展阶段、行业业绩与经济周期间的相关关系、与其他相关行业间的依赖性与替代性等因素，以便判断行业整体形势对企业经营状况的影响。宏观环境主要包括国家基本路线和方针政策、外交策略和国际关系、相关法律法规、宏观经济形势和经济政策、科技发展水平及发展动向等，都会从不同角度对借款企业产生不同程度的影响。

2. 企业经营管理状况分析

借款企业的经营管理水平取决于多种要素的综合，银行需要对此进行全面考察与分析。

（1）企业管理者的综合素质是关系企业经营成败和贷款能否顺利收回的重要因素之一。品德与才能是体现管理者素质的两个基本方面。优秀的企业管理者，尤其是主要决策者，应该诚实守信、克己奉公，方能在员工中形成凝聚力和感召力，并且有诚意与银行建立良好的合作关系。优秀的企业管理者团队必须具有较高的文化和专业知识水平以及丰富的实践经验，才能适应现代企业发展的需要。银行可以通过考察企业管理层的人才结构、工作资历、信用记录等，对其整体素质进行评判。

(2) 企业经营管理是对经营活动的计划、组织、指挥、协调和控制。为了对企业经营管理的实际水平作出全面客观的评价，银行需要建立完备的、有内在逻辑的分析框架，对企业生产经营过程的各个环节逐一考察：第一，物资管理。企业能否合理地组织物资的采购、供应、保管和使用，是生产顺利进行的前提。第二，生产管理。企业是否在市场调研的基础上制订生产计划，能否控制生产进度、合理配置和利用资源、在空间和时间上科学地组织生产，以尽量少的消耗获得尽可能多的产出。第三，产品管理。企业产品组合策略能否使产品组合具有合理的广度、深度和关联性，产品结构能否适应国家产业政策和市场需求的动向。第四，质量管理。企业是否确立质量意识、实行全面质量管理、建立质量保证体系和对质量成本进行有效控制。第五，销售管理。产品销售是企业实现利润的重要环节，企业有无畅通的销售渠道、适当的销售策略和营销手段，最终都通过企业销售合同执行情况、产品销售完成情况、产品市场占有率情况等得以反映。第六，企业内部控制。企业稳健运行的基础在于健全的内部控制，故银行还需要考察企业的内部会计控制、内部管理控制、内部审计控制制度是否完善。

(3) 企业人力资源管理状况也是借款企业管理水平的重要体现。人力资源是生产经营诸要素中最重要的组成部分之一，是企业发展的原动力。人力资源的有效管理是企业这个复杂系统得以高效运转的根本支撑。银行可考察企业的人才规划、选聘、培训和激励机制，这可以有效地提高对企业的发展前景作出的判断的准确性。

非财务分析涉及范围很广，量化程度低，要准确判断各种非财务因素对企业信用状况的影响程度有相当难度，要求信贷分析人员具有扎实的经济学和管理学专业基础、敏锐的识别力、洞察力、逻辑能力和预见力，能够把握其中最为关键和最有价值的影响因素。

(三) 企业资信等级的综合评定

任何一项分析指标都只能反映借款企业某方面的信息，银行需要将信用分析过程中获取的各种纷繁复杂的信息加以综合，对企业整体资信状况作出明确直观的评价。

现代银行普遍采用借款企业信用等级评价系统。银行首先确定能够反映借款企业信用品质的核心特征，并用各种指标加以描述，其中既有财务指标，也有非财务指标，构成一个完整的评级指标体系。在此基础上，银行得出借款人的资信评级，作为银行信贷决策的依据。

(四) 企业信用风险度量技术的革新

传统的信用风险度量方法主要是基于对借款企业的财务和非财务分析，由专家评判，或是对各项指标评分得出信用等级。这些古典方法非常有效，且永远不会过时，但是，它们属于静态分析，难以及时发现债务人信用品质的细微变化，另外，定性分析的成分较多，需要依靠分析人员的主观经验判断，具有局限性。

20世纪90年代以来，破产现象的大幅度增加、融资非中介化、存贷利差缩小、贷款抵押品价值的波动加剧等，都强化了传统信用风险评估方法的不足，银行需要对信用风险作更为精确的测度。信用风险的度量方法正酝酿着一场革命，与相对含糊和因循惯例的传统方法不同，新的度量方法更加注重建立技术性很强的数学模型。许多大银行、咨询公司和金融专家先后从不同角度开发各种信用风险度量模型。①

1. Z计分模型

1968年，阿尔特曼建立Z计分模型，利用数理统计分析技术对历史样本进行分析，从众多财务比率中提取最能反映企业综合财务状况的若干比率，对各比率分配以相应的权重，从而设计出一个能区分破产与非破产企业的判别函数。企业财务数据输入这个多变量模型后，即可得到信用评分（Z值），而后将之与临界值比较，以判断企业财务状况及风险程度是否在银行可接受的范围之内。

2. KMV模型

KMV模型是由KMV公司开发的一种信用风险度量模型，即信用监控模型（Credit Monitor Model）。该模型旨在预测股票公开交易的公司对银行贷款违约的可能性。

模型的核心分析工具是EDF，即预期违约频率（Expected Default Frequency）。模型的基本思路是：当借款企业资产的市场价值超出企业的负债时，企业有动力偿还贷款，并将剩余部分留作利润或投资收益。如果企业资产的市场价值小于其负债水平，企业的所有者就会选择违约，因为将企业所有的资产出售也不能完全偿付贷款。随着企业资产市场价值的下降，银行承受的企业违约可能带来的损失将会逐渐上升，最为极端的情况就是本息尽失。因而，企业的违约触发点被设定为与企业负债水平相等的企业市场价值或资产价值水平。EDF就是根据企业资产价值的波动性来衡量企业目前市场价值或资产价值水平降低到违约触发点的概率，也即违约概率。企业资产价值被认为是企业股权价值与负债的账面价值之和，由于负债账面价值的波动性可视为零，因此企业资产价值的波动性是通过企业股票市场价格的波动性测算出来的。

KMV模型的特色在于从借款企业股权持有者的角度考虑借款偿还的动力问题，对企业信用风险的衡量指标EDF主要是基于对企业股票价格变化的分析。

3. Creditmetrics模型

Creditmetrics模型即信用度量模型，由J. P. 摩根公司和一些合作公司于1997年推出。该模型旨在提供一个计算*VaR*值的框架，用于贷款、私募债券这类非公开交易性资产的风险度量。

就贷款的风险测度而言，Creditmetrics模型的基本思路是求解信贷资产在信用品质变迁影响下的价值分布，据以计算信用风险的*VaR*值，即在给定的置信区间上、给定时段内贷款可能发生的最大价值损失。Creditmetrics认为信用风险取决于借款企业的信用状况，而企业的信用状况可以通过其信用等级得到反映。因而，该模型首先是确定借款企业当前

---

① 除下述模型外，另有一些别具特色的信用风险度量模型也产生了一定影响，如瑞士信贷银行的信用风险附加模型（Creditrisk+）、麦肯锡公司的信贷组合观点模型（Loan Portfolio View，又称宏观模拟模型）、阿尔特曼的死亡率模型（Mortality Rate Model）等。

的信用等级，然后再确定借款企业在既定的风险期限内由当前信用等级变化到其他所有信用等级的概率，并由此得到一个概率转移矩阵。接下来，估算出贷款期末在所有可能的信用等级下的理论市场价值，与信用等级转移的概率矩阵结合，就可以得到贷款在风险期限末的价值的概率分布。然后，求 *VaR* 值，它等于一定的置信度上年末可能的贷款价值与贷款预期价值间的差距，即贷款价值损失。

Creditmetrics 模型以单项信贷资产模型为基础，扩展到信贷资产组合模型。该模型的关键是求解组合中的贷款因信用等级变化引起其价值变化的相关系数，进而得到贷款的联合信用等级转移概率矩阵。然后，计算整个贷款组合在其包括的各笔贷款的信用等级变化下所有可能的状态值，与联合信用等级转移概率矩阵结合，从而得到贷款组合所有状态值的联合概率分布。在此基础上，可以在既定的置信水平上得出贷款组合的信用风险的 *VaR* 值。

二、个人信用分析

在消费贷款业务中，银行需要准确评估借款者个人的资信状况。个人资信评估的基本内容同样是评价借款人主观的还贷意愿和客观的还款能力。不过，由于个人与企业的法律地位、社会角色、行为方式、活动范围等方面有所不同，个人信用分析又有其不同于企业信用分析的侧重点。

（一）个人信用调查

银行对借款申请人一般重点考察以下方面：（1）身份。银行必须确认申请人的身份，以防欺诈或错误。（2）品格。信贷人员需要确信申请人有道德责任感和健全的人格。（3）收入。个人收入的多少和稳定性是银行十分看重的因素。（4）婚姻家庭情况。稳定美满的婚姻和家庭显然是借款人按期履约的坚实后盾。（5）年龄。不同年龄阶段客户的收支水平及其变化趋势不同，其借贷行为也会呈现不同的特征。（6）职业。借款人的职业类别、稳定程度和事业前景对其能否履约有一定影响。（7）教育程度，学历较高者往往相对理性，规则意识和法制观念较强。（8）居住状况。可以反映借款人以往的收入和财富的累积状况及目前的经济实力。（9）借贷历史。银行应通过调查申请人过去的借贷行为，了解其借贷习惯、还款记录和个人品质。（10）债务状况和资产状况。银行要掌握申请人负债总额、债务期限构成、利息与偿还本金的负担等信息，同时了解申请人拥有的个人财富规模、财富存在的形式、财富的实际价值及其稳定性。

信贷调查人员可以从各种渠道直接或间接获取信息。借款申请人在贷款申请表中填写的项目有助于银行大致了解其基本情况，与客户的面谈能够使信贷人员得到更为感性的认识。信贷人员还可以向与该申请人发生过信用关系的其他金融机构、零售商或是申请人工作单位（雇主）等处了解情况。银行也可以购买个人资信评估机构提供的信息。

（二）个人资信评估

信贷人员要利用调查获取的各种信息对消费者的信用风险程度进行分析和评定，以确定消费者的信用等级和信贷额度。

目前银行业普遍建立了个人信用评分系统，对个人信用状况予以量化分析。该系统包括若干资信评定项目，每一项目预先设定最高分值及该项目下各种可能情况的具体分值，根据申请人的实际情况按标准打分，最后将各项得分加总获得综合评分。信贷人员根据被调查者的积分进行分析，并确定其资信等级。各国以及同一国不同银行所设计的评分系统在考察项目、评分标准等具体细节上存在一些差异，不过其基本结构大致类同①。

目前各国的银行业以及信用评估机构仍在为改良个人信用评定方法不懈努力，出现了一些使用数理统计技术建模的新型方法。

三、贷款风险分类

银行内部信用风险评级系统包括两方面：一是银行对客户信用状况的总体评价，即客户资信评级；二是对每笔贷款的风险确认，主要是贷款项目风险评级（简称“分类”）。贷款风险评级不等同于客户信用评级，虽然贷款风险评级的核心是贷款偿还的可能性，尽管它在多数情况下与客户整体还款能力有正相关关系，但就每笔贷款而言，可能会存在一些超出借款人信用等级所包含的内容之外的、影响本息归还的独特信息。

世界各国的银行监管当局一般都提出了贷款分类方法的最低标准，在此基础上，银行可制定内部贷款评级（分类）方法，前提是须与监管当局发布的标准有对应和转换关系。以美国为代表，通货监理署（OCC）把银行贷款划分为正常、关注、次级、可疑、损失五类：正常类贷款的借款人有把握按时足额还本付息；关注类贷款的借款人目前有能力还款，但存在一些可能对还贷产生不利影响的因素，须加以监控；次级类贷款的借款人还款能力出现明显问题，依靠正常经营收入已无法保证足额偿债；可疑类贷款的借款人面临严重问题，已无法足额还贷，即使执行抵押或担保，也肯定要造成部分损失，但由于贷款正在重组等原因，对损失程度尚难确定，故为可疑；损失类贷款在采取所有可能措施和法律程序后，本息仍然无法收回，或只能收回极少部分。美国一些大型银行在通货监理署分类方法的基础上，再对贷款内部评级的层次作进一步的细分。在欧洲，监管当局虽然对贷款风险评级不作官方规定，但银行从内部信贷管理需要出发，也自发地对贷款进行风险分类。

1998 年以前，我国的贷款分类方法基本沿袭《金融保险企业财务制度》的规定，把贷款划分为正常、逾期、呆滞、呆账四大类，后三类称不良贷款。这种以期限为主要依据的贷款分类方法虽简便易行，但存在很大局限性，尤其是对信贷资产风险识别滞后，已经不能适应信贷管理的发展需要。1998 年，人民银行在比较研究世界各国信贷资产分类方法的基础上，制定了《贷款风险分类指导原则》，按风险程度将贷款分为正常、关注、次级、可疑、损失类，并要求各银行逐步实施五级分类法。我国各商业银行从自身管理需要，往往再进行细分，如中国银行，建设银行和工商银行，2008 年后的贷款质量的内部分类，都大约分为 12 级左右。

---

① 为保护借款者权益，有些发达国家制订了各种法规，规定银行不得以年龄、性别、种族、宗教、婚姻状况和生育计划等为由歧视申请人。银行在设计个人信用评估系统时需加以注意。

第三节　贷款定价

贷款如何合理定价是银行长期以来颇感困扰的问题。定价过高，会驱使客户从事高风险的经济活动以应付过于沉重的债务负担，或是抑制客户的借款需求，使之转向其他银行或通过公开市场直接筹资；定价过低，银行无法实现盈利目标，甚至不能补偿银行付出的成本和承担的风险。随着许多国家金融管制的放松，贷款市场的竞争日趋激烈，对贷款进行科学定价较以往更为重要。

广义的贷款价格包括贷款利率、贷款承诺费及服务费、提前偿付或逾期罚息等，贷款利率是贷款价格的主要组成部分。在宏观经济运行中，影响贷款利率一般水平的主要因素是信贷市场的资金供求状况。从微观层面上考察，银行作为贷款供给方所应考虑的因素是多方面的。第一，银行提供信贷产品的资金成本与经营成本。如前所述，资金成本有历史平均成本和边际成本两个不同的口径，后者更宜作为贷款的定价基础。第二，贷款的风险溢价。信贷风险是客观存在的，只是程度不同，银行需要在预测贷款风险的基础上为其承担的违约风险索取补偿。第三，贷款的期限。不同期限的贷款适用的利率档次不同。贷款期限越长，流动性越差，且利率走势、借款人财务状况等不确定因素多，贷款价格中应该反映相对较高的期限风险溢价。第四，银行的目标盈利水平。在保证贷款安全和市场竞争力的前提下，银行会力求使贷款收益率达到或高于目标收益率。第五，金融市场竞争态势。银行应比较同业的贷款价格水平，考虑本行发展战略将其作为本行贷款定价的参考。第六，银行与客户的整体关系。贷款通常是银行维系客户关系的支撑点，故银行贷款定价还应该全面考虑客户与银行之间的业务合作关系。最后，银行有时会要求借款人保持一定的存款余额，即存款补偿余额，以此作为发放贷款的附加条件。存款补偿余额实际上是一种隐含贷款价格，故而与贷款利率之间是此消彼长的关系。银行在综合考虑多种因素的基础上，开发出了若干贷款定价方法，每种方法体现着不同的定价策略。

一、成本风险加成定价法

这种定价方法比较简单，假定贷款利率包括四个组成部分：可贷资金的成本、非资金性经营成本、违约风险的补偿费用（违约成本）、预期利润，也即在贷款成本之上加一定的利差来决定贷款利率，又称成本相加定价法。贷款利率的计算公式为：

贷款利率=筹集资金的边际利息成本+经营成本+预计补偿信用风险的溢价+银行目标利润水平

成本加成定价法考虑了贷款的融资成本、经营成本和客户的违约成本，具有一定的合理性。不过，这种定价方法也有其缺陷。它要求银行能够准确地认定贷款业务的各种相关成本，在实践中有相当的难度。而且，它没有考虑市场利率水平和同业竞争因素，而事实上，在激烈的竞争中，银行并非完全的价格制定者，而往往是价格的接受者。

二、基准利率定价法

基准利率定价法是选择合适的基准利率，银行在此之上加一定价差或乘上一个加成系数的贷款定价方法。基准利率可以是国库券利率、大额可转让存单利率、银行同业拆借利率、商业票据利率等货币市场利率，也可以是优惠贷款利率，即银行对优质客户发放短期流动资金贷款的最低利率。由于这些金融工具或借贷合约的共同特征是违约风险低，所以它们的利率往往被称为无风险利率（Riskless Interest Rate）①，是金融市场常用的定价参照系，故也被称为基准（Benchmark）利率。对于所选定的客户，银行往往允许客户选择相应期限的基准利率作为定价的基础，附加的贷款风险溢价水平因客户的风险等级不同而有所差异。

根据基准利率定价法的基本原理，银行对特定客户发放贷款的利率公式一般为：

贷款利率=基准利率+借款者的违约风险溢价+长期贷款的期限风险溢价

公式中后两部分是在基准利率基础上的加价②。违约风险溢价的设定可使用多种风险调整方法，通常是根据贷款的风险等级确定风险溢价。不过，对于高风险客户，银行并非采取加收较高风险溢价的简单做法，因为这样做只会使贷款的违约风险上升。因此，面对较高风险的客户，银行大多遵从信贷配给思想，对此类借款申请予以回绝，以规避风险。如果贷款期限较长，银行还需加上期限风险溢价。

在20世纪70年代以前，西方银行界在运用基准利率定价法时普遍以大银行的优惠利率作为贷款定价基准。进入70年代，由于银行业日趋国际化，优惠利率作为商业贷款基准利率的主导地位受到伦敦银行同业拆借利率的挑战，许多银行开始使用LIBOR作为基准利率。LIBOR为各国银行提供了一个共同的价格标准，并为客户对各银行的贷款利率进行比较提供了基准。

中国目前有两个基准利率：一个是中国人民银行不定期公布的一年期存贷款利率；另一个是SHIBOR，称上海银行同业拆借利率，于2007年推出。两者都可作为贷款定价参考③。

三、客户盈利性分析法

客户盈利性分析（Customer Profitability Analysis，CPA）是一个较为复杂的贷款定价系统，其主要思想是认为贷款定价实际上是客户关系整体定价的一个组成部分，银行在对每笔贷款定价时，应该综合考虑银行在与客户的全面业务关系中付出的成本和获取的收益。

客户盈利性分析法的基本框架是评估银行从某一特定客户的银行账户中获得的整体收益是否能实现银行的利润目标，因此亦称账户利润分析法。银行要将该客户账户给银行带来的所有收入与所有成本，以及银行的目标利润进行比较，再测算如何定价。公式如下：

---

① 无风险利率是相对而言的，主要指信用风险较低，但实际上这些金融工具仍然有市场价格波动、通货膨胀等风险。

② 除了在基准利率上加若干百分点的加数定价法外，还有在基准利率基础上乘以一定系数的乘数定价法，两种方法在业内被分别称为“风险相加法”与“风险相乘法”。

③ 中国的两个基础利率反映的意义不一样，中国人民银行公布的利率是政策性利率，体现中央银行货币政策的意愿。SHIBOR则是市场利率，反映当期金融市场上资金供求的价格。

$$\text{账户总收入} \geqslant \text{账户总成本} + \text{目标利润}$$

如果账户总收入大于账户总成本与目标利润之和，意味着该账户所能产生的收益超过银行要求的最低利润目标。如果公式左右两边相等，则该账户正好能达到银行既定的利润目标。假若账户总收入小于账户总成本与目标利润之和，有两种可能的情况：一是账户收入小于成本，该账户亏损；一是账户收入大于成本，但获利水平低于银行的利润目标。在这两种情况下，银行都有必要对贷款重新定价，以实现既定盈利目标。下面逐一介绍公式中每项要素的构成和计算方法。

1. 账户总成本

账户总成本包括资金成本、所有的服务费和管理费以及贷款违约成本。资金成本即银行提供该贷款所需资金的边际成本，这里使用的是债务资金的加权边际成本。服务和管理费用包括该客户存款账户的管理费用、客户存取款项、签发支票的服务费用、贷款的管理费用（如信用分析费用、贷款回收费用和质押品的维护费用等）及其他服务项目的费用。违约成本是银行基于贷款风险度量估算出的类似贷款平均潜在违约损失。

2. 账户总收入

账户总收入包括银行可以从客户的账户中获得的可投资存款的投资收入、表内外业务服务费收入和对该客户贷款的利息收入及其他收入等。其中，客户账户中的可投资存款额是指该客户在计算期内的平均存款余额扣减托收未达现金、法定存款准备金后的余值。银行求出可投资存款额后，结合一定的存款收益率水平，即可计算出该客户存款给银行带来的投资收入。服务费收入主要是贷款承诺费、结算手续费等。

3. 目标利润

目标利润是指银行资本要求从每笔贷款中获得的最低收益。目标利润根据银行既定的股东目标收益率（资本的目标收益率）、贷款分配的资本金比例（资本与资产比率）及贷款金额确定，其计算公式为：

$$\text{目标利润} = \frac{\text{资本}}{\text{总资产}} \times \text{资本的目标收益率} \times \text{贷款额}$$

如果银行使用账户利润分析法为新客户的贷款定价，就需预测客户的账户活动，在此基础上估算账户总成本和总收入，银行也可以使用该方法对老客户已发放贷款的价格水平进行评价。总的说来，如果账户净收益等于目标利润，说明贷款定价基本合理；如果客户账户净收入大于或小于目标利润，银行就应考虑调整对该客户贷款定价作上浮或下浮调整。银行也可以采用提高或降低服务价格的方式来起到调整贷款定价的作用。

◎小　结

1. 银行的贷款品种可从不同角度按多种标准分类：按贷款的对象或用途，分为工商业贷款、农业贷款、不动产贷款、消费贷款、金融机构贷款、其他贷款；按贷款的期限，分为定期贷款、活期贷款、透支、循环贷款；按贷款的保障方式，分为信用贷款、担保贷款、票据贴现；按贷款利率的确定方式，分为固定利率贷款、浮动利率贷款；按贷款的偿还方式，分为一次性偿还贷款、分期偿还贷款；按银行发放贷款的自主程度，分为自营贷款、委托贷款；按贷款涉及的地域范围，分为国内贷款和国际贷款。

2. 贷款业务的流程一般包括贷款申请、贷款调查、贷款审查、贷款审批、贷款合同的签订与贷款发放、贷款检查、贷款收回等环节。

3. 企业信用分析主要包括财务分析与非财务分析。财务分析的重要技术是财务比率分析和现金流量分析。财务比率分析的指标分为盈利能力比率、营运能力比率、杠杆比率和流动性比率。现金流量分析包括净现金流量分析、现金流量结构分析、现金流量预测等。非财务分析包括企业外部环境分析和企业经营管理状况分析。在财务与非财务分析的基础上，银行需要对企业整体资信状况作出综合评价。

4. 传统的企业信用风险度量方法存在局限，20 世纪 90 年代以来，企业信用风险度量技术取得突破性进展，金融界开发出若干信用风险度量模型，其中较有影响的是 Z 计分模型，KMV 模型和 Creditmetrics 模型。

5. 银行对借款者个人一般重点调查其身份、品格、收入、婚姻家庭情况、年龄、职业、教育程度、居住状况、借贷历史、债务状况和资产状况等信息，并利用个人信用评分系统对其信用状况进行评估。

6. 贷款风险评级（分类）的核心是贷款偿还的可能性。我国监管部门要求银行实施五级分类法，将贷款分为正常、关注、次级、可疑、损失类。银行内部根据管理需要往往进一步细分。

7. 贷款定价方法有成本加成定价法、基准利率定价法、客户盈利性分析法等多种方法，各自体现着不同的定价策略。

◎重要概念

工商业贷款　不动产贷款　消费贷款　透支　循环贷款　票据贴现　信用分析　财务比率分析　现金流量分析　信用评级　五级分类法　成本加成定价法　基准利率定价法　客户盈利性分析法

第七章　银行证券投资业务

银行是信用中介，因此，存款和贷款一直是它的主营业务。然而，在现代银行的总资产中，总有一部分资产稳定地分布在各种证券上。

在2008—2010年由美国次贷危机引发的全球金融危机中，不少银行在投资高度合成证券中损失惨重，导致社会对银行资产的过度证券化和银行购买复杂设计“不透明”的证券持广泛批评态度，但却并不否认对低风险证券投资给银行带来的各种利益，以及它对银行管理的积极意义。长期以来，证券投资构成银行重要的资产业务，它不仅为银行带来丰厚的利润，还为银行在流动性管理、资产优化配置以及合理避税等方面起到了重要作用。

第一节　银行证券投资的功能和主要类别

一、银行证券投资的功能

银行经营的总目标是追求股东财富最大化或利润最大化。与此相一致，银行证券投资的基本目标是一定风险水平下使投资收入最大化。围绕这个基本目标，银行证券投资具有以下几个主要功能：

（一）分散风险，获取稳定的收益

银行贷款利率较高，但贷款的潜在风险较大。在没有合适贷款机会时，银行将资金投资于高信用等级的证券，可以获取稳定的收益，在分散风险的前提下提高银行利润。

（二）保持流动性

尽管现金资产具有高度流动性，在流动性管理中具有重要作用，但现金资产无利息收入，或利息收入极低。为保持流动性而持有过多的现金资产会增加银行的机会成本，降低盈利性。可销性很强的短期证券是银行理想的高流动性资产。它们既可随时变现，又有一定的利息收入，是银行流动性管理中不可或缺的二级准备金的主体。

（三）逆经济周期的调节手段

对于银行而言，贷款和证券在许多方面是资产组合的最好互补对象。贷款潜在收益高，但潜在风险高，而证券利率收益较低，但风险也低。贷款是顺经济周期的资产，在经济高涨时期，企业销售旺、利润高，贷款需求多，银行此时贷款风险相对较低，乐于发放

贷款，但是在经济衰退期，企业销售困难、利润下降，贷款需求减少，银行此时贷款风险相对较高。与此相对，证券投资表现为银行逆经济周期投资的手段：在经济高涨时期，贷款需求旺盛，银行减少对证券的投资；在经济衰退期，贷款需求下降，风险增大，银行扩大对证券的投资，从而可以熨平收益的波动。

（四）合理避税

银行投资的证券大都集中在国债和地方政府债券上。由于地方政府的财税能力远不及中央财政，为了鼓励地方政府发行市政债券，地方政府发行的债务往往具有税收优惠。在两种债券名义收入和税率不一致的情况下，银行可以利用证券组合达到避税的目的，使收益进一步提高。

二、银行证券投资的主要类别

在1929—1933年资本主义世界经济大危机以前，西方国家在法律上对银行证券投资的对象没有明确限制。大危机后，许多经济分析专家认为，这场由金融业危机引发的全面经济危机，与银行大量从事股票和企业债券的承销和投资密切相关。为了恢复公众对银行体系的信心，西方国家纷纷立法对银行证券投资业务予以规范。其中最具影响的是美国1933年颁布的“格拉斯-斯蒂哥尔法”，它严格禁止美国商业银行从事股票的承销和投资，但允许商业银行投资国库券、中长期国债券、政府机构债券、市政债券和投资级别的公司债券。美国对商业银行证券投资的限定有理论和法律的支持，因而在世界各国有广泛的影响。除了德国全能型模式下的商业银行可以从事股票承销和投资外，大多数国家不允许商业银行染指股票业务。

20世纪80年代以来，随着来自于非银行金融机构的竞争压力增大，以及金融工具和交易方式的创新，西方商业银行努力扩展证券投资的业务范围，商业银行兼营投资银行的业务甚至成为一种趋势。例如1993年1月正式实施的欧盟“第二号银行指令”(Second Banking Directive)，规定欧盟成员国银行之间采取相互承认的原则，即欧盟内相互承认商业银行可直接或通过子公司间接经营包括证券承销与买卖、衍生金融工具交易等13类业务。然而，这些仅仅表现为一种趋势，在遭遇2008年金融危机重创之后，银行业又回归投资低风险、高流动性证券的方向。因此，商业银行的证券投资仍以各类债券，特别是政府债券为主要类别，下面对这些证券及特性给予介绍。

1. 国库券（Treasury Bill）。国库券是政府发行的短期债券，期限为1年以内，以3个月、6个月和9个月为主。所筹资金主要用于中央财政预算平衡后的临时性开支。由于国库券期限短、风险低、流动性高，因而成为商业银行流动性管理中的重要工具。国库券往往不含息票，其交易按市场利率以贴现方式进行。

2. 中长期国债（Treasury Notes and Bonds）。中长期国债是政府发行的中长期债务凭证。2~10年为中期国债，10年以上为长期国债，所筹资金用于平衡中央财政预算赤字。中长期国债多为含息票证券，大多数国家中央财政对国债的息票每半年付一次。

3. 政府机构债券（Government Agent Securities）。政府机构债券是指除中央财政部门以外其他政府机构所发行的债券，如中央银行发行的融资券、国家政策性银行发行的债券等。政府机构债券特点与中央政府债券十分相似，违约风险很小，故在二级市场上的交易十分活跃。

4. 市政债券或地方政府债券（Municipal Securities）。市政债券是由地方政府发行的，所筹资金多用于地方基础设施建设和公益事业发展。市政债券就其偿还的保障来讲，划分为两类：第一类称“一般义务债券”(General Obligation Bonds)，这种债券的本息偿还由地方政府征税能力作保证；第二类为“收益债券”(Revenue Bonds)，这种债券的本息偿还以所筹资金投资项目的未来收益作保证。由于地方政府的财政状况差异较大，地方纳税能力大大弱于中央政府，故这类债券有一定违约风险。为了在不提高成本的前提下能顺利筹措所需资金，地方政府往往对市政债券采取减税和免税的政策优惠，使投资者增加收益，故这种债券实际收益率并不低。

5. 公司债券（Corporate Bonds）。公司债券是企业对外筹集资金而发行的一种债务凭证。由于公司经营状况差异很大，且市场变化无常，故公司债券违约风险较大，为了保障商业银行投资的安全，许多国家在银行法中规定，仅允许商业银行购买信用等级在投资级别以上的公司债。何为投资级别的信用等级在各国有一定差别。

6. 各种资产抵押类证券（Assets-Backed Securities）。从20世纪70年代开始，市场经济发达国家的存款性金融机构在市场利率波动、银行利率管制的环境下，遭遇到了较严重的利率倒挂和“脱媒”问题。面对竞争的压力，存款性金融机构一方面努力进行金融创新，提高对存款的竞争力，另一方面也考虑如何将利率锁定的长期性金融资产移出资产负债表，转换成现金后再按照市场的高利率重投资。在这个背景下，美国金融界首创了以住房抵押贷款为基础的抵押证券，然后又开发了以信用证应收款为抵押的证券和其他消费贷款为抵押的证券（内容详见银行表外业务编）。银行在这类创新中不仅是产品的创造者，而且是购买者。

在20世纪90年代，随着金融混业，投资银行与商业银行业务交叉，它们在原来较为简单的资产抵押类证券基础上，运用衍生工具又设计出非常复杂的、极不透明的高度合成证券CDO，商业银行反过来大量持有。在2008年至2010年金融危机后，这种倾向得到遏制。

在银行的各类投资证券中，银行持有中央政府债券的比重最高，这一方面反映了银行强调稳健性的经营特征，另一方面是银行进行流动性管理的需要，因为国债，特别是短期国库券交易活跃，市场极为发达，是银行在资产组合中考虑三性原则结合的理想工具。我们以美国为例分析银行的证券资产结构。见图7-1。

从图7-1中可以看出，在1980年至2001年的20多年间，美国商业银行的国债持有量的绝对数量随着资产规模的扩大也不断扩张，在资产规模增长约260%的同时，国债持有量增长了约600%，持有国债资产的增幅大大高于资产规模的增幅。从绝对数值上，国债资产呈现出不断上升的趋势，但结合商业银行持有的国债资产占总资产的比重这个相对量指标进行分析，会发现美国商业银行国债资产的持有比重呈现出一种驼峰波动的趋势，1981年为最低点，在1993年达到最高点，然后又有所下降。但是，从平均比重来看，美国商业银行持有的国债比重在20世纪90年代后稳定在12%水平之上，平均值为12.82%，均高于80年代的同期水平。从以上分析可以看出，美国商业银行的国债持有量的总趋势

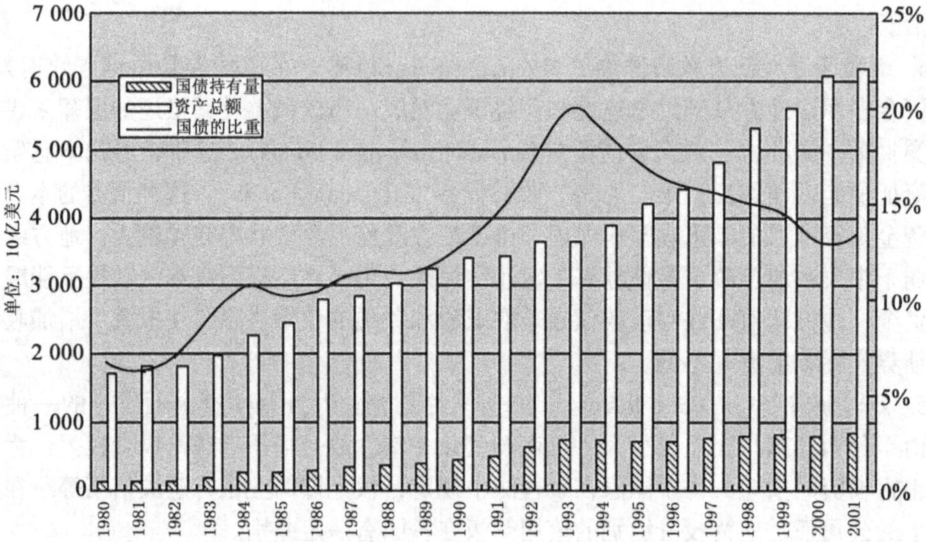

资料来源：根据《美国联邦储备公报》1980—2001 年相关各期整理而得

图 7-1　美国商业银行资产和国债持有结构

是不断上升的，并且在 20 世纪 90 年代以来在整个商业银行系统的资产中呈现出一个较稳定的比重状态。在市场经济和金融市场发达的国家，证券资产在银行资产组合中所占的比重与美国商业银行大致趋同。

第二节　银行证券投资的风险和收益

银行证券投资强调在把风险控制在一定范围内的前提下，通过组合技术使投资收益最大。风险泛指不确定性。在金融市场上，投资风险指投资对象未来收益负向变动的可能性。潜在的投资风险与潜在的投资收益正相关。

一、投资风险的测量

从金融学的角度来看，投资风险有时是一种可以测算的状态，有时却是一种不能量化但可以推理的状态。从可测量方面来讲，投资预期收益与实际收益的差距是度量投资风险的尺度。投资预期收益率是某项投资各种可能的收益率乘以相应发生的概率之和。用公式（7-1）表示为：

$$\bar{P} = \sum_{i=1}^{n} P_i W_i \tag{7-1}$$

其中：$\bar{P}$——某项投资预期收益率（平均收益率）

P_i——第 i 种结果发生时的预期收益率

W_i——第 i 种结果发生的概率

n——各种可能发生的结果数量

然而，仅仅用平均投资收益率还不足以反映证券的投资风险，如果要更为精确的描述投资风险，就必须用各种预期投资收益率与平均收益率偏差的加权之和作为投资风险程度的理想描述：

$$\sigma = \sqrt{\sum_{i=1}^{n} (P_i - \bar{P})^2 W_i} \tag{7-2}$$

其中，σ 表示投资风险的标准差。

公式（7-2）表明，利用投资的各种可能结果的收益率与平均预期收益率的偏差可以较好地度量投资风险。为了避免正负值的抵消问题，在计算上常用标准差来表示。

二、证券投资风险的类别

在银行经营总原则指导下，银行证券投资组合管理的目标是在控制风险的前提下增加收益。前面已经指出，投资风险可以用预期平均投资收益与投资实际现金收益的差距来度量，影响两者之间差距的因素即投资风险因素。下面对投资风险因素的类别进行讨论。

（一）信用风险

信用风险（Credit Risk）也称违约风险，指债务人到期偿还本息的不确定性。由于银行证券投资主要集中在政府证券上，这类证券多以财政税收作为偿付本息的保障，故违约风险不高。尽管有些国家出现过少数地方政府债券在经济衰退期不能按期支付本息的情形，但这种情形并不多见。银行证券投资中还有一部分是公司债券和外国债券，这部分债券存在着真实违约的可能性。在市场经济发达的国家里，银行在进行投资分析时，除了直接了解和调查债务人的信用状况外，更多地依据社会上权威信用评级机构对债务所进行的评级分类，以此为标准对证券进行选择和投资决策。例如美国有四大私营证券评级公司，即穆迪（John Moody's）、标准普尔（Standard and Poor's Co.）、费奇（Fitch Publishing Co.）和金融世界服务公司（Financial World Service），它们对各种债券和优先股票进行评级。这4个公司对各信用等级规定的符号有所不同，但对等级划分所表述的风险内涵基本上是一致的。见表7-1。

表7-1　**债券评级标准及划分依据**

穆迪	标准普尔	费奇	金融世界	
投资等级				
Aaa	AAA	AAA	A+	信用质量最高，风险最小
Aa	AA	AA	A	信用质量高，但财务状况略弱
A	A	A		财务能力较强，但易受经济条件的影响
Baa	BBB	BBB	B+	信用质量属中间等级，当期财务力量较强，但缺乏优良的投资特征

续表

穆迪	标准普尔	费奇	金融世界	
投机等级				
Ba	BB	BB	B	具有投机特征，当期尚能支付利息，但未来现金流不确定
B	B	B	C+	较高投机性，对本金和利息的偿付很不确定
Caa~C	CCC~C	CCC~C	C~D+	高度投机，违约可能性很大
	D	DDD	D	已经违约

表 7-1 中所列等级将债券分为两大类，投资级和投机级。金融监管部门鼓励银行购买投资级证券，有些国家甚至不允许银行购买投机级证券，以保障银行投资组合的质量。

（二）通货膨胀风险

通货膨胀风险（Inflation Risk）指由于不可预期的物价波动而使证券投资实际收入下降的可能性。银行投资主要购买固定利率收入债券，当物价上涨率超过所投资证券的税后收益率时，银行投资产生实际损失。需强调的是，不可预期的物价上涨对银行的影响很大，如果在投资决策中未将通货膨胀溢价因素给予恰当考虑，一旦通货膨胀发生，并超过预期上涨率时，银行投资收益将大幅度下降。

（三）利率风险

利率风险（Interest Rate Risk）指由于市场利率水平波动而引起证券价格的变动，从而给银行证券投资造成损失的可能性。利率波动从两个方面对银行证券投资带来风险。第一，债券市场价格与市场利率反向变动，固定收入债券的价格随利率上升而下降，随利率下降而上升。当银行因各种需要而在未到期前出售证券时，有可能因证券市场价格下降而产生损失。债券价格随市场利率波动的程度依各种债券的期限和特性而定。一般来讲，最终偿还期越长、息票支付水平越低，则证券市场价格波动幅度越大。图 7-2 表明了具有相同最终偿还期，但违约风险不同，且息票支付水平不同的各种债券价格波动与市场利率变动之间的关系。从图 7-2 中可看出，当市场利率上下波动 2%时，不同息票支付水平债券的市场波动下降或上升幅度从不足 10%到 30%多不等。第二，银行重投资的收益水平会因利率下降而减少，在利率下降过程中，银行投资证券的息票收入和到期证券本金偿还很有可能不得不按较低的市场利率重投资。

（四）流动性风险

流动性风险（Liquidity Risk）指某些证券由于难以交易而使银行收入损失的可能性。有些证券由于发行规模小或其他特征，使其可交易性大大降低。在一些发展中国家，例如在中国，尽管金融市场发展较快，但是与发达国家相比，债券种类非常少，交易市场范围狭小，这些都会降低证券的流动性。银行若需在偿还期未到前出售所持债券，将不得不大

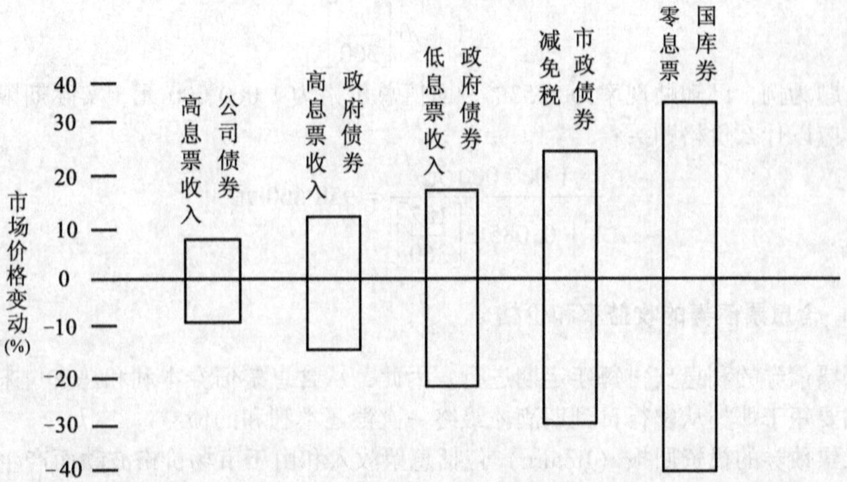

图 7-2　假设市场利率上下波动 2%时各种债券市场价格的波动幅度

幅度降低价格才能吸引其他投资者购买。

三、证券的收益率和价格

利率是资金的价格。一般而言，市场利率指反映市场整体供求关系的平均利率。收益率则泛指投资回报，在证券投资中表示投资收益与本金之比。证券投资的收益由利息收入和资本损益所构成。在证券市场上，债券的收益率一般与市场利率正相关，而债券的市场价格与市场利率负相关。

（一）零息票证券的收益和价格

有些证券，如国库券，往往不含息，而以贴现的方式发行或交易，贴现率就成为反映这类证券投资回报的收益率，其计算公式为：

$$dr = \frac{FV - P}{P}\left[\frac{360}{n}\right] \tag{7-3}$$

公式中：dr——以贴现率表示的收益率

FV——证券的面值

P——购买价格或本金

n——有效偿还期（天数）

例：某银行购买每份面值为 10 万元、实际期限为 182 天的零息票国库券合约共 10 份，实际支付 958 660 元，银行该项证券投资的收益率为：

$$dr = \frac{1\ 000\ 000\text{元} - 958\ 660\text{元}}{958\ 660\text{元}}\left[\frac{360}{182}\right] = 0.085\ 3 \text{ 或 } 8.53\%$$

证券价格一般是收益率计算方式的逆向运算，已知贴现率，就可以计算出零息票证券的市场价格，其公式为：

$$P=\frac{KV}{1+dr\left[\frac{n}{360}\right]} \tag{7-4}$$

以前题为例，已知贴现率为 8.53%，面值总价格为 1 000 000 元、实际期限为 182 天的国库券应以什么价格购买？

$$\frac{1\,000\,000\text{元}}{1+0.085\,3\left[\frac{182}{360}\right]}=958\,660\text{元}$$

（二）含息票债券的收益率和价格

含息票债券的利息支付每年定期进行。因此，从含息票债券本利和总支付来看，其平均偿还期要短于那类从发行日到期满才最终一次偿还本利和的债券。

含息票债券的投资回报（Return）包括息票收入和由于市场价格波动而产生的投资利得或者投资损失。在仅考虑证券购买者将所购债券持有到期的情形下，含息票债券的最终平均回报率可表示如下：

$$ry=\frac{C+(FV-P)/n}{P} \tag{7-5}$$

公式中：ry——最终回报率

C——息票收入

FV——债券面值

P——债券购买价格

n——实际持有期（年）

设银行对某含息票债券采取购买后持有到期的投资策略。此种债券为面值1 000元，息票每年支付 60 元，期限为 10 年的含息债券，当前市价为 920 元，该债券的最终平均回报率为：

$$ry=\frac{60+(1\,000-920)/10}{920}=7.39\%$$

（三）复利表达的收益率和价格

前面所列均为单利表达的收益率和回报率。如果考虑将所得利息再投资则其结果为“利息生利息”的复利收益率。欧洲、北美及日本等国的债券均采用复式利率方式来计算到期收益率，但运用上有细微差别。在金融学中，按这种方式计算的到期收益率（Yield to Maturity）被认为是最精确的市场利率。在欧洲和日本，固定收入证券一般每年付息一次，而美国则每年付息两次。运用复利方式计算固定收入证券的到期收益率的债券价格计算公式为：

$$P=\sum_{t=1}^{n}\frac{C_t}{(1+r)^t}+\frac{FV}{(1+r)^n} \tag{7-6}$$

在现实中，由于固定收入证券的价格随市场供求关系波动，在已知债券市价的情况下，运用上述公式来计算该债券的到期收益率比较复杂，往往要多次运用试错法才能求出。但是，银行和其他金融机构都有现成的到期收益率测算表，只要知道现行价格、期限等因素，就可从对照表方便地查到该债券的到期收益率。另外，复利收益率的计算也可用近似表达式：

$$r\gamma \approx \frac{C + (FV - P)/n}{(FV + P)/2} \tag{7-7}$$

值得指出的是，复利收益并不意味着已经实现的收益，而只是将息票收益按债券的复利收益率再投资时将来才能得以实现的收益率。

（四）应税证券与减免税证券收益率的比较

在一些国家，地方政府发行的市政债券往往有减免税的政策优惠。因此，银行在选择投资对象时有一个收益率比较的问题。在比较时，一般是将不同所得税税率的债券收益率进行技术处理，测算出各种债券的税后实际收益率，然后再进行比较，这样的比较对投资选择才有意义。不同税率债券的实际收益率之间的比较有以下三种情况：

$$R_{mun}(1 - T_{mun}) \gtreqless R_{tax}(1 - T_{tax}) \tag{7-8}$$

公式中：R_{mun}（$1-T_{mun}$）——减免税证券实际收益率

R_{mun}——减免税证券的税前收益率

T_{mun}——投资者对减免税证券所得利息收入所处的边际税率

R_{tax}（$1-T_{tax}$）——应税证券实际收益率

R_{tax}——应税证券的税前收益率

T_{tax}——投资者对应税证券所得利息收入所处的边际税率

举例说明这种比较。有两种可供银行选择投资的证券，一种是应税国债，名义收益率为10%，另一种是免税市政债券，名义收益率为8%，银行所处边际税率等级为34%，问对银行而言，持有何种债券实际收益率高？

应税债券实际收益率为10%（1-34%）= 6.6%

免税债券实际收益率为8%（1-0%）= 8%

因此，免税债券实际收益率高于应税债券的实际收益率。

在分析中，为了使应税证券与减免税证券之间的收益率可以方便地进行比较，可运用纳税均等收益率（Tax-Equivalent Yield）进行判定。这种收益率指在差别税率存在的前提下，要使应税债券实际收益率与减免税债券实际收益率相等时，应税债券应达到的名义收益率。根据公式（7-8），可得出：

$$R_{te} = \frac{R_{mun}(1 - T_{mun})}{1 - T_{tax}} \tag{7-9}$$

式中 R_{te} 为纳税均等收益率。

以前例计算：

$$R_{te} = \frac{8\%}{1 - 34\%} = 12.12\%$$

这个数值表明，应税债券只有在名义收益率在12.12%或以上时，其实际收益率才可能等于或大于免税市政债券8%的收益率。

第三节 银行证券投资业务

一、银行证券投资业务的方式

银行从事证券投资有多种业务方式，并从中赚取收益。这些业务可以概括为两大类。第一类是银行为获利而持有各种组合的证券。由于各银行理财策略不一样，银行证券投资的组合策略也不同。如果银行对利率走势有较强的预测能力，这些银行在组合中可能采取较为复杂的金融技术，通过“做多”或“做空”来调整组合，以利用证券价格上升或下降来获取价差利润。我们将在下一节专门讨论银行证券投资组合问题。第二类是银行通过管理证券交易账户来从事广泛的证券业务。银行通过管理证券交易账户所涉及的主要业务有：第一，作为证券市场专家，为客户提供投资咨询和建议。银行特别是大银行，有众多经验丰富的证券分析和投资专家，深受客户信赖，客户和一些小银行在进行证券投资前，往往就证券差别、期限、组合方式等向大银行进行咨询。第二，银行利用证券交易账户，成为国债一级市场的主要承销商。国债一般是财政部以拍卖的方式发行的，但这种拍卖只面向证券市场上的主要承销商，而大银行往往是最主要的国债主承销商。大银行在公开市场以竞价方式购得国债、政府机构债和市政债等债券后，再在二级市场上分销和销售，从中获取承销或分销的服务收入。第三，在证券市场上作为“造市者”，广泛参与交易。银行经常保持相当数额的证券，随时准备销售给意愿购买者。在证券市场上，为了维护市场交易的连续性，对自己的证券库存账户不断买入和卖出证券的行为被称为“造市”(Making Market)。作为造市者，银行根据自身期望的利差给各类债券定价，即以较高的价格（较低的利率）给出卖价，以较低的价格（较高的利率）给出买价。这样，任何一种债券的交易者会得到银行证券部门给出的两个报价，买价或出价（Bid Price）代表银行作为自营商愿意买入证券的价格；卖价的或要价（Asked Price or Offer Price）则代表银行愿意卖出证券的价格。银行利润来自于卖价高于买价的正差额部分。二级市场上的标价方式，是以标准单位100为基础，加上用1/32点的分数单位来表示的。以《华尔街日报》上刊载的美国政府债券报价为例：表7-2中第1栏表示每种政府债券的息票率、偿还期以及到期日，例如，第二种债券息票率为12%，偿还期为从目前至2015年5月。第二栏和第三栏分别表示政府债券自营商在昨日收盘时对每一种证券报出的买价和卖价。美国政府债券通常以1 000美元为面值，其报价在传统上按面值的10%表示，尾数以1/32为最小单位表达，而不采用小数点的表达方式。我们还是以第二种债券为例，2015年5月到期的国债，自营商的买价为141 $\frac{12}{32}$(＄1 413.74)，卖价141 $\frac{12}{32}$(＄1 416.25)。第四栏则表示自营商在前一个交易日收盘时的所报买价与前一天收盘时所报买价相比较而得出的价格变动率，它也是以$\frac{1}{32}$为单位。例如，第二种国债买价变动率+0.4表示的意思是，昨日收盘时141 $\frac{12}{32}$的买价与前一天该债券收盘时141 $\frac{8}{32}$的买价相比较而言，买价变动率为+$\frac{4}{32}$。第五栏代表该债券的到期实际收益率，以百分率和标准的十进位小数点表示。

二、两种投资业务方式的区别

由于银行进行证券组合投资与运用证券交易账户来提供证券服务的功能不同，在管理上需将银行自身资产组合与证券交易业务分开，所以银行在资产负债表上反映的证券投资组合与该银行证券交易账户上的证券存货往往按分开的账户进行管理，后者不纳入银行自身的资产负债表，但是买卖证券的价差收入并入银行损益表。随着衍生金融工具和交易市场的发展，大银行作为证券交易和衍生金融交易的中介机构，其地位越来越突出，交易量以惊人的速度增长，因此，银行运用表外证券交易账户和衍生交易账户所从事的业务的收入极大地增加了银行的非利息收入，代表着银行发展的重要领域。

表 7-2　　美国政府债券市场报价①

	(1)		(2)	(3)	(4)	(5)
Rate	Mat.	Date	Bid	Asked	Bid chg	Yld
$8\frac{1}{4}$	2 010	May	105. 25	106. 10	+0. 4	7. 53
12	2 015	May	141. 12	141. 12	+0. 4	7. 72
$10\frac{3}{4}$	2 015	Aug	129. 8	129. 8	+0. 2	7. 73
$9\frac{3}{8}$	2 016	Feb	117. 10	117. 10	…	7. 61
$10\frac{3}{8}$	2 017	Nov	126. 16	126. 24	+0. 5	7. 76
12	2 018	Aug	143. 00	143. 40	+0. 7	7. 83
$13\frac{1}{4}$	2 019	May	156. 00	156. 80	+0. 9	7. 86
$11\frac{1}{4}$	2 025	Feb	140. 10	140. 14	+0. 6	7. 71
$10\frac{5}{8}$	2 025	Aug	133. 19	133. 27	+0. 9	7. 68
$9\frac{7}{8}$	2 025	Nov	125. 4	125. 12	…	7. 68
$9\frac{1}{4}$	2 026	Feb	119. 10	119. 18	+0. 9	7. 58

① 取自《华尔街日报》范式。

第四节　银行证券投资策略

银行在按流动性、安全性、盈利性的经营三原则考虑资金配置时，必然会在总资产中安排一个稳定的部分投资在证券上。在金融市场发达国家的银行，这一部分占总资产的比例甚至高达15%~25%。因此，有效的证券管理对于追求自我经济效益的银行来讲显得很重要。由于法律上对银行持有证券品种范围的限制性，证券投资的违约风险相对较小，银行主要面临的是市场利率风险和期限结构组合风险。因此，银行证券投资策略的目标强调在控制利率风险前提下实现证券流动性和收益性的高效组合。本节讨论不同期限、不同种类、相同品质特性的证券，在不同的利率环境下，银行应如何进行组合。

一、流动性准备方法

流动性准备方法（Liquidity-Reserve Method）是银行传统证券投资策略的一种，被认为是较为保守或消极的投资策略。这种投资策略比较僵硬地看待金融资产的流动性与盈利性之间的替换关系，从而把证券简单地划分为流动性证券和收益性证券两类。流动性证券期限短、利率低、可销性强，而收益性证券期限长、利率高、可销性弱。流动性准备方法的基本思想可以概括为：证券投资应重点满足银行流动性需要，在资金运用安排上将流动性需要优先考虑。该方法将银行资产划分为四个层次（见图7-3）。第一个层次的构成以现金资产为主，即库存现金、在中央银行准备金存款和以清算、支付为目的的存放同业款，被称为一级准备（Primary Reserve）。一级准备几乎不产生收益，其功能是满足银行日常提存、正常贷款、支付和清算等流动性需求。第二个层次的构成以短期证券，特别是

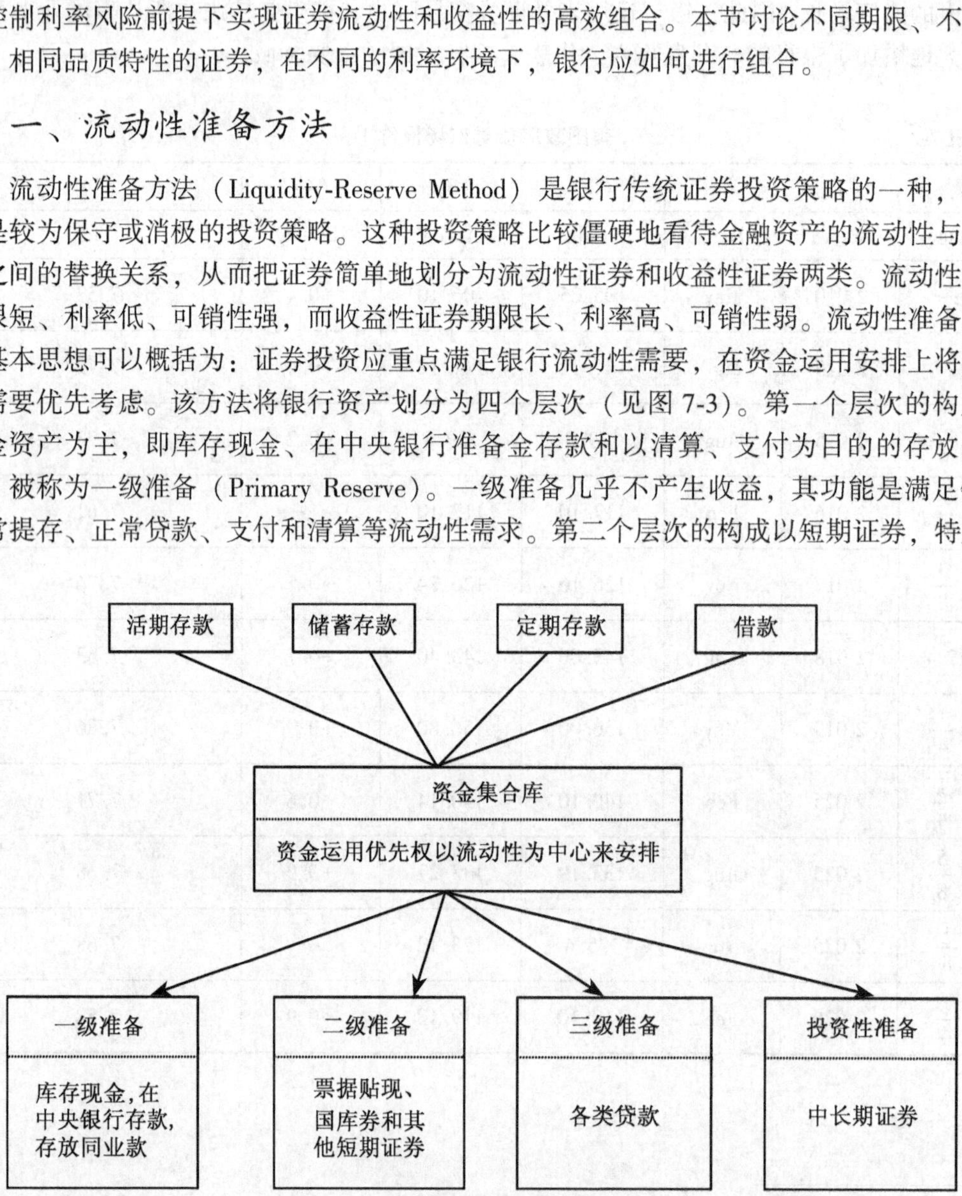

图7-3　银行证券投资的流动性准备方法

国库券为主，具有风险低、期限短、可销性强和有一定收益的特征，被称为二级准备（Secondary Reserve）。二级准备的组成构筑了银行证券投资流动性准备方法的核心，它强调短期证券在作为一级准备的补充，满足流动性需要的同时，还要为银行带来一定利息收入。对银行的季节性资金需求、无法预料的贷款需求增长和其他突发性资金需求靠二级准备的随时变现来满足。第三个层次的构成以各类贷款为主，被称为三级准备（Tertiary Reserve）。贷款利息是银行资产运用的主要收益来源，然而贷款若能正常到期，也会产生流动性供给，特别是基于票据贴现和抵押为基础的商业性贷款，具有自偿性质，甚至可进行再贴现融资。第四个层次的构成以各类中长期债券为主，具有期限长、收益高、可销性弱的特征，亦被称为投资性准备（Investment Reserve）。由于银行并非随时能寻找到风险较低的贷款项目和客户，有些项目尽管潜在收益较高，但潜在风险往往也很高，银行不敢随意放贷。在资金未寻找到理想的放款机会时，银行倾向于将剩余资金投向长期证券，以提高资金获利能力。银行投资中长期债券的主要目的是产生收益，而所谓流动性准备的功能只是作为最后的保障。

随着经济环境的变化，流动性准备方法越来越显得被动和保守，由它指导下所产生的银行资产组合已不能适应银行的发展目标。

二、梯形期限投资策略

在利率波动的环境下，银行投资的证券的价格会随利率波动而变化。这对银行证券投资的技术要求很高。由于对利率波动的预测能力和保值技术能力的差异，不同银行可采取相对稳健或相对进取的投资策略。梯形期限策略（The Laddered Maturity Strategy）是相对稳健的方法，它也称为期限间隔方法（Spaced Maturity Approach）。该方法的基本思路是：根据银行资产组合中分布在证券上的资金量，把它们均匀地投资在不同期限的同质证券上，在由到期证券提供流动性的同时，可由占比重较高的长期证券带来较高收益率。由于该方法中的投资组合很像阶梯形状，故得此名。见图 7-4。

假设某银行资产组合中有 8 000 万货币单位资金将用于证券投资。该银行如果选择梯形期限投资策略，可将证券均匀地分布在 1~8 年的政府证券上。在这种投资组合中，1 年期证券占总投资 1/8，2 年期占 1/8，…，8 年期占 1/8，每年将有 1 000 万证券到期，可作为流动性准备或补充。如果银行现金资产正常，可将到期证券的现金重投资于 8 年期政府证券。可以想象，通过不断地重投资于最长期限的政府证券，若干年后，银行可以在保持证券组合的实际偿还期结构不变的情况下，获取较高的投资收益率。

梯形期限方法是小银行在证券投资中较多采用的，其优点比较明显。（1）管理方便，易于掌握。银行只需将资金在期限上作均匀分布，并定期进行重投资安排即可。（2）银行不必对市场利率走势进行预测，也不需频繁进行证券组合投资安排。（3）这种投资组合可以保障银行在避免因利率波动出现投资损失的同时，使银行获取至少是平均的投资回报。

证券投资的梯形期限方法与流动性准备方法一样，属于传统的投资策略，其特征可以概括为买入—持有到期。除此以外，梯形期限方法具有以下主要缺陷：（1）过于僵硬，缺少灵活性，当有利的投资机会出现时，不能利用新的投资组合来扩大利润，特别是当短期利率提高较快时；（2）作为二级准备证券的变现能力有局限性。由于实际偿还期为 1

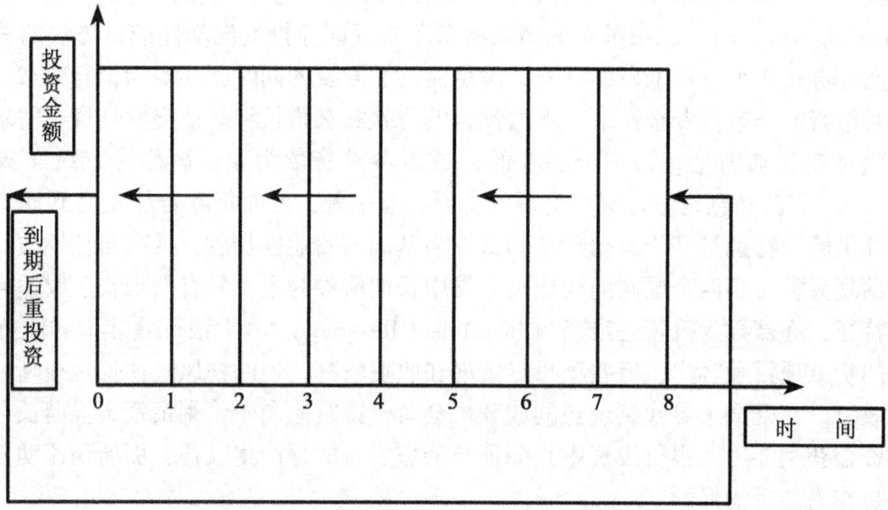

图 7-4　银行证券投资期限的梯形结构方法

年的证券只是 $1/n$，故有应急流动性需要时，银行出售中长期证券有可能出现投资损失。

三、杠铃结构投资方法

杠铃结构投资方法（Barbell Structure Approach）把证券划分为短期证券和长期证券两个组别，银行资金只分布在这两类证券上，而对中期证券一般不予考虑。这种证券组合结构反映在图上形似杠铃，故得此名。杠铃结构法要求所投的长期证券在其偿还期达到中期时就卖出，并将其收入重投资于长期证券。所投短期证券到期后若无流动性补充需要，再投资于短期证券。短期证券的期限由银行根据货币市场状态和证券变现能力自行决定，但一般在 3 年期以内；而长期证券的期限则在 7～10 年以内。见图 7-5。从理论上讲，杠铃结构方法能使银行证券投资达到流动性、安全性和盈利性的高效组合。短期证券保证了银行的流动性，长期证券则保证了银行可获取较高的收益率，其投资组合的收益率不低于在梯形结构方法下的投资组合收益率。特别是在利率波动时，投资损益相互抵消。如果市场

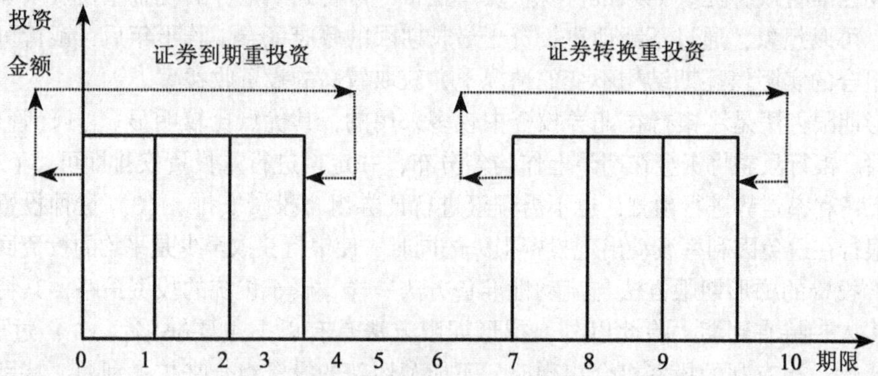

图 7-5　银行证券投资杠铃结构方法

利率普遍上升，长期证券市价下跌，出售长期证券时资本利得会减少，但到期短期证券的本利和却可以按不断上升的市场利率重投资。当市场利率下降时，到期短期证券本利和重投资的收益率会降低，但长期证券市价上升，出售时的资本利得提高。正因为有以上优点，一些银行家认为杠铃结构方法比其他投资方法更接近银行流动性、安全性、盈利性原则所要求的效率边界。但也有一些金融专家提出，该方法对银行证券转换能力、交易能力和投资经验要求较高，对那些缺乏这方面能力和人才的银行来讲，其他方法也许更为有效。

四、利率周期性期限决策投资方法

在利率波动的环境中，如果银行在对利率的预测方面有较强的专家队伍，就可以采取较为主动和更富有进取性的投资策略。利率周期性期限决策方法（Cyclical Maturity Determination Approach）就是其中一种。该投资策略认为，在预测利率波动时，如图 7-6（A），银行应该相机决策，按照对利率的预测安排投资组合。当预测利率将上升时，银行证券管理人员应更多地持有短期证券，减少长期证券，如图 7-6（B）所示。预测利率处于上升周期转折点并逐步下降时，银行应将证券的大部分转换成长期证券，如图 7-6（C）所示。当利率下降至周期的转折点时，银行再次将证券组合转换成以短期证券为主。

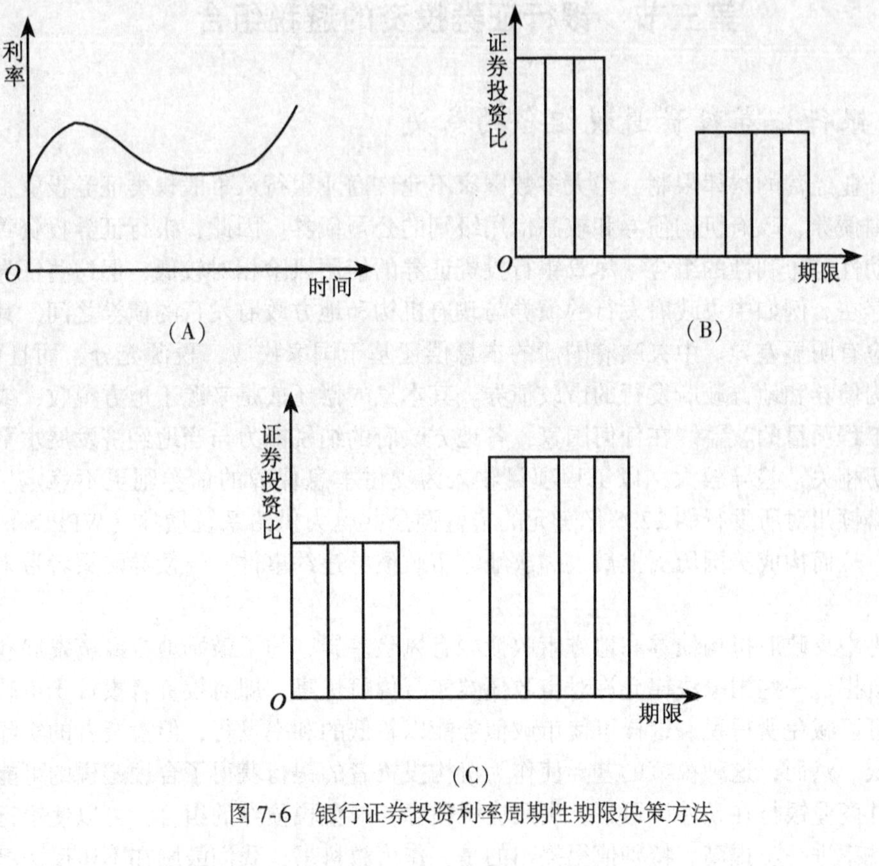

图 7-6　银行证券投资利率周期性期限决策方法

这种投资策略被认为最大限度地利用了利率波动。因为利率上升时，到期短期证券的现金流将按照不断上升的利率重投资，收益率自然提高。当利率达到上升周期阶段最高点时，银行将证券组合逐步调整到长期证券占较高比重的状态，长期证券将按照不断上升的价格出售，获取较高的资本利得。等待下一轮利率下降周期的出现时，再重新调整证券投资的组合结构。然而，这种投资策略在实施中也存在不少难度。第一，利率周期期限决策方法运用的环境是利率呈现出有规律性周期波动。当市场利率频繁波动时，该方法不具有可操作性。第二，该方法要求银行对市场利率变动方向有准确预测，如果预测方向错了，银行证券投资将损失惨重。第三，在股份制银行组织结构下，由于银行管理人员与董事会成员对投资获利方式和时机的选择往往存在差异，容易使该投资策略的实施效果大打折扣。例如，在经济复苏的初期阶段，银行信贷需求疲软，利率相对较低，银行证券管理层受到来自股东集团要求的在证券投资上增加盈利的压力，因而十分容易出现忽略整个周期盈利水平，而仅看重增加当期盈利的倾向。由于这段期间利率曲线向上倾斜，这种压力意味着银行会延长投资证券的期限。这样一来，银行实际上把投资的证券锁定在相对较低（相对于转折点）的利率上，并使银行在其证券组合急需进行调整时却降低了自身的流动性。第四，长期证券流动性低，在银行需要补充流动性或实施证券转变时，有时不易按意愿的价格变现或售出，甚至产生损失。

第五节 银行证券投资的避税组合

一、银行证券投资避税组合的意义

由于分业经营的法律限制，绝大多数国家不允许商业银行从事股权类证券投资，而只能投资于国债券、政府机构债券和较高信用级别的公司债券。因此，银行证券投资管理的重心是流动性与盈利性的组合。尽管银行投资证券的信用风险相对较低，但这些证券之间差别仍然存在。例如中央政府发行的债券与政府机构和地方政府发行的债券之间，其债券的信用风险有明显差异。中央政府国债的本息偿还基于国家税收，税源充分，而且可靠，而政府机构债券和地方政府发行的市政债券，其本息的偿还或是来源于地方税收，或是来源于某项工程项目的收益。在任何国家，各地方政府的纳税能力与当地经济发展水平和财政收入密切相关，差异较大，以工程项目收入为支付本息保障的债券则更不稳定。1983年美国华盛顿州对所发行的22.5亿美元的华盛顿公共电力供给系统债券（WPPSS）未能按期偿还，从而构成美国历史上最大一次地方市政债券违约事件，给债券购买者带来严重损失。

正因为中央政府机构债券和地方市政债券有风险差异，为了鼓励地方经济发展和减轻地方财政负担，一些国家法律允许对市政债券实行税赋优惠，即对投资者投资于市政债券所获利息可以减免所得税。这样可使市政债券能以较低的利率发行，但投资者的实际收益率并不降低。然而，这种税赋的差异使作为机构投资者的银行获得了合理避税的可能性和条件。国外商业银行在条件许可下，利用应税债券与减免税债券的组合，可以使银行证券投资的收益率进一步提高。特别值得提出的是，作为教科书，我们鼓励在不违反法律的前提下正常避税，但反对偷税和漏税。

二、银行证券投资避税组合的原则与方法

证券投资避税组合的考虑条件是：在存在证券投资利息收入税赋差异，从而使两种债券出现税前收益率与税后收益率不一致时，银行应在投资组合中尽量对税前收益率高的应税证券进行利用，使其投资的利息收入尽可能地去抵补融资成本，然后使剩余资金全部投资于税后收益率最高的减免税证券上，这样就可以提高证券投资盈利水平。

举例说明，美国 XYZ 银行计划发行 1 000 万美元大额可转让存单，假定这笔资金将专用于证券投资。设大额可转让存单年利率为 8. 2%，法律规定银行必须对大额可转让存单持有 3%的法定存款准备金。现有两种可供 XYZ 银行投资选择的债券，一种是名义年收益率为 10%的应税国债，另一种是年收益率为 8%的免税市政债券，该银行所处边际税率等级为 34%。问银行应如何组合证券才能使投资收益最高？

表 7-3 中展示了 3 种不同的组合方式对盈利的影响。第一种组合，XYZ 银行将 970 万美元的可用资金全部投资在应税国债上，产生应税利息收入 97 万美元，扣除 82 万美元的融资成本后，有税前净利息收入 15 万美元。该笔收入按 34%所得税税率纳税后，银行获税后净收入 9. 9 万美元。第二种组合，XYZ 银行将 970 万美元的可用资金全部投资在免税市政债券上，产生利息收入 77. 6 万美元，扣除 82 万美元的融资成本后，银行出现投资亏损，亏损额为 4. 4 万美元。第三种组合，XYZ 银行将可用资金分成两部分，一部分投资于应税国债券，金额为 820 万美元，另一部分投资于免税市政债券，总量为 150 万美元。应税国债的利息收入为 82 万美元，它正好等于大额可转让存单融资成本 82 万美元。免税市政债券产生利息收入按法律规定不缴纳所得税，故其利息收入 12 万美元为税后净收入。很显然，第三种组合利用税赋差异成功避税，使该种组合的投资回报水平最高。

表 7-3　　**XYZ 银行证券投资组合效果比较**

	全投资于应税国债	全投资于免税市政债券	最佳组合投资
投资组合方式			
应税国债	9 700 000	0	8 200 000
免税市政债券	0	9 700 00	1 500 000
损益的预期变化			
利息收入			
应税国债	970 000	0	820 000
免税市政债券	0	776 000	120 000
利息收入总计	970 000	776 000	940 000
利息支出			

续表

	全投资于应税国债	全投资于免税市政债券	最佳组合投资
大额存款	820 000	820 00	820 000
	—	—	—
净利息收入	150 000	-44 000	120 000
按34%税率支付所得税	51 000	0	0
	—	—	—
税后净收入	99 000	-44 000	120 000

合理、合法的避税已成为银行证券投资组合中的一项重要考虑和金融技术，其方法甚至已被推广到银行总资产的组合中，为银行提高总资产组合的效率增添了一种选择。

◎小　结

1. 证券投资在银行资产组合中的主要功能是分散风险、提高收益、作为逆经济周期的调节手段、保持合理流动性、合理避税。由于各国对商业银行风险控制较严，所以商业银行的证券组合中以债券为主，特别是各类国债、政府机构债券和市政债券，一直是商业银行青睐的投资对象。

2. 银行证券投资的风险有违约风险、利率风险、通货膨胀风险和流动性风险。证券投资的收益由利息收入和资本损益所构成。由于债券多为固定收入证券，故债券的价格与市场利率负相关。

3. 银行证券可以概括为两大类：第一类是银行为获利和流动性需要而持有的各种组合证券；第二类是银行通过管理证券交易账户而从事的广泛的与证券投资相关的业务，包括为客户提供投资咨询、作为国债一级市场主承销商以及在证券市场上作为“造市者”买入和卖出证券。

4. 银行证券投资的目标强调在控制风险的前提下实现流动性和收益性的高效组合。其主要的投资策略有：(1) 流动性准备方法。这种方法强调把持有的可销性很强的短期证券作为二级准备。(2) 梯形期限投资策略。该方法强调把资金均匀地投资于不同期限的同质证券，银行在保证流动性的同时可提高平均收益率。(3) 杠铃结构投资方法。该方法把资金分布在短期和长期证券两个组别上，以期获得流动性和盈利性的高效组合。如果银行具备对利率进行预测的能力，杠铃结构投资方法的变形是利率周期期限抉择投资方法，它强调根据对利率的预测来灵活调整长短期证券的组合比率。

5. 如果一国的债券品种结构中出现利息收入税赋的差异，从而使不同债券之间出现税前收益率与税后收益率不一致时，银行可利用组合技术对收入进行合法避税，以提高收益。

◎重要概念

国库券　国债券　证券投资　公司债　单利　复利　到期收益率　流动性准备方法　梯形期限投资策略　杠铃结构投资方法　利率周期期限抉择方法　证券投资组合　避税投资组合

第四编　银行表外业务

自20世纪80年代金融自由化以来，在生存压力和发展需要的推动下，各国商业银行纷纷利用自己的优势大量经营表外业务，有些银行的表外业务收入已经超过表内业务。商业银行业务活动表外化、金融产品多样化、盈利结构综合化已成为现代商业银行的重要标志。

第八章 银行表外业务概述

第一节 表外业务的涵义与发展

一、表外业务的涵义

（一）表外业务的界定

表外业务（Off-Balance Sheet Activities，OBS）是银行从事的，按会计准则不计入资产负债表内或不直接形成资产或负债，但能改变银行损益状况的业务。

表外业务可以分为狭义和广义两种。狭义表外业务，是指商业银行所从事的，按照传统会计准则不计入资产负债表内，不影响银行资产负债总额，但能改变当期损益及营运资金，从而提高银行资产报酬率的经营活动。银行在经办这些业务时，虽然没有发生实际的货币收付，也没有垫付任何资金或者只是少量垫付资金，但由于同资产负债业务关系密切，在将来随时可能因具备了契约中的某个条件而转变为资产负债业务，因此需要在表外进行登记以便对其进行反映、核算、控制和管理。由于在风险成为现实时，这类表外业务就转变为表内业务，因此狭义表外业务又被称为或有资产、或有负债业务。通常所指的表外业务就是指狭义的表外业务。

广义表外业务，是指所有不在资产负债表内反映的业务。除了包括上述狭义的表外业务外，还包括结算、代理、咨询等风险较小的经营活动。按照《巴塞尔协议》的相关规定，广义表外业务分为两大类：一类是或有资产业务及或有负债业务（Contingent Claims），即前文所述的狭义表外业务；另一类是金融服务类业务（Financial Services）。金融服务类表外业务一般只能为银行带来服务性业务收入，不会影响银行表内业务的质量。

在传统上，我国商业银行把资产、负债业务以外的业务统称为中间业务（Mid-Business），即指银行不运用或较少运用自己的资产，以中间人的身份为客户办理收付和其他委托事项的各类金融服务，从中赚取手续费或佣金的业务活动①。表外业务与中间业务是既相互联系又相互区别的两个范畴，其联系在于两者都是独立于资产负债业务之外、以收取手续费为目的的业务，而且都是以接受委托的方式开展业务活动，其区别主要在以下

① 2001年6月中国人民银行颁布的《商业银行中间业务暂行规定》中第二条将中间业务定义为“中间业务是指不构成商业银行表内资产、表内负债，形成银行非利息收入的业务”。

两点：(1) 中间人的身份不同。在中间业务中，银行都是以交易双方当事人之外的第三者身份接受委托，扮演中间人的角色，而表外业务在业务发展中可能发生银行中间人角色的移位，成为交易的直接当事人，如贷款承诺，在银行与客户签订协议时无信贷行为发生，但是一旦具备协议所列的某项具体贷款条件，银行就必须履行贷款责任。(2) 业务风险不同。中间业务是不直接作为信用活动的一方出现的，其较少动用或不动用银行自身的资金，虽然业务经营中也要承担一定的风险，但风险程度明显低于信用业务，而银行开展表外业务在提供服务的同时，还可能以某种形式垫付资金，从而形成银行与客户之间的债权债务关系，其风险度较大。

(二) 表外业务的构成

由于各国会计准则、监管规则、行业惯例等方面的差异，关于表外业务的分类，银行业无统一的标准。根据巴塞尔委员会的相关界定，表外业务按照功能和形式可分为以下六类：

1. 结算类表外业务，包括票据业务、银行卡、汇兑、托收承付、委托收款、跟单托收、国际保理等；
2. 担保类表外业务，包括保函、信用证、备用信用证、票据承兑等；
3. 融资类表外业务，包括贷款承诺、票据发行便利、透支额度、信托、融资租赁等；
4. 代理类表外业务，包括代理收付款、代保管、代理银行业务、代理证券业务、代理保险业务、代理基金业务、代理现金管理等；
5. 衍生类表外业务，包括金融期货、期权、互换业务等；
6. 咨询类表外业务，包括理财顾问、企业投资财务顾问、企业及项目融资财务顾问、企业兼并、收购与反收购财务顾问等。

二、表外业务的特点

表外业务作为商业银行三大业务结构中的一种，与资产、负债业务相比，具有自身鲜明的特点：

1. 表外业务的或有特性，使大部分表外业务是否实质性发生取决于应急事件发生的概率。以备用信用证为例来说明。备用信用证是银行的一项或有负债，如果客户履行其与第三方签订的合同，则不会对资产负债表内业务产生任何实质性的影响；如果客户违约，银行必须替客户履行偿债义务，银行的现金储备就会相应减少，在资产负债表内与此相对应的未清偿贷款就会增加。同时，作为表外或有负债的备用信用证也将减少，与此相对应的对客户的潜在贷款也将减少，因为该潜在贷款已经转化成为了一笔实际的贷款。可见，表外业务活动具有流动性风险，而这种风险的大小则主要取决于应急情况出现的概率。或有的概念是指这类表外业务随时都可能转化成表内业务。

2. 种类繁多，交易灵活，发展迅猛。表外业务种类繁多，但灵活性很强，受限制较少。商业银行可以作为纯粹的中介人为客户服务，也可以做自营性交易，既可以在场内进行交易，也可以在场外交易，既可以在无形市场也可以在有形市场交易。交易方式的灵活性使表外业务获得了广阔的发展空间，也正是表外业务法规管理上的不够严谨和不改变资产负债规模，以及对资本金要求有较大的疏漏，在一定程度上可规避金融当局的监管，从而大大刺激了表外业务迅速的扩张。在短短二三十年的时间内，表外业务就成为与传统资产负债业务具有同等重要地位，甚至超过资产负债的业务。

3. 透明度低，不易监管。表外业务无法在资产负债表内进行反映，只有一部分在资产负债表外以注脚的形式列明，许多业务的规模和质量均不能真实地反映在财务报表中。因此无论是股东、债权人，还是监管人员都很难充分了解银行的整体经营水平，难以评价其经营成果，降低了银行经营的透明度。在当今金融市场一体化的背景下，各国经济金融联系十分密切，一国或一家银行的金融动荡、金融危机都可能波及其他国家和银行，一旦条件出现，或有项目的表外业务将立刻转化成表内业务，造成银行的巨额亏损。

4. 杠杆性高，盈亏数目巨大。或有项目的表外业务，特别是金融衍生工具类业务，虽然是为规避商品价格和金融价格波动风险而产生的，但其高杠杆性又进一步导致了其高投机性，从而使金融市场上的交易量骤然放大，供需对比迅速发生悬殊变化，产生极具威胁性的放大效应，使得金融稳定性在瞬间遭到破坏。当银行以追逐高额的投资利润为目的而开展表外业务时，就必然承担着巨大的潜在风险。

三、表外业务的发展

银行从事表外业务的历史相当悠久，如汇票承兑、信用证、保函等都是银行的传统表外业务，但是长期以来，表内资产负债业务一直占据银行的业务重心，表外业务仅仅处于补充、辅助的地位。

近 30 年来，整个国际金融环境发生了急剧的变化，如利率和汇率波动频繁、金融业竞争日益激烈、金融自由化、全球经济一体化趋势明显加强、科技革命日新月异、金融创新层出不穷等，所有这些因素都使商业银行面临着前所未有的挑战。面对动荡的经营环境，商业银行不得不寻求规避风险的手段，以保证自身的生存与发展。因此，众多国外商业银行走上了综合化、电子化、证券化和业务表外化的道路，经营模式也发生了深刻的变化，其中最引人注目的就是表外业务的飞速发展（见表 8-1）。

表 8-1　　**美国花旗银行表外业务的发展**

1936 年	在纽约市开设没有最低余额限制的散户支票账户
1950 年	开展“大众银行”业务，及个人支票散户账户业务
1964 年	开展租赁业务
1965 年	开展信用卡业务
1967 年	首创信用卡服务系统，即万事达卡
1968 年	在特拉华州成立单一银行控股公司，以其作为母公司，利用 13 家子公司提供证券业务、投资管理、信托服务、保险业务、融资租赁、商贸结算等
1974 年	开办浮动利率票据业务

续表

1977 年	率先启用全员自动柜员机设备
1985 年	在纽约市通过银行及办公室个人电脑联网开展直接存取业务
1986 年	首先在纽约和中国香港使用触摸自动对话柜员机
1989 年	成为证券信用卡发行商
1993 年	成为全球最大的信用卡及付费卡的发行商与服务商
1995 年	在全球提供散户银行服务，首次为客户发行平衡记录信用卡
1998 年	花旗银行与旅行者集团合并组成花旗集团从而成为世界规模最大的全能金融集团公司之一
1998 年以后	提供储蓄、信贷、证券、保险、信托、基金、财务、咨询、资产管理等“一条龙”服务

转引自：邹玲．商业银行中间业务创新研究．北京：经济管理出版社，2007.

从 20 世纪 80 年代开始，现代商业银行形成了金融创新的浪潮，作为金融创新重要组成部分的表外业务空前活跃，大量商业银行都把表外业务的发展作为主要的经营取向。在现代商业银行业务结构中，表外业务成为了一种与传统的资产、负债业务紧密联系又迥然不同的业务，并与资产负债业务一起构成商业银行的三大支柱。表外业务作为现代商业银行业务经营与拓展的一个重点，其发展速度之快、规模之大远非表内业务可比，在银行业务结构中的地位也日趋重要和显著。据有关资料统计，西方商业银行表外业务收入占总收入的比重平均为 40%，最低的已超过 25%，大银行基本上都已超过 50%，而且呈现快速上升趋势。①

表外业务的快速发展，对商业银行形成了以下影响：

（一）降低经营成本，增加经营利润

由于表外业务基本上无需运用或较少运用自有资本，而且还可以放慢资产增长速度，因此可以避免资本充足率的限制，无需为这类活动及其风险提取相应的准备金或一定水平的资本额，所以具有降低经营成本的功效。

（二）优化银行资源配置，拓宽业务领域

商业银行开拓表外业务，有利于充分利用商业银行的人力资源、财力资源、物力资源及信息资源，实现这些资源的合理配置。不但把商业银行的业务经营范围从传统的资产业务扩展到了表外业务，而且更进一步把商业银行的业务经营范围从信用业务拓展到了各类非信用业务，并利用自身在信用业务中形成的良好信誉、雄厚的经济实力、丰富的经验等优势，在新的业务经营领域中开辟并巩固自己的阵地。

① 资料来自 BVD-Bankscope 数据库。

（三）吸引客户，增强银行的竞争能力

客户的流失及业务量的减少，是当初商业银行开展表外业务的主要原因之一。一方面，商业银行通过表外业务提供的多元化服务，满足不同客户的不同需求，可以扩大银行的客户群，与客户建立更广泛的联系，从而保证银行拥有不断扩大的市场份额。另一方面，通过表外业务也可以提高商业银行的竞争能力。商业银行的竞争能力取决于其经济实力，包括资本充足率、资产负债的规模和盈利能力。商业银行通过开展表外业务，可以间接增加资产规模和负债规模，以手续费收入的形式扩大银行利润。因此，表外业务使商业银行顺应了社会和科技发展的潮流，大大拓宽了其业务范围，稳定了市场占有率，提高了金融市场的效率，并为今后的发展奠定了良好的基础。

第二节 银行表外业务发展的动因

银行表外业务自20世纪80年代至今的飞速发展，有其深刻的经济社会背景，是多种因素共同作用的结果。银行拓展表外业务的动因可归结为以下几方面：

一、应对竞争的需要

银行一直以存贷款利差为主要利润来源，然而自20世纪70年代始，在日趋激烈的市场竞争中，存贷利差逐渐缩小。一方面，在金融自由化思想的影响下，西方国家金融监管当局在制度环境方面逐步放松了对银行业的管制，同时也放宽了金融业务的分工限制，使银行面临着国内外同业竞争和非银行金融机构的挑战。另一方面，金融市场格局开始转变。融资证券化的理念日趋兴盛，信誉良好的大企业更多地选择在市场上发行票据、债券和股票直接融资，而不再高度依赖银行的信贷供给。与此相应，社会公众对投资方式的选择也出现变化，他们将大量闲置资金投入证券市场，以追逐较高的收益，而不只是存入银行，获取稳定但相对微薄的利息。在制度环境和市场环境的双重挤压下，银行不得不提高存款利率以争夺资金来源，同时压低贷款价格以维持市场份额，导致银行盈利能力下降。

为摆脱困境，银行势必要扬弃传统的经营理念和经营方式，开发新型业务模式，以便拓宽盈利渠道，而表外业务无疑是最佳选择。表外业务具有“或有”性质，无需动用或较少动用银行的营运资金就能获得一定收入。同时，银行凭借其客户群稳定、联系广泛、信息灵通、信誉度高等优势，可以通过信息资源的共享，降低开办表外业务的运作成本。

二、风险管理的需要

20世纪70年代后，固定汇率制的布雷顿森林体系解体，各国普遍采用浮动汇率制，外汇市场上汇率走势变化莫测，同时，许多国家开始着手取消利率管制，实施利率自由化，使利率从相对稳定的状态转向频繁波动。汇率、利率变化的不确定性增加了银行经营活动的风险性。银行需要借助金融衍生工具对其面临的利率风险敞口和外汇风险敞口进行全局性或局部性套期保值，此外，大量工商企业也需要银行利用金融衍生工具为其提供对冲和转移风险的方法，导致金融衍生产品和其交易量激增。

三、规避监管的需要

早期，政府对银行的监管增加了银行的营运成本，相当于变相地向银行征税。皮纳齐 Pennacchi（1998）的规避“监管税收效应”假说认为，由于储蓄存款市场竞争激烈，以及要花费代价的现金准备的影响，表外业务成为表内业务的替代工具，使银行能以较低的成本提供融资，因为银行可以避免持有无利息收入的现金而导致利息损失。

资本充足率的管制也导致一些银行追逐不受资本充足率管制的表外业务。1988 年的《巴塞尔协议》对银行的目标资本充足率和各类表内资产项目的风险权数作了统一规定，银行不再能盲目追求资产规模的扩张。巴塞尔委员会也要求银行将表外项目换算为表内对应项目，以便进行风险加权，并将表外项目分为五类，对前四类设定了信用换算系数。不过，除了直接信贷的替代工具、有追索权的资产销售等表外项目被赋予 100%的换算系数外，其余三类表外项目的换算系数均等于或低于 50%。为了达到资本充足率要求，同时又不减少银行的盈利，银行自然会转而从事资本要求较低，又能够增加盈利的表外业务，以绕开资本充足率的监管约束，提高资本收益率。另外，表外业务不反映在银行资产负债表内，只是出现在财务报表的附注中，有些银行试图借此逃避监管。

◎小　结

1. 表外业务是银行从事的，按会计准则不计入资产负债表内或不直接形成资产或负债，但能改变银行损益状况的业务。

2. 表外业务按照功能和形式可分为以下六类：结算类表外业务、担保类表外业务、融资类表外业务、代理类表外业务、衍生类表外业务、咨询类表外业务。

3. 表外业务具有自身鲜明的特点：表外业务的或有特性使大部分表外业务活动取决于应急事件发生的概率；种类繁多，交易灵活，发展迅猛；透明度低，不易监管；杠杆性高，盈亏数目巨大。

4. 表外业务的快速发展，对商业银行形成了以下影响：降低经营成本，增加经营利润；优化银行资源配置，拓宽业务领域；吸引客户，增强银行的竞争能力。

5. 银行拓展表外业务的动因包括：应对竞争的需要；风险管理的需要；规避监管的需要。

◎重要概念

表外业务　狭义表外业务　广义表外业务　中间业务　监管税收效应

第九章　表外业务介绍

第一节　结算类表外业务

结算类表外业务是银行为客户办理因债权债务关系引起的货币支付、资金划拨的一种传统业务。银行通过提供结算业务成为全社会的资金转账中心和货币出纳中心。结算业务不仅能为银行带来安全、稳定的收益，同时也是扩大银行资金来源的重要手段。

一、国内结算

国内结算业务有多种结算方式，客户主要使用票据、银行卡、汇兑、托收承付、委托收款等方式进行货币支付及资金清算。

（一）票据结算

票据是由出票人签发，出票人自己承诺或委托付款人在见票时或按指定日期对收款人无条件支付一定金额的有价凭证。票据包括汇票、本票和支票。

1. 汇票

汇票是出票人签发，委托付款人在见票时或者在指定日期无条件支付确定的金额给收款人或者持票人的票据。汇票按出票人分为银行汇票和商业汇票。

（1）银行汇票。银行汇票是出票银行签发，由其在见票时按照实际结算金额无条件支付给收款人或者持票人的票据。银行汇票是自付票据，出票银行即为银行汇票的付款人，银行汇票的代理付款人是代理本系统出票银行或跨系统签约银行审核支付汇票款项的银行。银行签发汇票后，通常由汇款人持往异地办理转账结算，填明“现金”字样的银行汇票也可用于支取现金。

（2）商业汇票。商业汇票的出票人是在银行开立存款账户的法人。在银行开立存款账户的法人以及其他机构之间，必须具有真实的交易关系或债权债务关系，才能使用商业汇票。商业汇票在同城和异地均可使用，付款人为汇票承兑人。根据承兑人的不同，商业汇票可分为商业承兑汇票和银行承兑汇票，前者由银行以外的付款人承兑，后者由银行承兑。承兑银行应在汇票到期日或到期日后的见票当日支付票款。出票人于汇票到期日未能交足存票款时，承兑银行须为其垫款，同时将出票人尚未支付的汇票金额作逾期贷款处理，并计收利息。

2. 本票

本票是出票人签发，承诺自己在见票时无条件支付确定的金额给收款人或者持票人的票据。本票按出票人分为商业本票和银行本票，这里所说的本票是指银行本票。单位和个人在同一票据交换区域需要支付各种款项，均可以申请使用银行本票。银行本票可以用于转账，注明“现金”字样的银行本票可以支取现金。

3. 支票

支票是出票人签发，委托办理支票存款业务的银行在见票时无条件支付确定的金额给收款人或者持票人的票据。支票的出票人可以是在银行开立支票存款账户的单位和个人，付款人为支票上记载的出票人开户银行。现金支票只能用于支取现金，转账支票只能用于转账，支票上未印有“现金”或“转账”字样的为普通支票，可用于支取现金，也可用于转账。普通支票上划有两条平行线的为划线支票，只能用于转账，不得支取现金。

（二）银行卡结算

由于银行卡本身具有身份识别、信息存储等功能，因而可以作为多种银行业务的综合载体，集多样化金融服务功能于一身。

银行卡是一种使用十分方便的非现金结算工具。持卡人在发卡银行开立银行卡存款账户，并存入一定的备用金后，可在特约商户利用银行卡购物或支付劳务费用。特约商户受理银行卡，需审查该卡是否为本单位可受理的银行卡，是否在有效期内，未列入止付名单等事项。经审查无误后，商户在签购单上压卡，填写实际结算金额、用途、持卡人身份证件号码、特约单位名称和编号。特约单位在每日营业终了，应将当日受理的银行卡签购单汇总，并填写汇总计单和进账单，连同签购单一并送交收单银行办理进账。

除此以外，银行卡的功能还包括：（1）取款功能。银行卡为持卡人存取款提供了很大便利。持卡人可在发卡银行的网点办理存取款，可在各计算机联网网点通存通兑，并可在 ATM 上享受 24 小时自助式存取服务。（2）汇兑功能。持卡人可在本地的银行受理网点办理存款手续，然后持卡到外地银行受理网点取款，方便持卡人到外地旅游、购物或办事时支取现金。（3）信贷功能。如果持卡人所支付（支取）的款项超过其银行卡存款账户余额，在规定的限额和时间内，发卡行允许持卡人短期善意透支，持卡人应及时偿付透支本息。近年来，银行利用银行卡不断扩展一系列金融服务，如代发工资，代缴各类费用、税金，证券买卖转账及代收股利，以及进行活期存款与定期存款自动转账等。

伴随着信息技术的进步和电子支付网络的拓展，银行卡已经不仅仅是商业银行提供的一类业务，而是逐步形成了自身主体齐备、功能完善的产业链。完整银行卡产业的基本行为主体同样由供求双方组成。供给方为发卡机构、银行卡转接与清算组织（下面简称银行卡组织或卡组织）和收单机构①，这三者也构成了银行卡市场的交易平台。需求方为持卡人和接受银行卡作为支付工具的特约商户这两大类主体。此外，一些专门的数据处理公司和银行卡管理咨询公司专注于银行卡数据信息技术和风险评估、信用模型等管理技术，也是银行卡产业内专业化分工协作的重要组成部分。中国银联是目前为止我国唯一获准提

① 发卡机构指发行银行卡的银行或其他金融机构；收单机构是指处理商户 POS 机刷卡消费和 ATM 存取款等业务的银行或其他金融机构；当发卡机构和收单机构不属于同一机构时，由银行卡组织提供交易网络平台完成跨行资金信息转接与资金清算。

供银行卡人民币跨行转接与清算服务的卡组织，以 6 字头 BIN 号（Bank Identification Number）为标识的中国银联卡①，代表着中国人民币银行卡的标准和技术。大型国有控股商业银行、股份制商业银行和众多城市商业银行则为发卡机构，同时也是主要的收单机构，其他专业辅助机构在中国市场上还比较少且大多为外资机构。我国的银行卡产业起步较晚，作为专门负责各商业银行发行的银行卡之间的资金转接与清算组织的国内卡组织——中国银联，直至 2001 年才建立，但经过 20 多年的发展，我国银行卡产业格局也已初步建立，并逐步在个人支付领域成为人民币国际化的一部分。截至 2010 年年底，银联卡可以在 57 个国家和地区的 ATM、40 多个国家的 POS 网络上使用，并且 13 国家和地区的 60 多家机构发行了当地货币银联卡。

（三）汇兑

汇兑是汇款人委托银行将其款项支付给收款人的结算方式。单位和个人的各种款项的结算，均可使用汇兑结算方式。汇兑按凭证传递方式的不同分为信汇、电汇两种，由汇款人选择使用。

（四）托收承付

托收承付是根据购销合同由收款人发货后委托银行向异地付款人收取款项，由付款人向银行承认付款的结算方式。办理托收承付结算的款项必须是商品交易的款项，以及因商品交易而产生的劳务供应款项。收付双方使用托收承付结算必须签有购销合同，并在合同上注明使用托收承付结算方式。

（五）委托收款

委托收款是收款人委托银行向付款人收取款项的结算方式。单位和个人凭已承兑商业汇票、债券、存单等付款人债务证明办理款项的结算，均可以使用委托收款结算方式。委托收款在同城、异地均可办理。收款人首先应签发委托收款凭证，载明委收金额、付款人和收款人名称、委托收款凭据名称及附寄单证张数等事项，并将凭证及有关收款依据提交开户行。开户行审查后，将凭证及有关收款依据寄交付款人开户行，后者审查无误后办理付款。

二、国际结算②

国际结算是指国际间发生的以货币表示的债权债务清偿行为或资金转移行为。由于国际结算涉及多边关系，一些商业团体和国际组织制定了各种相关公约与规则，得到广泛承认和采纳，成为各国银行处理国际结算业务时共同遵守的准则。

---

① 根据国际标准化组织的规定，每个大型卡组织都分配有国际标准银行卡的 BIN 号：VISA 卡以 4 字开头，MasterCard 以 5 字开头，中国银联卡以 62 开头。

② 信用证既是客户的结算工具，同时又是开证银行的书面承诺付款文件，本书将其归属为担保类业务。

国际结算可采取多种方式，以下重点介绍有代表性的几种：

（一）汇款

汇款也称国际汇兑，是付款人或债务人通过本国银行运用各种结算工具将款项汇给国外收款人的一种结算方式。汇款的流程比较简单，因使用的结算工具不同，分为以下三种：（1）电汇（Telegraphic Transfer，简称 T/T）是汇出行应汇款人的要求，通过拍发加押电报或电传，委托汇入行解付一定金额给收款人。电汇费用较高，但解付时间快，因此使用较普遍。（2）信汇（Mail Transfer，简称 M/T）是汇出行应汇款人的要求，将信汇委托书或支付委托书邮寄给汇入行，委托其解付一定金额给收款人。信汇费用较低廉，但解付速度慢，在国际结算中较少使用。（3）票汇（Remittance By Banker's Demand Draft，简称 D/D）是汇出行应汇款人的申请，代汇款人开立以其分行或代理行为解付行的银行即期汇票，加具密押后，交汇款人自行寄给收款人或携带到国外交付收款人，由其凭票取款。票汇结算的特点是汇票不通过银行传送，而由收款人持票到汇入行取款，较为灵活。

（二）跟单托收

托收是收款人委托银行向国外付款人代为收款的结算方式。托收按是否附有商业单据，分为光票托收（Clean Collection）和跟单托收（Documentary Collection）。光票托收是指只有金融单据的托收，而不附有商业单据。跟单托收附有包括货运单据在内的商业单据，是国际贸易中经常采用的一种结算方式。按照代收行向进口商交付货运单据的条件不同，跟单托收可分为两种：（1）承兑交单（Documents Against Acceptance，简称 D/A），系指汇票之付款人（进口商）在承兑汇票后，代收银行即将附随之货运单据交给付款人，以便其提货；（2）付款交单（Documents Against Payment，简称 D/P）系指在汇票之付款人（进口商）付款后，代收银行方才将附随之单据交给付款人。

（三）国际保理

国际保理（International Factoring）是集结算、财务管理、融资（或担保）于一体的综合性服务。银行可以作为保理商，与卖方（供应商/出口商）订立保理合同①。根据该合同，卖方（供应商/出口商）将其现在或将来的基于其与买方（债务人）订立的货物销售/服务合同所产生的应收账款转让给保理商，由保理商为其提供贸易融资、销售分户账管理、应收账款催收、信用风险控制与坏账担保等服务。

国际保理与信用证等结算方式相比有其独特的优势。除对出口商提供融资便利外，保理商在其核定的信用额度内完全承担进口商的违约风险，对出口商提供充分的收汇保障，使出口商能够对进口商提供更为优惠的付款条件。保理商负责进口商资信调查、账务管理

---

① 银行开办的保理业务可分为国际保理与国内保理。国内保理一般可分为权益转让保理和权益售与保理，前者以买断客户的应收账款为基础，即使发生坏账，其损失也由保理商承担；后者以保留追索权的客户应收账款收购为基础，保理商接受应收账款转让后，如果货物/服务买方的欠款成了呆账，保理商对供应商仍有追索权。国内保理业务通常都是单保理。

和账款追收，出口商得以节约管理成本。保理业务程序相对简便，免除了信用证交易的繁琐手续。

第二节　担保类表外业务

担保类表外业务是指银行根据交易一方的申请，为申请人向交易的另一方出具履约保证，承诺当申请人不能履约时，由银行按照约定履行债务或承担责任的行为。银行对外提供担保是以自身资信为被保证人履行合约义务承担保证责任，担保业务虽不占用银行的资金，但形成银行的或有负债，银行为此要收取一定费用。银行开办的担保类业务主要有保函、信用证、备用信用证、票据承兑等形式，服务面十分宽广，适用于资金借贷、商品买卖、货物运输、工程承包、加工承揽等多种经济和交易活动。

一、保函

银行保函也称银行担保书（Letter of Guarantee，简称 L/G），是银行应契约一方当事人的请求，为其向受益人保证履行某项义务，并承诺在申请人违约时由银行按保函规定的条件承担经济赔偿责任而出具的书面担保。

银行保函涉及三个基本当事人，即申请人、担保人、受益人：申请人（委托人）是向银行提出申请，要求出具保函的一方；担保人即开立保函的银行；受益人是接受保函，并有权按保函规定的条款向担保人提出索赔的一方。按保函属性，即保函与基础合同的关系，分为独立性与从属性两种情况：第一，独立性保函根据基础合同开出，但不依附于基础合同而存在，是具有独立法律效力的文件。开立保函的银行承担第一性保证责任，即当受益人在保函项下合理索赔时，担保银行就须付款，而不管申请人是否同意付款。第二，从属性保函是基础合同的附属性契约，银行只负第二性保证责任，即仅当被保证人未能履行保函所规定的条款时，保证人才负有赔付责任，受益人需提交申请人违约声明或相关证明文件。银行保函可用于任何类型的经济交易合同，为契约的任何一方向另一方保证履行某项契约义务，故而种类甚多，包括投标保函、履约保函、预付款保函、工程维修保函、透支保函、付款保函、留置金保函等多种形式。

二、信用证

信用证（Letter of Credit，简称 L/C）是在国际贸易中，银行应进口方的请求向出口方开立的在一定条件下保证付款的凭证，又称商业信用证。信用证既是客户的结算工具，同时又是开证银行的书面承诺付款文件，因而也属于银行担保类业务的传统品种。

信用证具有一些不同于其他保证方式的特点。首先，开证行承担第一付款人的责任。在信用证项下，出口商可以直接向银行凭单索款，而不必首先与进口商交涉付款事宜。其次，信用证作为独立的文件，不受贸易合同的限制与约束。虽然银行以贸易合同作为开证的基础，但并不必然完全以合约为依据。信用证一经开立，开证行就只需对信用证负责，合约条款不能制约信用证。最后，信用证业务以单据而不是货物作为付款依据。只要出口商提供的单据符合信用证的规定，则开证行就有付款的责任，至于实际货物的质量好坏和数量多寡则与银行无关。若进口商赎单提货后，发现实际货物与合同规定不符，应直接向出口商索赔，而不能向开证行提出赔偿要求。开证行无义务保证买卖合同的履行。

信用证可以按多种标准进行分类，其中主要的类型如下：

（一）按开证行的保证责任分类

1. 不可撤销信用证（Irrevocable L/C）

不可撤销的信用证一经开出，未经受益人和申请人的同意，开证行不得单方面撤销信用证或修改信用证的条款。只要受益人在有效期限内提供的单据符合信用证条款的规定，开证行必须履行付款责任。

2. 可撤销信用证（Revocable L/C）

如果银行开出的是可撤销信用证，开证行有权随时取消或修改信用证，而不必征得有关当事人的同意。这种信用证对受益人缺乏保障，故受益人通常不愿接受可撤销信用证。银行在开立信用证时应注明是可撤销还是不可撤销的，如无此项规定，应视为不可撤销信用证。国际贸易中广泛使用的是不可撤销信用证。

（二）按信用证是否附有单据分类

1. 跟单信用证（Documentary L/C）。该信用证是银行凭受益人签发的汇票及证明商品转让的单据（货运单、保险单等收据）付款的信用证，国际贸易中使用的信用证基本上是跟单信用证。

2. 光票信用证（Clean L/C）是不需要汇票和单据为付款依据，即可付款的信用证。

（三）按信用证是否加具保兑分类

1. 保兑信用证（Confirmed L/C）。保兑信用证是指除了开证行的付款保证外，另有一家银行也对信用证作了付款保证。若受益人对开证行的资信状况不了解或不甚满意，可要求开证行另外找一家信誉卓著的银行对信用证加具保兑。保兑行同样对信用证承担第一性付款责任。信用证加保后，受益人就取得了开证行和保兑行的双重保证。

2. 无保兑信用证（Unconfirmed L/C）。如果银行有足够的偿付能力，就不需要其他银行对信用证进行保兑。

（四）按信用证付款方式分类

1. 即期付款信用证（Sight Payment L/C）。开证行或指定的付款行一俟收到与信用证条款相符合的单据即予付款。即期信用证一般不需要汇票，只凭商业单据付款，也可以要求受益人开立指定付款人的汇票。

2. 延期付款信用证（Deferred Payment L/C）。远期付款且不需要汇票作为付款依据的信用证，称为延期付款信用证。这种信用证一般不要求受益人开立汇票，仅规定受益人交单后若干天付款，或货物装船后若干天付款。银行收到单据后，将之交给开证申请人，并在信用证规定的付款到期日付款。

3. 承兑信用证（Acceptance L/C）。远期付款，又需要开立汇票的信用证称为承兑信用证。这种信用证要求受益人开立以指定银行（承兑行）为付款人的远期汇票，连同规定单据向承兑行作承兑交单，承兑行收下单据后将已承兑的汇票交还受益人（或受益人的委托银行），并到期付款。承兑行可以是开证行或开证行指定的其他银行，如保兑行、通知行等。如果受益人希望立即得到货款，可以将银行承兑汇票进行贴现。

4. 议付信用证（Negotiation L/C）。开证行在信用证中明确邀请其他银行为受益人提交的符合信用证要求的单据做出口押汇（议付），并保证对议付后取得善意持票人身份的银行及时偿付。议付信用证可以是即期的，也可以是远期的，一般远期的需开立汇票，即期的可不开立汇票。议付信用证又可分为限制议付信用证和自由议付信用证。前者指开证行在信用证中指定一家银行办理议付，后者是指信用证并未指定，受益人可选择任何银行议付。

三、备用信用证

备用信用证（Standby Credit Letter，SCL）也是开证行的一种书面付款承诺，当备用信用证的申请人不能履行对第三方所作的承诺时，由开证行承担赔付责任。

备用信用证在性质上与银行保函类同，在形式上与商业信用证相似。备用信用证最早出现于19世纪中叶的美国，当时美国联邦法律禁止银行开立保函，银行遂以备用信用证替代保函。备用信用证与商业信用证的区别主要在于应用范围、保证责任和要求提交的单据不同：备用信用证可为多种交易提供担保，不仅限于商品贸易；开证行通常只是第二付款人，不承担向受益人首先支付有关款项的责任，开证目的是保证申请人履行有关合同义务，若申请人未能履约，方由银行向受益人赔偿经济损失；开证行凭受益人出示的特定证据进行支付，受益人提交的凭据不是代表物权或证明卖方履约的商业货运单据，而是受益人出具的关于申请人违约的声明或证明文件。

备用信用证可以用于保证贸易支付或工程招标，但更多地是为债务人的融资提供担保。企业发行商业票据或债券时，若自身资信状况不为大众了解，可以请求信誉好的大银行开立备用信用证作为还款保证。虽然开证行会收取一定数额的手续费，但分担了受益人承受的风险，企业因而能够在市场上以较低的价格筹资。虽然绝大部分信用证不会被要求偿还欠款，开证行客观上仍然面临较大的风险暴露，一旦借款人丧失偿债能力而所欠本息金额巨大，开证行可能会陷入流动性危机。因此，银行对开立备用信用证十分谨慎。

四、票据承兑

票据承兑是一种传统的银行担保业务，银行在汇票上签章，承诺在汇票到期日支付汇票金额。向银行申请办理汇票承兑的是商业汇票的出票人，即签发汇票的企业或其他组织。经过银行承兑的商业汇票就成为银行承兑汇票，其付款人为承兑人。银行对汇票的付款责任以自己的名义进行担保，以银行信用取代了商业信用，故应向出票人（承兑申请人）按票面金额收取手续费。承兑银行在汇票到期日前通知出票人按承兑票面值将金额存入该行，并于汇票到期日向出票人收取票款。即使出票人未能足额交存票款，承兑行仍负有到期凭票对持票人无条件付款的义务，但对出票人尚未支付的汇票金额计收利息。如果承兑行存在合法抗辩事由而拒绝支付，应在接到汇票后的法定期限内向持票人提交拒绝付款证明。

第三节 融资类表外业务

融资类表外业务是指银行向客户允诺在未来向客户提供约定信用或利用自身条件为客户融资提供帮助的各种安排。银行开办的融资类业务有贷款承诺、票据发行便利、透支额度、信托业务和融资租赁等品种。

一、贷款承诺

贷款承诺（Loan Commitment）是银行向潜在借款客户作出的在未来一定时期内按约定条件向该客户提供贷款的承诺。

贷款承诺为借款人的融资安排提供了灵活性。在银根较紧的情况下，企业为了避免将来需要资金而不可得，往往要求银行做出在未来放贷的承诺。获得贷款承诺保证后，借款人可以根据自身的实际经营情况确定使用贷款的金额和期限，以便高效合理地使用资金。贷款承诺具有法律约束力，银行在有效承诺期内随时准备应客户的要求向其提供信贷服务。由于贷款承诺对银行实际头寸的控制存在不确定性，银行需要具备较高的流动性管理水平，并不可避免的保持较高的备付准备，因而不论客户是否最终用款，银行都相应要求收取一定承诺费。

根据客户使用贷款额度的灵活程度不同，贷款承诺可以分为多种类型：

（一）定期贷款承诺（Term Loan Commitment）

借款人可以全部或部分提用银行承诺资金，但只能一次性提款。如果借款人未能在规定期限内提用承诺的全部资金，剩余的承诺金额就被银行自动取消，以促使借款人按计划用款。

（二）备用承诺（Standby Commitment）

备用承诺可进一步细分为：（1）直接的备用承诺（Straight Standby Commitment）。借款人可以多次提用承诺资金，对剩余承诺额度在剩余有效期内保留提用权力。不过，一旦借款人开始偿还贷款，尽管承诺有效期尚未期满，已偿还的部分就不能被再次提用。（2）递减的备用承诺（Reducing Standby Commitment）。这种备用承诺规定承诺额度将定期递减，如果剩余未使用的承诺额度不足以扣减，银行可要求借款人提前偿还本金，以补足扣减的承诺金额。这种承诺意在鼓励借款人尽早提用或尽早偿还贷款。（3）可转换的备用承诺（Convertible Standby Commitment）。银行规定一个承诺转换日期，在此之前，借款人可多次提取贷款，如果一直未用，那么在此日期以后，备用承诺将变成定期贷款承诺，即仅能提用一次。

（三）循环承诺（Revolving Commitment）

该种承诺也有多种形式：（1）直接的循环承诺（Straight Revolving Commitment）。借款人在承诺有效期内可多次提用，并且可反复使用已偿还的贷款额度，只要贷款余额不超过承诺总额即可。（2）递减的循环承诺（Reducing Revolving Commitment）。在直接循环承诺的基础上附加承诺额度定期递减的规定，每隔一定时期扣减承诺金额。（3）可转换的循环承诺（Convertible Revolving Commitment）。在转换日前是直接的循环承诺，在转换日之后是定期贷款承诺，未提用的承诺额度失效。

提供贷款承诺的银行不仅面临流动性风险，也面临潜在的信用风险。客户提出贷款承诺申请后，银行通常按发放贷款的规程对客户进行信贷审查。为防范在贷款承诺期间客户出现信用等级降低或其他意外不良状况，贷款承诺协议应允许银行在承诺期间因客户财务状况恶化或企业结构变化等原因而拒绝或中止对客户提供融资，或酌情减少承诺金额，就某些条款进行补充磋商，而不必退还已收取的承诺费。如果银行做出的是不可撤销的贷款承诺，那么在任何情况下都必须履行事先允诺的贷款义务。

二、票据发行便利

票据发行便利（Note Issuance Facilities，NIFs）是银行提供的一种中期周转性票据发行融资的承诺。根据事先与银行签订的协议，客户可以在一定时期内循环发行短期票据，银行承诺购买其未能按期售出的全部票据或提供备用信贷。票据发行人可以是其他银行或非银行机构，前者通常发行短期存款证，后者则发行本票，多为 3 个月或 6 个月到期，但银行提供的票据发行便利通常为期 3~7 年，在此期间内，通过滚动发行、借新还旧的期限转换效应，发行人能够以较低的短期利率获得中长期融资。银行的包销承诺为票据发行人提供了连续融资的保障，在承诺期限和金额限度内，每次发行短期票据时未售出部分均由银行承购。银行提供票据发行便利收取承诺费，同时承担流动性风险和信用风险。在借款人融资规模很大时，多家银行通常在安排人的组织下形成承购集团，按比例承购未推销出去的剩余票据，或提供同等金额的短期贷款。

票据发行便利有以下形式：

（一）循环包销便利（Revolving Underwriting Facility，RUF）

这是最早出现的票据发行便利。银行负责包销客户当期发行的短期票据，当某期票据无法全部销出时，银行需自行对客户提供所需资金，金额等于未能如期售出部分。

（二）可转让的循环包销便利（Transferable Revolving Underwriting Facility，TRUF）

它指包销银行在协议有效期内，随时可以将其包销承诺的所有权利和义务转让给另一家机构。

（三）多元票据发行便利（Multiple Component Facility）

这种票据发行便利方式允许借款人以更灵活的方式提取资金，它集中了短期预支条款、摆动信贷（Swing Line）、银行承兑票据等提款方式于一身，使借款人在提取资金的期限和币种等方面都获得了更大的选择余地。

三、透支额度

银行预先对客户确定一个透支额度，客户就可以按照自己的需要随时支取贷款。银行既然已经作出透支限额的承诺，就必须预留相应的资金头寸以备客户支用，因此透支利息一般较高，其中包含了银行的承诺费。

信用卡和活期存款的透支额度最具代表性。信用卡持卡人急需资金时可以进行透支，随借随还，不必提供担保品。银行一般只对超过免息期还款的客户收取利息。活期支票存款账户的持有者也可以享有透支的权利。银行在协议中约定对客户的支票账户核定一个最高透支限额，允许客户在限额内超过存款余额签发支票，银行按实际透支数额每日计收利息。如果事后借款人存入足够金额的款项即为自动归还透支贷款。银行授予透支额度的客户应是信誉良好的企业或自然人。

四、信托业务

简而言之，信托业务就是“受人之托，代人理财”。

银行经营信托业务有着与生俱来的优势：银行配备了大批金融技术人才，能够利用其经验、知识和能力为客户提供专业服务；银行拥有广泛的信息资源，可以根据市场需要设计出丰富多彩的信托品种，并进行恰当的操作；银行的分支机构和代理机构众多，可以接触各类客户，开辟广阔的信托市场。尤为重要的是，银行实力雄厚，信誉卓著，奉行严格的财务会计制度，是其从事信托业务的核心优势所在。

财产管理是信托最基本的职能。现代社会分工日趋细化，人们难以同时拥有充足的时间、充沛的精力以及专业能力去料理财产，信托机构对企业、个人或其他经济组织的财产进行专业化管理和处理，能够实现财产的最优运用或处置。在财产管理的过程中，信托机构可以发挥资金融通职能，将委托人的闲置资金以投资和贷款等方式转移到需要资金的部门加以高效利用，从而对社会资金余缺进行调剂。

信托关系的中心是信托财产，即委托人通过信托行为转移给受托人，并由受托人按照信托合同规定的目的进行管理和处理的财产。信托财产可以是货币资金、有价证券、房地产、动产、专利权、商标权、著作权等有形或无形资产。信托财产必须是委托人合法所有的财产，受托人管理和处理财产所获得的财产，如利润、利息等，也归入信托财产。信托的设立一般须采用书面形式订立信托契约，明确信托目的、信托关系人权利及义务、信托财产的基本情况、信托关系的存续期限、信托的终止及解除等事项。

五、金融租赁

租赁是指出租人以收取租金为条件，在约定的期限内将其拥有的资产转让给承租人使用的经济行为。金融租赁是现代租赁的典型代表，承租人不仅通过租赁获得设备的使用权，而且可以将租赁信用作为融通资金的手段。

金融租赁以融物为形式，以融资为目的。当企业欲引进设备但资金不足时，可以通过中长期金融租赁获得所需设备。当企业只是短期使用设备时，宜采用经营租赁方式租入设备，以满足临时性、季节性需要。金融租赁中，承租人交纳的租金总额等于设备价款加上利息及租赁机构的营业费用和目标利润，扣除租期届满时的设备残值。由于金融租赁期限较长，相当于设备的大部分使用年限，因而金融租赁通常是“完全付清”的租赁，出租人凭借与特定承租人间的一笔租赁交易即可收回全部投资并取得相应回报。金融租赁的租期届满时，出租人一般通过收取名义价格的形式将设备所有权转移给承租人。

金融租赁能够为承租人提供融资便利，加快企业设备更新和技术改造。出租人在无需抵押的条件下为企业提供全额融资，使企业能不受自身资产规模和负债率的限制，短期内迅速扩大投资。同时，出租人集融资、贸易业务于一体，而且和承租人的利益高度一致，能通过它们熟悉的商业渠道为企业及时购进技术性能好、价格合理的设备。如果政府对租赁提供投资抵税的优惠，出租人还可以通过降低租金的形式将这一优惠转移给承租人，降低其融资成本。金融租赁还可以根据项目现金流量的特点灵活地安排租金偿还，制定合理的租金支付计划，便于承租人编制现金预算。

金融租赁也可以从某种意义上降低出租人面临的信用风险。出租人的授信行为与企业实物投资天然结合，出租人直接参与设备购置，消除了企业挪用资金的可能，确保专款专用。如果承租人无力支付租金，出租人作为设备所有者，也较贷款的抵押权人更容易收回或处置设备。

第四节 代理性表外业务

代理性表外业务是指银行（代理人）接受客户（被代理人）的委托，代为办理客户指定的经济事务。在代理业务中，被代理人和银行必须用契约方式规定双方的权利和义务，包括代理的范围、内容、期限以及纠纷的处理等。在代理过程中客户的财产所有权不变①，银行可充分运用自身的信誉、技能、信息等资源优势，代客户办理各种事务，并收取手续费。

银行代理业务的服务范围十分广泛，银行可以开办的代理业务主要有以下品种：

一、代理收付款

代理收付款业务是指银行代客户办理指定款项的收付事宜。代收代付业务适用于定期或不定期、规则或不规则的小额款项收付，这些收付事务涉及面广，收付频繁，一般金额不大但非常繁杂，银行利用其作为支付结算中心及网络覆盖面宽的天然优势，既能帮助单位和居民从繁琐的款项收付中解脱出来，又可取得手续费收入，并借此挖掘和扩大存款资源。

客户在委托银行代理收付款时，应先与银行签订代理收付款协议，明确代理收付款的内容、范围、对象、时间、金额、方式和费用等。在收付款之前，客户要向银行出具收付

① 代理和信托业务的主要区别在于标的财产的所有权是否转移。在信托业务中，财产权从委托人转移到受托人，而代理不涉及财产权的转移。此外，信托以财产的管理处理为中心，而代理人除代管财产之外，也可以代理其他事务。

款项的合法依据及有关单据。代理付款时，客户须先将代付款项交存银行，由其在客户存款账户中扣款并划转至收款人账户。代理收款时，银行将代收款项收妥后，即转入客户的银行账户。银行只负责办理收付款手续，不介入收付双方的纠纷。

二、代保管

代保管业务是银行利用自身安全设施齐备、管理手段先进等有利条件，接受单位和个人的委托，代理保管各种贵重物品。银行按照代保管物品的种类、数量和代管期限收取手续费。

（一）资产托管

银行可以作为资产托管人，按照国家有关法律法规和托管协议约定，保管信托资产，监督信托资产的投资运作，办理信托资产的会计核算、资产估值、资金清算，并收取托管费。信托机构委托银行代投资者全面监督信托财产的运用，使信托财产的运作透明化，有助于提高投资者对信托产品的信心，规范信托业务。

（二）保管箱业务

银行保管箱业务是指银行依托自身可靠的安全保卫设施，向客户出租保管箱，供其保管物品的有偿服务。

银行开办保管箱业务须具备相关条件，包括有安全可靠、设施齐全的保管库和保管箱。保管库应按照银行金库的安全标准建造，同时应便于银行管理和方便客户存取物品。保管箱置于全封闭的保管库内，箱体应防火、防爆、防磁、抗冲击。库房安装严密的防盗监控装置、自动报警灭火装置和温度、湿度调节设备，由武装警卫看守。

三、代理银行业务

（一）代理中央银行业务

中央银行是特殊性质的金融机构，不与社会公众直接发生业务关系，因此，中央银行需要将部分根据政策、法规应由其承担的业务指定或委托银行办理。银行代理的中央银行业务包括财政性存款代理业务、国库代理业务、发行库代理业务、金银代理业务等，这里介绍其中两种业务。

（二）代理政策性银行业务

代理政策性银行业务，指银行接受政策性银行委托，代为办理政策性银行因服务功能和网点设置等方面的限制而无法办理的业务。银行主要是代理政策性贷款项目管理。政策性银行将贷款资金汇入借款人在代理经办行开立的专项存款户，由代理行监督贷款资金的使用、办理贷款资金结算和会计核算、协助做好贷款本息回收工作等。银行也可代办双方商定的其他委托代理业务。

（三）代理商业银行业务

各家银行由于机构设置、业务特点、人力物力条件的限制，客观上存在相互代理的需要。一种情况是国内银行之间的代理。银行，特别是小银行的分支机构网络难以覆盖全国的各个地区，银行在办理异地支付结算业务时，若收款人所在地没有自己的分支机构，可以委托当地银行代理部分业务。以银行汇票业务代理为例。如果采取签发本行银行汇票并委托他行代理兑付方式，被代理行总行与代理行总行应签订代理协议，或者与代理行总行授权的分支行签订代理协议，明确银行汇票业务的代理方式、双方的权利和义务、银行汇票资金移存的方式、代理业务手续费标准等事项。被代理行签发本行银行汇票，并委托代理行代理兑付。如果采取代理签发他行银行汇票方式，城市银行总部、外资银行、城市信用社和农村信用社与被代理行当地分支行签订代理协议，并报被代理行的上级行或有权机构批准生效。代理行代理签发他行银行汇票，并由他行兑付。银行办理汇兑、托收承付、委托收款等，都可委托他行作为代理行。银行还可代理其他银行发行的银行卡收单业务、代售旅行支票。

另一种情况是国际银行间的代理。独家银行不可能在世界范围内遍设海外机构，国际业务全球性和海外机构有限性的矛盾是产生代理行关系的主要原因。假如某银行在国外某地区未设分支机构，而其国际业务又涉及该地区，可通过代理行代为经营。代理行为对方银行或对方银行的客户提供各种银行服务，如为对方接受存款、发放贷款、调拨资金、进行国际结算、买卖有价证券等。代理行关系一般都是双向的，即一家银行以对方银行为代理行时，对方银行也同时以这家银行为代理行。

四、代理证券业务

代理证券业务是指银行接受客户委托办理的代理发行、买卖各类有价证券的业务，以及代办债券还本付息、代发股票红利、代理证券资金清算等业务。银行开办代理证券业务属受托代理性质，银行既不是发行人，也不是有价证券的买卖人，只负责经办代理发行、收款、付息、资金转账等事务，从中收取手续费，但不承担交易损失、还本付息等责任。

（一）代理国债的发行与兑付

银行代理发行国债属于政府债券的一种间接发行方式，即由银行承购国债，然后由其机构网点向社会推销，在规定期限内将资金转入国库。发达国家多采用对具有一级经销商资格的银行等金融机构拍卖国债的发行方式。在我国，各家银行首先以竞标的方式获取承销权，承购包销国债，再将国债发行额度层层分解到基层行。各基层行按照公债条例规定的发行时间向投资者销售国债。若银行承销的是凭证式国债，投资者应填写“国库券交款凭证”，向银行办理交款，收款银行即向投资者签发国库券收款凭证（代国债券）。当国债付息日或本金到期时，银行将代财政部向投资人支付国债利息和本金。

（二）代理发行、兑付企业债券

银行可以接受筹资企业的委托，承销企业债券。如采用代销发行方式，银行在双方约定的发行期内发售债券，发售期结束后，将未发售完的债券退回发行企业；如采用全额包销方式，银行承购企业发行的全部债券，按协议规定的期限交款，然后再向社会公众发售。银行也可与企业签订余额包销协议，如在规定的发行期内不能足额发售债券，剩余部分由银行购买。债券到期时，银行代发行企业向投资者支付债券本息。

（三）代理证券资金清算

银行可受证券公司委托，代理其在证券交易所统一清算交易资金，即银行代理券商通过银行资金清算系统进行结算。证券公司与银行达成合作意向后，在银行开立资金结算账户。其后，证券公司在交易所申请开立法人结算账户（结算头寸账户和结算保证金账户）。银行与证券公司、证券登记结算公司签订证券法人结算代理协议。证券公司向交易所交纳清算保证金、席位费后，结算账户正式启用。

五、代理保险业务

银行可以受托代理个人或法人办理投保各险种的保险事宜。银行也可以接受保险公司委托，代其办理保险业务，以实现银行资源与保险公司产品的优化整合。银行代理的保险品种很多，如各种财产险和人寿险的险种，银行主要从事代售保单和代付保险金业务。

银行与保险公司签订委托代理协议，向客户推荐被代理保险公司的保险产品，讲解保险条款，协助客户确定需投保的范围，并为其制定保险计划。客户填写投保书，由银行交付保险公司核保。保险公司承保后核算保费，出具正式保单并通知银行向客户收取保险费，客户缴费后从银行取得保费收据，银行或由保险公司将投保书和保单正本交给客户。出险后，客户可通过银行或直接向保险公司索赔。若通过银行索赔，银行应协助客户准备各种所需材料。如果银行开办了代付保险金业务，客户与银行签订协议后，保险公司可将保险赔款转入客户指定的银行账户。银行在保险公司授权范围内代理保险业务的行为所产生的法律责任由保险公司承担。

六、代理投资基金业务

（一）代销基金

银行接受委托，代理基金销售业务。投资人在银行网点认购基金，银行将款项转入专设的基金账户。如果基金是开放式的，在发行计划完成后，银行还可以为投资人提供基金的日常申购、赎回和注册登记等代理业务和会计核算业务，并收取申购和赎回手续费。

（二）基金托管

基金托管业务是指有托管资格的银行接受基金管理人委托，保管所托管基金的全部资产，为所托管的基金办理基金资金清算款项划拨、会计核算、基金估值、监督管理人投资运作等。银行可作为证券投资基金、社会保障基金、企业年金基金、保险基金等的托管人。

基金托管人的出现是基金制度优化的产物。最初投资基金的基金管理人与托管人合二为一，即基金管理人既发起、设立与管理基金，又负责基金资产的保管与基金财务的核算。由于缺乏有效的制约与监督，基金管理人可能存在损害投资者利益的行为，主要表现为将管理人自有资产与基金资产混合经营，借机侵占客户利润；不按基金组合规则和投资限制进行基金资产运作；动用客户基金资产作为自身经济活动的担保品；财务核算不实；非法转移基金资产等。在实践中，人们逐渐认识到应将基金管理与托管分离，建立基金托管与监督机制。

七、代理现金管理

现金管理是指银行协助企业合理地管理现金头寸及活期存款余额，以达到提高资金流动性和使用效率的目的。发达国家银行的现金管理业务是在与证券业竞争中发展起来的。20 世纪 70 年代，美林公司推出“现金管理账户”，为客户提供证券经纪、投资等一揽子金融服务，以便客户暂时闲置的现金能迅速地投资于货币市场基金、股票、债券等。银行业发现，不仅可以借鉴投资银行的某些做法，而且可以结合为客户办理支付转账、资金划拨的业务优势，利用其自身管理货币资金的经验和方法，为工商业客户提供全面的服务。企业现金管理工作一般分为三个方面，一是如何恰当地保持流动性；二是如何经济有效地控制应收款和应付款，减少资金占用；三是如何将多余的现金适当地进行投资以获得收益。

第五节　衍生类表外业务

银行参与金融衍生品交易的目的主要是对冲自身经营过程中的各种风险，或是为满足客户的保值需要。① 金融衍生工具的交易结果要在未来才能确定盈亏，按照权责发生制的财务会计规则，在交易结果发生之前，交易双方的资产负债表并不反映这类交易的情况。金融衍生工具经过衍生再衍生、组合再组合，在理论上可以演化出无数种形式，但基本构成元素还是远期、期货、期权和互换。

一、金融远期交易

金融远期交易是指交易双方约定在未来的某个时间以确定的价格交割一定数量的特定金融商品。远期利率协议和远期外汇交易是金融远期交易的主要品种，交易双方基于对利率和汇率未来变化趋势的不同预期达成协议。

（一）远期利率协议

远期利率协议（Forward Rate Agreement，FRA）的交易双方约定从未来某一商定的日

---

① 金融衍生工具交易按其目的可分为避险交易和非避险交易。避险交易是为减少资产、负债及表外头寸的风险而进行的交易，非避险交易则是以套利、投机等为动机进行的交易。本节只讨论避险交易。银行可以是衍生工具的最终用户，也可以充当衍生市场的交易商，或是作为中间人撮合交易，以赚取手续费。

期开始，在一段特定的时期内按约定利率借贷一笔数额确定的名义本金。双方选择一种市场利率作为参考利率，通常是LIBOR、银行优惠利率、短期国库券利率等。协议中约定的固定利率称协议利率，名义上借贷的本金数额是协议数额。协议的成交日称为交易日，在交易日之后，一般相隔两天为起算日。名义借贷开始的日期叫结算日，也是远期利率协议的交割日。名义贷款到期的日期称到期日。名义贷款人是协议的卖方，名义借款人是协议的买方。名义贷款人并不向名义借款人实际转移借贷资金，双方只是在交割日根据协议利率和参考利率之间的差距以及对名义本金额计算的利息差，由交易一方对另一方支付结算金。如果参考利率高于协议利率，协议的卖方向买方提供补偿，反之，协议的买方向卖方提供补偿。

远期利率协议是银行管理利率风险的重要工具。如果未来有筹资需求，银行可以买方身份与其他市场参与者签订远期利率协议。如果未来有贷款投资安排，银行则应以卖方身份签订远期利率协议。

例：A银行计划在3个月后按LIBOR拆入100万美元，借款期限为6个月。目前LIBOR为6%，银行预期美元资金的市场利率不久将上升，为避免增加筹资成本，遂在市场上寻找交易对手。恰巧B银行3个月后将对客户贷出100万美元的6个月短期贷款，也以LIBOR定价，担心美元利率下跌，意欲套期保值。双方达成了3个月对9个月的远期利率协议，约定协议利率为6.25%，名义本金100万美元，以6个月的LIBOR为参考利率，协议期限为6个月，自现在起3个月内有效，A银行是协议买方，B银行是协议卖方。假定3个月后，基准日的LIBOR水平上升到7%，则B银行应向A银行支付结算金，其计算公式为：

$$\text{结算金额}=\frac{P\times(i_r-i_c)\times\dfrac{N}{360}}{1+i_r\times\dfrac{N}{360}}$$

$$=\frac{1\,000\,000\times(0.07-0.0625)\times\dfrac{180}{360}}{1+0.07\times\dfrac{180}{360}}=3\,623.19(\text{美元})$$

其中，i_r是参考利率，i_c是协议利率，P为名义本金，N为协议天数。上述公式求出的结算金额是一个折现值，因为这笔结算金不是在协议到期日支付，而是在交割日支付，获得补偿的一方可以用这笔资金进行再投资，故支付方理应减少实际支付额。

再假定基准日6个月LIBOR下降到5.75%，则A银行将向B银行支付2 430.13美元。通过远期利率协议的交易，无论市场利率如何变动，A银行的借款成本和B银行的贷款收益均控制在6.25%左右。

（二）远期外汇交易

远期外汇交易（Forward Exchange Transaction），又称期汇交易，外汇买卖双方约定在未来某个时间（至少是成交后的第三个营业日之后）按约定的远期汇率、币种、金额进行交割。远期外汇交易的主要是为了避免汇率变动的风险。为达到这一目的，最基本的交易策略是套期保值，交易者根据已有的一项外币资产或负债，卖出或买进与之数额相同、期限一致、币种相同的一笔远期外汇，使这项资产或负债的价值不受汇率变动的影响。从事国际贸易的企业都以外汇银行为交易对手，利用远期外汇交易固定进口成本，或对出口收汇进行保值。

例： 英国某出口商3个月后将得到100万美元的出口收入，为了避免在此期间内由于美元贬值导致这笔货款的价值受损，他可以对银行卖出100万美元的3个月期汇，设远期汇率为1英镑=1.5010美元。假定3个月到期时，美元汇率下跌至1英镑=1.5060美元，若该出口商未进行远期交易，则他所得到的100万美元仅能换回664 010.62英镑，但由于该出口商卖出100万美元的3个月期汇，则该出口商可以用其收到的100万美元履约，得到666 222.52英镑。不过，如果到期时美元汇率不降反升，出口商也无法得到由此带来的好处。进口商也可通过远期交易规避汇率风险。例如，某英国进口商3个月后要支付一笔30万英镑的货款，为了避免在此期间英镑汇率上升带来的风险，他可以从银行买入30万英镑的3个月期汇。假定3个月英镑兑美元远期汇率与上例相同，3个月后英镑即期汇率上升到与上例相同的水平，则进口商可以按预先确定的远期汇率交割，付出45.03万美元买入30万英镑，用以支付货款，由此可避免1 500美元的损失。

二、金融期货交易

20世纪70年代，期货交易从商品领域扩展到金融领域。期货交易也是按约定条件延期交割，类似于远期交易，但期货合约则是在交易所内集中交易，是标准化的协议，采用保证金交易制度。

银行从事的金融期货交易主要包括：

（一）外汇期货

外汇期货（Foreign Exchange Futures），又称货币期货（Currency Futures），是约定在未来以确定的汇率交割某种外汇的标准化契约。

银行可以为客户提供外汇期货的套期保值服务。若客户预计未来会有一笔外汇收入，可通过银行在期货交易所卖出相同数额的同种外汇期货，即做空头套期保值，以消除因该种货币汇率下降可能带来的损失。若客户负有将来对外支付外汇的义务，则应通过银行买进外汇期货进行多头套期保值，以便购买外汇时免受外汇汇率上升的不利影响。银行自身也可以直接参与外汇期货交易，以回避国际业务中内在的汇率风险。

外汇期货与外汇远期合约都可作为对冲汇率风险的保值工具。相对于远期交易，外汇期货的违约风险较低，且期货合约有活跃的二级市场，交易者可以方便地调换头寸位置。不过，远期外汇交易的非标准化使之具有外汇期货所不能比拟的灵活性，银行可定制远期合约，使之尽量与风险敞口匹配，因此，银行传统上更多地利用远期交易对汇率风险进行保值。

（二）利率期货

利率期货（Interest Rate Futures）的交易双方约定在未来某日期以成交时确定的价格交收一定数量的某种利率相关金融债务商品。利率期货以市场价格随利率变动的各种有息资产作为合约标的物，最有代表性的利率期货是短期国库券期货和中长期国债期货。此外，还有欧洲美元存款期货、商业票据期货、市政债券期货等。

一般情况下，利率期货的价格随基础金融工具价格的波动而波动，如果市场利率上升，基础金融工具的价格将下跌，利率期货的价格也会下降；如果市场利率下降，基础金融工具的价格会上涨，利率期货的价格也上升。由于利率期货的价格走向和利率变动的方向相反，保值者可以采取与其现货市场交易相反的方向买卖利率期货的方法来避免利率波动的风险。未来的金融证券的购买者或贷款者如果预期利率将要下降，可进行多头套期保值交易，即买进有关的利率期货，合约数量与准备投资或贷出的金额相当，当利率下降时，期货价格将上涨，这时再卖出相同数量的期货合约，以利率期货的收益弥补现货交易的损失。反之，未来的借款者或金融证券卖出者如果预测利率将上扬，就进行空头套期保值交易。

三、金融期权交易

金融期权合约实际上是在规定日期或规定期限内按约定价格购买或出售一定数量的某种金融工具的选择权。在期权合约中，双方约定的价格称为执行价格，也即协议价格。看涨期权（Call Option）的买方拥有未来按协议价格买进某种金融工具的权利，看跌期权（Put Option）的买方则拥有未来按协议价格卖出某种金融工具的权利。相对于远期和期货交易，金融期权最突出的特点是交易双方的权利和义务不对等、风险和收益不对称。期权合约的卖方将选择权赋予买方，买方可以根据市场形势是否对自己有利决定行使或是放弃其买权或卖权。

与银行密切相关的金融期权主要包括：

（一）利率期权

利率期权的基础资产是市场价格与利率关联变动的债务工具，如国债、欧洲美元存单等，或这类债务工具的期货，其中期货期权占有相当大的比重。如果期权合约是欧式期权，买方须等到期权到期日当天才能要求卖方履行承诺。美式利率期权的持有者可以在到期日以及此前任何时间执行期权，从而可以把握价格（利率）最有利的市场时机。

如果银行担心利率下降减少某项投资收益，或处于利率敏感性资金正缺口状态，应买入看涨期权，当利率下降时，基础金融资产的价格随之上涨，银行可以行使期权获利，以抵补现货市场的损失。担心利率上调增加筹资成本或处于负缺口状态的银行应买入看跌期权，在利率上升时，基础金融资产的价格随之下跌，银行可用期权交易的盈利抵消现货头寸的损失。如果利率变动与预期相反，银行将从现货市场的价格变化中获得收益，同时，银行作为期权买方有行使或放弃买卖的选择权，故而现货市场的额外收益不会被期权交易的损失冲销，银行保留了进一步降低筹资成本或增加投资收益的机会。

由于中长期债券和贷款多采用浮动利率，为回避利率风险，银行可利用专门的利率封顶期权、利率保底期权和利率双向期权。利率封顶期权的交易双方预先确定一个协定利率，然后定期与实际利率比较，如果实际利率高于协定利率，期权买方即可得到卖方的补偿。利率保底期权则与此正相反，若实际利率低于协定利率，卖方对买方进行补偿。将利率封顶期权和利率保底期权组合，形成双向期权，可以锁定利率波动的上下限。

（二）外汇期权

外汇期权（Foreign Exchange Option），也称货币期权，是指买卖双方以与外汇有关的基础金融工具为标的物所达成的期权协议，通常用于避免汇率风险。外汇期权有现汇期权和外汇期货期权之分。现汇期权交易的期权买方享有在合约有效期内或期满时以约定汇率购买或出售一定数额某种外汇现货的权利。外汇期货期权的买方则拥有在到期日或在此之前以协定汇价购入或售出一定数量的某种外汇期货的权利，买入看涨期权可使买方按协定价格取得外汇期货的多头地位，买入看跌期权则可使买方建立外汇期货的空头地位。当买方行使期权取得多头或空头地位时，期权卖方则处于相反的地位。

在交易所进行场内交易的外汇期权是标准化的合约，包括基本货币、协议价格、到期月份、到期日、交易单位、期权费、保证金（买方一般无需交纳）、交割方式等要素。场外期权合约的金额、期限等均由交易双方商定。通常情况下，场外交易规模较场内交易大许多，期限也更长，适合于有特殊需要的客户。银行通过场外外汇期权市场与企业进行交易，在交易所买进或卖出标准期权合约的同时，根据场外交易客户的要求，对标准期权的合约要素进行匹配和拼合，以满足客户的不同需要。

四、金融互换交易

金融互换（Financial Swaps）是指交易双方承诺根据事先达成的条件彼此交换一系列现金流。双方可能在合约生效时相互交换约定数额的名义本金，此后定期交换名义本金所产生的利息，合约到期时再换回名义本金，或者只是交换利息。前一种情况通常发生在货币互换中，利率互换并无本金交换的必要，因双方拥有的名义本金的数量和币种都是相同的。

（一）利率互换

利率互换（Interest Rate Swaps）的双方将各自的债务利息成本，或者是资产利息收入互相交换，两笔债务或资产以同种货币表示，具有相同的期限，但计息方式具有不同特点。利率互换主要有两种情况：一为固定利率与浮动利率的互换，称为息票利率互换（Coupon Swap）；一为两种不同的浮动利率的互换，比如以 LIBOR 为参考利率的浮动利率与以优惠利率为参考利率的浮动利率之间的调换。在利率互换中，债务本金只是象征性地作为计息基础，双方之间只定期交换利息支付流，在实际操作中，双方支付应付利息的净差额。利率互换的基本功能之一是降低融资成本。由于不同资信级别的借款人之间可能存在资信比较利差（Quality Spread Differences，QSD），从而存在套利机会，可以使利率互换的双方降低融资成本。

例：假定A银行与B公司信用等级分别为AAA级和A级，从表9-1中可以看出，A银行由于拥有较高的信用等级，在固定利率市场和浮动利率市场上与B公司相比都具有绝对优势。不过，B公司在浮动利率市场上具有比较优势（B与A的浮动利率筹资成本差距小于二者的固定利率筹资成本差距），A银行在固定利率市场上具有比较优势，而B公司希望按固定利率融资，A银行则倾向于借入浮动利率资金，双方就可发挥各自的比较优势，通过利率互换降低彼此的融资成本。

表9-1　**A银行与B公司的筹资成本**

	A银行	B公司	利差
资信等级	AAA	A	
筹集固定利率资金的成本	12%	14%	2%
筹集浮动利率资金的成本	LIBOR+0.25%	LIBOR+0.5%	0.25%

A银行以12%的利率发行固定利率债券，比B公司筹集固定利率资金的价格低2个百分点，B公司按LIBOR+0.5%发行浮动利率债券，比A银行筹集浮动利率资金的价格高0.25个百分点。冲抵后，可以使双方总的筹资成本降低，共节省1.75个百分点，即资信比较利差（QSD）。双方就分割成本（QSD）降低所带来的利益达成协议，并定期交换支付利息的现金流。B对A支付13.25%的固定利息，其中1.25%是给A的报酬，相当于以13.25%的利率发行了固定利率债券，比自己直接发行该种债券少支付0.75%。A为B支付浮动利息，比自己发行该种债券多支付0.25%，但由于得到1.25%的报酬，实际上按LIBOR-0.75%发行了浮动利率债券。

利率互换的另一功能是降低利率风险。若某家金融机构面临利率敏感性资金正缺口，为避免利率下降的风险，可以将一部分浮动利率资产调换成固定利率资产，或将固定利率负债调换成浮动利率负债。相反，若某金融机构面临负缺口，为回避利率上升的风险，也可以通过互换来减少利率风险暴露。

许多大银行往往充当利率互换的中介人或交易商。作为中介人，银行的职责是撮合交易，并依据合约收取应付利息，将差额付给其中一方，银行收取手续费，但不承担交易双方的违约风险。作为交易商，银行是作为参与者分别与互换合约的实际交易双方签约，通过附加在互换支付额中的买卖差价赚取利润。此时银行获取提供服务的收益，同时也承担违约风险。

（二）货币互换

货币互换（Currency Swaps）的交易双方互相交换不同币种、相同期限、等值金额（按即期汇率计算）的负债或资产的本金及利息。狭义的货币互换主要是固定利率对固定利率的货币互换、浮动利率对浮动利率的货币互换，广义的货币互换还包括固定利率对浮动利率的货币互换，也称货币利率互换，实质上是固定利率下货币互换与息票利率互换的组合。

货币互换也可以降低互换双方的融资成本。假设美国某银行需要筹措日元资金，虽然在国内市场上该银行可以凭其声誉低成本地筹措美元资金，但在日本则受到限制。某日本公司则需要美元资金，也被相同的问题困扰。在中介机构的安排下，双方进行了货币互换：美国银行在美国发行美元债券，将发行收入交给日本公司；日本公司在本国发行日元债券，将发行收入交给美国银行。在合约的规定年限内，美国银行向对方定期支付日元债券的本息，日本公司则向对方偿付美元债券的本息。因此，我们可以看出，若双方在不同货币的融资市场上具有利率比较优势，那么双方可以在各自市场上筹资，然后再行交换，既获得自己所需的外币资金，又降低了融资成本。

货币互换还可以用于规避汇率风险。假如一方持有日元债务，而另一方持有美元债务，如果双方对日元兑美元的汇率走势有不同的预期，就可以达成货币互换，将债务币种对调成自己所愿意承担的种类。大银行也经常充当中介人，为双方安排货币互换交易。

五、衍生类表外业务的新发展——信用衍生工具

1993 年，信用衍生工具问世，突破了衍生工具的传统应用范围，同时也为银行提供了管理信用风险的全新思路。银行既可利用信用衍生工具对单项贷款风险暴露进行保值，也可转移或分散贷款组合过度集中的风险。基于衍生工具的基本构造原理，结合信用风险的特性，金融界已开发出信用违约互换、总收益互换、信用价差期权、信用联系票据等多种信用衍生工具。自 21 世纪末以来，在全球信用环境不稳定性加剧的背景下，信用衍生交易规模迅速扩大，显示出不可低估的市场潜力。目前，欧美大银行是信用衍生市场上的重要参与者，亚洲银行界也开始涉足这个新兴市场，信用衍生工具有望在未来成为银行风险管理的常规工具。

（一）信用风险期权

信用风险期权的最早运用是美国中西部的农业贷款。为保证偿还贷款，小麦农场主被要求从芝加哥期权交易所购买看跌期权，以这一期权作为向银行贷款的抵押。如果小麦价格下降，那么小麦农场主偿还全部贷款的可能性下降，从而贷款的市场价值下降；与此同时，小麦看跌期权的市场价格上升，从而抵消贷款市场价值的下降。

现在逐渐发展的是更直接的对冲信用风险的方法——违约期权。这种期权是在贷款违约事件发生时支付确定的金额给期权购买者，从而对银行予以一定补偿的期权。如图 9-1 所示，银行可以在发放贷款的时候按照一定的期权费购买一个违约期权，与该笔贷款的面值相对应。当贷款违约事件发生时，期权出售者向银行支付违约贷款的面值。如果贷款按照贷款协议得以正常履约，那么违约期权就自动终止。因此，银行的最大损失就是从期权出售者那里购买违约期权所支付的价格。

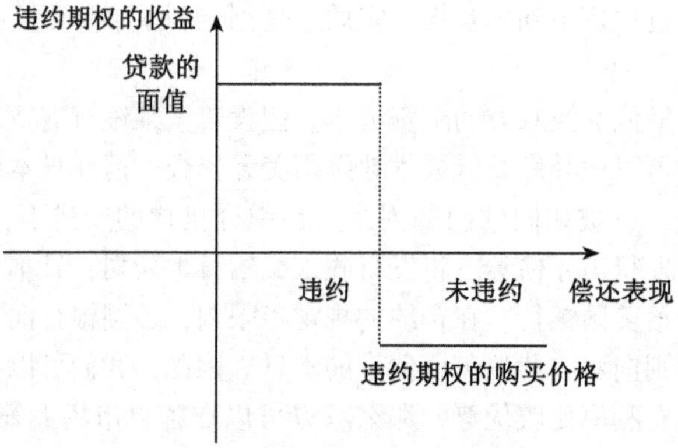

图 9-1　违约期权的收益

（二）信用互换

信用互换是银行管理信贷风险的一个重要手段。信用互换主要有两类：总收益互换和违约互换。在总收益互换中，投资者接受原先属于银行的贷款或证券（一般是债券）的全部风险和现金流（包括利息和手续费等），同时支付给银行一个确定的收益（比如图 9-2中所示的 LIBOR），一般情况下会在 LIBOR 基础上加减一定的息差。与一般互换不同的是，银行和投资者除了交换在互换期间的现金流之外，在贷款到期或者出现违约时，还要结算贷款或债券的价差，计算公式事先在签约时确定。如果到期时，贷款或债券的市场价格出现升值，银行将向投资者支付价差；反之，如果出现减值，则由投资者向银行支付价差。

例：假设一家银行以固定利率 15%给予某一企业 1 亿美元的贷款。在贷款的生命周期内，如果该企业的信用风险增加，那么贷款的市场价值就会下降。在这种情况下，银行可以同其他金融机构达成一笔交易。在该交易中，银行以年利率 r 向作为交易对手的金融机构支付贷款利息，该年利率 r 等于贷款承诺的利率。作为回报，银行每年从该金融机构收到按可变的市场利率支付的利息（比如 1 年期的 LIBOR）。在贷款到期的时候，银行还要同其交易对手结算价差。

很显然，总收益互换可以对冲信用风险暴露，但是这种互换又使银行面对着利率风险。如图 9-2 所示，即使基础贷款的信用风险没有发生变化，只要 LIBOR 发生变化，那么整个总收益互换的现金流也要发生变化。

为了剥离出总收益互换中的利率敏感性因素，国外银行开发了另外一种信用互换合约。这就是违约互换。

如图 9-3 所示，银行在每一互换时期向作为交易对手的某一金融机构支付一笔固定的费用（类似于违约期权价格）。如果银行的贷款并未违约，这笔期权费也不能收回。如果

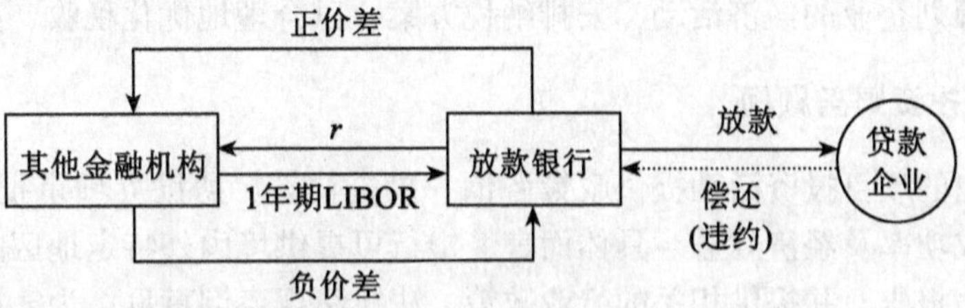

图 9-2　总收益互换的现金流

该笔贷款发生违约的情况，那么互换合约的交易对手就要向其支付违约损失，支付的数额等于贷款的初始面值减去违约贷款的现值。在这里，一项纯粹的信用互换就如同购入了一份信用保险，或者是一种多期的违约期权。

图 9-3　违约互换的现金流

第六节　咨询类表外业务

咨询类表外业务是指银行依靠自身在信息、人才、信誉等方面的优势，收集和整理有关信息，并通过对这些信息以及客户资金运动的记录和分析，形成系统的资料和方案，提供给客户，以满足其业务经营管理或资产管理需要的服务活动。银行通过出售信息和提供智力服务收取费用。

一、个人理财顾问

银行可以为个人充当理财顾问，包括投资组合建议、投资分析、税务服务和其他服务。

个人理财按目的一般分为生活理财和投资理财：生活理财是妥善安排目前与未来的收支，以便不断提高生活品质，并在晚年保持一定的生活水平；投资理财则是指优化投资组合，以取得最好的回报。(参见第五章第一节)

二、企业财务顾问

银行要为企业提供个性化财务顾问服务，其前提是必须了解企业的生产经营现状和发展战略，掌握企业的资产负债、现金流量、损益状况，方能利用银行的综合优势，为企业度身定制财务管理方案。银行可以为企业设计最优投资组合，提供投资分析报告，以及各类投资品种的具体投资策略。银行还可以建议企业通过恰当的衍生产品交易对其资产债务进行保值，降低利率、汇率风险。银行也可为企业提供纳税策划，即在遵守税收法律和政策的前提下，筹划企业的经济活动，安排纳税方案，以合理地优化税收、减少税赋。

（一）企业投资财务顾问

银行为企业的项目投资活动提供政策咨询、投资估算、协助立项审批等一系列服务，以提高投资的成功率及经济效益。具体而言，银行可提供境内外特定地区的投资环境及投资机会调查评估报告，并提供相关的行业政策、法律法规咨询意见；为客户在境内外寻找合适的投资项目或合作伙伴，担任投资事务顾问；对投资项目经济可行性进行分析；接受客户委托，为其起草合营协议、公司章程及其他公司管理文件，提供立项审批、注册登记等方面的咨询和协助。

（二）企业及项目融资财务顾问

银行可为企业或大型建设项目的融资结构、融资安排提出专业性方案。作为企业的融资财务顾问，银行提供境内外融资政策、融资渠道、金融产品等方面的调查评估报告；根据客户财务状况和资金需求，帮助企业制订最佳的融资方案；为企业设计应收账款质押、股权质押、收费权质押、知识产权质押等非常规性融资方案；协助企业引入风险投资基金等。作为项目融资顾问，银行可以为项目发起人提供政策、法律、财务等方面的咨询；协助进行项目融资模式设计和制定项目融资的担保措施；参与融资谈判，向其他银行或金融机构发出参加项目融资的建议书，组织银团贷款、杠杆租赁等。

（三）企业兼并、收购与反收购财务顾问

银行可以为收购方充当财务顾问，包括帮助物色并购对象；制订并购方案，提出并购价格、时间表和相关财务安排；与目标企业接洽并商谈并购事宜等。银行也可以帮助目标企业实施反收购，提出防范敌意收购的策略；对收购方提出的收购建议进行分析，判定是否公允、应否接纳。银行不仅参与企业并购的过程，而且作为企业的持续发展顾问，参与公司结构调整、资本充实和重新核定、破产和困境公司的重组等策划和操作过程。银行还可开办企业改制上市财务顾问、企业债券发行财务顾问、企业债务重组与债务管理财务顾问等业务。

第七节　表外业务的新发展——资产证券化

广义的资产证券化泛指以资产未来的现金流为支撑在市场上发行证券的过程。传统的证券化是在资本市场和货币市场上发行证券筹集资金以形成投资资本的直接融资方式。狭义的资产证券化（Asset-Backed Securitization，ABS）则是一种金融创新，特指通过发行以金融资产为支撑的证券，对资产进行处置的过程。贷款是银行资产证券化的主要基础资产。贷款证券化就是将已存在的信贷资产加以组合并以其产生的现金流量为担保在市场上发行证券，其实质是将缺乏流动性的、非标准化的贷款转换成为可转让的、标准化的证券，并转售于市场投资者的过程。

一、银行资产证券化的动因

银行作为信贷资产的发起人和销售者，在证券化中可以获得多方面的直接收益：

（一）银行可迅速获得流动性

贷款证券化使贷款具有可交易性，为银行流动性管理提供了一条新的可选途径。银行将其持有的一部分贷款通过证券化转让出去，提前收回资金，以便安排组织新的、更具投资效益的贷款项目，或可以使资金周转紧张的问题得以缓解。

（二）银行可以分散和转移信贷风险和利率风险

贷款证券化改变了银行“生成——持有——直至到期”的传统信贷经营管理模式，银行能够借助证券化将信贷组合过度集中的违约风险分散转移给众多投资者，避免持有对特定客户、行业或区域的大量贷款可能造成的风险累积，优化信贷结构。同时，银行可以利用证券化将中长期贷款提前变现，调整长期资产和短期负债期限非对称的错配所形成的利率风险敞口，向证券投资者转移贷款内含的利率风险。

（三）银行还可利用证券化提高资本充足率

根据巴塞尔协议的资本要求，银行在扩张其风险资产的同时须相应增加其资本规模。通过证券化，银行可将部分贷款移至表外，从而减少风险资产，以达到资本充足度的监管要求。

在贷款证券化过程中，银行作为贷款出售方不仅获得上述利益，还可以在出售贷款后继续保持服务者的角色。大银行往往可以充分发挥在客户信息、市场占有、信用评估、贷款组织、监督管理、追讨未偿债权、资产管理方面的优势，专事组织——发放——出售——管理贷款，充当中介服务商，在不占用信贷资金的条件下赚取可观的手续费。

二、资产证券化的基本运作流程

银行资产证券化有多个参与主体，可归为交易者和辅助机构两类。交易者包括发起人、发行人、投资者，辅助机构则有服务人、受托人、担保人、评级机构和投资银行。资产证券化作为一个过程通常要经历以下主要环节：

（一）构造资产池

证券化的发起人（原始贷款银行）对其持有的贷款进行梳理，尽量按相同质量和特征对贷款进行分类和评估，将可证券化的贷款筛选出来汇集成资产池。适宜证券化的贷款应具备的理想标准是：能够在未来产生可预测的稳定的现金流；有持续一定时期的低违约率、低损失率的历史记录；本息偿还可分摊于贷款的整个生命期间；贷款的初始债务人具有广泛的地域分布和多样化的客户类型分布；贷款抵押物有较高的变现价值；贷款具有标准化的合约条款；资产池中的贷款数量需达到一定规模，且单项贷款在总金额中占比不宜过高。

（二）转让贷款

发起人一般并不直接将信贷资产以证券形式出售给投资者，而是将信贷资产基础组合转让给特设机构或其他中介机构，由其发行基于贷款组合的证券。特设机构（Special Purpose Vehicle，SPV），或称特殊目的实体，是专门以资产证券化为目的而成立的独立实体。SPV 通常是发起人的子公司，也可由投资银行或其他第三方设立，其业务范围受到严格的法律限制，仅限于发行"资产支持证券"及用发行证券所得资金购买贷款。通过 SPV 发行证券，旨在实现风险隔离、表外融资、降低税赋等目的。

贷款转让有三种主要形式：其一是债务更新（Novation），即首先终止发起人与原贷款债务人间的贷款合约，再由 SPV 与借款人之间按原合约条件订立一份新合约，替换原来的贷款合约，从而将发起人与借款人间的债权债务关系转换为 SPV 与借款人间的债权债务关系。其二是债务转让（Assignment）。无须更改或终止原合同，发起人将贷款合同项下的债权转让给 SPV 即可，但需要有原合同的条款支持（即无禁止转让条款等），并且需要以书面形式通知债务人。其三是从属参与（Sub-Participation）。发起人与债务人间的原贷款合约继续有效，SPV 与债务人间无合同关系，发起人也不必将贷款合同中的法定权利正式转让给 SPV，只是部分地转让了收取贷款本息的权利。SPV 对借款人无直接要求权，须依靠发起银行收取本息，仅当原始贷款合同条款出现重大变动时，贷款参与权的购买者才能对贷款合同施加影响。

（三）完善交易结构

证券发行人购买贷款后，可以将与贷款偿还有关的服务事项委托给服务人，为此要与服务人签订服务合同。服务人的职责主要是负责贷款到期本息的收取，并追收逾期的贷款本息。发起银行多在出售贷款后继续提供贷款服务，发行人也可委托其他专业公司担任服务人。发行人还需确定一名受托人并与之签订托管合同。服务人应将债务人归还的贷款本息存入在受托机构的信托账户，由受托人将之转给投资者，并对未分配款项进行再投资。此外，发行人还要与投资银行达成证券承销协议，并共同设计证券化承销方案。

（四）信用提高

若基础资产池的品质不甚理想，发行人需要利用信用提高技术使证券获得投资级别，以改善发行条件，节约融资成本。

按信用支持的来源不同，信用提高方式可分为内部信用提高和外部信用提高。内部信用提高有多种形式，使用较为普遍的有以下几种：一是超额抵押。资产池有剩余现金流，也即资产池产生的预期现金流总和在扣除某些适当的违约数额后，仍然超过需支付给证券投资者的现金流，从而向投资者提供保护。为实现现金流超额抵押，贷款支持证券的基础资产池必须是本金超额抵押的；二是直接追索。证券投资者保留向贷款卖方追索的权利，若借款人未能按时偿还贷款本息，投资者可以从贷款发起银行获得全部或部分支付。三是优先——从属结构。投资者权益分为优先债券和从属债券两部分，只有当优先债券持有人得到完全支付的情况下，从属债券持有人才能得到支付。发起人可以通过购买从属债券为优先债券持有人提供损失保护。四是利差账户。证券发行人将抵押贷款的收益率扣除债券回报率及证券化所需费用后的利差存入专门账户，作为贷款违约的准备金。

外部信用提高是指由第三方提供信用担保或保险。担保机构可以由专业担保公司、保险公司或其他银行等金融机构担当，承诺在资产池产生的现金流量不足时保证债券能按时还本付息，或是部分承担债券本息支付的责任。

（五）信用评级

资产支持证券与其他公开发行的债券一样需要进行正式评级，不过，评级内容与标准又与普通债券不尽相同。评级机构不仅要考察基础贷款的信用质量，还要评价贷款证券化交易结构的可靠性（如基础资产是否真实出售、是否实现与发起人的破产实行隔离等），以及信用提高的强度等，以确定在贷款违约时，投资者是否还能及时收回利息和本金。

（六）发售证券

信用评级完成并公布结果后，承销商向投资者销售债券，发行方式可采用公募或私募，发行对象主要是机构投资者。发行人从承销商处获取债券发行收入，并向发起人支付购买信贷资产的价款。

三、资产证券化的工具

按照不同的标准，银行资产证券化的工具可以划分为不同类型。根据对现金流的处理方式和证券偿付结构的差异，银行贷款支持证券可分为转手证券与转付证券。

（一）转手证券

转手证券（Pass Through），一译过手证券，是抵押贷款证券化市场的主要证券品种。转手证券可以采取权益凭证或债权凭证两种形式。转手证券持有者所得到的现金流量取决于基础资产生成的现金流量①，投资者定期收取由发行人“转手”的本金和利息。不过，投资者获得的现金流一般会小于抵押贷款的现金流，因为服务人、受托人和担保人要从中扣除一定的服务费和保险费。转手证券不对基础资产所产生的现金流作任何处理，虽然交易技术简单，但也由此伴生了一些缺陷，如证券的现金流不稳定，投资者须承担基础贷款的提前偿付风险。而且，转手证券只是将贷款原始权益人的收益与风险转移并细化到每个投资者，投资者面临着相同性质的风险与相同水平的收益，难以同时吸引不同类型的投资者。

（二）转付证券

转付证券（Pay Through）的偿付现金流同样来自基础贷款债务人归还的本息，但其与转手证券的显著区别在于，它对基础贷款组合产生的现金流进行了重组，使证券本息的偿付机制发生变化，以满足对风险、收益、期限等具有不同偏好的投资者。转付证券因采

---

① 转手证券若有第三方担保，不论基础贷款的借款人是否按期还款，投资者都可得到一定偿付。

用了现金流重组技术，可以设计出许多特征各异的品种，这里选择其中有代表性的两种加以介绍：

1. 抵押担保债券

抵押担保债务证券（Collateralized Mortgage Obligation，CMO）的特点是利用期限分层技术重组基础贷款组合的现金流，创造出不同期限档次的证券，投资者的风险与潜在收益随证券期限的延长而增长。

CMO 的典型形式一般包含四级债券，A、B、C 级和 Z 债券。贷款组合的现金流首先用于支付 A 级债券的本金，当完全偿付后，转而支付 B 级债券的本金，同理再行支付 C 类债券本金。A、B、C 级债券在发行日开始即按票面利率支付利息，当前三类债券本息都被偿付后，从资产池中产生的剩余现金流方可用于支付 Z 债券的本息。Z 债券是应计利息累积债券，在其前面各级证券本息被清偿后，才开始享有利息和本金收入，未支付的当期利息累积起来加入其本金余额。Z 债券存在的效应是，前 N 级债券的本金支付因 Z 债券利息的延迟支付而加速。

2. 剥离式抵押支持证券

剥离式抵押支持证券（Stripped Mortgage-Backed Security，SMBS）的特点是将同一贷款组合收到的本金和利息在投资者间进行不均衡的分配。剥离证券的极端形式是只付利息（I/O）债券和只付本金（P/O）债券。

I/O 债券的投资者收到基础贷款组合产生的利息收入，P/O 债券的投资者收到基础贷款组合产生的本金收入。P/O 债券以低于面值的价格出售，投资者收益率大小取决于贷款提前偿付速度，速度越快，本金现金流的净现值越大，收益率越高。I/O 债券没有面值，与 P/O 相反，其投资者不希望发生提前偿付，因为这样会使未清偿本金下降，利息收益就会降低。由于借款人的提前偿付速度与抵押贷款市场利率呈负相关，因此，P/O 证券和 I/O 证券的收益率对市场利率变化的反应方向相反①，二者都可作为套期工具。

◎小　结

1. 结算类表外业务是银行为客户办理因债权债务关系引起的货币支付、资金划拨的一种传统业务。结算业务不仅能为银行带来安全、稳定的收益，同时也是扩大银行资金来源的重要手段。银行结算类表外业务包括票据业务、银行卡、汇兑、托收承付、委托收款、跟单托收、国际保理等。

2. 银行担保类表外业务包括保函、信用证、备用信用证、票据承兑等。

3. 银行融资类表外业务包括贷款承诺、票据发行便利、透支额度、信托、融资租赁等。

4. 银行代理类表外业务包括代理收付款、代保管、代理银行业务、代理证券业务、

---

① 当市场利率水平变动时，债券价格将因“折现效应”而发生改变，这一规律也适用于 I/O 与 P/O 债券。因此，I/O 与 P/O 的价格同时受到“折现效应”的一般影响和“提前偿付效应”的特殊影响，这里不展开论述。

代理保险业务、代理基金业务、代理现金管理等。

5. 银行衍生类表外业务包括金融期货、期权、互换业务等。金融衍生工具经过衍生再衍生、组合再组合，在理论上可以演化出无数种形式，但基本构成元素还是远期、期货、期权和互换。

6. 银行咨询类表外业务包括理财顾问、企业投资财务顾问、企业及项目融资财务顾问、企业兼并、收购与反收购财务顾问等。

7. 贷款是银行资产证券化的主要基础资产。贷款证券化就是将已存在的信贷资产加以组合并以其产生的现金流量为担保在市场上发行证券，其实质是将缺乏流动性的、非标准化的贷款转换成为可转让的、标准化的证券，并转售于市场投资者的过程。

◎重要概念

票据　汇票　本票　支票　银行汇票　商业汇票　银行卡　汇兑　托收承付　委托收款　汇款　光票托收　跟单托收　国际保理　保函　信用证　票据承兑　贷款承诺　票据发行便利　透支额度　信托　融资租赁　远期　期货　期权　互换　违约期权　信用互换　资产证券化

第五编　银行流动性管理和资产负债管理

在传统商业银行的经营管理中，流动性管理和资金配置管理带有较强的综合性质。流动性管理不仅要考虑对银行流动性风险的控制，还要强调如何把低收益的流动性资产控制在合理的范围内。资金配置在银行管理中更具综合性，有着更高的技术含量，在利率管制环境下银行界就创造出不少资金配置的理论和方法。在利率自由化后，资金配置管理考虑了利率风险因素，形成了相对独立的“资产负债管理”(Asset-Liability Management, ALM)，它不仅考虑对利率风险的防范，还考虑对利率波动进行策略性的运用，以获取更高利差收益，并围绕这些内容产生了一系列理论、模型和管理策略。正因为流动性管理和资产负债管理不是从纯金融风险的角度讨论风险规避和控制，还包含了大量资金营运的理念和方法，有较强的独立性。所以我们在本教材中将它们单独列成一个部分，以突出它们在银行经营管理中的重要地位，同时在风险管理部分也会将有关流动性风险和利率风险的内容作有机融合。

第十章　银行流动性管理

在金融和财务中，流动性的概念是指某项金融工具迅速地转换为现金，同时以货币计价不蒙受损失的能力。在银行管理中，流动性管理的概念得到了扩展和一定的转变，它泛指金融机构在日常经营管理中，在保障支付能力前提下，对现金资产或头寸的管理能力。在银行日常经营中，每天都有大量的现金流入和流出，如果没有较强的流动性管理水平，银行的经营会经常性地处在头寸安排的混乱之中，这种结果或者是使银行降低盈利水平，或者使银行陷入现金资产短缺的状态，严重时会使金融机构引发流动性危机。随着银行经营规模的扩大和经营范围多元化，流动性的管理水平已经成为衡量一家银行管理能力和盈利能力的重要标准。金融机构流动性管理的趋势是从经验管理走向定量分析和定性分析相结合。

流动性风险对于任何银行，甚至银行体系来讲都是可怕的，它基本上源于信息不对称下存款人的挤兑。著名金融学家戴蒙德在1983年发表的论文中，用D-D模型对此风险和后果进行了精辟的分析。我国银行业未出现流动性风险，主要是我国还没有在银行业引进市场退出机制。

第一节　流动性管理的含义和目标

银行流动性是指在日常经营中，银行满足客户提取存款需求和正常贷款需求的支付能力。

一、流动性管理的含义

为应付客户的资金需求，在日常经营中，银行主要是依赖维持一定比率和数量的现金资产，它们一般由银行的库存现金、在中央银行的（存款准备金）备付金存款和存放同业的活期存款所构成。在中国银行业，现金资产往往被称为头寸（Cash Position），在国际银行业管理的学术用语中，它们又被称为一级准备金（Primary Reserve）。现金资产的特点是流动性强，无利息收益或利率极低。

对银行流动性的需求来自于银行资产负债表的负债方和资产方，甚至中间业务的或然项目。存款性金融机构资产负债表的负债方有各类存款和借款，其中短期负债，如活期存款、交易类存款和一般性储蓄存款占相当大的比重。这类存款契约的性质是客户有权利随时根据自己的需求提取现金或要求对第三方进行支付。一般而言，存款的波动并非是完全无规律的，相当多种类的存款，即使是活期存款，其存入和提取在正常情况下是相对稳定的，或者说是可预期的。然而，又有一部分存款的存入、提取和支付是难以预期的。正常的和不可预期的新增存款形成现金流入，正常的和不可预期的存款提取和支付形成现金流出。两者之差会构成存款的净流动（Net Drains)，其差额可正可负。对于存款的净流出，银行必须维持一定数额的现金资产，以随时保障客户提款的要求。存款性金融机构资产负债表的资产方主要由贷款和投资所构成，银行对这两大类金融资产似乎具有完全的可自主控制性，也就是说，是否发放贷款要根据银行的信用分析和决策，是否投资要根据银行的投资分析和判断。然而在现实中，银行对优质客户的合理信贷需求必须及时给以回应，满足其借款要求。因为，在竞争激烈的环境中，银行家深知，如果因为头寸不足而不能满足优质客户的需求，就可能永远地丧失了这个客户。还有，各国货币管理当局对银行存款一般都有法定存款准备金的最低要求，达不到者将会受到严厉处罚。为此，银行在经营中也必须持有一定数量的现金资产来应付资产方的流动性需求；在银行的中间业务中，银行会对某些客户提供担保、贷款承诺、循环贷款等业务，这些都会形成银行的或然资产（也称为或有资产）和或然负债（也称为或有负债)。一旦这些或然资产和负债转变为现实需求，银行的现金资产必须跟上，否则会使银行的声誉受损。这也需要银行根据自身持有的或然资产和或然负债总量，以及转变为现实需求的概率，来持有一定的流动性资产。银行往往还在本国和国外的代理行持有一定数量的活期存款，形成存放同业，以提高支付的效率。

在流动性管理中，银行流动性的维持主要由现金资产所提供。就现金资产而言，银行的库存现金不能带来任何收益，还要付出一定的管理成本，在中央银行的准备金存款，目前大部分国家的中央银行对商业银行的准备金存款不支付利息，存放同业的活期存款也是不支付利息或仅支付极低的利息，因此，作为商业银行流动性准备的现金资产，其特点是无收益的或低收益的。在商业银行的经营原则中，流动性原则是排列在第一位的，它是平衡银行盈利性和安全性的杠杆。然而，银行现金资产的构成特征又使流动性管理十分特殊：为了维持流动性，银行必须持有相当比重的现金资产；为了降低机会成本，扩大银行的盈利性，银行又不允许持有过多的现金资产。这种特征使得银行在流动性管理中特别重视持有现金的合理性和管理的科学性。如果一家银行在意识到现金短缺时才行动，在金融市场上借款或抛售资产，融资成本必然会提高；反之，当银行发现头寸过多时才临时考虑资金运用，其收益率必然不是最佳的。

二、流动性管理的目标

综上所述，商业银行要提高全面管理的水平，流动性管理是重要的一环。银行经营管理人员在进行流动性管理时应追求三个目标：

1. 银行必须持有足够的现金资产来满足客户提存、支付和正常贷款的需求；

2. 银行必须持有合格的现金资产来满足货币管理当局的法定存款准备金要求；

3. 在满足货币管理当局的法定存款准备金要求和支付能力的前提下，银行应该将现金资产和流动性资产控制在合理的水平上，以尽量降低持有现金资产的机会成本，扩大盈利性资产，增加收益。

第二节　中国中央银行存款准备金制度与银行流动性管理

中央银行实行法定存款准备金制度的目的是控制国家的货币供应量。通过法规要求商业银行和其他存款性金融机构缴纳法定存款准备金，中央银行一方面维持整个银行体系交易和支付的正常进行，更重要的方面是控制了信用供给总量，藉此影响国家经济的一般水平。法定存款准备金对货币供应量的作用机理在货币银行学中均有过详尽的论述，概括而言，中央银行通过调整法定存款准备金比率，既改变了货币乘数，也瞬即改变了商业银行的备付金头寸，或可贷资金量。需要指出的是，在市场经济发达国家，中央银行所规定的法定存款准备金比率是依据存款的流动性来确定的，如活期存款流动性高，意味着货币性强，因此规定缴纳较高比率的准备金，而定期存款流动性低，意味着货币性弱，缴纳的准备金比率就很低，近年来，一些国家中央银行对定期存款实行零准备金率的政策。

一、中国早期中央银行的存款准备金制度

商业银行的流动性管理与中央银行的存款准备金制度的相关性，主要由商业银行在中央银行准备金存款的收益性决定。在中央银行制度成熟的国家，商业银行在中央银行准备金存款作为商业银行的一项资产，往往是没有收益的，属于现金资产。因此，在留足了法定存款准备金之后，追求利润最大化的商业银行会本能地将其备付金控制在经营所需的最低范围内，以便将更多的资金投入收益性资产，流动性管理自然是资金配置管理中十分重要的环节和内容。长期以来，我国银行不重视，甚至没有流动性管理的概念，主要原因之一是我国法定存款准备金制度的功能设计和特点所致。

中国法定存款准备金制度始于1984年中国人民银行与中国工商银行分设，中国人民银行专门行使中央银行的职能之后。在当时中国是以计划经济为主的环境下，这项制度在设计之初就隐含了一个有别于他国的特殊功能，即运用存款准备金制度集中资金于中央，再按中央银行的信贷计划对资金进行再分配，以按中央计划调节信贷结构。这个功能的体现，就是我国中央银行的法定存款准备金比率非常高。1984年我国银行首次缴存法定存款准备金是按照存款者性质来划分比率的，如当时规定专业银行法定存款准备金的缴存比率，企业存款为20%，储蓄存款为40%，农村存款为25%。经过一年的实践，发现这样的比率太高，大大超过经营性银行承受的能力。因而，1985年初，我国中央银行进行了第一次调整，不再区分存款的性质，所有存款一律按10%缴纳。1987年10月份，我国中央银行又将法定存款准备金比率提高到12%。1988年9月再次将比率调到13%。直到1998年我国法定存款准备金制度实行改革，这一比率未再变动过。

我国存款准备金制度与中央银行制度成熟国家的存款准备金制度相比还有一个重要的差别，即我国经营性银行在中央银行的法定存款准备金和备付金（超额准备金）分设为两个账户。1985年，中国人民银行要求各存款性金融机构在中央银行又开设了备付金账户，通过该账户，经营性银行办理各项收付业务，包括向银行系统内外的资金划拨、同业

拆借、联行资金的清算、向中央银行的现金领用和解付，同时规定在备付金存款账户上的余额应占存款余额的5%～7%。可以想象，高达近20%（13%+7%）的在中央银行总的准备金存款，如果没有收益，是任何经营性银行都不堪重负的。正因为如此，中国中央银行对经营性银行的准备金存款一直支付很高的利息。我们以1997年存款准备金制度改革前的利率为例，我国商业银行对一年期存款支付的利率为5.22%，同期商业银行对一年期贷款收取的利率为7.92%，而中国人民银行对商业银行的准备金存款支付的利率为7.35%。这意味着，从理论上来讲，我国商业银行在吸取存款后，只需简单地将存款以准备金存款的方式存入中央银行，就可以稳获2.13%的利差收入。在这种环境下，我国的商业银行自然没有流动性管理的内在要求和外在压力，其表现是一方面商业银行向中央银行大量借款，另一方面又将大量资金存在中央银行账户上生息。1997年末，我国金融机构向中央银行借款为14 490亿元，而金融机构在中央银行存款总额却高达9 250亿元。毫无疑问，在这种环境下，不可能培育银行家所必备的流动性管理的意识和观念，并导致了长期以来中国银行业资金管理中的“粗放式”经营，银行经营管理人员普遍缺乏“精打细算”的头寸管理理念。

二、中国中央银行法定存款准备金制度的改革对银行流动性管理的影响

1998年3月，我国中央银行对法定存款准备金制度进行了重大改革，使之与国际金融业的惯例和运作方式更为接近。① 这次改革主要表现在以下四个方面：

1. 将商业银行在中央银行开设的法定存款准备金账户与备付金账户合二为一，即合并为一个存款准备金账户。

2. 法定存款准备金比率由13%大幅降至8%，备付金由各商业银行根据经营情况，并参照中国人民银行资产负债比率管理条例自行决定。

3. 法定存款准备金按法人机构统一征缴，废弃过去由各金融机构一级分行缴纳的模式。

4. 商业银行在中央银行准备金存款账户上的存款利率大幅下调，由7.35%降至5.22%，与一年期的商业银行存款利率持平，大大低于一年期商业性贷款7.92%的利率，首次使我国金融机构在中央银行存款出现机会成本。

在我国以后又发生的数十次利率调整中，商业银行在中央银行准备金存款账户上的存款利率下调的幅度基本上大于对储蓄存款和对公存款利率的下调幅度。

在我国银行商业化改革取得较大进展，商业银行的利润动机不断强化的环境中，这

---

① 我国中央银行法定存款准备金制度改革后，与西方发达国家的法定存款准备金制度有了一定的接轨，但仍然有相当大的差异，主要的差异有：(1) 我国中央银行对法定存款准备金的征收不划分存款的流动性，是按总存款余额计算，而西方国家的中央银行对法定存款准备金的征收一般区分存款的流动性；(2) 我国中央银行法定存款准备金的征收是根据期末余额计算，而西方国家的中央银行对法定存款准备金的征收一般根据平均余额计算，这对法定存款准备金的计缴和货币供应量控制的准确性有很大的影响；(3) 尽管对准备金利率下调，但我国仍属于为数不多的中央银行对商业银行准备金存款支付利息的国家之一。

次中央银行对法定存款准备金制度所进行的改革，对推动我国商业银行建立流动性管理的理念具有极为重要的意义。首先，两个存款准备金账户合二为一，并同时大幅降低法定存款准备金比率，使商业银行有了更多的可用资金，在盈利性的驱动下，它们必然会更加积极地寻求有利的投资机会；其次，多次大幅下调商业银行在中央银行准备金存款账户上的存款利率，迫使商业银行不愿在中央银行的账户上留存过多的余额，特别是在准备金存款利率大大低于商业银行存款利率的情况下，在中央银行的账户上留存过多的余额不仅是机会损失，还会造成商业银行的实际损失。我国金融管理当局多次下调利率和拉大银行存款负债与法定存款准备金存款利率的政策，极大地促进了我国商业银行流动性管理环境的形成。这一连续政策对我国商业银行流动性管理外在压力的影响见表10-1。

表10-1　　**中国银行业利率调整以及对银行流动性管理的影响**

项目 年份	一年期 存款利率(1)	一年期 贷款利率(2)	法定存款准备 金利率(3)	无风险 利差(3-1)	银行持有存款准备 金机会成本(2-3)
1995/07/01	7.47	9.18	9.18	1.71	0.00
1996/05/01	7.47	10.98	8.82	1.35	2.16
1997/10/23	5.67	10.08	7.56	1.89	2.52
1998/03/25	5.22	7.92	5.22	0.00	2.70
1998/07/01	4.77	6.93	3.51	-1.26	3.42
1998/12/07	3.78	6.39	3.24	-0.54	3.15
2000/02/12	2.25	5.85	2.07	-0.18	3.78
2002/02/21	1.98	5.31	1.89	-0.09	3.33

资料来源：根据中国人民银行统计季报各期整理。数据以1998年中国人民银行法定存款准备金制度重大改革为界，前后各取四年，只为说明制度改变对银行的影响。

总之，我国银行的商业化进程和中央银行对法定存款准备金制度所进行的改革，使我国商业银行对流动性管理产生了内在要求和外在压力。各商业银行管理者对流动性管理的理念开始形成，各商业银行已经高度重视流动性管理的重要性并在积极实践。

第三节　银行流动性的测量

商业银行的流动性供给既可以来自资产负债表的资产方，也可以来自负债方。一般来讲，在货币市场发达的国家，小银行或社区银行主要依赖在资产负债表的资产方持有现金资产和二级准备金（高度可变现的短期证券），而大银行则更多地依靠在货币市场上购买资金来获取流动性。在传统上，对商业银行流动性的测量是以银行资产负债表生成的财务比率指标为基础的。

一、资产方流动性的测量

对资产方流动性的测量涉及银行以最小成本将资产迅速地转换成可用现金的能力。在发达国家或货币市场不发达的国家里，银行特别是小银行主要依靠在资产负债表的资产方持有一定量的流动性资产来应付客户对流动性的需求。正如前面所述，一定量的现金资产（一级准备）是首先要考虑的，它们包括银行的库存现金、在中央银行的（准备金）备付金存款和存放同业的活期存款。除此之外，银行还会根据自己的现状和经验，在账户上持有一定数量低违约风险、高流动性的短期资产，如一年以内的国库券、同业拆出、反回购协议、高等级公司票据等，一旦出现预期外流动性需求，银行可以迅速将其出售，换取现金。这些短期资产也产生一定的利息收益，但是，银行持有它们的目的不是为了获取收益，而是降低持有流动性资产的机会成本。

银行在资产方常用的测量流动性的指标有：

1. 现金资产/总资产（或总存款）
2. 流动性资产/总资产（流动负债）
3. 总贷款/总存款

一般来讲，前两项指标比率越高，银行资产中可用于立即支付的流动性资产的比重越高，从而反映银行的流动性状态越好。贷款与存款的比率在传统上一直是商业银行和金融监管当局都十分看重的指标，这是因为贷款的流动性是最低的，且往往伴随着违约的风险，而存款是银行支持贷款的稳定和核心来源。这项指标越高，银行的流动性越低。这是因为，高的贷款/存款比率意味着银行发放贷款对其自身最稳定性的资金来源的依赖程度较低，它隐含着，如果银行新发生的贷款或投资将不得不依赖在货币市场上购买易变性资金来支撑。当然，这个比率也有明显缺陷，它忽视了存款和贷款的组合结构，存款和贷款不同的组合结构对银行流动性的影响是不一样的。然而，它仍不失为一个简单而有效的指标。

二、来源方流动性的测量

对资金来源方流动性的测量涉及银行是否能够以合理的价格随时在市场上发行新的债务，获取所需资金。因此，对银行负债流动性的测量较为复杂，它需要综合考察银行的资产质量、资本充足度、所有未清偿债务的组合等。国际上，银行业常用的指标有：

1. 股权资本/总资产
2. 贷款损失/总贷款
3. 贷款损失准备金/总贷款
4. 存款组合
5. 总存款/总资产
6. 核心存款/总资产
7. 易变负债（高价短期借入款）/总资产

对银行来源方流动性的测量应该从以下几个角度来看：第一，银行的资产质量。有较高资产质量的银行更有可能以较低的成本融资，这是因为投资者更愿意相信，该银行的融资确属业务的发展或正常周转的需要，而不是应付风险的需要。第二，银行的资本充足度。市场上的投资者普遍认为，资本金充足的银行倒闭的可能性很低。第三，核心存款的比重。核心存款的比重越高，银行进一步以低利率融资的可能性越大。核心存款指那些对利率变化不敏感，同时受经济环境和季节性因素影响较小的资金。这类存款通常由交易性存款、储蓄类存款和不可转让的定期存款所组成，具有利率低、相对稳定的特点。核心存款除了部分交易性存款与大公司有关系外，大部分都来自零售业务的客户，他们比大客户体现了对所选银行更多的忠诚，更看重银行提供服务的便利性和质量。第四，易变负债。易变负债与核心存款相对，它们指那些银行所购买的、对利率十分敏感、变化性较高的资金，主要由同业拆入、回购协议、可转让大额存单所构成。很显然，易变负债比重越高，银行资金的波动性越高，所付成本越高，从而进一步以高价购入资金的可能性越低。

从来源方判断银行的流动性是比较复杂的，除了资产质量、资本金充足度之外，如何区分核心存款是很关键的。图 10-1 展示了假设银行的存款状态。在图10-1中，平滑的线代表核心存款，它意味着该银行存款中最为稳定的趋势性变化。对未来核心存款的增长，可以依据这条曲线进行预测。易变性存款等于总存款与核心存款的差额，它意味着，这些

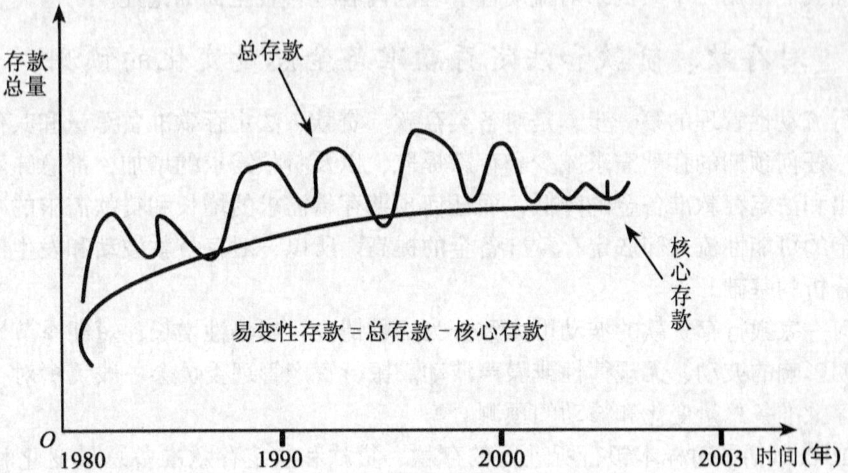

图 10-1　易变性存款和核心存款的关系

存款会依市场利率、经济环境和季节性因素的变化而不断提取和存入。许多银行在进行流动性分析时都要计算核心存款比例和易变性存款的波动性。在一些管理水平较高的银行，在计算存款的波动性时，还经常分析易变性存款对利率的弹性。

当然，必须指出的是，在全面衡量银行的流动性状况时，一定要考虑银行的规模。一般而言，在金融市场发达的国家，小银行更多地依赖从资产方面进行流动性管理，而大银行则更多地依赖从负债方面进行流动性管理。所以，大银行的易变负债比率比小银行高，并不意味着大银行流动性状况差。比较科学的方法是将不同的银行按规模分类后再进行比

较。在我国，货币市场的发展落后于资本市场，商业银行在流动性管理上，无论在资产方和负债方都受到许多限制，然而，对这些分析的方法和指标的掌握，对培养中国商业银行家流动性分析和管理的意识都极为重要。

第四节　银行流动性需求的分析和估算

在发达国家的银行里，流动性管理主要由资产负债管理委员会（ALCO）负责。流动性管理比较复杂，在商业银行里属于综合性管理。从表面上看，银行每天有大量的资金流入和流出，它们似乎无规律可循，流动性管理只能是随机性的。但是，银行通过科学的管理，可以寻找出资金流动的规律，运用合理的测算和计划，以及有效的市场运作，使其流动性管理达到相当高的水平。银行流动性管理的内容主要包括：（1）对各类存款、各类贷款、法定存款准备总量和其他变量变化的预测；（2）作出上述变量对银行头寸影响的分析；（3）分析银行全部的潜在资金流入和潜在资金流出，在此基础上，按所需时间段计算出流动性缺口或需求。预测和分析的时间段根据各家银行的条件和需要而定。从日常经营需要的角度，银行至少每月做一次分析，国外有些大银行甚至可以做到每周分析一次。

下面我们借用一个案例来对流动性管理的内容进行较全面的论述。①

一、对存款、贷款和法定存款准备金总量变化的预测

银行流动性管理的第一步，是对各类存款、贷款、法定存款准备总量和其他变量变化的预测。任何预期的存款需求减少和存款提取，以及贷款需求的增加，都意味着资金的可能性流出和法定存款准备金的降低，而任何预期存款需求的增长和贷款需求的减少，都意味着资金的可能性流入和法定存款准备金的提高。所以，对存贷款波动和发生额的预测是流动性分析的基础。

任何一家银行存贷款的波动可大致分为四种情况：趋势性增长、短期季节性波动、受经济周期影响的波动、无规律性或噪声波动。银行资产管理委员会一般负责对存款、贷款和法定存款准备总量变化和波动的预测。

表 10-2 概括了对样本银行所进行的存款、贷款和法定存款准备总量变化和波动的预测。为了教学的需要，本案例以样本银行 2010 年简化的资产负债表为基础，仅对样本银行 2011 年一年存贷款发生额和波动进行预测，预测的时间段为月。样本银行的简化资产负债表列在表的首端，表的首端下面分别是对该银行存款和贷款所进行的预测。任何预测离不开历史资料，特别是时间序列分析。银行在预测和分析中，一般要求运用 5 年的历史资料。受篇幅所限，我们假定样本银行的有关预测的参考系数是根据该银行 5 年的历史资料计算后所得。

---

① 参见 Timothy T W，Macdoand S S. *Management of Banking*，Cengage Learning press. 2006：229-304.

（一）存贷款趋势性变动值的估算

在银行存贷款趋势性变动值的估算（Trend Growth Estimate）中，一般假定银行所处环境的经济增长、劳动生产率、当地消费群体的消费和储蓄倾向、人口迁移、技术变革没有太大的变动，因此，其存贷款的增长具有相对稳定性。银行在进行存贷款的基本趋势变动分析时，可用最小平方直线法、直线近似法和抛物线趋势法，这些都是在统计学中进行时间序列分析中常用的方法。值得指出的是，目前大多数银行在预测存贷款的趋势增长时多用直线法，而对使用抛物线法十分慎重，因为在抛物线方法下，斜率是变化的，即假定增长率在不同时间段是加速的，因此，除非银行所处环境有重大变化，可能导致存贷款的增长率异常变化，否则运用抛物线法进行预测的质量很差。

为了方便起见，我们在本案例中运用直线近似法来进行存贷款的趋势变动分析。在分析中假定，该银行根据5年的数据，其存款的年平均增长率为6%，贷款的年平均增长率为12%。直线近似法的表达式为：

$$t_i = t_{i-1}(1 + b) \tag{10-1}$$

公式：t_i——预测月存款或贷款趋势值

t_{i-1}——基期月存款或贷款值

b——月平均趋势增长率

在计算存贷款趋势性变动时，要根据预测时间段的需要，把年平均增长率换算成相应时间段的增长率。在本案例中，要把存贷款年平均增长率转换为存贷款月平均增长率后再代入公式中。表10-2中第1栏列明了根据公式（10-1）所计算得出的该样本银行预测月存贷款趋势性增长值。

（二）存贷款季节性变动值的估算

存贷款季节性变动值的估算（Seasonal Change Value Estimate）指银行在进行存贷款发生额预测时，对那些由于季节性因素的作用对存贷款影响所进行的估算。季节性因素对所在地银行存贷款的影响是显而易见的，例如，位于商业中心的银行在大型节假日前后（西方的圣诞节，中国的春节以及黄金周）会出现金流的巨大波动。在节日前，商家会大量进货，以保障节假日的充分供应，这时，大量的商家就会向银行借款以维持资金的周转。居民为节日消费和购买商品会减少存款，甚至大量提取现金。各种因素综合的结果会使所在地银行贷款增加，存款下降，对现金头寸需求压力增大。在节后，商家贷款减少，大量闲置资金存入银行，居民的存取款行为恢复到正常状态。这些因素又会使银行库存现金增加，流动性出现富余状态。同理，位于工业中心的银行和农业地区的银行，其存贷款的波动都与这些地区产业生产的季节性资金需求密切相关。银行为了使对存贷款发生额的预测更为准确，必须考虑存贷款季节性变动值对存贷款发生额的影响。

存贷款季节性变动值估算的计算公式为：

$$S_i = T_b(I_i - 1) \tag{10-2}$$

式中：S_i——预测月存贷款季节性变动值

T_b——基期月存贷款发生值

I_i——预测月存贷款季节性变动指数

在计算中，基期月存贷款发生值一般用预测月前一会计年度银行资产负债表的期末余额。预测月存贷款季节性变动指数的计算往往按照银行前 5 年相应计算月存贷款平均余额除以该银行前 5 年基期月存贷款平均余额得出。该指数反映在假定经济环境不变条件下该银行所处社区经济特征对存贷款季节性影响的规律，变动的参照系为基期月存贷款平均余额。预测月存贷款季节性变动指数的计算公式为：

$$I_i = \left(\sum_{k=1}^{n} A_k^i \div n \right) \div \left(\sum_{k=1}^{n} A_k^b \div n \right) \tag{10-3}$$

式中：A_k^i——第 K 年相应预测月（i 月）存贷款余额

A_k^b——第 K 年相应基期月（期末）存贷款余额

n——银行选取的样本年数（通常为近期 5 年）

在表 10-2 中，该银行预测月存贷款季节性变动指数在第二列中反映，它们是用该银行近 5 年的资产负债表，根据公式（10-3）计算得出。预测月存贷款季节性变动值根据公式（10-2）计算得出，在表 10-2 中第三列反映。从季节性变动指数可以看出，该银行存款一般从 1 月份开始上升，4 月份达到顶峰，然后下降，7 月份降至谷底，从 8 月份又开始上升，到 11 月份又达到高峰，并开始下一轮有规律的季节性变动。贷款则呈现相反的变动规律，一般从 1 月份开始下降，4 月份降至谷底，然后上升，7 月份到达顶峰，从 8 月份又开始下降，到 11 月份又降至谷底，并开始下一轮有规律的季节性上升。

表 10-2　**对样本银行 2011 年存贷款的趋势增长、季节性变动和周期性变动的预测**

样本银行简易资产负债表（2010 年 12 月 31 日）					单位：百万元
资产		负债和权益			
现金资产	160	交易账户存款和不可转让存款			1 600
各类贷款	1 400	可转让存单和其他借款			280
证券投资	400	股东权益			120
其他资产	40				
总计	2 000		总计		2 000
存款预测	(1)	(2)	(3)	(4)	(5)
月末	趋势性存款*	季节性存款指数	季节性存款变动	周期性存款波动	总计
1 月	1 608	99%	−16	−3	1 589
2 月	1 616	102	32	8	1 656
3 月	1 623	105	80	7	1 710
4 月	1 631	107	112	10	1 753
5 月	1 639	101	16	1	1 658
6 月	1 647	95	−64	−8	1 575
7 月	1 655	93	−112	−15	1 528
8 月	1 663	95	−80	−9	1 574

续表

存款预测	(1)	(2)	(3)	(4)	(5)
月末	趋势性存款*	季节性存款指数	季节性存款变动	周期性存款波动	总计
9月	1 671	97	-48	-4	1 619
10月	1 680	101	16	0	1 696
11月	1 688	104	64	3	1 755
12月	1 696	100	0	0	1 696
贷款预测	(1)	(2)	(3)	(4)	(5)
月末	趋势性贷款	季节性贷款指数	季节性贷款变动	周期性贷款波动	总计
1月	1 413	101%	14	6	1 433
2月	1 427	97	-42	-9	1 656
3月	1 440	95	-70	-18	1 352
4月	1 454	94	-84	-21	1 349
5月	1 467	97	-42	-15	1 410
6月	1 481	102	28	-3	1 506
7月	1 495	108	112	9	1 616
8月	1 510	106	84	17	1 611
9月	1 524	103	42	11	1 577
10月	1 538	99	-14	5	1 529
11月	1 553	98	-28	0	1 525
12月	1 568	100	0	0	1 568

*假定：该样本银行根据5年的历史数据测算出，2006—2010年该银行存款的年平均趋势增长率为6%，贷款的年平均趋势增长率为12%。在计算中，因为是做月度预测，所以要把年增长率折算成月增长率。

（三）存贷款周期性变化值的估算

每个市场经济国家和地区的经济状况都会不同程度地呈现出周期性波动，它们或单独波动，或与国际经济波动相连。这些波动会对银行存贷款流量产生影响。自20世纪90年代以来，经济周期除了国际联动性加强外，还表现出周期波动幅度收窄，频率加快的特征，但若出现2008—2010年全球特大金融危机，周期性变化的预测可能有极大误差。预测经济周期对当地银行存贷款的影响可以有多种方法，目前许多大银行都有自己的经济研究机构，雇用经济学家利用各种模型对经济的周期性波动进行预测，同时将经济波动对存贷款影响的研究报告传递给总行和各级分支机构，再由各级机构结合本地的具体情况分析对存贷款的影响。然而，也有大量中小银行不具有预测经济波动的能力，它们往往采用一些更简单实用的方法进行测算。下面介绍一种中小银行常用的“误差推断法”，用它来计算经济周期波动对银行存贷款的影响。

“误差推断法”用银行上年度的存、贷款实际发生值与预测的偏差值作为受经济周期性因素影响的变化值。用“误差推断法”测算存贷款周期性变化值的公式如下：

$$C_i = T_{i-1} - (t_{i-1} + S_{i-1}) \tag{10-4}$$

式中：C_i—— 预测月周期性波动对存贷款影响值

T_{i-1}—— 上年度同期月存贷款实际发生余额

t_{i-1}—— 上年度同期月存贷款预测趋势值

S_{i-1}—— 上年度同期月存贷款预测季节性波动值

对银行存贷款周期性变化值测算的结果在表 10-2 中第四列给出，由于篇幅的原因，我们没有给出该银行上一年有关指标的预测数据。

（四）存款、贷款发生额的估算

在分别对银行存贷款趋势变化、季节性变化和周期性变化的值进行预测和估算后，就可以对银行预测年度每个月的存贷款发生额进行估算，它实际上就是把以上各项值进行相加。其公式为：

$$T_i = t_i + S_i + C_i \tag{10-5}$$

对该银行存款、贷款发生额预测的汇总估算在表 10-2 中第五列反映。必须指出的是，在银行流动性管理的实际运作中，对存贷款的预测往往根据需要对存贷款项目还要进行细分，如与公司存贷款、居民存贷款，或活期存款、定期存贷款等，这样的预测更有实用价值。还有一点值得指出的是，对存贷款发生额的预测不仅在银行流动性分析中十分重要，而且对银行在确定发展战略和对下级机构分解存贷款计划中也可以发挥重要作用。

二、存款、贷款发生额变动对银行头寸的影响的估算

对存贷款发生额的预测并不能直接反映其对银行流动性的影响。因为，第一，存贷款的预测增量对头寸（流动性）的影响是相互抵消的；第二，存款的增量会影响法定存款准备金，这也会影响到银行头寸。因此，在流动性分析中，当预测完各类存贷款发生额后，接着要分析存款、贷款发生额变动对银行头寸的影响。它的分析思路是：

存贷款发生额变动对银行头寸的影响=预测贷款增量+法定存款准备金增量−预测存款增量

用公式表示为：

$$\Delta A_i = \Delta TL_i + \Delta R_i - \Delta TD_i \tag{10-6}$$

式中：ΔA_i —— 预测月现金头寸波动估算值

ΔTL_i —— 预测月贷款增量，$\Delta TL_i = (TL_i - TL_b)$

ΔR_i—— 预测月法定存款准备金增量，$\Delta R_i = r_b \times (TD_i - TL_b)$

ΔTD_i—— 预测月存款增量，$\Delta TD_i = (TD_i - TD_b)$

r_b—— 法定存款准备金比率

TL_i，TD_i —— 预测月的贷款和存款

TL_b，TL_b—— 基期月的贷款和存款

在计算存贷款增量时，是用预测月存贷款发生额减去存贷款基期数。预测存款、贷款发生额变动对银行头寸（流动性）影响的分析在表 10-3 中反映。当合计结果为正数时，意味着当月预测存款、贷款发生额对银行产生头寸（流动性）不足的影响；当合计结果

为负数时，意味着当月预测存款、贷款发生额将对银行产生有富余头寸（流动性）的影响。

表 10-3　　预测存贷款发生额对银行流动性的影响*　　单位：百万元

月份	存款增量	法定存款准备金增量	贷款增量	对流动性影响
1 月	-11.0	-1.1	33.0	42.9
2 月	56.0	5.6	-24.0	-74.4
3 月	110.0	11.0	-48.0	-147.0
4 月	153.0	15.3	-51.0	-188.7
5 月	56.0	5.6	10.0	-40.4
6 月	-25.0	-2.5	106.0	128.5
7 月	-72.0	-7.2	216.0	280.8
8 月	-26.0	-2.6	211.0	234.4
9 月	19.0	1.9	177.0	159.9
10 月	96.0	9.6	129.0	42.6
11 月	155.0	15.5	125.0	-14.5
12 月	96.0	9.6	168.0	81.6

* 法定存款准备金比率在本例中假定为 10%。

三、流动性缺口的估算

银行每天都有大量的现金流入和流出，尽管预测存款、贷款发生额对头寸（流动性）影响的分析十分重要，但这也仅仅是每段时间现金流对银行流动性影响的一部分，比如在某段时期内，到期存款可能形成潜在资金流出，而到期贷款和到期投资会形成潜在资金流入。因此，在分析经营中银行流动性状况时，落脚点是分析不同时间段银行的流动性缺口。流动性缺口是在某段时间内，各种潜在现金流入和流出对银行流动性综合影响的反映，或者可以说是银行在某段时间内全部资金的净现金流。

在银行日常经营管理中，流动性缺口是按照一定的时间段来进行统计的。根据各银行流动性管理的需要和管理水平，计算流动性缺口的时间段可按日、周、旬、月来划分。时间段划分太短会使工作量太大，造成管理成本浪费，划分太长又使其管理意义下降。所以，银行一般以周、旬、月为流动性缺口时间段的划分标准。在表 10-4 中，假设银行的流动性缺口估算反映的时间段分别为 0~30 天、31~90 天以及 91~365 天。这种划分纯粹是按教学的需要来确定的。

表 10-4 银行流动性缺口估算 单位：百万元

项目	0~30 天	31~90 天	91~365 天
潜在资金运用			
加：到期定期存款			
小额定期存款	5.5	8.0	34.0
大额可转让存单	40.0	70.0	100.0
欧洲货币存款	10.0	10.0	30.0
加：预测新增贷款			
工商贷款	60.0	112.0	686.0
消费者贷款	22.0	46.0	210.0
不动产和其他贷款	31.0	23.0	223.0
减：预测新增交易性存款*			
活期存款	-6.5	105.5	10.0
协议存款	0.4	5.5	7.0
货币市场存款	1.6	3.0	6.0
总运用	173.0	155.0	1 260.0
潜在资金来源			
加：到期证券投资			
货币市场金融工具	8.0	16.5	36.5
国债	7.5	10.5	40.0
政府机构债券和金融机构债券	2.5	1.0	12.5
加：贷款本金偿还	80.0	262.0	903.0
总来源	98.0	290.0	992.0
期间性流动性缺口**	75.0	-135.0	268.0
累积性流动性缺口	75.0	-60.0	208.0

* 不考虑法定存款准备金

* * 潜在资金运用减潜在资金来源

流动性缺口在统计上定义为潜在的资金运用减去潜在的资金来源，因此，流动性正缺口表示，在确定的时间段，潜在的资金运用大于潜在的资金来源，或理解为银行在该时间段头寸（流动性）有短缺压力，需要尽早考虑寻找资金来源；流动性负缺口表示，在确定的时间段，潜在的资金运用小于潜在的资金来源，或理解为银行在该时间段头寸（流动性）有富余，需要尽早考虑投资渠道。在流动性缺口统计中，习惯上将预测贷款增量和预测存款增量都放入潜在资金运用方，但由于预测存款增量是一项资金来源，故在前面使用负号。流动性缺口又分为期间性缺口（Periodic Liquidity Gap）和累积性缺口（Cumulative Liquidity Gap），前者为某一时间段的银行资金净现金流，后者是当期流动性缺口加上前期流动性缺口的累积，反映不依赖外部运用、银行自身可进行内部调整流动性的状况。

从表 10-4 可以看出该假设银行在一年内各时间段资金流入和流出的汇总情况。从潜在资金运用方面来看，0~30 天内，该银行将有 550 万元小额定期存款到期，5 000万元大额可转让存单和欧洲货币存款到期，该银行预期在这段时期内还将有11 300万元新增贷款需求的增加和交易性存款账户 450 万元的下降。因此，这段时间该银行潜在资金总运用为17 300万元；从潜在资金来源方面来看，0~30 天内，该银行除了将有1 800万元各类证券到期外，还有8 000万元各类贷款本金到期，潜在资金来源总计为9 800万元。用潜在资金总运用减去潜在资金总来源，该银行 0~30 天内有正流动性缺口7 500万元。这意味着该银行在这段期间需要通过各种主动负债和出售证券资产等渠道筹集到这笔资金，才能及时满足存款到期支付贷款增长的资金需求。再考察该银行 31~90 天和 91~365 天时间段，其流动性缺口分别为负缺口13 500万元和正缺口26 800万元，这两个时间段的累积缺口分别为负缺口6 000万元和正缺口20 800万元。这意味着，不依赖外部短期投融资，该假设银行在这两个时间段分别会出现6 000万元富余流动性和20 800万元的流动性不足。

在现实运作中，上述流动性缺口分析方法所估算的结果有时会与实际情况出现较大偏差，其主要原因是潜在资金来源和运用的项目、到期时的现金流与报表上所反映的数字相距甚远。举例而言，到期的各类定期存款可能有一部分因续存和转存并不产生现金流出，到期的各类贷款也可能有一小部分由于逾期而不能产生现金流入。为了使流动性缺口估算的结果对流动性调节更具有现实指导意义，银行可以根据不同类型存款和贷款期满后产生现金流的特性和规律，在估算中给予某种系数的考虑，这种系数一定要建立在对本银行的相应存款或贷款较长期观察的统计分析基础上。

第五节　流动性的调节和管理

通过预测和各种估算方法计算出各时间段流动性缺口之后，银行管理层和有关部门开始着手对流动性缺口进行调节和管理。一般来讲，在大中型银行都设有专门的流动性管理部门，西方银行早期多称其为“Money Desk”，即货币头寸部。在我国商业银行，传统上由资金计划部负责日常的头寸调度和安排，但是远谈不上系统和科学的流动性管理。尽管我国商业银行这方面起步较晚，但目前大部分银行在资产负债管理委员会下都设立了专司流动性管理的部门。流动性调节和管理的核心是，在估算出各时间段流动性缺口之后，银行要尽早地、主动地对未来将出现富余的资金进行运用安排，尽可能提高资金运用的收益率，同时对未来将出现的流动性短缺进行融资安排，并尽可能降低融资成本。银行资金流动数额巨大，在竞争日益激烈的环境下，科学的流动性管理将会大大地降低银行成本，提高资金盈利水平。

一、银行可自主控制和非自主控制项目的划分

前面已经指出，流动性调节的核心是按照成本最低、收益最高的原则对所预测的未来时间段流动性缺口尽早合理安排。从实际运作来讲，银行调节流动性可运用的项目是有限

的。可运用的项目往往是银行可以自主控制的，换句话说，银行只能在本国金融市场现有的条件内，运用资产负债表有限的项目进行调节。在利率市场化程度较高的国家，可自主控制项目是那些银行可以利用利率定价来调整头寸的项目，而在利率实行管制，或利率市场化较低的国家，银行可以自主控制的项目受到较大的限制。下面我们以利率市场化程度较高的环境为假设场景，来分析银行对可自主控制和非可自主控制项目的划分。表10-5是假设的银行资产负债表。

表10-5　　**银行简化资产负债表**

资产	负债和权益
可自主调节资产	可自主调节负债
短期证券买卖	同业拆入
同业拆出	发行可转让大额可转让存单
回购协议下的证券购买	回购协议下的证券出售
	发行欧洲货币存款等其他购买性负债
非可自主调节资产	非可自主调节负债
固定资产	各类一般性存款
大部分贷款	资本账户
长期证券	
现金资产	

从表10-5中可以看出，银行可自主控制的资产和负债项目一般都是那些对利率较敏感的项目，如同业拆借、回购协议下的证券买卖、可转让大额可转让存单等，而一般性存款和大多数贷款则是银行难以自主控制的项目，因为它们更多地受到客户意愿和银行可接受风险的制约。必须指出，可自主控制项目的划分是相对而言的，不同金融环境国家的银行，甚至同一国家的不同银行，对可自主控制项目都可以有不同的理解。例如，一般性存款被普遍认为属于银行非自主控制项目，但是在中国改革开放初期，物资供应十分匮乏，中国银行业普遍开办的短缺物资（黄金首饰、煤气罐等）有奖储蓄却有很高的需求弹性。又如贷款一般被列入银行非可自主控制的项目，因为对于好客户的合理贷款要求，银行必须随时予以充分满足，否则银行可能将永远丧失这个客户。但是在垄断的环境下，既使好的客户也可能不得不接受"排队"的银行安排。当然，当银行面对优质客户的资金需求，而又一时无力充分满足时，银团贷款的处理方式又使贷款成为银行可相对自主控制的项目。

在这里有些费解的是，却又必须理解的是为什么现金资产的流动性最高，却被列入银行不可自主控制的项目？其解释是，本章的核心所讨论的就是如何合理地管理现金资产（头寸），如果银行对现金资产的余缺不能合理管理和及时调节，也就谈不上什么流动性管理了。

二、流动性的调节

如果银行预期某时间段将出现流动性短缺，银行可以尽早考虑从负债方运作同业拆入、发行大额可转让存单等项目主动购买资金，也可以考虑通过出售所持有流动性较高的证券来获取所需头寸。如果银行预期某时间段将出现流动性剩余，银行除了在现有贷款需求中寻找合适者外，还可以尽早考虑同业拆出、证券购买等渠道。在这里，对流动性余缺的临时仓促调节或事先合理安排的巨大差异，反映了对银行流动性管理的理念和水平。

一旦对未来时间段流动性余缺状态做出预测后，银行就应该把这个估算数与自身的潜在融资能力和潜在运用渠道进行对比分析，从中寻求最佳调节方式或渠道。在实践中，国外银行创造了许多分析方法，"项目列举表"是其中之一。以表10-4中的例子，我们说明银行是如何运用"项目列举表"来分析其潜在的融资能力的。在0~30天时间段，该假设银行流动性正缺口将达到7 500万元，这意味着在这段时期内，该银行面临7 500万元的资金短缺。该银行资产负债管理人员通过潜在融资来源项目列举汇总表（表10-6），发现本银行在这段时间内可实际运用的潜在融资来源最高可达到14 000万元。该银行流动性管理人员所需要做的只是在可自主控制的各种潜在资金来源项目中，根据当时的市场可能情形，作出最有利的融资选择。

表10-6　**假设银行潜在融资来源项目列举汇总表**　单位：百万元

	时间段		
	0~30天	31~90天	91~365天
购买资金的能力			
同业拆入	20	20	30
回购协议	10	10	10
发行大额可转让存单	70	70	85
发行欧洲美元	20	20	20
小计	120	120	145
其他融资来源			
同业拆出的减少	5	5	5
组成银团贷款	20	20	20
货币市场证券出售	5	5	5
长期证券出售	10	10	10
小计	50	50	50
潜在融资来源合计	170	170	195
潜在的预期外资金需求			
未清偿信用证的50%	5	10	15
贷款承诺未使用的20%	25	30	35
小计	30	40	50
可实际运用的潜在融资来源	140	130	145

三、流动性调节应考虑的几个主要因素

在流动性管理中，银行资产负债管理人员在估算出流动性缺口，并分析了自身的潜在融资能力和潜在资金运用渠道后，就会着手流动性缺口调节。尽管调节的手段、方式和渠道有多种选择，但是在如何运用它们方面，银行经常会考虑以下几个因素：

（一）管理的哲理

在流动性调节运作中，银行自身的管理哲理对银行如何运用调节的手段、方式和渠道起着十分重要的作用。那些强调“进取性”为当前主要管理哲理的银行在对流动性正缺口（资金短缺）调节时，一般会较多地运用购买负债的手段，尽管这些融资工具价格较高，但对银行极具弹性和灵活性。在对流动性负缺口（资金富余）调节时，这些银行则往往运用利率较高、风险较大的投资项目。那些强调“稳健性”为当前主要管理哲理的银行在对流动性正缺口调节时，一般会较多地运用出售短期证券和回购协议的方式，在对流动性负缺口调节时，则往往选择购买短期证券和同业拆出等比较安全的方式。

（二）成本最小、收益最高

商业银行的经营原则是利润最大化，这在流动性管理和调节中也应得到贯彻。无论是强调“进取性”或“稳健性”为自身经营战略的银行，在流动性管理和调节中除了考虑自身管理原则的同时，都必须进行成本—收益的比较。在对流动性缺口调节的短期融资和短期投资中，都要仔细地比较各种可供选择的运作工具和手段，在融资中力求成本最小，在资金运用中力求收益最高。

（三）所需资金的时间长度

所需资金的时间长度是流动性管理中应该考虑的因素之一。下面以图 10-2 来说明所需资金的时间长度对银行选择融资工具的影响。在该图中，纵轴表示融资成本（利率），

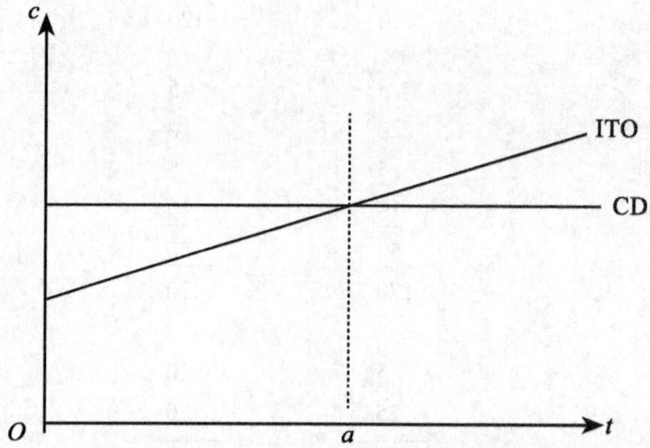

图 10-2　流动性调节中对时间长度的考虑

横轴表示融资时间。假设该银行在现有融资工具比较中，认为同业拆入（ITO）和发行大额可转让存单（CDs）是两种相对理想的融资工具。同业拆入的特点是利率较低，但是期限较短，在较长期的融资中需要不断展期，每次都会涉及一定的手续费和购置成本，故总成本随时间延长而递增；大额可转让存单的特点是利率较高，期限相对较长，但一旦发行后，成本是固定的。因此，该银行流动性正缺口调节期的时间在 Oa 之内，应该通过同业拆入进行融资，当流动性正缺口调节期的时间超过 Oa，则可考虑通过发行大额可转让存单进行融资。

（四）利率预期

在利率市场化的国家，银行在选择流动性调节工具时，对利率波动的趋势也十分关注，因为向上和向下的利率波动趋势会对流动性调节工具选择以及产生的成本或收益效果有较大影响。利率波动趋势对流动性调节的影响分析在图 10-3 中反映。

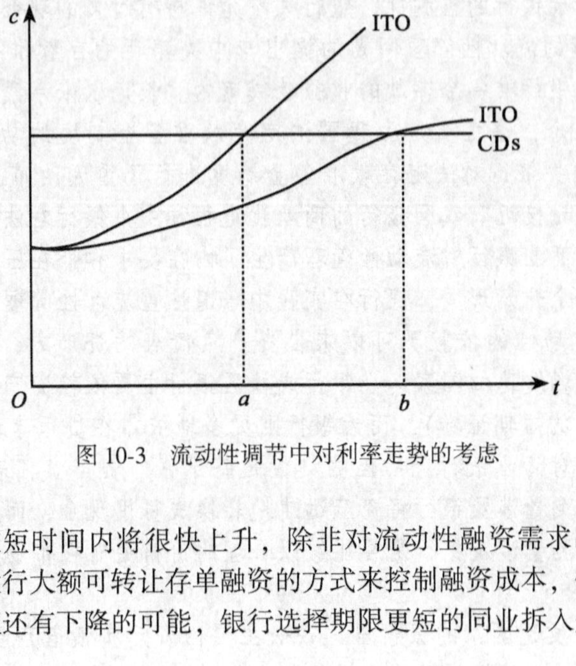

图 10-3　流动性调节中对利率走势的考虑

如果市场利率在短时间内将很快上升，除非对流动性融资需求时间极短，在 Oa 之内，银行应该选择发行大额可转让存单融资的方式来控制融资成本，但是，如果预期市场利率上升缓慢，甚至还有下降的可能，银行选择期限更短的同业拆入是合理的，因为这样可以使成本更低。

总之，流动性管理是一种综合性管理，它既涉及要分析银行目前资产负债组合的状况对未来现金流的影响、预测未来存贷款变动的可能情况，还要对货币市场所提供的可供选择的各种金融工具有充分的理解和准确的把握，因此，在商业银行的管理体系中具有重要地位。一个管理水平很高的银行，其流动性管理的科学性是十分明显的。在一个银行业充分竞争的市场上，超额利润的机会极少存在，银行利润是依靠对成本一点一点降低，对盈利一厘一厘争取而得来的。流动性管理涉及银行大量的现金流，它通过对现金流控制的时间差和利率差，可以极大地降低银行无收益资产，增加盈利资产，从而扩大银行的总利润。

◎小　结

1. 应付客户的资金需求，在日常经营中，银行主要是依赖维持一定比率和数量的现金资产，它们一般由银行的库存现金、在中央银行的（准备金）备付金存款和存放同业的活期存款所构成。在中国银行业，现金资产往往被称为头寸（Cash Position），在国际银行业的资金配置管理理论中，它们又被称为一级准备金（Primary Reserve）。现金资产的特点是流动性强，无利率收益或利率极低。在金融和财务中，流动性的概念指某项金融工具迅速地转换为现金，同时以货币计价不蒙受损失的能力。

2. 在银行管理中，流动性管理的概念得到了扩展和一定的转变，它泛指金融机构在日常经营管理中，在保障支付能力前提下，对现金资产或头寸的管理能力。商业银行作为流动性准备的现金资产，其特点是无收益或低收益。在商业银行的经营原则中，流动性原则是排列在第一位的，它是平衡银行盈利性和安全性的杠杆。然而，银行现金资产的构成特征又使流动性管理十分特殊：为了维持流动性，银行必须持有相当比重的现金资产；为了降低机会成本，扩大银行的盈利性，银行又不允许持有过多的现金资产。

3. 我国商业银行的流动性管理问题的提出与中央银行的存款准备金制度相关，主要是由商业银行在中央银行准备金存款的收益性决定的。长期以来，我国银行不重视，甚至没有流动性管理的概念，这主要是由我国法定存款准备金制度的功能设计和特点所致。1998年3月，我国中央银行对法定存款准备金制度进行了重大改革，使之与国际金融业的惯例和运作方式更为接近。我国银行的商业化进程和中央银行对法定存款准备金制度所进行的改革，使我国商业银行对流动性管理产生了内在要求和外在压力。各商业银行管理者对流动性管理的理念开始形成，银行在实践中普遍注重流动性管理的科学性。

4. 商业银行对流动性的依赖既可以来自资产负债表的资产方，也可以来自负债方。一般来讲，在货币市场发达的国家，小银行或社区银行主要依赖资产方的现金资产和二级准备金（高度可变现的短期证券），而大银行则更多地依靠在货币市场上购买资金来获取流动性。在传统上，对商业银行流动性的测量是基于银行资产负债表生成的财务比率指标。对资产流动性的测量涉及银行将资产迅速地转换成可用现金，而所付出最小成本的能力。对负债流动性的测量涉及银行是否能够以合理的价格随时在市场上发行新的债务，获取所需资金。

5. 流动性管理在发达国家的银行里，一般主要由资产负债管理委员会负责。流动性管理比较复杂，在商业银行里属于综合性管理。银行流动性管理的第一步主要是流动性缺口的估算，主要内容包括：(1) 对各类存款、各类贷款、法定存款准备金总量和其他变量变化的预测；(2) 上述变量对银行头寸影响的分析；(3) 分析银行全部的潜在资金流入和潜在资金流出，在此基础上，按所需时间段计算出流动性缺口。

6. 通过预测和各种估算方法计算出各时间段流动性缺口之后，银行管理层和有关部门开始着手对流动性缺口进行调节和管理。流动性调节和管理的核心是，在估算出各时间段流动性缺口之后，银行要尽早地、主动地对未来将出现富余的资金进行运用安排，尽可能提高资金运用的收益率，对未来将出现的流动性短缺进行融资安排，并尽可能降低融资成本。银行资金流动数额巨大，在竞争日益激烈的环境下，科学的流动性管理将会大大地降低银行成本，提高资金盈利水平。

◎重要概念

头寸 现金资产 流动性 流动性管理 准备金存款 备付金 资产 流动性 负债流动性 核心存款 易变性存款 存贷款趋势性变动 存贷款季节性变动 流动性缺口 累积性缺口 可自主控制项目 非可自主控制项目

银行流动性风险案例之一

——美国大陆伊利诺国民银行流动性风险案①

美国大陆伊利诺国民银行（Continental Illinois National Bank & Trust Co，以下有时简称大陆伊利诺银行）经营失败从而被实行国有化是银行流动性管理失误的典型案例。概括而言，大陆伊利诺国民银行流动性风险的主因，在于贷款的过度扩张与不稳定资金为主要来源的搭配。

一、相关背景

美国大陆伊利诺国民银行总部设在芝加哥市，是20世纪70年代末美国商业银行中发展速度最快者之一。20世纪70年代初，该银行总裁罗格·安德森（Roger Anderson）把该银行的发展目标确定为进入全美十大银行之一，其策略是以低利率作为价格竞争手段，争取市场份额。大陆伊利诺国民银行的信贷策略是瞄准石油行业。因为在这段期间，石油价格狂飙，石油公司盈利前景看好。该银行贷款规模在这段期间的增长速度尤为迅速，1977—1981年间，该银行国内贷款年均增长率高达20%（全国平均水平为10%）。然而在贷款迅速扩张中，大陆伊利诺国民银行的流动性问题日显突出，不像其他大型银行，大陆伊利诺银行一方面存款沉淀并不厚实，核心存款数量很少，另一方面，银行所在的Illinois州不允许银行在本州设立分支机构，核心存款来源大受限制。大陆伊利诺国民银行在其发展战略与生存环境极不匹配的情况下，不得不大规模依赖通过易变性负债的融资来支撑其业务的扩张，融资渠道主要是发行大额可转让存单、借入欧洲美元和隔夜同业拆借，这类资金在金融业中被称为“游资”（Hot Money）。到1981年，就流动性指标而言，该银行对易变性负债的依赖度几乎达到同等规模美国银行的两倍。

二、流动性危机的爆发

一般而言，用易变性较高的批发性负债作为银行的贷款扩张的来源有一个前提，那就是债权人对该银行的财务状况和流动性的稳定程度充满信心。随着国际石油市场价格大幅下降，大量涉足对石油企业发放贷款的大陆伊利诺银行的财务状况开始遭到金融市场的质疑。1982年6月，美国Penn Square银行倒闭是一个转折点，当社会公众发现大陆伊利诺

① 见 Ritter L S, Silber W L. *Money, Banking and Financial Markets*, Basic Books Inc, 2002.

银行总共以 10 亿美元份额参与了 Penn Square 银行组织的银团贷款后，存款人的信心受到强烈冲击。

此外，还有两件事件的发生也在某种程度上动摇了存款人对大陆伊利诺银行的信心。第一，在 1982 年 7 月，该银行发行的大额可转让存单被美国银行业协会从定期存单内部交易系统中最知名银行的名单中删除。这一状况立即导致金融市场对该银行定期存单的需求减少，银行的融资成本提高。第二，大陆伊利诺银行宣布它将更大程度地依赖欧洲美元存款，这意味着，大陆伊利诺银行必须更大程度地对其存款支付高成本，大陆伊利诺银行负债高度不稳定性的内情浮出水面。审计报告显示，1983 年底，大陆伊利诺银行核心存款占资金来源总额的 25%，“游资”却占到高达 64%的比重。从流动性管理的角度来看，这是极不稳定的负债结构。

Penn Square 银行的倒闭迫使大陆伊利诺银行采取审慎的信贷收缩政策，银行监管机构也加强了对该银行的监管。1983 年底审计的结果表明，该银行不良资产高达 19 亿美元，导致银行总裁罗格·安德森于 1984 年辞职。这一事件增加了该银行不稳定因素。1984 年 5 月，随着信息的扩散和银行的流动性危机迹象逐渐明显，存款者对大陆伊利诺银行的大规模存款挤兑风潮掀起。欧洲美元存款最先受到冲击，外国人是最初的大规模提款人，这进一步促使金融市场对大陆伊利诺银行传言四起，从而使大陆伊利诺银行在大额可转让存单发行和挤提存款上遭遇两面夹击的困难。从 1984 年 3 月至 4 月，银行大约 120 亿美元的存款被客户提走，而且 5 月份到期的大额可转让存单和欧洲美元存单的持有者完全拒绝展期，仅为此，该银行在几天之内要对外履约支付的头寸高达 36 亿美元，挤兑的浪潮也越来越难以控制，这家大银行面临倒闭的现实。

三、政府救助

1984 年 6 月，大陆伊利诺银行董事会通过了由美国金融监管当局建议的“长期重建计划”，在这个协议安排中，通过一系列复杂交易，联邦存款保险公司（FDIC）成为大陆伊利诺银行的所有者，维持银行经营，同时要求该银行现有股东承担大部分的风险损失。该协议安排的主要内容有：

1. FDIC 立刻按账面价值购买大陆伊利诺银行 30 亿美元的不良资产，FDIC 同时承担该银行应向美联储归还的 20 亿美元的贷款，大陆伊利诺银行立即冲销 10 亿美元的呆账，同时减少该银行资本账户账面价值8 000万美元。

2. FDIC 购买大陆伊利诺银行 10 亿美元新发行的优先股，并将之转换成为 1 亿 6 千万股该行普通股，这样，FDIC 就立即拥有了大陆伊利诺银行 80%的股份，并接管了管理权，大陆伊利诺银行也因此实际上被国有化了。

3. FDIC 保持购买新成立的控股公司 4 000 万股普通股的权利，这将视它购买大陆伊利诺银行不良资产的损失而定。

4. 大陆伊利诺银行的其他现有股东按照现有持股情况，获取了在 60 天后以每股 6 美元的价格购买股份的权利。

经过政府救助，从 1985 年至 1989 年大陆伊利诺银行经历了大力度的整改，逐渐起死回生，并开始赢利。

四、案例评析

1. 大陆伊利诺银行的流动性风险危机，说明银行的发展不能脱离现实实力。贷款份额和市场份额固然是许多银行发展战略目标之一，但是它必须建立在银行自身核心存款的坚实基础上。在货币市场发达的国家，尽管可以以购买负债的方式来支撑贷款的扩张，但是这些“游资”类的负债极不稳定，对市场极为敏感，一有风吹草动就会流出银行。因此，在银行流动性管理中，必须严格控制易变性负债在资金来源中的比率。

2. 在存在“市场退出”机制的国家，经营不善、亏损严重的银行将被关闭，社会存款人和金融市场为保护自身债权的利益，自然对银行的资产质量十分敏感。所以，银行的发展战略和投资政策应该最大限度地考虑对资产质量的影响。当然，存款对银行资产质量的必要敏感，也构成对银行经营有效的外部监督。

银行流动性风险案例之二
——中国海南发展银行关闭案

一、相关背景

1995年8月8日，经过一年多筹备之后，中国海南发展银行（简称海发行）正式成立了。海发行以原富南信托、吉亚信托、蜀兴信托、浙琼信托及华夏金融公司为基础，另有40多家企业，包括北方工业公司、中远集团等国家大型企业入股。海发行的注册资本金为16.77亿元，实收资本金10.7亿元，股东47家，海南省政府为控股股东。然而这家注册资本金16.77亿元的新银行，一开业便背负了巨大的高成本债务，同时大量贷款资金积压在房地产上。

二、流动性危机的爆发

20世纪90年代初，由房地产泡沫拉动了爆发性的金融增长，但同时也给海南金融业留下许多巨大的隐患。缺乏产业支撑的海南金融在苦苦寻找化解风险的突破口。在原有的金融机构信用资产已经迅速贬值的背景下，作为一个急需筹集大量资金的地方金融机构，海发行从诞生之始就被赋予了化解金融风险的任务。

海发行一开始就沿袭了原来那些信托公司的做法——高息揽存。1996年海发行5年期存款利息一度高达22%。在高息的刺激下，海发行的资产和存款规模急速膨胀。1996年底，海发行全行营运资本金便达到86亿元，各项存款比开业前增长152%，贷款比开业前增长97.8%；1997年底，海发行的资产规模发展到106亿元。

1997年12月16日，在地方政府的压力下，成立不足3年、资产仅为110亿元的海发行又并购了28家资不低债的城市信用合作社，同时还托管了5家被关闭的城市信用合作社。海发行接管的城市信用合作社总资产137亿元，总负债142亿元。这被普遍认为是海发行崩溃的导火线。

接管之后，原以为取款无望的城市信用合作社的储户很快在海发行营业部的门口排起了长队，各种不利传闻甚嚣尘上，恐慌很快积累成挤兑风潮，海发行脆弱的存款根基在挤兑风潮中迅速瓦解，最后几乎只能完全依靠人民银行再贷款勉强支撑。

中国人民银行总行在陆续给海发行提供了近40亿元再贷款后，1998年3月22日拒绝继续“输血”，这迫使海发行随后推出了限额取款政策，支付限制在6月初最严重时竟然达到规定个人储户一次只能支取存款100元的程度，这种政策无疑进一步加剧了公众的恐慌心理。在相关政府部门的默许下，海发行试图以高利率挽留储户，但是已经经历了泡沫经济的存户却视这为该银行财务状况更加危险的征兆，大面积的挤提迅速冲垮了海南发展银行脆弱的流动性防线的底线。其后，虽然海南省政府也动用了高达7亿元的资金企图挽回局面，其中还包括一部分地方政府财政资金，但此时海发行已无回天之力。

1998年6月21日，为了防止支付危机进一步蔓延，国务院、中国人民银行总行迅速作出决定，关闭海南发展银行，同时指定中国工商银行总行托管海发行的所有债权债务。

流动性危机与存款户对银行信息所掌握的程度密切相关。当时在海南省，社会上的普遍流传的说法是，以1997年底的数据计算，海南发展银行个人储蓄存款额40亿元，再加上后来吸纳的城市信用合作社各类存款和负债142亿，海发行存款应该在120亿元以上。然而社会上都知道，这些存款的大部分是高息揽存的，除了对利率支付的合法性心存疑虑之外，存款户也担心高息存款的高成本给银行经营带来巨大压力。海南发展银行贷款总额约为106亿元，然而，在海南省社会上，关于海发行的贷款质量流传着两种说法：其一是海南省75%的房地产贷款是海发行发放的（海南省房地产当时已跌入低谷）；其二是海发行的全部贷款可分为三个1/3，即1/3的是盲目投资的不良贷款，1/3的是金融腐败中贿款形成的不良贷款，只有1/3是有效资产。

三、案例评析

1. 海发行的资产负债配置存在严重的问题。以高息为条件的资金来源并不稳定，却要支撑质量很差、泡沫含量极高的长期房地产贷款，蕴含了极高的流动性风险。因为当面临巨额的资金需求时，银行无法通过资产的变现换取流动性，化解支付危机，极易导致资金链条断裂。

2. 对流动性危机的处置方法不当。在海南发展银行出现了流动性危机后，一方面有关部门的解释工作没有做到位，没有进行必要澄清，致使不利传言大肆扩散，加剧了存款人的恐慌；另一方面，政府有关部门没有给海发行足够的资金支持，致使海发行不得不出台限制客户提取存款的措施，进一步增加了客户的心理恐慌，形成恶性循环。

3. 除此之外，地方政府决策失误和股东实力较弱是重要原因。让一家成立不足3年的股份制银行在短时间内消化远超过其能力的高成本负债，同时面对几十万深陷心理恐慌的储户，这违反了金融业运行的基本规律，从一开始就注定了必将陷入流动性危机的命运。反之，如果海南省将28家城市信用合作社逐步解决，一年消化几个，结果也许会有转机。而且由于股东实力较弱，当海发行出现流动性危机时，股东根本无力对其进行救助。

4. 一个国家在没有建立正式的存款保险制度的环境中，引进银行的市场退出机制要十分慎重，因为此时存款户对银行的安全性过于敏感，极易形成挤兑风潮。

第十一章 银行资产负债管理

银行资产负债管理与一国利率市场化高度相关。在利率市场化环境下，银行资金总体配置对利率波动很敏感，配置不当会造成损失。我国利率市场化进程不断加快，资金配置风险已成为银行面临的现实问题。

在金融业比较成熟的国家，商业银行的资产负债管理有广义和狭义之分。广义的资产负债管理指商业银行按一定的策略进行资金配置，来实现银行流动性、安全性和盈利性这三个经营目标的组合。它既不单纯站在资金运用，如信贷、证券投资等角度，也不单纯站在资金来源，如资本金、存款、借款等角度，而是考虑银行整体资金的配置状态，以实现银行经营目标平衡发展为目标。广义的资产负债管理按其经历的过程，可划分为资产管理思想阶段、负债管理思想阶段和资产负债综合管理思想阶段。狭义的资产负债管理主要指在利率波动的环境中，通过策略性改变利率敏感性资金的配置状况，来实现银行的目标净利息差额（NIM），以及通过调整总体资产和负债的持续期，来维持银行正的股本市场价值（MVE）。我国银行业还处在商业化的过程中，就整体而言，对资金配置的理解和水平还处于较低的认识阶段。我国目前实行的资产负债比率管理与国外市场经济发达国家银行实行的资产负债管理，从内容到形式都不一样。然而，我国目前实行的资产负债比率管理，是我国银行业按商业银行经营原则配置资金所迈出的重要一步。

第一节 资产负债管理理论和策略的发展

一、资产管理的阶段和思想

在20世纪60年代以前，在全世界范围内，商业银行是金融机构的主要代表，间接融资是经济活动中最主要的融资方式。商业银行的资金来源以活期存款为主，资金供给相对充裕，资金来源的水平和结构被认为是独立于银行决策之外。在这种环境下，商业银行管理的中心是维护流动性，在满足流动性的前提下追求盈利性，因而将资金配置的重心放在银行资产负债表的资产方面。概括而言，在银行业资产管理阶段，商业银行资金配置的主流观念认为，资金来源的水平和结构是银行不可控制的外生变量，银行应主要通过资产方面项目的调整和组合来实现三性原则和经营目标。由于资金配置的重心在银行资产负债表的资产方，这个时代被银行业称为资产管理（Asset Management）阶段。下面根据资产管理思想和策略所提出的顺序，依次给予介绍。

（一）资产管理理论沿革

1. 商业性贷款理论

资产管理思想可以追溯到18世纪英国商业银行所遵循的确定银行资金分配方向的理论，即商业性贷款理论（The Commercial Loan Theory）。该理论认为，商业银行在分配资金时，应着重考虑保持银行自身的高度流动性，这是因为银行的主要资金来源是周转性很高的活期存款。由于存款决定是外在的，因此，银行资金的运用只能是短期的工商企业周转性贷款，以便与较高比重的活期存款相匹配。这种贷款期限较短，且以真实的商业票据作为贷款的抵押，这些票据到期后会形成资金自动偿还，所以该理论又被称为自偿性贷款理论（Self-Liquidation Theory）和真实票据理论（Real-Bill Theory）。

商业性贷款理论还认为，商业银行不宜发放不动产抵押贷款和消费贷款，即使发放这些贷款，也应将其限定在银行自有资本和现有储蓄存款水平一定的范围内。

商业性贷款理论产生于西方商业银行发展初期。当时英国的产业革命刚刚开始，大机器工业尚未出现，占支配地位的还是工场手工业和发达的商业，所需资金多数属商业周转性的流动资金。金融机构管理处在较低水平上，中央银行还没有产生，即还没有作为最后贷款人角色的中央银行，因此，流动性风险是商业银行经常面临的主要风险。

该理论的缺陷是显而易见的，它忽视了活期存款的余额有相对稳定的一面，从而使银行资金配置太多地集中在盈利性较低的短期流动资金贷款上，而且以真实票据为抵押的商业贷款的自偿性是相对的。在经济衰退阶段，票据违约现象相当普遍，从而使真实票据的自偿程度大大降低。该理论还有一个很大的缺陷，由于将银行的资金运用限定在商业流动资金贷款上，而不拓展其他贷款和资产运用业务，这样商业银行的业务就局限在十分狭窄的范围内，不利于银行发展和分散风险。然而，商业性贷款理论第一次明确了商业银行资金配置的重要原则，即资金的运用要考虑资金来源的性质和结构，以及商业银行相对于一般工商企业应保持更高的流动性的运作特性。这些思想对商业银行作为经营货币的特殊企业，如何进行资金配置、稳健经营提供了理论基础。

2. 资产可转换性理论

第一次世界大战以后，由于西方强国迅速恢复经济，后又加上经济危机爆发和加深，这些国家开始大量发行公债，政府借款需求急剧增加。商业银行也逐步把资金部分转移到购买政府证券中去。资产可转换性理论（The Shiftablity Theory）应运而生。该理论被认为是由美国的莫尔顿于1918年在《政治经济学杂志》上发表的“商业银行及资本形式”一文中提出的。这个理论仍然强调商业银行应考虑资金来源的性质而保持高度的流动性，但可放宽资产运用的范围。资产可转换性理论的主要内容可概括为：流动性要求仍然是商业银行需特别强调的，但银行在资金运用中可持有具有可转换性的资产，这类资产应具有信誉高、期限短、容易转让的特性，使银行在需要流动性时可随即转让它们，获取所需现金。在资产可转换性理论的鼓励下以及当时社会条件的变化，商业银行资产组合中的票据贴现和短期国债比重迅速增加。

资产可转换性理论突破了商业性贷款理论对商业银行资产运用的狭窄局限，使银行在注重流动性的同时扩大了资产组合的范围。

3. 预期收入理论

预期收入理论（The Anticipated Income Theory）为美国金融学家于1949年在《定期贷款与银行流动性理论》一书中提出。该理论的基本思想是：商业银行的流动性状态从根本上来讲取决于贷款的按期还本付息，这与借款人未来的预期收入和银行对贷款的合理安排密切相关。贷款期限并非一个绝对的控制因素，只要贷款偿还是有保障的，银行按照贷款各种期限合理组合，使资金回流呈现出可控制的规律性，同样可保障银行的流动性。

该理论产生的背景是，第二次世界大战后，美国经济从战时状态转入恢复和发展，鼓励消费的经济政策使得消费品市场对生产企业的设备更新提出要求。商业银行的借款需求中，中长期贷款增长很快，而且中长期贷款本息回收的前景很好。商业银行希望进行资产组合的结构调整，增加发放利息率较高的中长期信贷。这些银行经营行为的调整均需要获得理论上的支持。预期收入理论并不否认商业性贷款理论和资产可转换性理论的科学部分，但极大丰富了如何判断银行资产组合中流动性和盈利性关系的思维方式，强调了借款人的预期收入是商业银行选择资产投向的主要标准之一。预期收入理论无疑比前两种理论仅强调按照资产的期限来决定银行的流动性更为科学，从而为商业银行在更宽的领域内选择资产组合提供了理论基础。

（二）资产管理的方法

1. 资金分配方法

资金分配方法（The Funds Allocation Approach）提出的时间也在20世纪40年代。它根据资产管理理论的思想，提出商业银行应如何安排资金组合的运作策略。其主要内容是：商业银行在把现有的资金分配到各类资产上时，应使各种资金来源的流通速度或周转率（Turn-over Rate）与相应的资产期限相适应，即银行资产与负债的偿还期应保持高度的对称关系，所以它也被称为“期限对称方法”。那些周转率较低或相对稳定的资金来源应该被分配到相对长期、收益高的资产上；反之，周转率较高的不稳定性存款则主要应分配到短期的、流动性高的资产项目上。例如，活期存款有较高的周转率和法定存款准备金比率，其偿还期被视为零，从对称原则出发，应主要分配到作为一级准备的现金资产和作为二级准备的短期证券资产上，少部分用于贷款。定期存款稳定性较高，则主要运用于贷款和中长期证券投资等盈利性资产。资本金不要求有法定存款准备金，且不存在到期偿付的要求，这部分资金主要用来购置建筑物和设施。这些关系在图11-1中得以反映。

2. 线性规划方法

资金分配法仅体现一种资金管理的策略思想，但银行在现实运用中需要可供操作的方法。银行是使用计算机最早的行业之一，几乎计算机一出现，就在银行业务和管理中得到了广泛使用，从而使银行有可能将计算多种变量的数学方法引入银行资金配置决策中，寻求最优配置方案。线性规划方法（The Linear Programming Approach）也称为管理科学方法，就是一种较为有效的方法，20世纪50年代，它就被银行用来解决在一些变量受约束时，线性函数值如何取得最优的问题。

线性规划模型在银行资金管理中的运用主要包括四个步骤，即建立模型目标函数，选择模型中的变量，确定约束条件，最后求出线性规划模型的解。

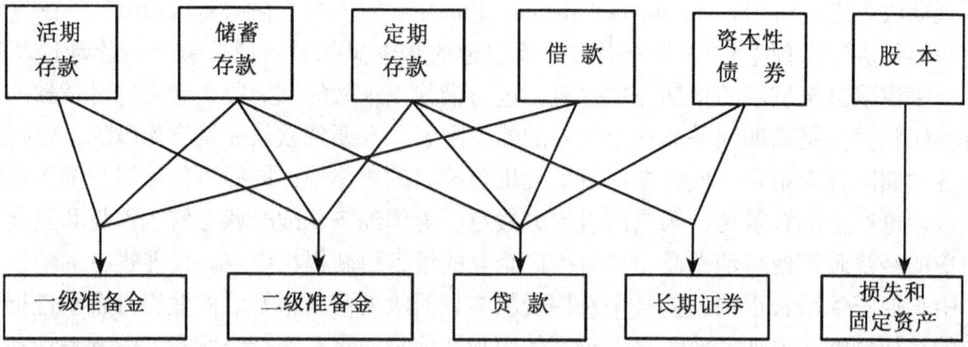

图 11-1 资金分配方法

（1）建立模型目标函数。由于在确定目标函数中运用“股东财富最大化”概念极为困难，这个目标函数通常使用更为常用的术语定义。一般来说，银行企图最大化的目标函数包括各类资产收益率、净收益等，银行把它们作为股东财富最大化的近似反映。

（2）选择模型中的变量。主要考虑决策和预测这两类变量。决策变量是那些银行可以进行控制，而且银行企图优化其组合数额的资产和负债项目，如同业拆借、国库券、贷款和资本债券等。预测变量是银行不能进行控制，并主要由银行外部事件决定的因素，如利率、现金流量、存款和放款种类等。

（3）确定约束条件。在银行业务经营中，存在着许多限制性因素，如法律限制、流动性要求、资本充足率要求等。因此在线性规划模型中，银行应当确定各种限制性因素的范围和极限值。

（4）求出线性规划模型的解。建立完模型后，把各项数值输入计算机进行运算，求出银行以何种比例分配资金，才可以使银行利润或股东财富最大化。

我们以一个简单的例子来说明。

设一家银行资金总来源为2 500万货币单位，这些资金的运用可以作为贷款（x_1），也可以作为二级准备金，即短期证券（x_2）来持有。设贷款收益率为12%，短期证券收益率为8%。又假定高级管理人员确定的流动性标准是，总资产中每10货币单位至少有短期证券2货币单位，在本例中，即短期证券与总贷款的比例至少要大于或等于1/4（为了简单起见，法定存款准备金、存款成本等因素不予考虑）。

我们把所有因素以数学方式表达：

目标函数和约束：	定义
最大化 $Z_{MAX}=0.12x_1+0.08x_2$	目标函数
服从于约束条件 $x_1+x_2\leqslant 2\,500$ 万	总量约束
$x_2\geqslant 0.25x$	流动性约束
$x_1\geqslant 0,\ x_2\geqslant 0$	非负约束

我们再以更为直观的几何图来表示，见图 11-2。

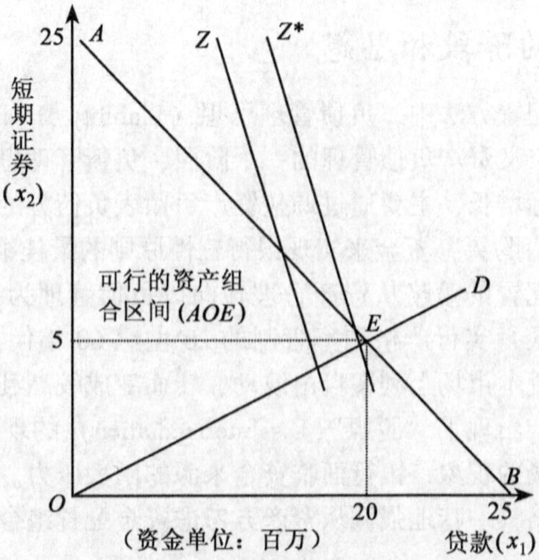

图 11-2　线性规划方法下的资金配置

目标函数 Z 表明各种收益资产对银行总收益的贡献，在图 11-2 中表现为一条常规利润线。在目标函数曲线 Z 上的每一点都代表产生同样总收益的贷款和二级准备金的不同组合。

第一个约束 $x_1+x_2 \leqslant 2\,500$ 表明，银行贷款和准备金受到所获总资金来源的制约，可行的资产选择必须位于或受限于 AOB。

第二个约束 $x_2 \geqslant 0.25x_1$ 表明，二级准备资产必须等于或大于总贷款的 25%，以符合流动性标准。因此，可行的资产组合必须处于或高于 OD 线。

第三个约束 $x_1 \geqslant 0$ 和 $x_2 \geqslant 0$ 表明，贷款和短期证券不可能是负数。

三角形 AOE 区域描绘了满足三个约束的资产组合的所有的点。

为了确定最佳资产组合，通过反复试错试验，Z 向右上方移动。Z 函数向右上方移动代表更高水平的总利润。在 E 点上，所选择的贷款和二级准备资产的组合在满足了三个约束条件的同时，使银行的收益最大化，这个点被称为最佳资产组合点。我们可以看到，在这一点上，资金管理者投资 500 万货币单位在短期证券上，贷款 2 000 万货币单位，目标函数 Z^* 代表总收益 280 万货币单位。不可能有其他的点在满足所有约束条件下超过这个收益。

西方商业银行中，线性规划方法的资金管理在一些拥有专业技术职员的大银行中已获得成功，他们把分析技术理想地结合到决策过程中，使银行资金管理的科学性得到了极大的提高。但是，这种方法对一些小银行的效果并不令人满意。

无论哪一种资产管理方法的思想，都认为商业银行在资金配置中应把重心放在资产负债的资产项目方面，而且流动性在银行考虑资产组合中占有优先地位。在当时的经济环境中，这种以资产管理为重心的分析角度的确抓住了商业银行经营对象——货币资金运行的特殊性。但是，资产管理的种种方法也表现出它的不灵活性和保守性的一面，一旦经济运行环境发生大的变化，商业银行就显得十分被动。

二、负债管理的阶段和思想

在商业银行的资金配置方法中，负债管理思想（Liability Management）与负债业务是完全不同的概念。作为广义资产负债管理的一个阶段，负债管理思想的基本内容是：商业银行资产按照既定的目标增长，主要通过调整资产负债表负债方的项目，通过在货币市场上的主动性负债，或者“购买”资金来实现银行三性原则的最佳组合。

西方商业银行资金配置的策略从资产管理转向以负债管理为主，有其环境变化的背景。在西方各国对商业银行实行严格利率管制的20世纪60年代，经济中发生了通货膨胀，再加上货币市场和资本市场上利率自由波动，转而变成较高利率的状态，对商业银行资金来源造成很大冲击，出现了“脱媒”(Dis-Intermediation）的现象，即社会资金不经过银行而直接进入金融市场的现象，银行面临资金来源的巨大压力。在这种状况下，商业银行若不调整资金配置策略，一味地强调从资产方考虑资金配置组合，必将使银行陷入严重的困境。

银行负债管理思想源于利率管制下的金融创新。从1961年美国花旗银行首创大额可转让存单到以后涌现的各种含息的交易性存款，使得银行家们意识到，如果必需的资金总是能通过在货币市场上“购买”即可得到时，为什么一定要把自己的资金配置限定在被动性负债限度内？为什么要储备过多的低收益流动性资产呢？

负债管理一改传统流动性管理中严格期限对称的原则和追求盈利性时强调存款制约的原则，不再主要依赖维持较高水平现金资产和以短期证券为主的二级准备金来满足流动性需要，而是积极主动地在货币市场上“购买”资金来满足流动性需求和适应目标资产规模扩张的需要。

严格来讲，负债管理作为资金配置管理的一个阶段并无系统的理论，下面用图11-3来描述负债管理的思想（实线表示在负债管理思想下，流动性的来源和影响，虚线表示在资产管理思想下，流动性的来源和影响）。从图11-3中可看出，如果银行遭到突然提存或贷款对流动性的需要，在资产管理方法下，主要依赖变现二级准备金来满足。然而在负债管理阶段，流动性则依靠在货币市场上购买资金来补充，同时商业银行还利用主动负债来不断适应盈利性资产的战略性扩张。

商业银行运用负债管理策略使银行降低了流动性资产储备水平，扩大了收益性资产，提高了资产的盈利能力。它的出现标志着商业银行在资金管理上更富进取性，摆脱了被动负债的制约。然而，负债管理也给银行增加了风险，因而只有较大的银行才有能力承受大量“购买”资金所增加的成本压力和经营风险。

三、资产负债综合管理的阶段和思想

负债管理思想被商业银行普遍接受后，金融创新出现浪潮，各金融机构利用种种新型金融工具和交易方式，采取显性和隐性的方式提高资金价格，利率限制实际上被冲破了。20世纪80年代后，西方各国先后取消或放松利率管制，银行界，甚至整个金融界出现金融自由化浪潮，种类繁多的浮动利率资产和浮动利率负债品种纷纷涌现。商业银行在争取

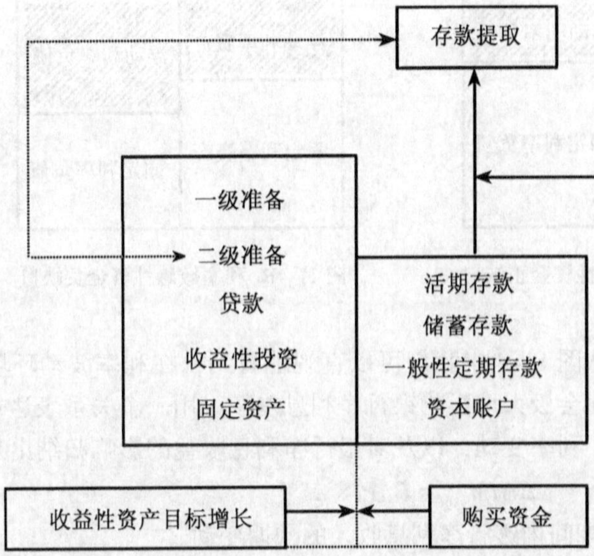

图 11-3　负债管理策略

到金融市场上主动融资权的同时，也面临了新的风险，即利率风险。在市场利率波动的环境下，资产和负债的配置状态极有可能对银行利润和经营状况产生很大影响。商业银行资金管理开始把目标转向如何通过协调负债与资产的关系来保持净利息正差额（Net Interest Margin，NIM）和控制正的自有资本净值（Net Worth），其管理的方法和思想是资产负债综合管理。

资产负债综合管理（Asset-Liability Management，ALM）也称相机抉择资金管理（Discretionary Fund Management），其管理的基本思想是：在融资计划和决策中，银行主动地利用对利率变化敏感的资金，协调和控制资金配置的利率敏感状态和期限状态，使银行维持一个正的净利息差额和正的资本净值。

在利率波动环境中，不可预期的利率波动从两个方面给银行带来风险。第一，利率敏感性资产与利率敏感性负债之间的缺口状态，它会使利率在上升或下降时影响到银行净利息差额或利润；第二，利率波动引起期限不对称的固定利率资产和固定利率负债的市值变动，从而影响到按市场价值计算的银行自有资本净值。

图 11-4 表示不可预期的利率波动对银行净利息差额带来的影响。

在图 11-4A 部分，浮动利率资产大于浮动利率负债，被称为利率敏感性资金正缺口。在图 11-4B 部分，浮动利率资产小于浮动利率负债，称为利率敏感性资金负缺口。资金缺口越大，利率敞口越大，从而使银行潜在的损失和收益增大。在资金正缺口状态下，如果利率下降，则较多负债的利率固定在较高水平上，而较多资产的利率却必须随着不断下降的市场利率下调，从而使银行净利差减少。在资金负缺口状态下，如果利率上升，则较多负债的利率必然随着市场利率上升，而较多资产的利率则固定在相对低水平上，也会使银

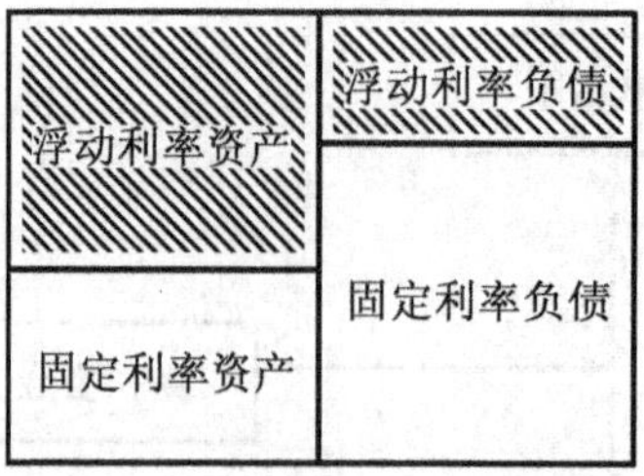

图 11-4A 利率敏感性资金正缺口

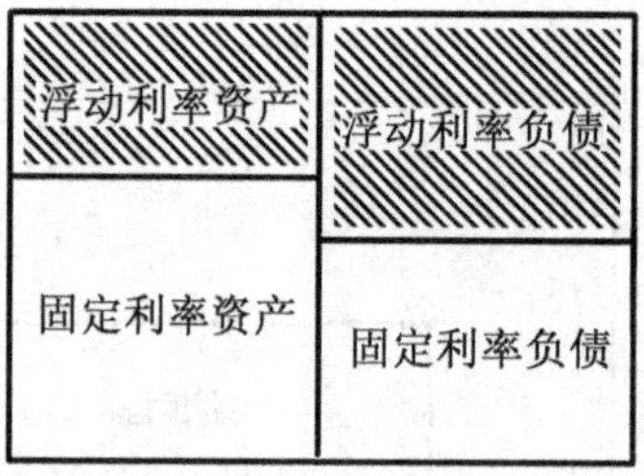

图 11-4B 利率敏感性资金负缺口

行净利息差额减小。因此，从图 11-4 中我们可以直观地看到，在利率波动环境中，利率敏感性资产和负债的配置状况会极大地影响银行净利息差额。用一个关系表达式可以很容易地把利率敏感性资金缺口、利率变动，以及对银行净利息收益的影响归纳出来，即：

$$\Delta NIM_{\text{exp}} = GAP \times \Delta i_{\text{exp}}$$

公式中：ΔNIM_{exp}——在一段期间内银行净利息收入的预期变动

GAP——一段期间内的利率敏感性资金缺口

Δi_{exp}——利率水平的预期变动

表 11-1 为利率敏感性资金缺口风险小结，就不同敏感性资金缺口在利率波动时对银行净利息的影响进行了归纳。因此，资产负债综合管理的目标之一就是要降低利率波动对银行净利息收益的影响，管理水平高的银行甚至可以在利率波动中扩大盈利。

表 11-1 利率敏感性资金缺口风险小结

资金缺口	利率变化	利息收入变化	变动结果	利息支出变化	净利息收入变化
正	上升	增加	>	增加	增加
正	下降	减少	>	减少	减少
负	上升	增加	<	增加	减少
负	下降	减少	<	减少	增加
零	上升	增加	=	增加	不变
零	下降	减少	=	减少	不变

在利率波动的环境中，除了利率敏感性资金配置状态会对银行经营业绩产生影响外，银行资产负债的整体配置状态也会对银行的风险状态产生很大影响。例如，除了浮动利率资产和负债外，银行还持有大量的固定利率资产和负债，在利率发生波动时，固定利率资

产和负债的账面价值不变，但是市场价值会发生变化。如果资产和负债的期限配置严重失衡，利率波动会对按市场价值计算的银行股本，或自有资本产生极大的影响，即银行有可能出现在利率波动中按市场价值计算的股本（Market Value of Equity，MVE）价值下降，从而导致资本充足率不足的风险。利率波动对银行整体资产负债市场价值的影响和对资本市场价值的影响的分析，要借助持续期的概念和持续期缺口模型的分析。持续期的概念比较难以理解，它指考虑了未来现金流的金融工具的加权平均时间，持续期缺口实质上反映了期限配置缺口，有关这方面的内容在下面有详细介绍，但是为了理解的方便，我们在目前先假定金融工具的持续期就等于偿还期（这只是零息票债券的特例），因此，持续期正缺口可以近似地理解为银行总资产的期限长于总负债的期限，持续期负缺口可以近似地理解为银行总资产的期限短于总负债的期限，持续期零缺口指两者期限基本相等。以下我们先把利率波动对银行整体资产负债市场价值的影响以及对资本净值市场价值的影响的风险分析用表 11-2 进行归纳。

表 11-2 利率波动对银行净值的影响

持续期缺口	利率变动	资产市值变动	变动结果	负债市值变动	净值市值变动
正	上升	减	>	减	减
正	下降	增	>	增	增
负	上升	减	<	减	增
负	下降	增	<	增	减
零	上升	减	=	减	无
零	下降	增	=	增	无

在新巴塞尔协议框架中，对资本充足率的考核要求按市场价值来进行分析，因此，资产负债综合管理的另一目标就是要尽可能降低利率波动对银行净值的影响。

最后特别需要指出的是，广义资产负债管理思想的三个阶段，并不都是对前一阶段思想或理论的简单扬弃，而是一种继承和发展的关系，都包含着前阶段理论的合理成分。

第二节 资产负债管理在银行的运用之一
——融资缺口模型及运用

融资缺口模型（Funding Gap Model）是资产负债管理基本方法之一。银行运用该模型的目的，是根据对利率波动趋势的预测，相机调整利率敏感性资金的配置结构，以实现利润最大化目标或扩大净利息差额率。

一、有关融资缺口模型的术语和定义

1. 利率敏感性资金。利率敏感性资金（Rate-Sensitive Fund）也称浮动利率或可变利率资金，意指在一定期间内展期或根据协议按市场利率定期重新定价的资产或负债。利率敏感性资产 RSA（Rate-Sensitive Asset）和利率敏感性负债 RSL（Rate-Sensitive Liability）的定价基础是可供选择的货币市场基准利率，主要有同业拆借利率、国库券利率、银行优惠贷款利率、大银行的大额可转让存单利率等。利率敏感性资金除了按上述利率定期定价的项目外，还应包括其未来现金流会随着市场利率而改变的各项资金项目。确定为利率敏感性资产或负债的项目，其重新定价的频度由各银行自行掌握，如每半年一次以上的或每季一次以上的不等。

2. 融资缺口。融资缺口 FG（Funding Gap）由利率敏感性资产与利率敏感性负债之间的差额表示：

即 $FG = RSA - RSL$

很显然，融资缺口有零缺口、正缺口和负缺口三种状态。

3. 敏感性比率。敏感性比率 SR（Sensitive Ratio）是融资缺口的另一种表达，它是利率敏感性资产与利率敏感性负债之间的比率关系，用公式可表达为：

$$SR = RSA \div RSL$$

敏感性比率与融资缺口有三种匹配的基本关系，当融资缺口为零时，敏感性比率值为1；当融资缺口为正数时，敏感性比率值大于1；当融资缺口为负数时，敏感性比率值小于1。

4. 敏感性资金缺口（或称融资缺口）对银行产生的风险。当银行资金配置处于零缺口时，利率敏感性资产等于利率敏感性负债，利率风险处于“免疫”状态；当处于正缺口时，利率敏感性资产大于利率敏感性负债，处于利率敞口的该部分资金使得银行在利率上升时获利，利率下降时利益受损；当处于负缺口时，利率敏感性资产小于利率敏感性负债，利率风险敞口部分使得银行在利率上升时利益受损，利率下降时获利。

二、融资缺口模型的运用

如果银行难以准确地预测利率走势，采取零缺口资金配置策略显得更为稳妥和安全。因为在利率敏感性资产与利率敏感性负债配平状态下，无论利率上升或下降，浮动利率资产和浮动利率负债的定价是按同一方向，并在等量金额基础上进行的。这种策略对那些中小银行来讲是适合的，但有些银行，特别是一些大银行有雄厚的技术力量和专家队伍，有能力对利率波动方向进行较为准确的预测，有能力对资产和负债的组合按意愿进行调整，这种零缺口的资金配置策略就显得过于呆板和保守。

假设银行有能力预测市场利率波动的趋势，而且预测是较准确的，银行资产负债管理人员完全可以主动利用利率敏感性资金配置组合技术，在不同的阶段运用不同的缺口策略，获取更高的收益率。这一模型的运用可用图 11-5 来表示。在图 11-5 的上半部分，纵轴表示银行资金配置敏感性比率值，横轴表示时间，曲线表示利率敏感性资金的配置状态。

当预测市场利率上升时，银行应主动营造资金配置的正缺口，使利率敏感性资产大于利率敏感性负债，即敏感性比率大于1，从而使更多的资产按照不断上升的市场利率重新定价，扩大净利息差额率。从理论上分析，当利率上升到顶点时，银行融资正缺口应最大，或敏感性比率值最高。但是，由于利率峰值很难精确预测，而且市场利率一旦从顶峰往下降时，降速很快，银行极有可能来不及反向操作。所以，当利率处于高峰区域时，银行就应改为反向操作，使敏感性比率逐步降到1，或尽可能恢复到零缺口的状态。当利率开始下降时，银行应主动营造资金配置负缺口，使浮动利率负债大于浮动利率资产，即敏感性比率小于1，这样，可以使更多的负债按照不断下降的市场利率重新定价，减少成本，扩大净利息差额率。

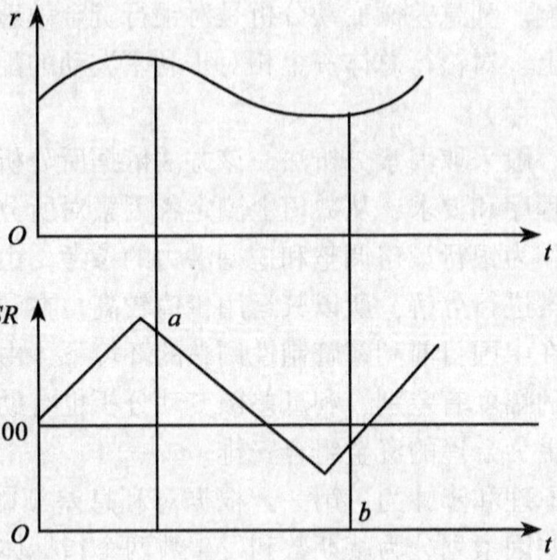

图 11-5　融资缺口模型的运用

必须强调的是，银行期望通过不断改变利率敏感性资金缺口（或融资缺口）来获利并非易事。但是，在遇到困难的同时，人类总是会找到解决困难的方法，银行业也是如此。首先，利率预测往往准确率不高，特别是短期利率更难预测。一旦实际利率走势与预测反向，银行有可能会发生重大损失。在经过一系列挫折后，国外部分商业银行已改用采取长时间间隔划分来提高利率预测的准确性，即尽量作长期利率预测，把对利率的上升与下降预测与经济周期相联系；而且，即使银行对利率变化预测准确，银行对利率敏感性资金缺口的控制和调整也只有有限的灵活性。因为当银行大多数的客户对利率走势的预测与银行一致时，客户对金融产品的选择与银行意愿提供的正好相反。例如，当双方均预测利率上升时，银行希望增加浮动利率贷款以获利，但客户却会要求获取固定利率贷款以锁定成本，从而使银行在现有客户群中调整资金配置的空间不大。然而，随着金融衍生产品和交易的不断扩展，银行对于这个矛盾可以在金融市场上通过期货交易、远期利率协议和利率互换等手段来解决。

三、银行净利息差额变动分析和资金利率敏感度分析技术

为了使银行在利率变化的环境下能及时监测并调整资金配置，银行有必要对净利率差额变动和资金利率敏感度进行分析：前者指通过因素分析法，归纳出利率变动、资金规模和资金组合因素变动对银行净利息差额带来的影响，以便于银行根据利率走势预测对资产负债组合进行合理调整；后者是将银行所有将随市场利率重新定价的资金进行归类分析，结合对利率的预测，以便于银行主动实施融资缺口策略。

（一）净利息差额变动分析技术

融资缺口管理模型的最大优越性在于在短期内控制净利息差额。净利息差额是银行资产收益减去负债成本的税前利润。净利息差额除了利率因素外，还受银行资金规模和各项资产负债组合因素的影响。利息差额变动分析是对银行资金敏感性分析的补充，它在利率敏感性一般分析的基础上，对银行总体资金相对于利率波动的配置的合理性作出进一步的剖析。

利息差额变动分析一般采取因素分析法，该方法依据所分析指标与其相关影响因素之间的关系，按照一定的程序和要求，从数值上测定各因素对所分析指标的影响程度，这有利于分清原因和责任，作为银行策略调整和挖掘潜力的参考。由于该方法可以把银行每一项资产和负债的影响因素进行分解，所以其运用价值较高。在利率波动的环境下，它的运用价值不言而喻，即使在中国目前利率管制性调整的环境下，由于金融管理当局对银行各项资产、负债利率调整的幅度有差别，利息差额变动分析也有助于那些注重管理的银行分析现有资金配置，作出更为合理的资金组合安排。

因素分析法的基本原理和步骤为：第一，根据对利息差额影响分析所需的主要因素，可按照其依存关系将这些因素划分为基期数和发生数两个指标体系。第二，以基期数指标体系为比较基础，将发生数指标体系中每项因素的发生额按顺序替代相应的基期数，从而计算出由于该因素变动产生的效果。每次替代后的实际发生额在下一轮计算中被保留下来，以免重复计算，有几个因素就需替换几次。第三，将每次替换计算的结果与这一因素被替换前的结果进行比较，两者之间的差额就是这一因素变化对核心指标的影响程度。第四，将各个因素的影响度数值相加，其总数应该同核心指标实际发生数与基期数之间的差异相符。

在利用因素法对利息差变动进行分析时，净利息差额（NIM）是核心指标，它反映了商业银行主营业务的绩效。影响净利息差额的因素很多，但就资金配置与利率波动的关系来讲，影响净利息差额变化的主要因素可以分解为资金规模、利率和资产负债组合这三个变量，用公式表示它们的关系为：

$$\Delta NIM = \Phi(r,\ q,\ m)$$

其中，ΔNIM 表示净利息差额变动，Φ 为函数关系，r 代表利率波动因素，q 为资金规模变动因素，m 为资产负债组合变动因素。

为了更清楚地说明利息差变动分析法的运用，下面结合一家假设银行的案例进行详细

的阐述。① 从表 11-3 中可以看出，该假设银行与前一年相比，资产规模有了167 708美元单位的较大幅度增长，从表 11-4 中可以发现，与前一年相比，该银行净利息差额也增长了2 540美元单位，然而，税后利润却为负的 64 美元单位，在表 11-5 中进一步看出，如果把净利息差额表示为总收益资产的百分比（净利息差额率），该银行的净利息差额比前一年下降了 0.08%。该银行高层管理人员需要了解，在资产规模增加的情况下，是什么原因造成了税后利润为负数？为什么净利息差额率比前一年下降？在目前利率波动走势下，该银行资金配置有无失误？如果有，银行应该采取什么策略进行调整？该银行资产负债管理工作人员运用利息差额变动分析法对主要影响因素进行了以下分解分析。

如前所述，利率波动、资金规模变动和资产负债组合变动都可能对利息差变动产生影响，但每一个因素的作用程度要有定量的分析和解释。在本案例运用因素分析法，其基本思路是，先假定其他两个因素为常数，再分析另一个因素对利息差额变动的影响。用同一方法就三个因素逐一分析，通过连续的类似计算，得出每一个项目中三种因素对利息差额变动的影响。我们以本案例中第一项“商业和不动产贷款”为样本分析项。

1. 利率变动对利息差变动的影响分析

在利率变动对利息差变动影响分析中，一般把分析项的资产或负债额固定在分析年的水平上，然后分别用分析年和前一年的利率与该项资产或负债额相乘，两者之差为分析项收益或成本中利率因素变动对净利息差额的作用程度。其分析公式为：

$$\Delta NIM_r = A_{i2}(L_{i2}) \times r_{i2} - A_{i2}(L_{i2}) \times r_{i1} \tag{11-1}$$

式中：A_{i2}（L_{i2}）——被分析项（资产或负债）在分析年的规模水平

r_{i2}——被分析项（资产或负债）在分析年的利率水平

r_{i1}——被分析项（资产或负债）在前一年的利率水平

ΔNIM_r——被分析项由于利率因素对净利息差额的作用程度

在表 11-5 中，商业和不动产贷款的平均利率在两年内从 8.33%上升到 9.07%。为了估算利率变动在商业和不动产贷款收益中对利息差额变动的影响，我们把相应数据代入公式 11-1，得出：

$$\$\ 780\ 578 \times 9.07\% - \$\ 780\ 578 \times 8.33\% = \$\ 5\ 776$$

对资产负债表中各项依次分析，其结果在表 11-6 中的第 3 栏反映，得出该银行各资金运用项和资金来源项由于利率因素变动对净利息差额的影响。

表 11-3　　**假设银行资产负债表平均数情况**　　单位：千美元

	第二年	第一年	两年之差
资产			
商业和不动产贷款	$ 780 578	$ 721 779	$ 58 799

① 参见 Graddy D B，Spencer A H，Brunsen W H. *Commercial Banking and The Financial Service Industry*，Reston publishing company，Inc.，1995：498-502.

续表

	第二年	第一年	两年之差
离岸商业贷款	77 384	80 533	(3 149)
分期偿还贷款	270 831	246 956	23 875
总贷款	1 128 793	1 049 268	79 525
减：贷款损失准备金	11 216	14 304	(3 088)
净贷款	1 117 577	1 034 964	82 613
国债券	216 827	207 891	8 936
政府机构债券	10 639	8 164	2 475
其他应税债券	3 116	3 145	(29)
免税债券	113 168	122 211	(9 045)
交易账户证券	3 078	720	2 358
短期国库券	14 379	8 100	6 279
同业拆出	19 513	15 107	4 406
总收益资产	1 509 513	1 414 606	94 907
现金资产	185 276	145 214	40 062
房屋与设备	32 605	31 608	997
其他资产	87 721	55 979	31 742
总资产	$ 1 815 115	$ 1 647 407	$ 167 708
负债与权益			
储蓄存款	$ 223 039	$ 210 422	$ 12 617
一般性定期存款	312 689	293 364	19 325
大额可转让存单	486 556	457 286	29 270
外国定期存款	86 645	82 426	4 218
活期存款	388 310	340 849	47 461
总存款	1 497 239	1 384 348	112 891
同业拆入	57 347	59 500	(2 153)
长期债务	37 408	37 114	264
其他债务	126 751	85 158	41 566
总债务	1 718 745	1 566 177	152 568
股东权益	96 370	81 230	15 140
总负债和股东权益	$ 1 815 115	$ 1 647 407	$ 167 708

表 11-4　　**假设银行损益表***　　单位：千美元

	第二年	第一年	两年之差
利息收入			
商业和不动产贷款	$ 70 798	$ 60 124	$ 10 674
离岸商业贷款	7 483	6 096	1 387
分期偿还贷款	33 093	28 724	4 368
国债券	15 412	14 380	1 032
政府机构债券	835	551	284
其他应税债券	194	174	20
免税债券	10 959	11 611	652
交易账户证券	215	27	188
短期国库券	1 024	484	540
同业拆出	1 505	813	692
总利息收入	141 518	122 968	18 533
利息支出			
储蓄存款	$ 11 151	$ 104 37	$ 714
一般性定期存款	20 544	19 245	1 299
大额可转让存单	36 832	26 340	10 492
外国定期存款	7 070	4 888	2 182
同业拆入	4 576	3 296	1 280
长期债务	3 112	3 086	26
总利息支出	83 285	67 292	15 993
净利息差额	58 223	55 693	2540
减：贷款损失准备金	11 216	14 304	(3 088)
扣除损失准备金后净利息差额	47 017	41 389	5 628
非利息收入	15 751	14 210	1 541
非利息支出	49 198	43 428	5 770
其中含营业费用	33 447	29 218	4 229
税前净收入	13 570	12 171	1 399
所得税支付	6 269	4 806	1 463
税后净利润	$ 7 301	$ 7 365	$ (64)

＊表内括号中数字表示负数

表 11-5　**假设银行各项资产负债利率平均水平表***　单位:%

	第二年	第一年	两年之差
收益率			
商业和不动产贷款	9.07%	8.33%	0.74%
离岸商业贷款	9.67	7.57	2.10
分期偿还贷款	12.22	11.63	2.10
国债券	7.11	6.92	0.19
政府机构债券	7.85	6.65	1.10
其他应税债券	6.23	5.53	0.72
免税债券	6.99	3.75	3.24
短期国库券	7.12	5.98	1.14
同业拆出	7.76	5.38	2.38
总收益资产	9.38	8.69	0.69
成本率			
储蓄存款	5.00	4.96	0.04
一般性定期存款	6.57	6.56	0.01
大额可转让存单	7.57	5.76	1.81
外国定期存款	8.16	5.93	2.23
同业拆入	7.98	5.54	2.24
长期债务	8.32	8.01	0.31
其他债务	6.92	5.90	1.02
利率差①	2.46%	2.79%	(0.33%)
净利息差额率②	3.86%	3.94%	(0.08%)

*表内括号中数字表示负数

2. 资金规模变动对利息差额变动的影响分析

在资金规模变动对利息差额变动影响分析中，假定分析项的资产或负债在收益资产中的组合比率和利率不变，然后用该银行总收益资产分析年的规模水平和前一年的资金规模

① 利率差（Interest Spread）=利息收入/收益资产-利息费用/含息负债。

② 净利息差额率（Net Interest Margin）=（利息收入-利息支出）/总收益资产

水平分别乘以被固定的组合比率和利率，两乘积之差为分析项资金规模变动因素对净利息差额的作用程度。分析公式为：

$$\Delta NIM_{q} = TEA_2 \times m_{i2} \times r_{i1} - TEA_1 \times m_{i2} \times r_{i1} \tag{11-2}$$

式中：TEA_2——该银行在分析年的收益资产规模水平

TEA_1——该银行在前一年的收益资产规模水平

m_{i2}——分析项（资产或负债）在分析年的总收益资产中所占比率

r_{i1}——被分析项（资产或负债）在前一年的利率水平

ΔNIM_{q}——被分析项由于资金规模因素变动对净利息差额的作用程度

以本案例中“商业和不动产贷款”为例，将各相应数据代入公式 11-2 中，得出：

$ 1 509 513×51. 71%×8. 33%－$ 1 414 606×51. 71%×8. 33%＝$ 4 088

这个 $ 4 088 就是在设组合比率和利率不变条件下，“商业和不动产贷款”项由于规模的扩大对净利息差额的影响。各项逐次分析，分析结果全部计入表 11-6 中第二栏内。

3. 资金组合变动对利息差额变动的影响分析

在资金组合变动对利息差额变动影响分析中，假定该银行收益资产规模和利率不变，并固定在前一年的水平上，然后用各项目占收益资产比率的分析年和前一年的组合数据分别乘以被固定的前一年收益资产和利率水平，两乘积之差为分析项组合状况变动对净利息差额的作用程度。分析公式为：

$$\Delta NIM_{m} = TEA_1 \times m_{i2} \times r_{i1} - TEA_1 \times m_{i1} \times r_{i1} \tag{11-3}$$

式中：ΔNIM_{m} 表示被分析项由于组合因素变动对净利息差额的作用程度

还是以本案例中“商业和不动产贷款”为例，将各相应数据代入公式 11-3 中，得出：

$ 1 414 606×51. 71%×8. 33%－$ 1 414 606×51. 02%×8. 33%＝$ 810

它就是在设资产规模和利率水平不变的条件下，“商业和不动产贷款”项由于在收益资产组合中的变化对净利息差额的影响。各项逐次分析，分析结果全部计入表 11-6 中第一栏内。该表第四栏和最后一行分别汇集了各项目三个因素对净利息差额影响的结果和三个因素对净利息差额影响的总贡献度。

结合前面各表中的有关信息，银行高层管理人员可以从“净利息差额变化影响因素分解表”中发掘出各种有用的信息，分析影响该银行净利息差额的主要原因。第一，这两年期间市场利率处在明显的上升期。尽管该银行在这两年期间资产规模和收益资产规模扩大，并给银行净利息差额带来 3 774 美元单位的贡献，但是利率水平的大幅度上升对该银行总利息差额产生了减少 1 794 美元单位的负向影响。第二，该银行在利率上升期间，其资产组合策略有不妥之处。在资产项目中，利率上升幅度最大的前三位有两项由于组合原因对净利息差额的增加产生的是负向影响。第三，该银行负债组合的调整强度也不够。在利率大幅度上升期间，该银行已经意识到应该尽可能降低所有含息负债的比重，以降低利息成本，这在组合因素分析中可看出该银行调整的努力，然而，在负债项目中，利率上升幅度最大的前三位，通过改变组合来降低对净利息差额的力度都不大，其中特别典型的是大额可转让存单，通过改变组合降低的成本仅为 76 美元单位，而由于利率上升和规模扩大因素银行利息成本分别增加了 1 762 美元单位和 8 806 美元单位，三项合计使利息成本增加了 10 492 美元单位，占总利息增加 15 993 美元单位的 65. 6%。

表 11-6　　**假设银行净利息差额变化影响因素分解表** *　　单位：千美元

项目/影响因素	组合变动（1）	规模变动（2）	利率变动（3）	总变动（4）
商业和不动产贷款	$ 810	$ 4 088	$ 5 776	$ 10 647
离岸商业贷款	(606)	368	1 625	1 387
分期偿还贷款	796	1 980	1 592	4 368
国债券	(323)	943	412	1 032
政府机构债券	124	45	115	284
其他应税债券	(12)	11	21	20
免税债券	(1 535)	676	207	(652)
交易账户证券	81	7	100	188
短期国库券	321	54	165	540
同业拆出	171	66	455	692
总利息收入	$ (177)	$ 8 239	$ 10 472	$ 18 534
储蓄存款	$ (70)	$ 696	$ 88	$ 714
一般性定期存款	(22)	1 290	31	1 299
大额可转让存单	(76)	1 762	8 806	10 492
外国定期存款	(73)	323	1 932	2 182
同业拆入	(319)	200	1 399	1 280
长期债务	(173)	195	4	4
总利息费用	$ (733)	$ 4 465	$ 12 261	$ 15 993
净利息差额	$ 561	$ 3 774	$ (1 794)	$ 2 541

* 表内括号中数字表示负数。

（二）资金利率敏感度分析技术

商业银行在监测资金的利率敏感度状况和利率波动风险时，常运用利率敏感性资金报告（Rate Sensitivity Report）来进行分析。利率敏感性资金指按照协议规定定期依照某种基准利率调价的资产和负债，以及在计划期内有可能重投资的资产和负债。利率敏感性资金报告是一种按时间跨度分段统计资金价格受市场利率影响的期限架构表。该表将一定期间内，一般为一年时间的总跨度划分为若干相对短的期间段，每分段期间内的资金价格将受到相应时期市场利率的影响。那些按固定利率计价，且期限超过一年的资产和负债单独计算。期间分段的频度根据银行自身对利率敏感度划分的需要来确定，可按周、旬、月划分。银行资产负债管理人员根据利率敏感性资金报告提供的信息，结合市场利率波动的趋势来分析本行潜在的利率风险敞口，并按照既定的策略对利率敏感性资金的目标缺口进行调整。

下面以一家商业银行为例，说明如何运用利率敏感性资金报告来分析银行融资缺口和风险。表 11-7 是美国 ABC 银行资产负债分析人员在 2010 年底对资金配置整理后，对 2011 年作出的利率敏感性资金报告。该报告将该银行利率敏感性资产和利率敏感性负债按选择的时间间隔进行分类，分析的时间总跨度为一年。表中各栏内的数字，反映在规定期间内按市场利率重新定价的各项目的金额。例如，该银行共持有 950 万美元的国债和政府机构债券，其中 70 万美元证券在 8～30 天内到期重投资，360 万美元证券在 31～90 天内到期重投资，120 万美元在 91～180 天内到期重投资等。如无流动性方面的特殊需要，这些到期重投资的证券一般将按市场利率重定价。在贷款中，所有的浮动利率贷款假设都是按周调整定价利率，故全部列入 1～7 天利率敏感性贷款范围内，共计 630 万美元，其中商业贷款 100 万美元，分期偿还贷款 30 万美元，同业拆出和回购业务 500 万美元。在负债和权益方面，货币市场存款账户和超级可转让支付指令账户的利率每周按市场利率调整一次，故均列入 1～7 天栏内。资产总计一行和负债与权益总计一行反映各期间段利率敏感性资产和负债的头寸状况。期间缺口一行的数字反映各期间段该银行未配平的，将受市场利率波动影响的利率敏感性资金缺口状态，该行数字由利率敏感性资产减利率敏感性负债得出，如 1～7 天，利率敏感性资金为负缺口，缺口值为负1 600万美元。累积缺口表明在整个期间内银行总的利率风险状况，该行数字由前面各期间段资金缺口数累加而得，如 1～7 天为缺口负1 600万美元，7～30 天为正缺口 900 万美元，而累计缺口为负 700 万美元（-1 600+900），31～90 天累积缺口为负1 500万美元（-1 600+900-800），91～180 天累计缺口为负2 200万美元，181～365 天累计缺口为负2 340万美元，一年以上累计缺口为正 180 万美元。

从美国 ABC 银行的利率敏感性资金表中可得知，如果短期市场利率下降，银行的净利息差额率会提高，收益增加。如果短期市场利率上升，银行净利息差额率则下降，收益减少。特别是在最近半年之内，如果市场短期利率发生变化会对银行绩效产生极大影响，因为半年内累积缺口将达负2 200万美元，该数字超过银行收益资产总额的 25%。对于实施融资缺口管理模型的商业银行来讲，利率敏感性资金报告的作用极为重要，它描述了不同时间段市场利率变动对银行净利息差额的潜在影响和影响程度。商业银行资产负债管理人员既可以利用它来分析过去时间段净利息差额变动的原因，也可以利用它预测未来的利率风险态势和可能的程度，使银行管理人员对利率风险的防范可以建立在有可靠数据来源的基础上。必须指出的是，潜在资金来源和潜在资金运用在各个项目上是相对的，银行管理人员还可以根据各个项目历史上现金流的实际发生比率进行系数调整，从而使利率敏感性资金报告的实际运用价值进一步提高。

假设美国 ABC 银行利率敏感性资金报表

表 11-7　　　　2011 年 1 月 1 日　　　　单位：百万美元

	1~7 天	8~30 天	31~90 天	91~180 天	181~365 天	一年以上	不含息项目	总计
资　　产								
国债券和政府机构债券		0.7	3.6	1.2	0.3	3.7		9.5
货币市场投资			1.2	1.8				3.0
地方政府债券			0.7	1.0	2.2	7.6		11.5
同业拆出和回购	5.0							5.0
商业贷款	1.0	13.8	2.9	4.7	4.6	15.5		42.5
分期偿还贷款	0.3	0.5	1.6	1.3	1.9	8.2		13.8
总收益资产								85.3
现金和存放同业							9.0	9.0
其他资产							5.7	5.7
非盈利资产							14.7	
总资产	6.3	15.0	10.0	10.0	9.0	35.0	14.7	100.0
负债和权益								
货币市场存款账户	17.3							17.3
超级 NOW 账户	2.2							2.2
定期存款	0.9	2.0	5.1	6.9	1.8	2.9		19.6
大额可转让存单	1.9	4.0	12.9	10.1	1.2			30.1
同业拆入和回购								
一般 NOW 账户					7.4			7.4
储蓄存款						1.9		1.9
含息负债								78.5
活期存款							13.5	13.5
其他负债							1.0	1.0
权　　益							7.0	7.0
不含息负债和权益							21.5	—
总负债和权益	22.3	6.0	18.0	17.0	10.4	4.8	21.5	100.0
期间缺口	-16.	9.0	-8.0	-7.0	-1.4	30.2		
累积缺口	-16.	-7.0	-15.0	-22.0	-23.4	1.8		

注：浮动利率贷款按周重新定价，所以归入 1~7 天期间段。浮动利率贷款1 000万美元并入商业贷款项目内。

第三节　资产负债管理在银行的运用之二
——持续期缺口模型及运用

在利率波动的环境中，对于浮动利率资产和浮动利率负债配置所带来的利率敞口风险，融资缺口模型可以对其进行控制和管理。然而，固定利率的资产和负债并非没有风险，其市场价值会随市场利率发生波动，这会使银行资产在变现时产生资产损失，在总资产和总负债两者的期限不匹配时，还会导致银行的资本净值发生变化，使股东财富受损。持续期缺口管理就是通过对银行总资产和总负债持续期缺口调整的方式，来控制和管理在利率波动中由总体资产负债配置不当给银行带来的风险。

一、持续期的涵义

持续期（Duration）也称久期，最初由美国经济学家弗雷德里克·麦克莱（Frederick Macaulay）于1936年提出。持续期作为一种全新的概念在当时出现，使人们对固定收入金融工具的实际偿还期与风险的关系有了更深入的了解，同时被广泛地用于预测由于市场利率变动所引起的债券价格的变动。20世纪80年代以来，持续期又被金融机构运用于资产负债管理之中。

从经济涵义上讲，持续期是固定收入金融工具现金流的加权平均时间，也可以理解为金融工具各期现金流抵补最初投入的加权平均时间。在计算中，麦克莱持续期的一般表达式为，金融工具各期现金流发生的相应时间乘以各期现金流现值之和与该金融工具总现值的商，即

$$D = \sum_{t=1}^{n} \frac{C_t \cdot t}{(1+r)^t} \bigg/ \sum_{t=1}^{n} \frac{C_t}{(1+r)^t} \tag{11-4}$$

式中：D——持续期

t——各现金流发生时间

C_t——金融工具第 t 期现金流

r——市场利率

设$\frac{C_t}{(1+r)^t}=pv_t$，则有：

$$\sum_{t=1}^{n} \frac{C_t}{(1+r)^t} = \sum_{t=1}^{n} pv_t = p_0$$

公式（11-4）可写成：

$$D = \frac{\sum_{t=1}^{n} \frac{C_t \cdot t}{(1+r)^t}}{p_0} \tag{11-5}$$

如果把固定收入债券各期将收回的现金流的现值表示为金融工具总现值 p_0 的一部分，即作为一种各期将收回的现金流的现值占总现值，或最初总投入的权重，则公式可变形为：

$$D=\frac{\sum_{t=1}^{n} pv_t \cdot t}{p_0}=\sum_{t=1}^{n}\left[\frac{pv_t}{p_0}\cdot t\right]=\sum_{t=1}^{n}\left[w_t \times t\right] \tag{11-6}$$

公式（11-6）把各期现金流的现值表示为金融工具总现值 p_0 的一部分，即各期现金流现值占该金融工具总现值的比例，其和等于 1。把这些比率作为权重（w_t）分别乘以各期现金流发生的时间，就得到该项金融工具的持续期。持续期在经济意义上还可以理解为该项金融工具各期现金流抵补最初投入的加权平均时间。

持续期还有一种近似表达：

$$D \approx -\left[\frac{\frac{\Delta p}{p}}{\frac{\Delta r}{1+r}}\right] \tag{11-7}$$

式中：p——金融工具购买时市场价格

Δp——金融工具价格变动

r——金融工具购入时市场利率

Δr——市场利率变动

公式（11-7）可以理解为金融工具的价格弹性，即市场利率变动的百分比所引起金融工具价格变动百分比的关系。由于利率变动对固定收入的金融工具价格变动的影响是反向的，故其变动关系用负数表示。公式（11-7）经过变形，可以引出计算金融工具价格变动的近似表达式：

$$\Delta p \approx -p \times D \times \frac{\Delta r}{1+r} \tag{11-8}$$

下面用一个例子说明持续期的计算。

设某固定收入债券的息票为每年 80 美元，偿还期为 3 年，面值为1 000美元。该金融工具的实际收益率（市场利率）为 10%，现行市场价格为 950. 25 美元，求该债券的持续期。

在持续期计算中，先计算每期现金流的现值，然后每个现值乘以相应的发生时间，再把各项乘积相加，并除以该债券的市场价格，就得到该债券的持续期为 2. 78 年。见表 11-8。

表 11-8　**金融工具持续期的计算**

现金流发生时间	现金流	现值利率因子（10%）	现　值	现值×时间
1	$ 80	0. 9091	$ 72. 73	$ 72. 73
2	80	0. 8264	66. 12	132. 23
3	1 080	0. 7513	811. 40	2 464. 21
总计			$ 950. 25	$ 2 639. 17

持续期＝ $ 2 639. 17/ $ 950. 25＝2. 78（年）

二、持续期缺口模型及经济涵义

在利率波动的环境下，利率风险不仅来自浮动利率资产与浮动利率负债的配置状况，也来自固定利率资产与固定利率负债的期限配置状况。就固定利率资金配置而言，当市场利率变化时，固定利率资产和负债的市场价值会发生变化，从而使银行股本净值或自有资本的市场价值上升或下降，从而对股东权益和银行按市场价值计算的资本充足率产生影响。另外，当银行资产与负债的偿还期未配平时，如果银行来自资产的现金流入先于负债的现金支付发生，银行可能面临必须按下降的利率进行重投资的风险。如果银行的债务现金流入先于资产现金流入产生，它又可能面临借入资金成本上升的风险。因此，银行不仅关心利率敏感性资金配置状况，还关心来自全部资产和负债的总风险暴露。持续期缺口管理就是通过相机调整资产和负债结构，使银行控制或实现一个正的资本净值，并且降低银行重投资或融资的利率风险。

（一）持续期缺口的定义

持续期缺口（Duration Gap）定义为：

$$D_{Gap} = DA - \mu DL \tag{11-9}$$

式中：D_{Gap}——持续期缺口

DA——总资产持续期

DL——总负债持续期

μ——银行市场价值的资产负债率，即 MVL/MVA（MVL 和 MVA 分别为银行总负债和总资产的市场价值）

一家商业银行的总资产持续期是由它各项资产持续期的总和构成，于是有：

$$DA = \sum_{i=1}^{m} W_i^A D_{A_i} \tag{11-10}$$

公式中：W_i^A——某项资产市值 A_i 占银行所有资产总市值（MVA）的比重，即 $W_i^A = A_i/MVA$；$MVA = A_1 + A_2 + A_3 + \cdots + A_n$；$i = 1, 2, \cdots, n$

A_i——银行某项资产市值

D_{A_i}——银行第 i 项资产的持续期

m——银行各类资产的数量

同理，银行总负债的持续期是由它各项负债持续期的总和构成：

$$DL = \sum_{j=1}^{n} W_j^L D_{L_j} \tag{11-11}$$

公式中：W_j^L——某项负债市值 L_j 占银行所有负债总市值（Market Value Liability, MVL）的比重，即 $W_i^L = L_j/MVL$；$MVL = L_1 + L_2 + L_3 + \cdots + L_n$；$j = 1, 2, \cdots, n$

L_j——银行某项负债市值

D_{L_j}——银行第 i 项负债的持续期

n——银行各类负债的数量

根据会计恒等式，总资产等于总负债与净值之和，若以 DNW 表示净值持续期，则又有：

$$DA=\mu\cdot DL+(1-\mu)DNW \tag{11-12}$$

$$(1-\mu)DNW=DA-\mu DL \tag{11-13}$$

由公式（11-13）可知，持续期缺口实际上就是净值的加权持续期，权数为市场价值表示的股本资本比率。考虑到净值在资金来源中的比重，并且净值的市场价值是由于银行资产和负债期限匹配差异所引起的市场价值变动差异所致，故定义持续期缺口 $D_{Gap}=(1-\mu)DNW$。

（二）持续期缺口所反映的银行股本市场价值与利率的关系

公式（11-7）已指出，对于固定收入金融工具而言，市场利率引起金融工具价格的反向变动。因此，当持续期缺口为正，银行的资产和负债价值随着利率上升而下降，银行资产价值的下降幅度大于负债价值的下降幅度，因此，银行股本市场价值下降，其结果为银行股本市场价值增量（ΔMVE）为负。持续期缺口为负时，银行的资产和负债价值也随着利率上升而下降，但是资产价值的下降幅度小于负债价值的下降幅度，因此，银行股本市场价值上升，银行股本市场价值增量（ΔMVE）为正；当利率下降时，持续期缺口对银行净值市场价值的影响正好相反；只有当持续期缺口为零时，银行净值的市场价值才处于"免疫"状态，基本不受到利率波动的影响。对于持续期缺口所反映的股本市场价值与利率的关系，我们可以用数学公式来表示：

$$\Delta MVE=\Delta MVA-\Delta MVL \tag{11-14}$$

运用公式（11-8）可以推导出：

$$\Delta A_i=-D_{A_i}[\Delta i/(1+i)]A_i$$

同理 $$\Delta L_j=D_{L_j}[\Delta i/(1+i)]L_j$$

因此可以得出：

$$MVE=-[DA-\mu DL]\times[\Delta i/(1+i)]\times MVA \tag{11-15}$$

根据持续期缺口的定义，$D_{Gap}=DA-\mu DL$，公式（11-15）可以进一步简化为一个根据持续期缺口来预测银行资本净值市场价值变动的公式：

$$\Delta MVE=-D_{Gap}\times[\Delta i/(1+i)]\times MVA \tag{11-16}$$

公式（11-16）是持续期缺口在银行资产负债管理中测量利率变动对股本市场价值影响的风险以及如何控制此类风险的思想精髓。在计算出银行的持续期缺口，并能相对准确预测利率波动方向和强度的前提下，银行资产负债管理人员就可以较准确地了解本银行自有资本市场价值变化的情况，并作出相应的资产负债组合调整，或利用衍生工具进行避险，从而使按市场价值计算的银行自有资本比率控制在合理范围内。

三、持续期缺口模型的运用

我们已经清楚地了解到，在利率波动环境中，固定利率资产和负债的期限配置状况也会给银行带来风险，特别是对银行净值市场价值的影响很大。商业银行的自有资本是经营管理的重要内容之一，金融市场对银行自有资本的净值极为敏感，因此，它对银行的安全性影响极大。商业银行一般采用持续期缺口管理来控制利率风险，实现维持正净值的银行绩效目标。下面用一案例来说明商业银行对持续期缺口模型的运用①。

假设一家刚开业的银行，其资产项目的价值均为市场价值。设该银行仅拥有三类资产，第一类是现金资产；第二类是收益率为12%，最终偿还期为3年的商业贷款；第三类是收益率为8%，最终偿还期为6年的国债。该银行的负债则是由年利率5%、期限为一年的定期存款和年息率7%、偿还期为3年的大额可转让存单构成。该银行股本为80单位美元，或为总资产的8%。在分析中不考虑违约、预付和提前支取的情况发生，利息按年复利计算。

表11-9说明了该银行资产持续期、负债持续期以及持续期缺口的最初状态，即资产加权平均持续期超过负债的加权平均持续期，缺口为1.42年。资金配置的利率风险由未配平的总资产加权平均持续期与总负债的加权平均持续期之间的缺口所引起。当利率变动时，总资产和总负债的市场价值将以不同的幅度变化，从而该银行股本净值也将改变。现在假设市场利率在这家银行的各项资产项目和负债项目契约确定后又上升了1%。该银行按市场价值调整后的资产负债表表明，随着利率上升了1%，总资产市场价值下降了26单位美元，总负债的市场价值下降了14单位美元。因此，该银行净值的市场价值下降了12单位美元，自有资本比率按市场价值计算由8%下降到6.98%。

表11-9　**假设银行资产负债表**

资　产	市场价值	利率%	持续期	负债和净值	市场价值	利率%	持续期
现　金	$ 100			一般定期存款	$ 620	5	1.00年
商业贷款	$ 700	12	2.69年	大额可转让存单	$ 300	7	2.81年
国债	$ 200	8	4.99年	总负债	$ 920		—
	—		—	股本	$ 80		
总　计	$ 1 000		2.88年		$ 1 000		1.59年

资产持续期=($ 700/$ 1 000)×2.69+($ 200/$ 1 000)×4.99=2.88(年)

负债持续期=($ 620/$ 920)×1+($ 300/$ 920)×2.81=1.59(年)

预期净利息收入=0.12×$ 700+0.08×$ 200-0.05×$ 620-0.07×$ 300=$ 48.00

持续期缺口=2.88-($ 920/$ 1 000)×1.59=1.42(年)

样本项目持续期计算：

$$\text{商业贷款持续期}=\frac{\dfrac{84}{1.12}+\dfrac{84\times2}{(1.12)^2}+\dfrac{784\times3}{(1.12)^3}}{\$\ 700}$$

$$=0.107\times1+0.096\times2+0.793\times3=2.69(\text{年})$$

$$\text{大额可转让存单持续期}=\frac{\dfrac{21}{1.07}+\dfrac{21\times2}{(1.07)^2}+\dfrac{321\times3}{(1.07)^3}}{\$\ 300}$$

① 参见 Timothy W. Koch & S. Scott MacDonold (2000) *Bank Management*, 4th Edition, The Dryden press, pp. 345-348

$=0.065\times1+0.061\times2+0.874\times3=2.81$(年)

资产持续期 $=0.702\times2.68+0.196\times4.97=2.68$(年)

负债持续期 $=0.68\times1+0.32\times2.80=1.58$(年)

预期净利息收入＝＄45.81

资产市场价值增量＝－＄26.00

负债市场价值增量＝－＄14.00

股本净值市场价值增量＝－＄12.00

利用持续期近似表达式进行样本项目市场价值变动测算：

商业贷款市场价值增量：$\Delta p=0.01/1.12\times(-2.69)\times\$700=-\$16.8$

大额可转让存单市场价值增量：$\Delta p=0.01/1.07\times(-2.81)\times\$300=-\$7.9$

市场利率上升对银行资产和负债市场价值以及股本市场价值的影响在表 11-10 中反映。各项价值变动的近似值可以利用公式(11-8)求得。如果市场利率下降,则会产生相反的结果,该银行自有资本净值的市场价值会上升。

表 11-10　　**利率瞬间变化后的假设银行资产负债表（所列利率均增长 1%）**

资　产	市场价值	利率%	持续期	负债和净值	市场价值	利率%	持续期
现　金	＄100			一般定期存款	＄614	6	1.00 年
商业贷款	＄683	13	2.68 年	大额可转让存单	＄292	8	2.80 年
国债	＄191	9	4.97 年	总负债	＄906		—
	—		—	股本净值	＄68		
总　计	＄974		3.00 年		＄974		1.58 年

为了使银行股本净值市场价值免遭利率波动的影响，该银行可采取完全“免疫”的策略，让持续期缺口等于零，使总资产的加权平均持续期等于总负债的加权平均持续期与该银行的资产负债率的积。在本例中，该银行的资产的平均持续期超过负债的平均持续期。该银行可以把总资产的持续期缩短 1.42 年，或者把总负债持续期延长 1.54 年($0.92\times1.54=1.42$)，或者资产负债两边期限同时调整。在本例中，银行通过把一年期定期存款减少至 340 单位美元，并新发行年利率 8%、偿还期 6 年的大额可转让存单 280 单位美元的组合来实现。在新的组合下，利率的任何变动都不再对该银行的资本净值市场价值产生影响。

表 11-11 上部分表明了新的组合，该银行调整后的持续期缺口为零；该表下部分是该银行实施零持续期缺口配置后，假设利率变动时对银行资本净值市场价值的“免疫”效果。表 11-11 下部分表明，当所有利率上升 1%时，无论是资产还是负债的每一项目的市场价值都下降，但总资产的市场价值下降值与总负债的市场价值下降值一样，该银行自有资本净值 80 单位美元保持不变。

表 11-11　　**银行资产和负债持续期缺口为零**

资　产	市场价值	利率%	持续期	负债和净值	市场价值	利率%	持续期
	\$ 100			一般定期存款	\$ 340	5	1.00 年
现　金	\$ 700	12	2.69	3 年期存单	\$ 300	7	2.80 年
商业贷款	\$ 200	8	4.99	6 年期存单	\$ 280	8	6.00 年
国债			2.88 年	总负债	\$ 920		—
				净　值	\$ 80		3.11年
总　计	\$ 1 000				\$ 1 000		

$D_{Gap}=2.88-0.92\times3.11\approx0$

设利率增长 1%，$D_{Gap}=0$

资　产	市场价值	利率%	持续期	负债和净值	市场价值	利率%	持续期
	\$ 100			一般定期存款	\$ 337	6	1.00 年
现　金	\$ 683	13	2.68	3 年期存单	\$ 292	8	2.80 年
商业贷款	\$ 191	9	4.97	6 年期存单	\$ 265	9	6.00 年
国债			2.86 年	总负债	\$ 894		—
				股本净值	\$ 80		3.07年
总　计	\$ 974				\$ 974		

总之，在利率波动的环境中，银行经营风险中增加了利率风险。尽管持续期缺口模型的思想告诉我们，通过把银行持续期缺口调整为零是有效的“免疫”策略，但有时候，银行要调整资产和负债的期限是有困难的。然而，运用衍生金融工具和金融工程，有许多方法可以把该银行持续期缺口调整到零，其对银行资本净值的“免疫”效果是一样的。

银行管理作为一门科学总会不断进步，解决问题的方法总是伴随着困难出现。融资缺口模型和持续期缺口模型可以部分解决利率波动给银行带来的风险，但是这两种模型各有利弊，各有解决问题的侧重点，商业银行可以根据自己的需要来灵活掌握。

以上两类缺口模型均属于“免疫性”管理策略（Immunization Approach）。随着环境的变化，资产负债管理作为银行和金融机构合理配置资金的方法和策略也在不断地发展和深化。

20 世纪 90 年代以来，更精致、更复杂的资产负债管理模型不断涌现，如资产负债管理随机规划模型（Stochastic Programming ALM Model）、资产负债管理随机控制模型（Stochastic Control ALM Model）、含决策规则的多步骤随机资产负债管理规划模型（Multistage Stochastic ALM Programming with Decision Rules），它们都是假定在不同的场景下，对银行或金融机构资金进行合理配置的方法和策略。

◎小　结

1. 广义的资产负债管理指商业银行按一定的策略进行资金配置，来实现银行流动性、安全性和盈利性的目标组合。按其经历的过程，可划分为资产管理思想、负债管理思想和资产负债综合管理思想三个阶段。狭义的资产负债管理指前述第三个阶段，强调在利率波动环境中，通过策略性改变利率敏感性资金配置状况，来实现银行目标净利息差额，或通过调整资产或负债的持续期，来维持银行正的资本净值。

2. 资产管理理论认为，银行资金来源的水平和结构是银行不可控制的外生变量，银行应主要通过资产方面项目的调整来实现银行三性原则的组合。这种理论又依次经过了商业性贷款理论、资产可转换理论和预期收入理论等发展阶段，以及资金分配方法和线性规划方法等管理方法。

3. 负债管理理论认为，商业银行资金配置应根据既定的目标资产增长，主要通过对负债方项目的调整，即在货币市场上主动性负债或“购买”资金来实现三性原则的组合。负债管理相对于资产管理来讲更为积极和主动。

4. 资产负债综合管理策略出现于西方国家利率市场化以后。该策略有两类基本模型：第一类是融资缺口模型，银行根据对利率波动的预测，相机调整利率敏感性资金的配置，以实现目标的净利息差额；第二类是持续期缺口管理，银行通过对总资产和总负债持续期缺口的调整，使银行保持一个按照市场价值计算的、正的自有资本比率。

◎重要概念

资产管理思想　负债管理思想　资产负债管理思想　一级准备　二级准备　净利息差额　利率敏感性资金　持续期　持续期缺口　融资缺口　敏感性比率

附录：中国银行业资产负债比率管理

前面已经论述过，从广义角度来讲，资产负债管理是指银行或金融机构按照一定的原则对资金进行合理的配置。商业银行是经营货币的特殊企业，流动性、安全性和盈利性是配置资金的基本原则，随着环境的变化，银行资产负债管理的针对性和方法也在不断调整。尽管从20世纪80年代中期起，中国的银行业开始了现代化和市场化的进程，但是直至20世纪90年代中期，我国中央银行才正式宣布我国银行业实行商业银行制度。在这以前，我国的银行业的资金配置是适应计划经济，作为中央政府按计划配置资源的工具，其基本方法是中央银行按照国民经济发展水平、地区经济布局、行业政策以及国家总计划，给各国有银行分配信贷规模，或称“总盘子”，各国有银行总行再根据所辖分行的存贷款现状、中央银行分配信贷规模的原则、各地区经济发展水平，再向所属各分行分配信贷规模，或称“对总信贷盘子切块”。国有银行各分行在国家政策和所分配信贷规模的范围内，对合格企业发放贷款。为了调动基层银行工作积极性，上级行对下级行还相应规定了存款规模，当基层银行实际存款超过存款规模时，多吸收的存款可以超过所分配信贷规模多发放贷款。在这样一种资金安排的原则下，我国各国有银行的资金配置背离了商业银行的三个经营原则，其资金配置结构按照商业银行“三性原则”的标准对照，完全难以解释，且风险极高。以国际上传统的，最重要的反映银行流动性和稳健性的贷存比率（贷款/存款）为参照标准，1993年中国工商银行为115%，中国农业银行为129%，中国银行为149%，中国建设银行为100%，其贷差（贷款大于存款的部分）主要依靠向中央银行的借款作为资金来源，而国际上同等规模的大商业银行，这一比率一般稳定在70%~80%的水平上。我国银行资金配置的其他指标与国际上商业银行的指标均有很大差异。①

1994年，中国人民银行正式宣布我国银行实行商业银行制度，这一重大决定推动了我国银行业从政府机构型向商业银行全面转化。我国各银行，特别是国有独资商业银行开始从组织结构、经营思维方式、资金配置、运作机制、管理制度、操作方法等各方面逐步向真正的商业银行靠拢。在资金配置方面，为了加快我国银行向商业银行标准的接轨，中国人民银行于1994年底以法规形式颁发了《关于对商业银行实行资产负债比例管理的通知》。这个法规的核心意图是，用规定多项财务指标上下限的方式，引导我国银行按照商业银行三性经营原则进行资金配置，它可以被理解为银行资金配置的风险极限值，或者被理解为我国金融管理当局要求商业银行按照三性经营原则进行资金配置的最起码要求。这套财务指标共分9类，15项：

一、资本充足率指标

1. $\dfrac{\text{资本总额月末平均余额}}{\text{加权风险资产月末平均余额}} \geqslant 8\%$

2. $\dfrac{\text{核心资本月末平均余额}}{\text{加权风险资产月末平均余额}} \geqslant 4\%$

二、存贷款比例指标

1. 对实行余额考核的商业银行

$$\frac{\text{各项贷款旬末平均余额}}{\text{各项存款旬末平均余额}} \leqslant 75\%$$

2. 对实行增量考核的商业银行

$$\frac{\text{各项贷款旬末平均增加额}}{\text{各项存款旬末平均增加额}} \leqslant 75\%$$

三、中长期贷款比率指标

$$\frac{\text{余期1年以上（含1年期）中长期贷款月末平均余额}}{\text{余期1年以上（含1年期）存款月末平均余额}} \leqslant 120\%$$

四、流动性比例指标

$$\frac{\text{流动性资产旬末平均余额}}{\text{流动性负债旬末平均余额}} \geqslant 25\%$$

① 黄宪. 中国国有银行资金配置分析研究报告. 国际金融研究. 1996（5）

（指偿还期在 1 个月内的资产和负债）

五、备付金比例

$$\frac{\text{在人民银行备付金存款+库存现金}}{\text{各项存款日平均余额}} \geqslant 5\% \sim 7\%$$

六、单个贷款比例指标

1. $\frac{\text{对同一借款客户贷款余额}}{\text{资本总额}} \leqslant 15\%$

2. $\frac{\text{对最大 10 家客户发放的贷款余额}}{\text{资本总额}} \leqslant 50\%$

七、拆借资金比例

1. $\frac{\text{拆入资金旬末平均余额}}{\text{各项存款旬末平均余额}} \leqslant 4\%$

2. $\frac{\text{拆出资金旬末平均余额}}{\text{（各项存款-存款准备金-备付金-联行占款）旬末平均余额}} \leqslant 8\%$

八、对股东贷款比例

$$\frac{\text{对股东贷款余额}}{\text{该股东已缴纳股金总额}} \leqslant 100\%$$

九、贷款质量指标

1. $\frac{\text{逾期贷款月末平均余额}}{\text{各项贷款月末平均余额}} \leqslant 8\%$

2. $\frac{\text{呆滞贷款月末平均余额}}{\text{各项贷款月末平均余额}} \leqslant 5\%$

3. $\frac{\text{呆账贷款月末平均余额}}{\text{各项贷款月末平均余额}} \leqslant 2\%$

实施资产负债比例管理作为中央银行的文件下发后，立即成为我国商业银行配置资金，进行自律管理和中央银行实行外部监管的依据，引起了我国商业银行各级管理者的重视。各银行从总行到一级或二级分行迅速成立了资产负债比例管理委员会，由行长牵头，一般以资金计划部门为主，包括信贷、财会、稽核等部门组成，各部门分工协作。在实行资产负债比例管理的初期，我国采取的是限额下的（即信贷规模下的）资产负债比例管理，待时机相对成熟后，于 1998 年底取消信贷规模的指令性计划，改为实行全额资产负债比例管理。但是当宏观经济出现较大异常波动或预期变化时，我国中央银行也会将资产负债比率管理指标体系中的若干核心指标作为强制性要求。如在 2007 年和 2010 年我国出现较强的通货膨胀预期时，中国人民银行都把“贷存比率”作为对各大商业银行的指令性要求。在做法上，正常情况下一般是各银行总行根据本行的具体情况，以及分行的业绩，由上级行对下级行分解各项比例指标，量化管理，层层监控，并根据比例执行情况制定了奖惩措施。经过多年艰苦的努力，克服了许多困难和阻力，我国银行的资金配置状况得到了根本性的好转。①

我国银行除了资金配置与真正的商业银行逐步接轨外，更重要的是，实行资产负债比例管理，使我国银行管理者树立了按商业银行三性原则配置资金的基本观念。因此，尽管资产负债比例管理的内容十分简单，但是却在中国银行业的管理史上有着重要的意义，它使中国的银行管理者们理解和树立了如何按商业银行的经营原则来配置资金的最基本观念。从这个意义上讲，我国实行的资产负债比例管理，也就是中国银行业现阶段的资产负债管理。

① 黄宪. 对我国商业银行资产负债比例管理的理论分析. 经济研究. 1995（12）；黄宪. 中国国有银行试行资产负债比例管理状况研究. 金融体制改革. 1996（6）

第六编　银行风险管理

在自20世纪80年代到2010年这近30多年以来世界各国的银行危机中，所有倒闭、被政府接管的银行，无一例外地都是因为在风险管理方面出现了严重问题。从20世纪80年代美国储贷协会危机到20世纪90年代初的日本银行业危机、1995年尼克·里森因期货交易造成巨额损失而将拥有232年历史的巴林银行推上死亡之路、2008年初由法国兴业银行交易员热罗姆·凯维埃尔在衍生品交易中的“欺诈”使该行蒙受巨额亏损事件，以及2008—2010年由美国华尔街“次贷危机”引发的全球金融危机给整个金融业产生的巨大声誉危机乃至生存危机等事实一再证明：风险管理是商业银行管理的核心。

第十二章　银行风险管理概述

第一节　银行风险的理解

一、银行风险的涵义

风险泛指未来结果的不确定性。在经济学上，风险普遍被认为是未来不确定性而引起的可能后果与预定目标发生多种偏离的综合，这种偏离通常由两类参数描述：一是偏离的方向与大小；二是各种偏离的可能程度。银行风险强调经营中由于各种不确定因素而导致银行资产损失或收益率负向波动的可能性。

银行风险具有以下特征：

（一）客观性

它指风险在银行业务中普遍客观存在的一种现象，换言之，银行业务，特别是信用业务，不存在风险几乎是不可能的。这种客观性使得银行风险管理作为一门科学存在与发展成为必然。

（二）潜在性

风险出现损失的不确定性特征，决定了银行风险的出现只是一种可能，这一特性可称为风险的潜在性。正是这种潜在性，使银行界长期不断探索利用科学的方法，甄别风险和控制损失的出现，使风险向不发生的可能性转换。

（三）可度量性

风险的不确定性并不是指对客观事物变化的全然不知，人们可以根据以往发生的一系列类似事件的统计资料，经过分析，对银行风险发生的频率及其造成的经济损失程度作出统计分析和主观判断，从而对银行可能发生的风险进行预测与度量。

（四）双重性

风险的双重性是指风险结果的发生既可能带来损失，也可能带来收益，风险与收益机会共存。就单一业务和产品而言，潜在风险与潜在收益成正比关系，即潜在风险越高，获取潜在收益的机会也随之增加。

（五）可控性

既然风险是损失发生的可能性，就应当像控制未来成本一样从金融业务发生之初就开始实施风险控制。如果银行风险被控制住，相当于未来的成本不发生，银行可能的损失就转化为现实的盈利。

二、银行风险的产生

商业银行风险产生的原因在于所经营对象是货币资金和信用产品的特殊性，以下是银行风险产生的主要来源：

（一）源于银行自身特有的内在脆弱性

与一般工商企业及其他经营单位相比，商业银行最显著的特征是负债经营，即利用客户的各种存款及其他借入款作为主要的营运资金，自有资本占资产总额比率远低于其他行业。这一经营特点决定了商业银行抵御损失的能力不强，是具有内在脆弱性的特殊企业。

（二）源于宏观经济环境和政策的变化

银行是金融服务行业，它们的收入主要来源于其服务对象，而服务对象的收益和收入与宏观经济环境和政策直接相关。经济全球化下各国经济波动的联动性、宏观经济政策调整、行业形势剧变等，都会对厂商的经营环境和个人收入状态产生各类影响，从而使银行的风险直接或间接地受到影响。

（三）源于各银行的经营战略和管理水平

金融自由化后，商业银行受到来自资本市场和非银行金融机构的巨大竞争压力。这种激烈的竞争压力对商业银行的经营战略、风险偏好、管理策略都会发生很大的影响。如果一些银行为了在风险管理水平没有改善的前提下，为了保持盈利而提高所承担业务的风险的门槛，反而会提高损失发生的不确定性。每家银行都有其自身的经营战略，它是基于商业银行的管理目标而制定的。银行经营管理的基本目标是在流动性、安全性基础上实现盈利最大化，或其市场价值最大化。商业银行以实现包括自身价值增值在内的多重目标为目的所设计的经营策略虽然在理论上是合理的，但该经营策略有时会因为银行价值增值目标与其他目标冲突而不能完成或落实。商业银行的各种策略都是希望通过提高资金运用效率来获取更多的盈利，但即使经营策略选择正确，假若银行的业务和管理水平不能跟上或相匹配，最终还是会给商业银行带来或大或小的损失，甚至带来毁灭性的打击。

三、银行风险的分类

为了有效地控制银行风险，首先需要对银行风险进行一定的识别和归类。银行风险发生的结果必然是损失，但风险产生的根源、形成机理、特征各不相同，需要采取不同的防范与化解措施。因此，从多个角度对风险进行分类，有助于全面、深刻地认识各类银行风险，并有针对性地采取防范、化解措施，以达到风险管理的目的。

（一）按照风险的性质，可以将商业银行风险划分为信用风险、市场风险、流动性风险、操作风险和法律风险

1. 信用风险。信用风险是指由于债务人违约而导致贷款或债券等信用资产不能偿还所引起损失的可能性。不同的信用资产具有不同的违约风险，其影响信用风险的关键因素包括：借款人的还款意愿和能力、资本实力、借款企业的经营环境等。

2. 市场风险。市场风险是指由于市场供求关系等各种因素变动，导致利率、汇率、证券价格等波动给银行带来损失的可能性。市场风险包含利率风险、汇率风险、股价风险、商品价格风险等。

3. 流动性风险。流动性风险是指银行不能满足客户存款提取、支付和正常贷款需求而使银行信誉蒙受损失的可能性。当顾客提取存款、支付或要求银行提取正常合理贷款时，银行必须能满足这些流动性的需求。银行经常会面临流动性问题，如处理不当，极易引发挤兑风潮，严重时甚至会置银行于死地。虽然流动性风险经常是商业银行破产倒闭的直接原因，但实际情况往往是其他各类风险的长时间累积，最后以流动性风险的形式爆发出来。所以对流动性风险的讨论往往要与其他各类风险的分析相结合。

4. 操作风险。操作风险是指商业银行在运作过程中，由于经营管理不善，如决策失误、营业差错、内部欺诈及贪污盗窃给商业银行造成损失的可能性。操作风险也可能由于技术问题，如计算机系统失灵、控制系统缺陷等引起。

5. 法律风险。法律风险是指金融交易合约的内容在法律上有缺陷或不完善而无法履约，或者法律和法规的修订使商业银行蒙受损失的可能性。

（二）按照商业银行风险的状态，可以将商业银行风险划分为静态和动态风险

1. 静态风险。静态风险是指只有损失的可能而无获利的机会的纯损失的可能性，因而又被称为纯粹风险。静态风险导致的后果有两种：一种是“没有损失”，一种是“有损失”。例如，客户真实风险的误判，管理流程的重大缺陷，盗窃、诈骗等现实的存在，则使银行面临潜在的风险。若发生，则银行受到经济损失。若没有发生，则银行无损失，也无收益。静态风险的产生一般与人们判断或行为的失误有关。不仅如此，而且在基本相同的条件下，静态风险一般可重复出现，从而服从大数定律。这就意味着，相对于动态风险而言，静态风险的变化较有规律，人们可利用概率论中的大数法则来预测它的损失机会的大小。

2. 动态风险。动态风险即指那类由银行经营管理状况和市场环境极大变化等因素引起损失的可能性。动态风险常与经济、政治、科技和社会的运动密切相关，且多为不规则的运动或经济长期趋势的拐点。它们很难用大数定律来进行预测，因而远比静态风险复杂得多。

第二节　银行风险管理基础

一、银行风险管理的目标

银行风险管理指，银行通过对风险的识别、分析、度量和控制，以最少的成本将风险导致的各种不利后果减少到最低限度的一套完整的理念、业务流程设计、风险管理组织架构、风险管理的工具等构成的系统工程。它有两重表达：一是收益一定条件下的风险最小化；二是风险一定条件下的收益最大化。

银行风险管理的目标是在经营中追求盈利与风险控制的最佳组合的过程。由于商业银行的风险是潜在状态，具有一定隐蔽性。因此，商业银行风险管理比一般工商企业的风险管理难度更大，是一项复杂的系统工程，其实质是银行寻求最优的风险—收益组合的管理过程。

二、银行风险管理的职能

银行风险管理对银行经营的各个层面都有重要影响，贯穿银行经营管理的前中后台，具有以下基本职能：

（一）报告和控制风险

风险管理首先要为银行揭示明确的风险信息，从而减少管理部门和业务部门对所承担业务风险过多的疑虑，反而能促进风险的承担活动。在风险情况未知的条件下，人们也常常会变得过于谨慎，阻碍了承担业务的决策，贻误商机。所以，风险管理并不是限制银行在业务中对风险的承担，而是为了解、衡量和承担风险提供所需的信息。

（二）增强竞争优势

风险将给未来带来成本，这些成本必须通过某种方式计算或衡量出来。忽视今天的风险，就等于忽视未来的潜在损失，等于放弃现在采取纠正和回避措施的机会。如同控制当前成本一样地来控制未来成本，实际上是对当前和未来收益的贡献。因此，风险管理是增强盈利性和竞争优势关键因素。

（三）为定价提供依据

对风险定价是建立在对风险性质和程度了解的基础上。基于客户风险溢价而确定的风险定价，在银行经营中非常重要。没有风险定价，就无法让客户承担为预防银行未来损失所支付的代价，故而这些成本就没有收益与之对应。对风险的了解和度量是能够对不同风险的客户实行准确差别定价的基础。如果这些差别不能客观地反映客户风险状况的话，将会产生不良的效应：低风险客户将承担过高的费率，而高风险客户却被征收过低的费率。这样做的结果会加剧“逆向选择”的风险，其后果往往是，银行吸引了大批高风险客户，而流失了大量低风险优质客户。

（四）为决策提供依据

风险管理对银行经营决策产生极为重要的影响。在决策过程的上游，即在决策作出以前，风险管理的职责是对决策过程提供支持；而在决策过程的下游，即在决策作出以后，风险管理主要负责对风险进行报告和规避。银行经营需要作出符合实际的决策，而对风险的了解是正确决策的基本要素。例如，某个贷款项目风险有多大？预期收入与风险是否对称？该项目值得投入吗？这些问题的回答都需要风险管理来支持。然而，风险管理无法替代决策过程。承担风险是一项判断性的工作，在作出决策前掌握和衡量风险的所有方方面面是不可能的。在金融上，当风险的可能性被穷尽时，商业机会也将不复存在。风险管理并非企图为整个决策过程设定公式化的模型，而是旨在为这一过程提供支持。

三、银行风险管理的策略

商业银行风险管理的策略包括风险预防、风险规避、风险分散、风险转移、风险抑制和风险补偿等。一般来说，商业银行对风险处置的确定，要考虑自身的风险管理水平、财务状况、决策者的经营风格和心理偏好、风险类型、损失记录以及现实风险环境等方面。

（一）风险预防

风险预防指商业银行对风险设置各层预防线的办法。商业银行抵御风险的最终防线是保持充足的坏账损失准备金和自有资本。各国金融管理当局，对商业银行资本充足性都有明确的规定，并将其作为金融监督的一项重要内容。但是，要达到风险预防的目的，更重要的还是商业银行内部管理的加强，主动地调整风险资产结构，使之随时与资本状况相适应。

（二）风险规避

风险规避是指商业银行对风险明显的经营活动所采取的避重就轻的处理方式。例如，贷款风险管理原则中首要的一条就是风险规避和贷款拒绝原则，即对于风险较大、难以控制的贷款，必须采取规避和拒绝的原则。风险规避常用的方式还有：（1）资产结构短期化，以降低流动性风险和利率风险；（2）投资风险选择避重就轻，以避免对风险过大的投资；（3）债权互换扬长避短，趋利避害，即商业银行之间利用各自不同的相对优势，将不同期限、利率或币种的债权互换，达到彼此取长补短、各得其所地避开风险等。

（三）风险分散

商业银行的风险分散方法一般有两种：随机分散和有效分散。

随机分散指单纯依靠资产组合中每种资产数量的增加来分散风险，每种资产的选取是随机性的。在业务发展正常的条件下，一般利用扩大业务规模来分散风险。

有效分散指运用资产组合理论和有关的模型对各种资产选择进行分析，根据其各自的风险—收益特性和相互之间的相关性来实现风险、收益最优组合。例如，采用马可维茨模型，将各种资产的收益用收益期望表示，风险用收益方差表示。在由两种或两种以上资产组成的资产组合中，两种资产之间的相关关系用两者收益的协方差表示，从而求出总体风险程度，并得出最优资产组合。

有效分散的数学分析如下：

设某类组合中有 n 种资产，第 i 种资产的收益期望为 E_i，m 种不同风险情况下的收益分别为 $E_i^{(1)}$，$E_i^{(2)}$，…，$E_i^{(m)}$，每种情况发生的概率分别为 $P_i^{(1)}$，$P_i^{(2)}$，...，$P_i^{(m)}$。且 $\sum P_i^{(j)} = 1$，则：

$$E_i = \sum E_i^{(j)} \cdot P_i^{(j)} \tag{12-1}$$

第 i 种资产收益的方差 σ_i^2 为：

$$\sigma_i^2 = \sum (E_i^{(j)} - E_i)^2 \cdot P_i^{(j)} \tag{12-2}$$

n 种资产收益总和为 E，表示总风险的收益方差为 σ^2，各种资产在资产组合中所占的比重分别为 W_1，$W_2\cdots$，W_n，且 $\sum W_i = 1$，则：

$$E = \sum W_i \cdot E_i = W_1E_1 + W_2E_2 + \cdots + W_nE_n \tag{12-3}$$

$$\sigma^2 = \sum \sum W_i \cdot W_j \cdot \sigma_i \cdot \sigma_j \cdot \gamma_{ij} \tag{12-4}$$

其中，$\sigma_i \cdot \sigma_j \cdot \gamma_{ij}$ 表示第 i 种资产收益与第 j 种资产收益的协方差，γ_{ij} 为两者的相关系数，且位于 $-1 \leqslant \gamma_{ij} \leqslant 1$ 值域内。$\gamma_{ij} = 1$ 表示两者正相关，$\gamma_{ij} = 0$ 表示两者不相关，$\gamma_{ij} = -1$ 表示两者负相关。若(13-4)式的最后一项双求和号中的 $\sigma_i \cdot \sigma_j W_i W_j$ 保持不变，只有因子 γ_{ij} 变动，则 $\gamma_{ij} = 1$ 时，总风险 σ^2 为最大；$\gamma_{ij} = -1$ 时，σ^2 为最小。因此，选取不相关或负相关的资产进行组合，可以有效地实现风险的分散。

已知：σ_1^2，σ_2^2，…，σ_n^2 和 $\gamma_{ij}(i=1, 2, \cdots, n;\ j=1, 2, \cdots, n;\ i \neq j)$，求总体风险程度 σ^2 为最小时的各种资产组合权重 W_1，W_2，…，W_n，即可得出最优资产组合。若要使总风险 σ^2 最小，同时期望收益 E 最大，则需采用多目标规划的方法。当然，条件有限的小银行也可以采用简单的办法，将期望收益水平作为限制条件，在此条件基础上，求风险最小的资产最优组合。

商业银行风险分散的具体做法有：资产种类风险分散，客户风险分散，行业风险分散，投资工具种类风险分散，资产货币种类风险分散和国别风险分散等。

（四）风险转移

风险转移指利用某些合法的交易方式和业务手段将风险全部或部分地转移给他人的行为。具体方法有：

1. 风险资产出售，即将商业银行自身不愿继续承担风险的资产出售给他人。收购风险资产的实体一般对该种风险有控制能力或有经验，愿意通过承担此种风险来获取收益。

2. 市场交易。通过期货交易、期权交易、互换或其他金融衍生产品等对业务的潜在风险进行对冲保值，将价格波动的风险转移给愿意承担该风险的人。

（五）风险控制

风险控制是指商业银行承担风险之后，要加强对风险的监督，发现问题及时处理，争取在损失发生之前阻止情况恶化，或提前采取措施减少风险造成的损失。风险控制常用于信用放款过程。从放款到收回本息之间一般有一段较长的时间，这段时间债务人可能出现“道德风险”，商业银行可以利用这段时间，凭借自己作为债权人的有利地位，采取一些控制风险的措施，以避免或减少损失。风险控制的手段有：

1. 信用增强和风险缓释。担保是最典型信用增强，它将一个主体违约的概率转换成两个主体同时违约的联合概率，而抵押和质押是最典型风险缓释，它在信贷业务中设计了一个激励相容的机制，极大地制约了借款人的“道德风险”。

2. 向借款公司派驻财务专家，帮助借款公司搞清财务恶化的原因，并提出解决问题的指导性意见。

3. 发现借款人财务出现困难，立即停止对该客户的新增放款，并尽一切努力尽早收回已发放的贷款本息。

4. 提升担保等级和追加资产抵押。

（六）风险补偿

风险补偿指商业银行将违约借款人的已作抵押的各类资产进行拍卖，将其收入补偿银行遭受的损失。抵押品可以是存款、有价证券、固定资产、流动资产等多种形式。当借款人不能按照抵押贷款合同履行偿付贷款本息责任时，贷款银行有权按照协议规定接管、占有、拍卖有关抵押品，以弥补银行的呆账损失。

第三节 银行风险管理体系

一、全面风险管理的涵义

银行业在长期的风险管理实践中逐渐认识到，机构内部不同部门或不同业务的风险，有的因相互叠加而放大，有的却没有形成交集而成为风险管理的“死角”。因此，在风险管理工作中，机构不能仅仅从某项业务或某个部门的角度来考虑风险管理，而是应该根据业务与内部组织结构的纵横关系，从整个机构的视角来分析和控制风险。

20 世纪 90 年代以来，在企业界普遍推行的“全面风险管理”(Enterprise Risk Management，ERM）获得成功。所谓 ERM，其核心指企业在业务生产过程中针对内部各部门财务报告路径的梳理和整合为基准而构建的风险管理组织框架。银行业在 21 世纪初将其引入业内，但银行业内的所谓“全面风险管理”更多强调的是对业务流程的合理设计，业务的有效实施以及相匹配的风险管理的组织框架、权责的分配和风险的汇报路径。“全面风险管理”框架与《巴塞尔协议》框架的结合，使得银行风险管理体系更加丰满和合理化。

根据 COSO 委员会①颁布的《全面风险管理框架》，ERM 可以更多地被理解为风险管理过程的规范。这个过程从战略制定一直贯穿到机构的各项活动中，用于识别那些可能影响机构的潜在事件并管理风险，使之在机构的风险偏好之内，从而合理确保机构取得既定的目标。根据 COSO 委员会颁布的《全面风险管理框架》，全面风险管理有三个维度：

第一维度——机构的目标。机构的目标有四个目标，即战略目标、经营目标、报告目标和合规目标。机构通过确定目标，将从全局上决定其业务发展的方向、资源配置及风险控制活动，所以，全面风险管理必须紧紧地以机构目标为中心，通过风险控制来保障目标

---

① 即美国“反对虚假财务报告委员会”所属的流程控制专门研究委员会发起机构委员会（Committee of Sponsoring Organizations of the Tread-way Commission），简称 COSO 委员会。

的实现。

第二维度——风险管理要素。风险管理活动由八个要素组成：即内部环境，目标设定，事件识别，风险评估，风险反映，控制活动，信息和交流，监控。全面风险管理活动应该从这八个要素着手，对每一个要素制定完整的工作制度和方法，保证全面风险管理活动的实施。

第三维度——机构的层次和级别。结构的层次和级别包括整个企业、职能部门、业务线及下属各子公司。全面风险管理不是哪一个层次或部门的工作，每一个层次、每一个职能部门，甚至每一条产品（业务）线都需要从自身出发，发挥自身的作用，为全面风险管理目标的实现做出贡献。

风险管理三个维度的关系是，风险管理的八个要素都是为四个目标服务的，各个层级都要坚持同样的四个目标，每个层次都必须从以上八个方面进行全面风险管理。该框架适合各种类型的企业或机构的全面风险管理活动。

二、银行风险管理体系的模块

（一）风险管理体系模块主要内容

商业银行风险管理体系应由相互联系的八个模块（要素）组成，这八个模块分别是风险管理环境、风险管理目标与政策设定、风险监测与识别、风险评估、风险定价与处置、流程控制、风险信息处理和报告、后评价和持续改进，各模块具体内容如下：

1. 风险管理环境。风险管理环境是风险管理的基石，具体包括银行价值取向、管理风格、风险管理组织结构、风险管理文化等。其中，风险管理文化是风险管理的核心，它影响到目标设定、风险识别和评估、风险处置等各个层面的活动；风险管理组织结构是风险管理得以实施的组织保障和支撑，风险管理职能必须保持一定独立性。

2. 风险管理目标与政策设定。风险管理必须能为银行管理层提供一种设定目标的科学程序，银行要将风险管理的要求贯穿于银行各项目标之中，通过选定风险偏好和风险容忍度，制定明确统一的风险管理政策，以实现风险管理和银行目标的紧密结合。

3. 风险识别。对风险的识别是准确度量风险的前提，银行必须通过监测系统保持对内外部事件的敏锐性，首先做出事件“是否是风险，是什么类型的风险”的判断，才能对风险程度和大小进行分析，并在此基础上进行风险预警和处置。风险识别所要解决的核心问题，是商业银行要判明自己所承受的风险在性质上归属于何种具体形态。商业银行面临的风险往往是多种多样的、相互交织的，需要认真地加以识别，才能对其进行有的放矢的估计和处理。

4. 风险评估。风险评估可从定性和定量两个方面进行，新巴塞尔协议强调银行对风险的测度，要求尽量量化风险以确定受险程度。在要求建立风险内部评级系统的基础上，银行应同样以 *VaR* 为核心度量方法建立市场风险评估系统，并努力将操作风险的内部计量模型包括进来，建立统一量纲的风险管理体系，使风险分析的结果能相互比较以利于决策，合理地在不同业务间配置经济资本。

5. 风险应对。对于预期风险，可通过风险定价和适度的拨备来抵御，对于非预期风险，银行应采取资本管理等手段来提供保护，而对于异常风险则运用存款保险制度来缓解。在技术层面，银行可以通过资产组合管理降低非系统性风险，通过辛迪加贷款来分散风险，通过贷款出售、资产证券化等手段转移风险，通过衍生交易来对冲风险等。

6. 流程控制。银行应建立健全的流程控制体系以防范操作风险，通过制定和实施一系列制度、程序和方法，对风险进行事前防范、事中控制、事后监督和纠正，确保国家法律规定和商业银行内部规章制度的贯彻执行，确保操作的规范性和得到有效监督。

7. 风险信息处理。建立包括信贷信息、操作风险损失、市场风险信息等在内的数据库，通过信息处理系统保持数据库更新，及时反映内外部风险信息等内容。银行要建立科学灵敏的风险报告制度，对银行的风险现状进行汇总、分析，对各种风险管理政策的实施效果进行分析，形成定期、不定期综合及专题报告，按照一定程序报送各级风险决策机构。

8. 风险管理绩效评价。银行风险管理部门应该对全行规章制度、信贷管理流程、风险管理流程的执行情况进行后评价，并建立相应的授权调整和问责制度，确保风险管理体系的运行。同时，风险管理部门应根据外部环境、监管当局要求以及后评价中发现的问题，对风险管理体系中有关内容提出整改意见，由银行决策层来对风险管理体系进行持续改进。

（二）风险管理体系模块定位与关系

风险管理体系的八个模块相互独立、相互联系又相互制约，共同构成了风险管理这一有机体系（如图 12-1）。

风险管理环境是风险管理的保障系统，风险管理理念和风险偏好影响决定了风险管理目标和风险管理政策的制定；风险管理目标与政策设定是风险识别、风险评估和风险应对的前提，具体风险管理战略和流程都要符合风险管理政策的要求，实现风险管理的目标；风险识别、风险评估、风险定价与处置是风险管理的具体实施流程，是对风险管理政策的细化和执行；流程控制是风险管理目标实现和风险管理流程有效运行的保障；风险信息处理和报告是保障银行全面实施风险管理的媒介，风险管理的各项活动都要形成风险信息并通过风险报告机制传递；后评价和持续改进是对风险管理体系进行再控制和再完善，以保持风险管理体系的科学性和适宜性。

三、银行风险管理体系的整体框架

结合银行经营目标和组织结构，风险管理体系从整体框架上可以从纵横立体型整体上看（如图 12-2）：从纵向可用纵轴表示四个目标层，即战略目标、经营目标、报告目标和合规目标；从横向可用横轴表示风险管理八个模块；第三个角度描述的是银行和它的经营单位，包括银行整体、各分支机构、各业务部门及所属子公司。这三个角度描述的整体管理框架的关系是：

每个模块都应用四个目标层。例如，来自内部和外部原始资料的财务、非财务数据，

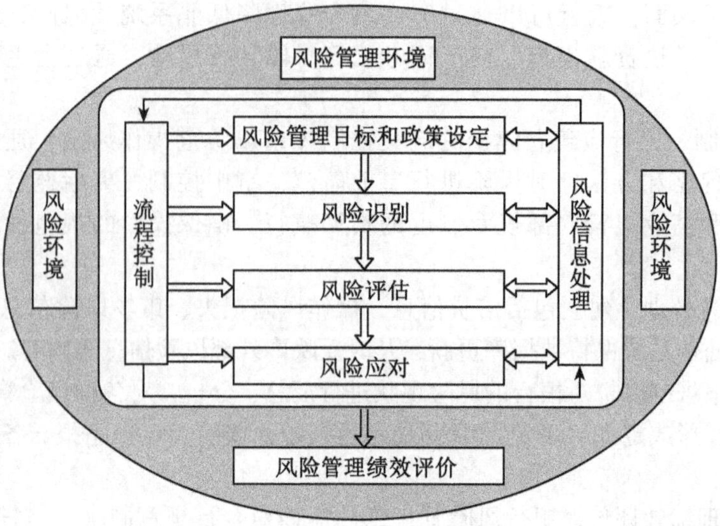

图 12-1 风险管理体系模块关系

是风险信息和报告模块的组成部分，在制订风险管理政策时必须考虑这些信息，从而有效地管理银行的经营活动，有效地报告以及确定银行符合先行的法律。类似地，对目标层来说，所有的八个模块彼此相互关联。以经营目标为例，八项模块适用于该目标的实现，并且对该目标的实现是非常重要的。风险管理与整个银行或每个单独的经营单位相关，图 12-2 中模型的第三面描绘了这种关系，即分支行、部门和其他经营单位，相应地，人们可以注意到模型中任何一个单元格。

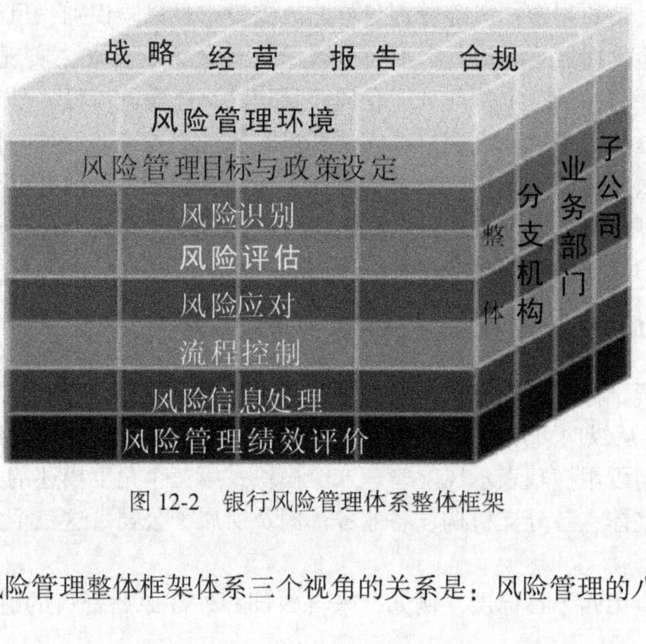

图 12-2 银行风险管理体系整体框架

概括起来，风险管理整体框架体系三个视角的关系是：风险管理的八个模块都是为四个目标服务的，银行各个层次都要坚持同样的四个目标，每个层次都必须根据以上八个模块的内容进行风险管理。

◎小　结

1. 风险，主要指未来结果的不确定性。传统上风险普遍被认为是人们因对未来行为的决策及客观条件的不确定性而引起的可能后果与预定目标发生多种偏离的综合。

2. 从银行风险管理的实际需要出发，银行风险管理的侧重点还是在于经营中由于各种不确定因素而导致银行经济损失或收益率负向波动的可能性。衡量银行风险，就是衡量不确定因素及其对盈利性造成的潜在负面影响。

3. 银行风险产生的原因在于货币经营和信用的不确定性：商业银行风险源于本身的内在脆弱性；商业银行风险源于宏微观经济环境；商业银行风险源于经营策略及管理水平。

4. 为了有效地控制银行风险，首先需要对银行风险进行一定的识别和归类。不同类型的银行风险，其产生根源、形成机理、特征和引起的后果各不相同，需要采取不同的防范与化解措施。

5. 银行风险管理是指通过风险分析、风险预测、风险控制等方法，预防、回避、排除或者转移经营中的风险，从而减少或避免经济损失，保证经营资金的安全。它有两方面的涵义：一是收益一定条件下的风险最小化；二是风险一定条件下的收益最大化。商业银行风险管理的这两个基本目标（收益目标和安全目标）与其经营目标是一致的。

6. 银行风险管理职能：报告和控制风险，增强竞争优势，为定价提供依据，为决策提供依据。

7. 商业银行风险管理的策略包括风险预防、风险规避、风险分散、风险转移、风险缓释和风险补偿等。一般来说，商业银行对风险处置的确定，要考虑自身的风险管理水平、财务状况、决策者的经营风格和心理偏好、风险类型、损失记录以及现实风险环境等方面。

8. 根据 COSO 委员会颁布的《全面风险管理框架》，全面风险管理有三个维度，第一个维度是机构的目标；第二个维度是风险管理要素；第三个维度是机构的各个层次和级别。风险管理三个维度的关系是：风险管理的八个要素都是为四个目标服务的；各个层级都要坚持同样的四个目标；每个层次都必须根据以上八个模块的内容进行全面风险管理。

9. 商业银行风险整体管理体系由相互联系的八个模块（要素）组成，这八个模块分别是风险管理环境、风险管理目标与政策设定、风险监测与识别、风险评估、风险定价与处置、流程控制、风险信息处理和报告、后评价和持续改进。

◎重要概念

信用风险　市场风险　流动性风险　操作风险　法律风险　经济风险　政治风险　技术风险　静态风险　动态风险　分散效应　全面风险管理

附录：新巴塞尔协议与银行风险管理

一、对《巴塞尔协议》的反思

银行业是高风险的行业，加强对银行的风险监管、维护银行体系的安全稳健是各国金融监管当局的首要任务。为加强银行业监管的国际合作，十国集团于1974年底成立了巴塞尔银行监管委员会。该委员会自成立以来，以国际银行业的风险监管为核心，先后制定并达成了一系列原则和协议，其中最为著名的就是1988年发布的《统一资本计量与资本标准的国际协议》，又称为《巴塞尔协议》。

在20世纪90年代，巴塞尔协议确定的资本标准逐步成为世界性的标准，为100多个国家的监管当局所接受，它的优点也得到了广泛认可。自1988年资本协议发表到现在，十多年过去了，各国银行业经营环境、风险管理实践、监管方法以及金融市场都经历了巨大变迁。这期间，虽然巴塞尔委员会对原协定多次修改，但现行协议仍存在许多问题：

1. 现行资本协议对于信用风险的度量非常粗略，没有考虑同类资产不同信用等级的差异，从而不能准确反映银行资产的真实风险状况。例如现行协议对于公司贷款的风险权数一律为100%，这是比较粗略的。确定政府债权风险权数主要依据该政府是否为经合组织（OECD）成员国，经合组织成员国的主权风险为零，而非经合组织的主权风险为20%，这也是不科学的。如韩国是OECD成员国，但在1997年金融危机期间韩国的主权风险却很高。

2. 经过十多年的发展，商业银行风险管理手段有了很大发展，许多国际大银行根据自身特点开发出了内部的信用风险或市场风险管理模型，比外部评级包含了更多的信息，因而更为科学。现行协议没有考虑到许多国际性银行风险管理水平已大为提高以及不同银行风险管理水平的差异。

3. 现行协议主要依赖对资本充足度的监管。但实践表明，仅资本充足度符合监管要求并不能确保银行安全稳健，1997年亚洲金融危机就说明了这一点。

基于以上几点，用现行协议提供的资本充足度计算方法计算资本充足度，没有考虑不同银行风险管理水平的差异。这样，运用同一种方法计算资本充足率，对于风险管理水平比较高的银行，计算出的资本需求量可能会大于其经济资本数量，而对于管理水平一般的银行，得出的资本需求数量可能仍不足以抵御银行面临的各种风险。而且，现行协议在计算资本充足率时涵盖风险不够全面。因此，对现行资本协议重新审视和修正是非常必要的。

二、新巴塞尔协议的三大支柱与银行风险管理

（一）2004年的新资本协议框架的基本结构

新资本协议框架由互为增强的三个支柱组成：

1. 第一支柱：最低资本要求

第一支柱规定了最低资本需求量（Minimum Capital Requirement）。新框架维持现行资本定义不变和风险加权资产需求最低资本比率不变（8%）。新资本协议框架改善了风险度量方法，即资本充足率公式分母中的信用风险度量方法更趋精密。新框架还第一次提出操作风险度量方法，而市场风险度量方法维持原样。

新资本框架提供了两种信用风险度量方法供选择，第一种是标准法，第二种是基于内部评级的方法（Internal Rating Based，以下简称 IRB 法），IRB 法又进一步分为初级 IRB 法和高级 IRB 法。使用 IRB 法必须事先向监管当局申请，监管当局将依据巴塞尔委员会制定的标准决定是否批准。

2. 第二支柱：监督检查程序

第二支柱监督检查程序（Supervisory Review Process）主要关注三个方面：第一，支柱一没有完全考虑到的风险，如支柱一没有顾及某些金融机构特有的操作风险；第二，支柱一没有考虑的其他因素，如利率风险，难以量化，而且不仅是资本需求问题；第三，其他外部因素，如商业周期带来的风险。从具体规则来看，新协议提出，要根据经济周期因素，对银行风险评估和资本需求进行调整，提出将压力测试直接纳入评级体系中。

监管机构希望通过对银行的监督检查，确保每家银行估测资本充足程度的内部程序都是稳健的，是建立在对各种风险充分估计基础上的。新资本框架强调，银行管理层开发一套用于估测资本充足度内部程序的重要性，并强调银行应根据独特的风险环境设定目标资本。银行监管当局将负责评价银行根据风险估计资本充足度工作的质量。在适当时候，银行监管当局有权干预银行内部资本需求量估测程序。

3. 第三支柱：市场约束

新资本框架内的第三支柱——市场约束（Market Discipline），是企图通过增强银行的信息披露以强化市场约束。为确保市场参与者更好地理解银行的风险环境和它们的资本充足水平，充分的信息披露是非常必要的。新框架制定了信息披露的要求，并在一些领域提出信息披露的建议，包括银行计算资本充足度的方法和它们的风险评估手段。

（二）新资本协议框架关于银行风险监管的新举措

1. 新资本协议框架计算资本需求量时考察风险更为广泛、全面。1988 年资本协定计算资本充足率只考虑了信用风险，后来经修改扩大到市场风险，新框架在计算资本需求量时进一步纳入了操作风险。这样，新资本协议框架计算资本需求量时考察风险更加全面和科学。

2. 新资本协议框架为度量风险提供了一种灵活的结构。例如，新资本协议框架为信用风险度量提供了标准法和 IRB 法。标准法风险敏感性较低，适用于风险管理水平一般、缺乏高质量内部评级体系的银行（巴塞尔委员会相信，许多银行都可满足 IRB 法的最低资格标准）。IRB 法则考虑了每家银行独特的风险环境，并具有更高风险敏感度，而且银行内部的风险评级方法包含了更多的信息。风险管理水平较高，具有高质量内部评级体系的银行将倾向于运用 IRB 法。由于新资本协议框架允许银行根据自身管理水平，在多种衡量风险的方法中选择，从而增强了灵活性，为银行改善内部风险管理和资本分配程序提供了一种激励。

3. 新资本协议框架提供的衡量风险的方法具有更高的风险敏感度。例如，原有资本协议对公司贷款只提供了一个风险权数（100%），但依新资本协议框架，公司贷款的风险权数可依照外部评级机构，对借款人的评级进一步细分为20%、50%、100%和150%四种权数，因而，新方法具有更高的风险敏感度。

4. 新资本框架实现了银行内控和管理、监督检查、市场约束的有机结合。原有资本协议主要依赖对银行资本充足度的监管，但实践证明，仅通过最低资本规定无法实现金融体系安全性与稳定性目标。现今，金融体系复杂多变，要保持其安全稳健，不仅依赖对银行资本充足度的监管，更要强调有效率的银行管理、市场约束和外部监管三者之间有机结合。巴塞尔委员会认为，管理风险以及确保资本与风险状况相一致的最终责任仍继续落在银行管理部门身上。1988年资本协议只关注了银行资本总量，这对于降低银行倒闭风险和减少银行倒闭时存款人潜在损失至关重要。在此基础上，新资本框架拟通过促使银行改善内控和管理、监管当局监督检查、市场约束几方面有机结合，以增强金融体系的稳定性。

（三）新资本框架对银行风险管理的影响

1. 从单一信用风险监管逐步向全面风险监管转变

1988年《巴塞尔协议》起草时，由于银行业仍侧重于传统的业务，信用风险被视为最重要的风险因素。随着金融市场的发展和商业银行经营环境的变化，仅仅管理信用风险也就难以满足有效监管的要求了，对信用风险、市场风险、操作风险等各种风险进行全面风险管理，成为国际银行监管的一个重要趋势。

2. 强调外部约束与内部管理的统一，更加依赖于银行内部的风险管理

长期以来，银行总是以各种方式的金融创新逃避监管当局的监管，而监管者则通过修补原有的，或制定新的条例改善监管状况，监管者与被监管者是一种“博弈”关系。新的资本协议的颁布和实施，是希望借助资本充足率这一支点使监管者的外部监管与被监管者的内部管理作用力趋于一致。由于银行的内部管理主要是围绕资产负债的总量控制和结构调节进行的，监管当局资本充足率要求形成了银行对资产负债总量控制和结构调节的压力。在资本金一定的条件下，为达到资本充足率要求，银行可以采取两种策略：一是压缩资产总量，二是减持高风险资产，增持低风险或无风险资产。这样，银行在外部约束下，通过调整资产负债结构而达到资本充足率要求。新资本框架在计算资本充足率时，允许银行根据自身管理水平，选择适宜的风险衡量方法。这样，风险管理水平高的银行倾向选择内部模型法，由于内部模型法包含了更多信息，具有更高风险敏感度，计算出的资本需求量往往低于标准法，这样银行可以维持更加经济的资本水平，从而降低经营成本。监管当局提供的这种选择权促使银行改善风险管理水平，从而逐步符合监管当局规定的运用内部模型法的要求。

3. 改善信息披露制度，强调市场约束的重要性

新资本框架强调银行增强信息披露的重要性，包括银行计算资本充足度的方法和它的风险评估手段。通过增强信息披露，新框架引入了市场约束机制，让市场力量来促使银行稳健、高效经营，并保持充足的资本水平。新框架指出，稳健的、经营良好的银行可以更

为有利的价格和条件从投资者、债权人、存款人及其他交易对手那里获得资金，而风险程度高的银行筹集资金时必须支付更高的风险溢价或提供额外的担保。市场的奖惩机制有利于促使银行更有效地分配资金和控制风险。

三、2010年巴塞尔协议Ⅲ的重大修改与银行风险管理

针对2008年由美国引发的美国银行业危机和全球金融危机，2010年巴塞尔委员会对资本协议又进行了重大修改，颁布了巴塞尔协议Ⅲ。主要修改如下：巴塞尔协议Ⅲ要求对金融机构的监管恢复，甚至采取更为严格的审慎原则，对三大支柱都做了修改。对第一支柱要求增加股权资本和一级资本的比重，并较大幅度修改风险计量的办法，特别是对证券化资产的风险计量。当然，巴塞尔协议委员会也注意到资本监管的弊端和适用性问题，在信息风险计量中对中小企业的风险标准进行了修正；对第二支柱要求加强监管的国际协调和强调对金融控股公司的监管；第三支柱对信息披露作了更为严格的要求，比如，对原本属于银行商业机密的证券化技术要进行披露。

第十三章 银行信用风险管理

第一节 银行信用风险概述

一、银行信用风险的涵义

信用风险，是因借款人发生违约或借款人信用等级下降而使债权人的本金和利息到期不能完全收回，从而产生损失的风险。这个简单的定义就包含着信用风险的两个特性：风险的“量”即风险金额（Amount at Risk），指贷款余额；风险的“质”是指发生违约的可能性。

违约是一种不确定的事件。首先，违约事件的未来风险敞口规模常常是无法预知的，这是因为贷款的还款计划一般都不是刚性的。另外，潜在的可追偿的数额难以估计。因此，信用风险可以分为三类风险：违约风险、敞口风险和追偿风险。

（一）违约风险

违约风险是发生违约事件的可能性。要衡量违约风险，就必须先对违约事件加以定义，然后对可用于估算其可能性的代表物进行评价。

1. 违约的定义

“违约”(Default)，是指以下任何一种情况：

(1) 没有履行支付义务，称付款违约。它是指在一笔预定的支付义务没有在到期日后某个最短期限内履行。

(2) 违反约定事项。违反约定事项是一种“技术”的违约，如突破财务比率上、下限等行为。尽管一些技术违约并不一定威胁到债权人的生存，但它在一定程度上表明借款人的信贷质量可能出现问题。技术违约通常会启动约定的谈判程序，因此银行具有控制这一风险的主动性，对有些约定事项的违反甚至可以导致银行要求债务人立即偿还所有未偿还贷款。

2. 违约概率

违约风险的大小是根据一定时期内违约发生的概率进行衡量的。违约风险与借款人的信用等级有关，而信用等级取决于众多的因素，如信用历史记录、市场前景、竞争环境、公司规模、管理水平等。违约概率的测量往往使用与借款人有关的历史统计数据。这些数据可以在银行自己收集，也可以向评级机构或金融监管当局获取。从记录到的违约历史统计中，银行可以获得在一定时间内（如一年）该债务人违约数量与该债务人总样本数

(如违约总次数）的比率，称为违约频率。在市场经济发达的国家，银行还可以较容易地获得按行业或按评级级别划分的这一比率。违约频率常作为违约概率的近似替代，因为根据历史分析的违约频率并不能准确反映预期的违约概率。

(二）敞口风险

敞口风险，是不确定性下未来未清偿债务的余额。有一些信贷品种几乎就不存在敞口风险。例如，分期贷款是根据合同的安排分期偿还的。除了出现提前还款的情况外，未来将偿还的余额是事先知道的。对于一切具有预定还款计划的贷款，其敞口风险可认为是很小或可以忽略的。但对于或有资产和债务情况就大不一样了。如，银行承诺性的信用额度可以让借款人在银行规定的限额内根据其需要随时支用这些额度。还有循环贷款，它意味着客户支用贷款额度和归还贷款的安排方面存在着不确定性。一般来说，一切表外项目都是或有资产或负债，都有可能产生未来的敞口风险。

(三）追偿风险

违约事件的追偿额是难以预计的，它们取决于违约的类型、是否存在担保或抵押物及其类型、违约发生时的背景等诸多因素。

1. 抵押物风险

收取抵押物是减少信用风险的常用做法。对抵押物的一般要求是：第一，能够让抵押权人容易接管抵押物；第二，抵押物具有较高的变现价值。达到上述条件，抵押物才能使信贷风险最小化。抵押物风险具有两重风险：首先，银行获得、接管和处理抵押物的成本存在着不确定性；第二，抵押物价值存在不确定性，取决于同类物品一级市场上的行情、二级市场的变现情况和抵押物的性质等。

2. 第三方担保风险

第三方担保，是指第三方向银行提供的担保。表面上看，第三方担保是把借款人的信用风险转化为借款人与担保人的同时违约的风险，风险确实下降了，对银行而言，借款人和担保人同时违约的概率应为双方违约的联合概率，但这做不到风险的完全转移。

3. 法律风险

追偿风险还取决于违约的性质。发生一次违约并不意味着借款人确定不归还贷款，但却会引发各种相应的行动（例如重新谈判)，直到借款人履行全部偿还义务。如果找不到补救措施，便要进入法律程序。最好的情况是，法律程序之后仍可追偿全部或部分贷款，但最坏的情况是，公司被出售或清盘后，其残值不能完全抵补未清偿贷款，贷款无法追回。

二、信用风险的特点

与市场风险、操作风险相比，信用风险具有如下特点：

(一）信用风险概率分布的可偏性

在授信企业总量中，违约事件相对较小的特性以及贷款收益和损失的不对称，造成了信用风险概率分布具有偏态的特征。市场价格的波动是以其期望为中心的，主要集中于相近的两侧，所以市场风险概率分布基本是对称的，可用正态分布曲线来描述。相比之下，信用风险的分布不是对称的，而是有偏的，收益分布曲线的一端向左下倾斜，并在左侧出现肥尾现象。如图 13-1 所示。这种特点是由于贷款信用违约出现损失的后果所决定的，即银行贷款的收益是固定和有上限的，它的损失则是变化的和没有下限的。

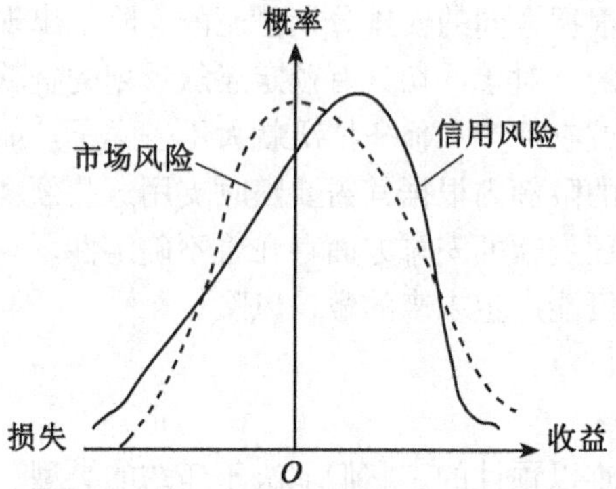

图 13-1　信用风险的概率分布特征

（二）信用悖论现象

与市场风险相比，信用风险管理存在着信用悖论（Credit Paradox）现象。理论上讲，当银行管理存在信用风险时应将投资分散化、多样化，防止信用风险集中。然而，在实践中由于区域行业信息优势，优势客户资源的有限性，以及银行贷款业务的规模效应，银行信用风险很难分散化。

（三）信用风险的非系统性

信用风险的非系统性风险特征明显。借款人的还款能力主要取决于与借款人相关的非系统因素，如借款人财务状况、经营能力、还款意愿等。基于资产组合理论的资本资产定价模型（CAPM）和基于组合套利原理的套利资产定价模型都只对系统风险因素定价，信用风险没有在这些资产定价模型中体现出来。

第二节　银行信用风险的评估

作为商业银行面临的主要风险，商业银行对信用风险的测度是伴随着环境和技术的变化而发展的。无论何种评估方法，都得遵循银行对信用风险认知的基本原则，这就是在银行业数百年来流传的 5C 原则，即银行应重点关注借款申请人品格（Character）、能力（Capacity）、资本（Capital）、担保品（Collateral）和经营环境（Conditions）。后来的 5W 原则，即 Who（银行要了解借款人的情况）、Why（银行要明确贷款目的和用途）、What（银行要确定借款人以适宜的资产作为抵押品）、When（银行要确定合理的贷款期限）、

How（银行要弄清借款企业的还款来源和还款计划）等其他原则都是5C原则的延伸。

在早期，商业银行的信用风险的测度主要采用基于财务报表的信用分析和评估。随着风险管理技术的进步，商业银行的信用风险的测度也逐渐转向定量分析和建立风险评估模型的风险计量分析。20世纪90年代以来，西方国家陆续开发出若干各具特色的信用风险度量模型，有代表性的模型主要是KMV公司的KMV模型、J. P. 摩根的信用度量模型（Creditmetrics）、麦肯锡公司的宏观模拟模型、瑞士信贷银行的信用风险附加模型（Creditrisk+）、Altman死亡率模型等。

一、传统和经典的信用风险评估

（一）财务报表分析

银行数百年来对借款人的信用评估主要是基于借款人财务报表，并藉此评判信用风险。它们主要包括财务报表项目分析（资产负债表和损益表）、财务比率分析和现金流分析，同时辅以非财务分析。财务报表分析和信用风险评估的优点是：（1）长期工作经验积累而形成的对风险的敏感性和阅读能力的人永远是银行无法替代的财富；（2）社会和经济现实中的复杂性，决定了风险的隐匿性和多变性；（3）据此形成的风险报告直观，容易理解。它的缺点主要有两个，第一，财务报表分析的效果基于从业人员的经验和职业精神，但经验毕竟是人的主观判断，经验上的权威有时甚至会带来偏执，第二，风险表达的标准的不统一，信用评价缺乏一致性。但不可否认，财务报表内所蕴含的信息是非常丰富的，它的作用是任何数理模型永远不可取代的。这也是我们称基于财务报表分析的信用评估为"传统和经典"的缘故。

（二）专家评定法

所谓专家评定法，是指对信用风险的一种补充分析法，它主要依赖于某些专家，运用他们在某些行业和领域突出能力，主观判断或对某些关键因素进行权衡。西方银行业在长期的信贷业务实践中总结出了若干基本审贷原则，并为信贷专家们普遍认同。

（三）信用评分方法

典型的信用评分法是由Altman于1968年创建的Z计分模型。该模型的基本思路是，测算从众多财务比率中提取的若干对企业经营状况和信用风险有着最大解释力度的财务比率，并分别给定这些比率在综合评价中应占的比重，然后计算出综合Z计分值，将其与行业的经验数据进行比较，从而得出被评价企业信用风险的结论。

该方法涉及三个关键环节：一是选择财务比率，二是各比率的权重分配，三是临界值的确定。Altman选取了5个变量，这些变量有：X_1——营运资本／总资产；X_2——留存收益／总资产；X_3——税息前利润／总资产；X_4——权益市场值／总债务账面值；X_5——销售收入／总资产，将5个变量组成Z计分模型。

公式（判别函数）为：

$$Z = 1.2X_1 + 1.4X_2 + 3.3X_3 + 0.6X_4 + 0.999X_5 \tag{13-1}$$

其后，设定临界值。破产下限值为1.81，其下为破产区域；（非破产）上限值为2.99，其上为经营良好。中间是灰色区域。通过计算Z分值，看其落在哪一段区域，预测企业是否会破产。

信用评分模型的优点是相对客观且量化。但是，信用评分模型存在以下不足：（1）判别函数是线性的，可能不能充分描述各因素与违约间的非线性关系；（2）基于历史财务数据，其评价结果可能滞后于借款人信用品质的实际变化；（3）未将非财务指标纳入其中。

二、现代信用风险评估

（一）*VaR*方法①

考虑一种金融资产，假定P_0为金融资产的初始价值，R是持有期内的投资回报率，则在持有期末，金融资产的价值可以表示为$P=P_0(1+R)$。假定回报率R的期望回报和其波动性分别为μ和σ。如果在某一置信水平c下，金融资产的最低价值为$P^*=P_0(1+R^*)$，则根据VaR的定义（在一定的置信水平下，金融资产在未来特定的一段时间内的最大可能损失）可以定义VaR为：

$$VaR=E(P)-P^*=-P_0(R^*-\mu) \tag{13-2}$$

根据以上定义，计算VaR就相当于计算最小值P^*或最低的回报率R^*。考虑金融资产未来回报行为的随机过程，假定其未来回报的概率密度函数为标准正态分布$\phi(\varepsilon)$，其中ε的均值为0，标准差为1。一般而言，R^*是负的（价格负向波动），可用$-|R^*|$表示。进一步，把R^*和其概率密度函数（标准正态分布）的偏离$\alpha>0$联系起来，即：

$$-\alpha=\frac{-|R^*|-\mu}{\sigma}(\alpha>0) \tag{13-3}$$

这等价于：

$$1-c=\int_{-\infty}^{P_0}f(p)\,\mathrm{d}p=\int_{-\infty}^{-|R^*|}f(r)\,\mathrm{d}r=\int_{-\infty}^{-\alpha}\phi(\varepsilon)\,\mathrm{d}\varepsilon \tag{13-4}$$

因此，VaR的计算问题就等价于寻找一个偏离α使得上式成立。引入累积标准正态分布函数

$$N(d)=\int_{-\infty}^{\alpha}\phi(\varepsilon)\,\mathrm{d}\varepsilon \tag{13-5}$$

在标准正态分布下，当给定一个置信水平如95%，则对应$\alpha=1.65$，于是就可以计算出相应的最小回报R^*和VaR。由公式(14-3)，最小回报可以表示为：

$$R^*=-\alpha\sigma+\mu \tag{13-6}$$

VaR为：

$$VaR=-P_0(R^*-\mu)=P_0\alpha\sigma \tag{13-7}$$

① *VaR*方法首先应用于银行市场风险管理，关于*VaR*的较为详细的计算方法在市场风险管理部分介绍。

因此，*VaR* 是分布的标准差与由置信水平确定的乘子的乘积。

这种方法可以推广到正态分布和其他的累积概率函数，其中所有的不确定性都体现在 σ 上，其他的分布会得到不同的 α 值。

例：有一种金融资产，其初始价值为 100 万美元，持有一个投资期，持有期内的预期投资回报率为 10%，投资回报的标准差为 2%，投资回报的变动服从标准正态分布，求该种金融资产在 95%置信水平下的 *VaR*。

则该种金融资产在 95%置信水平下的 *VaR* 为

$$VaR = P_0 * \alpha * \sigma = -100 * 1.645 * 2\% = -3.29$$

也就是说，该种金融资产在 95%置信水平下的最大损失为 3.29 万美元。

VaR 方法有许多优点：(1) *VaR* 可以测量不同的市场因子、不同金融工具构成的复杂的金融资产组合和不同业务部门的总体市场风险暴露。(2) 由于 *VaR* 提供了一个统一的方法来测量风险，因此为高层管理者比较不同业务部门的风险暴露大小、基于风险调整的绩效评估、资本配置、风险限额设置等，提供了一个简单可行的方法。(3) *VaR* 概念简单、理解容易。给出了一定置信水平下、特定时间内，金融资产组合的最大损失，比较适宜与股东、外界沟通其风险状况。(4) *VaR* 充分考虑了不同金融资产价格变化之间的相关性，这可以体现出投资组合分散化对降低风险的贡献。(5) 特别适合监管部门的风险监管。

VaR 方法也有缺陷：(1) 它是一种向后看的方法（Backward-Looking）——对未来损失的估计基于历史数据，并假定变量之间过去的关系在未来保持不变，显然，许多情况下，这并不符合实际。(2) *VaR* 是在特定的假设条件下进行的，如数据分布的正态性等，有时这些假定与现实可能不符。(3) *VaR* 的计算有时非常复杂。(4) *VaR* 只是市场处于正常变动下市场风险的有效测量，它不能处理金融市场处于极端价格变动的情形，如金融市场的崩溃等。

例：*VaR* 方法在信用风险评估中的运用

假设一笔利率固定、不可提前偿还的住房抵押贷款，年利率为 6%，数额为 10 000 元，期限为 5 年。通常情况下，该笔贷款是按月等额偿还，直到最后一次偿还时结清贷款本息。在不可提前偿还假定下，贷款定价公式是：

$$A = \frac{\left(1 + \frac{i}{12}\right)^{12x} \times \frac{i}{12}}{\left(1 + \frac{i}{12}\right)^{12x} - 1} \times C \tag{13-8}$$

其中 A 是月偿还额；C 是贷款数额；i 是贷款年利率；n 是贷款期限（以年表示）。

为方便计算，我们假定，该笔贷款按年等额偿还。可以算得该笔贷款每年的现金流量为：

$$A = \frac{(1+i)^x \times i}{(1+i)^x - 1} \times C = \frac{(1+6\%)^5 \times 6\%}{(1+6\%)^5 - 1} \times 10\,000 = 2\,374\ (元)$$

由于数据的获得性问题，我们进一步假定，该笔贷款的借款人的初始信用评级为BBB级，贷款为无担保优先级（见表13-1）。

表13-1　　**该笔消费贷款的 *VaR* 计算表**

第1年末信用评级	信用评级概率（%）	贷款价值（元）	概率加权价值（元）	价值与均值的偏离（元）	概率加权的偏离的平方
AAA	0.02	10 865	2	131	3
AA	0.33	10 854	36	120	48
A	5.95	10 828	644	94	526
BBB	86.93	10 764	9 357	30	782
BB	5.30	10 478	555	(256)	3 473
B	1.19	10 281	120	(453)	2 401
CCC	0.12	9 262	11	(1 472)	2 000
D（违约）	0.18	5 113	9	(5 621)	56 872

贷款价值均值：$\mu=10\ 734$ 元

标准差：$\sigma=258$ 元

正态分布下，5%的 $VaR=1.656=1.65\times258=426$ 元

1%的 $VaR=2.336=2.33\times258=601$ 元

这里计算的 *VaR* 是基于贷款价值均值的相对 *VaR*。计算结果表明，在贷款价值为正态分布的假设条件下，该笔消费贷款有5%的可能性在第二年的损失超过426元，有1%的可能损失超过601元；反过来说，该笔消费贷款在第二年的损失有95%的可能性保证不超过426元，有99%的可能性保证不超过601元。因此，通过计算消费贷款的在险价值，我们对该笔消费贷款的风险状况就有了比较明确的了解。银行可以根据消费者的信用状况和风险承受能力来进行消费贷款的决策。本例中，按贷款本金计算，意味着在第二年有5%的可能性本金损失超过4.26%，有1%的可能本金损失超过6.01%；按贷款均值计算，在第二年有5%的可能性贷款价值损失超过3.97%；有1%的可能性贷款价值损失超过5.60%。如果银行确定的风险标准为99%的概率水平下贷款价值损失率必须小于5%，那么该笔消费贷款的风险性可能已超过了银行内部确定的风险控制标准，银行就可以拒绝这笔贷款申请，或者要求借款人增加抵押物等其他风险控制措施。

（二）信用矩阵模型

信用矩阵方法（CreditMetrics）是由J. P. 摩根公司和其他几家合作机构在风险度量方

法（RiskMetrics）基础之上于1997年推出，旨在提供一个度量信用风险的框架，用于传统信用产品（如贷款、贷款承诺、融资信用证）、固定收益工具和有可能发生交易伙伴违约的市场驱动工具（如互换、远期合约等）等非交易性资产和或有资产的估值和信用风险的计算。

信用矩阵方法的基本假设是“未来的事件会按照历史的规律重复发生”，其核心思想是在充分考虑资产组合风险分散效应的前提下，度量由于借款人未来各种可能的信用质量变化（包括违约和信用等级变化）所导致的资产组合未来价值波动，即 *VaR* 值。信用矩阵方法第一次将信用品质迁移、违约概率和违约时的资产价值回收率及违约相关矩阵纳入一个统一的框架中，全面考虑信用风险的度量问题。信用度量方法计算过程主要框架如图13-2所示。

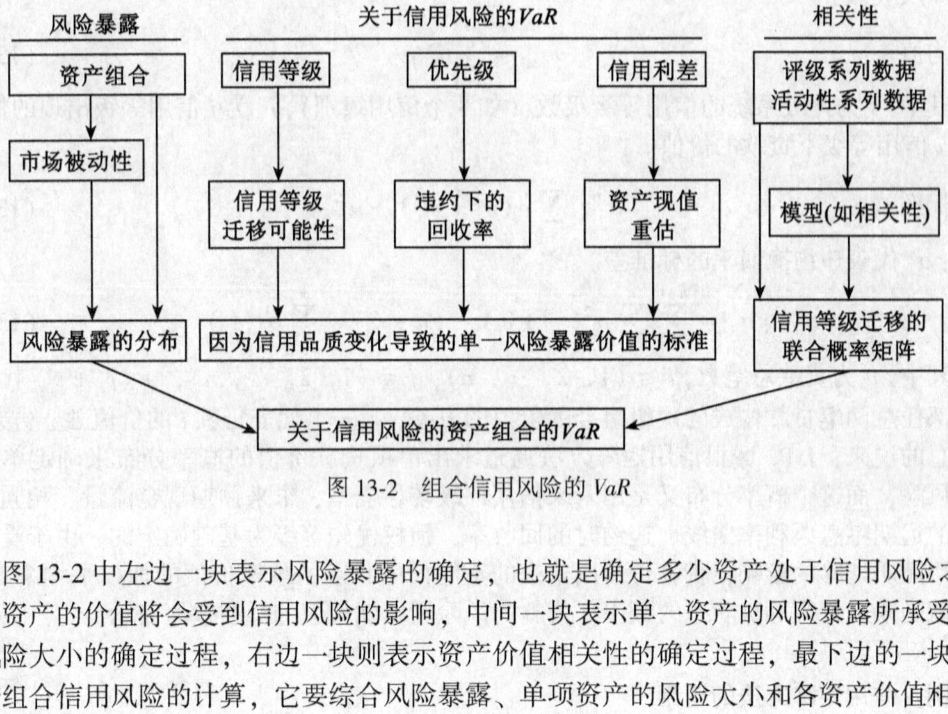

图13-2　组合信用风险的 *VaR*

图13-2中左边一块表示风险暴露的确定，也就是确定多少资产处于信用风险之中，这些资产的价值将会受到信用风险的影响，中间一块表示单一资产的风险暴露所承受的信用风险大小的确定过程，右边一块则表示资产价值相关性的确定过程，最下边的一块表示资产组合信用风险的计算，它要综合风险暴露、单项资产的风险大小和各资产价值相关性三个方面的信息。

信用矩阵方法的基本构造由三个模块组成：

模块1：确定贷款（组合）未来各种信用等级出现的（联合）概率。单笔贷款的信用等级变化概率由信用转移矩阵给出。贷款组合的信用等级变化的联合概率由组合内部不同贷款同时发生某种信用等级变化的概率决定，见公式（13-9）。

$$P(x_i,\ x_j)=\int_b^a\int_d^c\frac{1}{2\pi\sqrt{1-\rho^2}}\exp\left\{\frac{1}{2(1-\rho^2)}\left[r_{x_i}^2-2\rho r_{x_i}r_{x_j}+r_{x_j}^2\right]\right\}\mathrm{d}x_i\mathrm{d}x_j \tag{13-9}$$

其中，x_i 和 x_j 代表任意两个不同的信用等级。对于有8个级别的评级系统，$i\in$（1，

2，…，8）。a、b 是与 x_j 有关的常数，r 是借款企业的资产回报，ρ 是关联度系数。

模块2：确定各信用（组合）的未来（如1年后）市场价值。单笔信用的未来市场价值等于资产带来的全部现金流在该未来时点上的折现值，见公式（13-10）。信用组合的市场价值是其内部各单个信用市场价值的算术和。

$$v_1 = \frac{c}{(1 + r_i + s_i)} + \frac{c}{(1 + r_i + s_i)^2} + \cdots + \frac{c + p}{(1 + r_i + s_i)^{n-1}} \qquad (13\text{-}10)$$

其中，c 是按信用工具票面利率每年获得的利息，p 代表信用工具的本金，$r_1(I = 1, 2, \cdots, n)$ 是 i 年的预期无风险利率，s_i 代表信用工具 i 年末的信用风险价差（Credit Spread，一般用于期权型资产的价值计算），$r_i + s_i$ 相当于未来现金流的折现率。

模块3：根据模块1、2计算的结果，拟合贷款（组合）的未来价值分布，输出贷款（组合）的风险指标。主要包括均值、标准差和百分位水平等指标，见公式（13-11）、（13-12）、（13-13）。

均值：

$$\mu_{total} = \sum_{i=1}^{s} P_i \mu_i \qquad (13\text{-}11)$$

其中，s 为评级系统的信用等级级数（如8个信用级别），p_i 为 i 信用等级出现的概率，μ_i 为 i 信用等级下贷款的价值。

标准差：

$$\sigma = \sum_{i=1}^{s} p_i (v_i^2 + \sigma_i^2) - \mu^2 \qquad (13\text{-}12)$$

其中：σ_i 代表违约挽回率的标准差。

$$\sigma_P = \sum_{i=1}^{n-1} \sum_{j=j+1}^{n} \sigma^2(v_i + v_j) - (n - 2) \cdot \sum_{i=1}^{n} \sigma^2(v_i) \qquad (13\text{-}13)$$

其中，n 为贷款总笔数，$i \in (1, 2, \cdots, n)$，$j \in (1, 2, \cdots, n)$，$\sigma^2(v_i + v_j)$ 代表组合内部任意两笔贷款构成的次级组合的价值的方差，$\sigma^2(v_i)$ 代表贷款 i 的价值独立方差。

总的说来，J. P. 摩根信用矩阵方法通过求出单项贷款价值的概率分布来确定单项贷款的风险，而这个概率分布又是用未来信用评级转移概率、未来预期现金流量、相同信用评级的远期零息票利率曲线、违约时的回收率、债权优先等级为基础确定的。由于受贷款的信用品质迁移的影响，贷款价值用未来的不同信用状态的预期价值的加权平均来表示，权重就是未来信用等级状态的概率。贷款的风险用贷款价值的标准差值表示。

例：信用矩阵方法的运用

现银行给某客户发放一笔信用等级为BBB的五年期贷款，贷款利率为6%，贷款额为1亿美元，要求用信用矩阵模型确定该贷款的风险。①

1. 确定贷款未来各种信用等级出现的概率

贷款信用品质的迁移根据历史数据得到，可用信用评级转移概率矩阵来表征，如表13-2所示。从该表来看，初始信用等级为BBB级的资产一年后保持评级不变的概率为86.93%，当然有5.59%的可能上升到A级，也有0.18%的可能违约。

① 参阅：安东尼·桑德斯. 信用风险度量——风险估值的新方法与其他范式. 刘宇飞，译. 北京：机械工业出版社，2001.

表 13-2　**一年期信用评级转移概率矩阵**

初始评级	一年末评级概率（%）							
	AAA	AA	A	BBB	BB	B	CCC	D
AAA	90.81	8.33	0.68	0.06	0.12	0	0	0
AA	0.70	90.65	7.79	0.64	0.06	0.14	0.02	0
A	0.09	2.27	91.05	5.52	0.74	0.26	0.01	0.06
BBB	0.02	0.33	5.95	86.93	5.30	1.17	0.12	0.18
BB	0.03	0.14	0.67	7.73	80.53	8.04	1.00	1.06
B	0	0.11	0.24	0.43	6.48	83.46	4.07	5.20
C	0.22	0	0.22	1.30	2.30	11.24	64.86	19.79

资料来源：CreditMetrics^{TM}-Technical Document. J. P. Morgan，New York，April 2. 1997：20.

2. 计算信用风险价差

借款人信用等级的上升或下降会影响贷款剩余期现金流折现所必需的信用风险价差。不同信用评级状态的信用风险价差是不同的，同一信用评级在不同时期的信用风险价差也不相同。一般而言，信用评级越高，信用风险越小，因而信用风险价差就小些；同一信用评级期限越长，信用风险越大，因而信用风险价差也就大些。这是因为信用风险价差是对信用风险大小的反映，信用风险越大，信用风险补偿就要求高些，如表 13-3 所示。

信用价差是用来折现贷款未来现金流的利率。处于不同信用状态的贷款的价值一般是用相应的远期零息票债券的利率把它未来的现金流折现的现值。严格地说，贷款价值估算所用的折现率应等于相应期限无风险远期零息票债券利率（一般用零息票国库券代替）与相应期限的信用价差之和，而信用价差则是与贷款评级相应的公司债券的远期零息票利率和相同期限的国库券的远期零息票利率之差。因此，折现率实际上等于相应信用评级的公司债券的一年远期零息票利率。

表 13-3 给出了不同的信用评级的零息票利率。如果能从市场上获得不同信用评级的公司息票债券的价值信息，利用息票债券与零息票债券之间的无套利均衡原理就可以算得公司债券的即期零息票利率收益曲线。在利率期限结构的预期理论假定下，再利用即期零息票利率收益曲线可以求出一年期零息票利率，从而进一步推导出相应信用评级的公司债券的一年远期零息票利率曲线。

表 13-3　　不同信用等级的一年远期零息票利率（%）

估用评级	第一年	第二年	第三年	第四年
AAA	3. 36	4. 17	4. 73	5. 12
AA	3. 65	4. 22	4. 78	5. 17
A	3. 72	4. 32	1. 93	5. 32
BBB	4. 10	4. 67	5. 25	5. 63
BB	5. 55	6. 02	6. 78	7. 27
B	6. 05	7. 02	8. 03	8. 52
CCC	15. 05	15. 02	14. 03	13. 52

资料来源：CreditMetrics[TM]-Technical Document，J. P. Morgan. New York，April 2，1997：27.

3. 确定贷款未来市场价值

根据前面计算出来的信用价差，我们可以用公式（13-10）计算出各种可能信用等级下该贷款的未来市场价值，见表 13-4。

表 13-4　　不同信用等级下第一年贷款的价值

信用等级	概率 P%	价值（亿美元）
AAA	0. 02	1. 0937
AA	0. 33	1. 0919
A	5. 95	1. 0866
BBB	86. 93	1. 0755
BB	5. 30	1. 0202
B	1. 17	0. 981
CCC	0. 12	0. 8364
Default	0. 18	0. 5113

4. 确定贷款回收率

如果借款人违约，贷款就不会再产生承诺的现金流，贷款的残值或可能回收价值就取决于贷款资产的优先权等级。优先权等级不同，贷款在违约时的回收率也是不同的。优先权等级越高，贷款违约时按贷款面值计算的回收率也越高。如表 13-5。

表 13-5　**贷款回收率（面值的百分比,%）**

优先权等级	回收率均值	回收率标准差
有担保优先级	53.8	26.86
无担保优先级	51.13	25.45
有担保后偿级	38.52	23.81
后偿级	32.74	20.18
次级后偿级	17.09	10.90

资料来源：CreditMetrics[TM]-Technical Document. J. P. Morgan. New York. April 2. 1997：26.

5. 贷款的风险指标

根据前面四步的计算结果，按照公式（13-11）、（13-12）可得：

年末贷款的加权平均值 = 1.0709 亿美元

考虑违约情况的标准差 $\sigma = 0.0299$ 亿美元

假设正态分析：

5%的 $VaR = 1.65 \times \sigma = 493$ 万美元

1%的 $VaR = 2.33 \times \sigma = 697$ 万美元

（三）其他信用风险度量模型

1. KMV 模型

KMV 模型也称 EDF 模型，于 1995 年由 KMV 公司依据默顿（Merton）在 1974 年提出的"公司违约概率"测算的基本思想，开发了 EDF（Expected Default Frequency）模型，即预期违约频率模型。该模型将债权看作债权人向借款公司股东出售的对企业价值的看跌期权（卖权），期权标的是公司资产，执行价格是企业的债务价值。企业所有者实际上相当于购买了一项违约或不违约的选择权，当借款企业资产的市场价值超出企业的负债时，企业有动力偿还债务；如果企业资产的市场价值低于其负债水平，企业的所有者将选择违约，将资产转交给债权人处置。

图 13-3 给出了从借款人（企业的股权所有者）角度考虑的贷款偿还问题。假设企业借款 OB，期末企业资产的市场价值是 OA_2（这里 $OA_2 > OB$）。这时企业会偿还贷款，股权所有者会保有企业资产的剩余价值（$OA_2 - OB$）。在贷款期末，企业资产的市场价值越大，股权持有者保有企业资产的剩余价值就越大。然而，如果企业的资产减少到 OB 以下（比如等于 OA_1），那么，企业的股权所有者就会无法偿还贷款，他们就会在经济上失去清偿能力。同时，还会将企业的资产转交给银行。要注意的是，不管资产的价值与借款数量相比有多低，图中股权所有者的位于底部的风险是被截平的。具体地说，"有限责任"保护着股权所有者，使其损失不会超过 OL（即所有者在企业的原始投入）。

由于企业资产的市场价值难以直接观测，KMV 模型采用期权定价的原理推算借款企

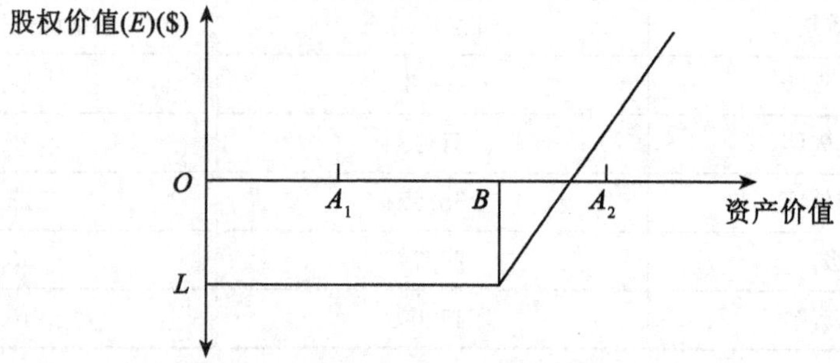

图 13-3　作为企业看涨期权的股权

业资产价值及其波动性。企业股东所持有的股权可看作对企业资产价值的看涨期权①，根据期权定价理论，股权价值的公式是：

$$\bar{E}=f(A,\ \sigma_A,\ \bar{B},\ \bar{r},\ \bar{\tau}) \tag{13-14}$$

E 是股权价值，A 是资产市场价值，σ_A 是资产价值波动性，B 是负债价值，r 是无风险借贷利率，τ 是时间范围。

企业股权价值波动性 σ_E 与企业资产价值波动性 σ_A 之间存在理论上的关系：

$$\sigma_E=g(\sigma_A) \tag{13-15}$$

在上面两个公式中，已知变量有：E，可直接观察得到；σ_e，可由历史数据估算出；B，公司的违约实施点或违约触发点，为已知常数；τ，一般设定为 1 年；r，可直接观察得到。资产价值 A 及其波动性 σ_A 是未知数。将两个等式联立，可求出这两个未知数。

计算出 A 和 σ_A 的值之后，就可以据此计算企业的违约距离。假定公司未来资产价值围绕其现值呈正态分布，均值为 A，标准差为 σ_A，可利用下面的公式计算公司在一年内或 $t=0$ 时（现在）距违约触发点的距离，其公式为：

$$\text{违约距离}=\frac{A-B}{\sigma_A} \tag{13-16}$$

KMV 公司利用历史经验数据求 EDF 的经验值。假设违约距离为 $2\sigma_A$，则经验 EDF 的计算公式为：

$$\text{经验 EDF}=\frac{\text{违约距离为 }2\sigma_A\text{ 的一年内实际违约的企业数目}}{\text{违约距离为 }2\sigma_A\text{ 的企业总数}} \tag{13-17}$$

KMV 模型的突出优点在于它是动态模型，基于对企业股票价格变化的分析估算 EDF，因而对违约概率的预测更具有前瞻性，被视为“向前看”的方法。KMV 模型在解决实际问题方面存在以下不足，仅着重于违约预测，忽视了企业信用品质的渐进变化，未考虑信息不对称情况下的道德风险等。

2. 宏观模拟模型

① 股东购买企业股票，相当于买进了对企业价值的看涨期权，执行价格同样是企业债务价值，执行期限为企业债务的期限。

信用度量模型假定等级转移概率在经济周期不同阶段间是稳定的，然而等级转移对经济周期是比较敏感的。为修正这个偏差，麦肯锡公司提出宏观模拟模型（Loan Portfolio View，又称信贷组合观点），试图将宏观因素与转移概率间关系模型化，求解基于宏观条件的转移概率模拟值，以有条件转移矩阵取代基于历史数据的无条件转移矩阵，以便求出对经济周期敏感的 *VaR* 值。

宏观因素与转移概率间的关系可用函数式描述：

$$P_t = f(y_t) \tag{13-18}$$

这里将 P_t 设定为时间 t 上未来一年内借款人从 C 级移往 D 级的概率（P_{CD}），y_t 表示时间 t 上的一整套宏观因素所构成的经济状态。y_t 由系统宏观因素和非系统宏观因素驱动，前者包括 GDP 增长率、失业率等，后者指经济体系受到的随机冲击或创新。系统宏观因素受其历史值影响，也对当期受到的冲击敏感。

由于历史值已知，冲击因素可以用蒙特卡罗方法模拟得到，最终，可求出 P_t 的模拟值。可模拟出未来多期（t，$t+1$，…，$t+n$）的 P_{CD} 的情景值。

按上述思路，同样可以对转移矩阵中所有的其他元素进行调整，估算出以宏观经济状态为条件的未来各期 t，$t+1$，…，$t+n$ 的转移概率模拟值，进而得到未来各期的有条件的模拟转移矩阵，从而取代以历史数据为基础的无条件的转移矩阵，并计算出对经济周期敏感的未来各期的 *VaR* 值。该模型也可以计算周期影响下的违约损失率。

3. 信用风险附加模型

瑞士信贷银行的信用矩阵附加模型（Credimtrisk+）借鉴了财产火险精算理论。信用风险矩阵附加模型认为每处房屋遭遇火灾是独立的小概率事件，同样可假定大规模信贷组合中每笔贷款的违约概率较小且违约事件相互独立，因此组合中发生违约事件的次数近似于泊松分布。房屋失火的损毁程度可能差别很大，贷款的违约损失程度同样很不确定，由于逐笔度量损失程度较困难，可按贷款风险暴露将信贷组合划分为若干频段（次级组合），以降低不精确性。将不同频段的损失分布加总，可得到贷款组合的损失分布。

模型的具体步骤如下：

第一步，将贷款组合按单笔贷款的风险暴露划分为若干频段。

第二步，求出各频段的违约概率分布。首先，根据历史数据确定某频段的平均违约率。其次，将平均违约率代入泊松分布函数中，可求得频段中违约次数的概率。最后，将违约次数和相应的概率结合，可得到该频段违约次数的概率分布曲线。

第三步，计算各频段的损失分布。将违约损失值与对应的违约概率结合，可得到该频段的损失分布曲线。

第四步，将各频段的损失分布加总得到组合损失分布。进而，计算出未预期到的损失值，即可确定组合的经济资本要求。

第三节　信用风险评级监控

商业银行信用风险管理是个动态的管理过程。在信贷管理的贷前、贷中、贷后等各个阶段，都需要对信用风险进行评估和监控，准确了解信用风险的状态，以便于及时采取相应的措施。在长期信用风险监控的实践中，商业银行已经总结出了若干动态方法，主要是信贷各环节的信用风险评级。①

一、客户信用风险评级

商业银行信用风险管理的基础是成千上万笔贷款，而贷款风险的变化主要来源于客户信用质量的变化，因此，对客户信用风险的识别、评估和应对，自然就成为商业银行信用风险管理工作的基础，具体地说，客户信用风险评级是客户选择、债项评级和监控、差别化信贷授权管理、额度授信管理、贷款定价管理等工作的基础。客户信用风险评级，是对客户在内外因素作用下的偿债能力变化可能导致的违约风险程度进行预测分析评估，通过客户资信调查、财务状况分析和信用风险因素的揭示与风险抵消因素的权衡比较，评定客户信用等级。

（一）客户评级的指标体系

完成一个客户的评级，需要以下指标：客户所属行业的风险分值、客户所在地区的风险分值、区域行业交叉调整系数、客户财务风险分值、客户信贷风险分值和基本面分值。

1. 客户所属行业的风险分值

需要强调的是，正确划分客户所属的行业对于客户的信用风险计量影响很大。因为不仅仅是客户所属行业的风险分值可能会发生变化，其后财务分值部分的部分参数也会发生变化。所以，客户经理必须保证录入系统中的行业数据正确。

对于跨行业客户，采用以下算法：

$$S(X) = \sum \text{行业 } i \text{ 风险分值} \times \text{行业 } i \text{ 销售额占比} \tag{13-19}$$

2. 客户所在地区的风险分值

地区整体风险状态，决定了客户的金融生态，对于客户的风险有一定的影响。

3. 区域行业交叉调整系数

区域行业交叉调整系数在于进一步提高系统性风险的精度。

4. 客户财务风险分值

一般公司类客户的财务风险分值计算，由流动性、营运能力、杠率和盈利能力等四个子模块构成。这部分内容请看本教材第六章第二节。

5. 客户信贷风险分值

客户在银行的信贷质量评价指标包括信贷平均损失率、相对贷款不良率、利息实收率、相对平均期限、信贷余额扩张速度和产品风险 5 项指标。

(1) 相对贷款不良率

该指标体现客户信贷质量在行业内的相对水平，其表达式为：

$$\text{相对贷款不良率} = \frac{\text{客户信贷不良率}}{\text{客户所属行业不良率}} \times 100\%$$

① 在实际操作中，信用风险评估和信用风险监控有时是融为一体的，有些信用风险的监控工具本身也是信用风险评估手段，只不过信用风险监控更多是基于动态的视角。

（2）相对平均期限

该指标旨在分析客户信贷期限与所属行业融资特点是否相匹配，其表达式为：

$$相对平均期限=\frac{客户信贷加权平均期限}{行业信贷加权平均期限}$$

其中：

$$信贷加权平均期限=\frac{\sum 合同剩余期限(月数)\times 该期限信贷余额}{客户信贷余额}$$

（3）余额相对扩张速度

企业的发展伴随资金需求的增加，因此信贷余额一般也会有所增长。余额相对扩张速度是衡量因规模变动而造成风险上升的主要指标，其表达式为：

$$余额相对扩张速度=客户信贷余额增长率-行业信贷余额增长率$$

其中：

$$信贷余额增长率=\frac{本期信贷余额-基期信贷余额}{基期信贷余额}\times 100\%$$

（4）利息实收率

利息实收率从企业按时付息角度反映客户信贷风险的变动情况，其表达式为：

$$利息实收率=\frac{本期实收利息}{本期实收利息+本期应收、催收利息}\times 100\%$$

（5）信用支持。贷款发放方式分为信用、保证、抵押和质押等四种，其表达式为：

$$信用支持=\sum 发放方式余额占比\times 发放方式风险度系数$$

（6）信贷产品风险

不同信贷产品管理上的差异，使其风险存在一定的差别。产品风险就是从产品结构的角度，测量潜在的风险隐患，其表达式为：

$$信贷产品风险=\sum 客户各种信贷产品占比\times 该产品风险分值$$

6. 客户基本面分值

基本面风险评价模块分为五个子模块，包括品质、实力、环境、信用记录、重大事件等五大项。因客户的性质和类型的不同，基本面风险评价指标的内容也有所区别，而且是直接对应分值，此处不一一细列。

（二）客户信用风险评级的流程

客户信用评级的流程图13-4，具体包括：

1. 风险分值

行业、区域和交叉的风险分值，系统已经在前面部分计算；客户财务、信贷和基本面等部分的风险分值计算模式，和前面的系统性部分相同，采用指标分值简单线性加权。

值得说明的是，在财务计算中考虑了客户的规模；在信贷部分，考虑了贷款余额过小则解释能力较低的事实。

2. 客户初始风险分值

客户初始风险分值是其所属行业、区域、交叉等三部分系统性风险因素与客户自身财

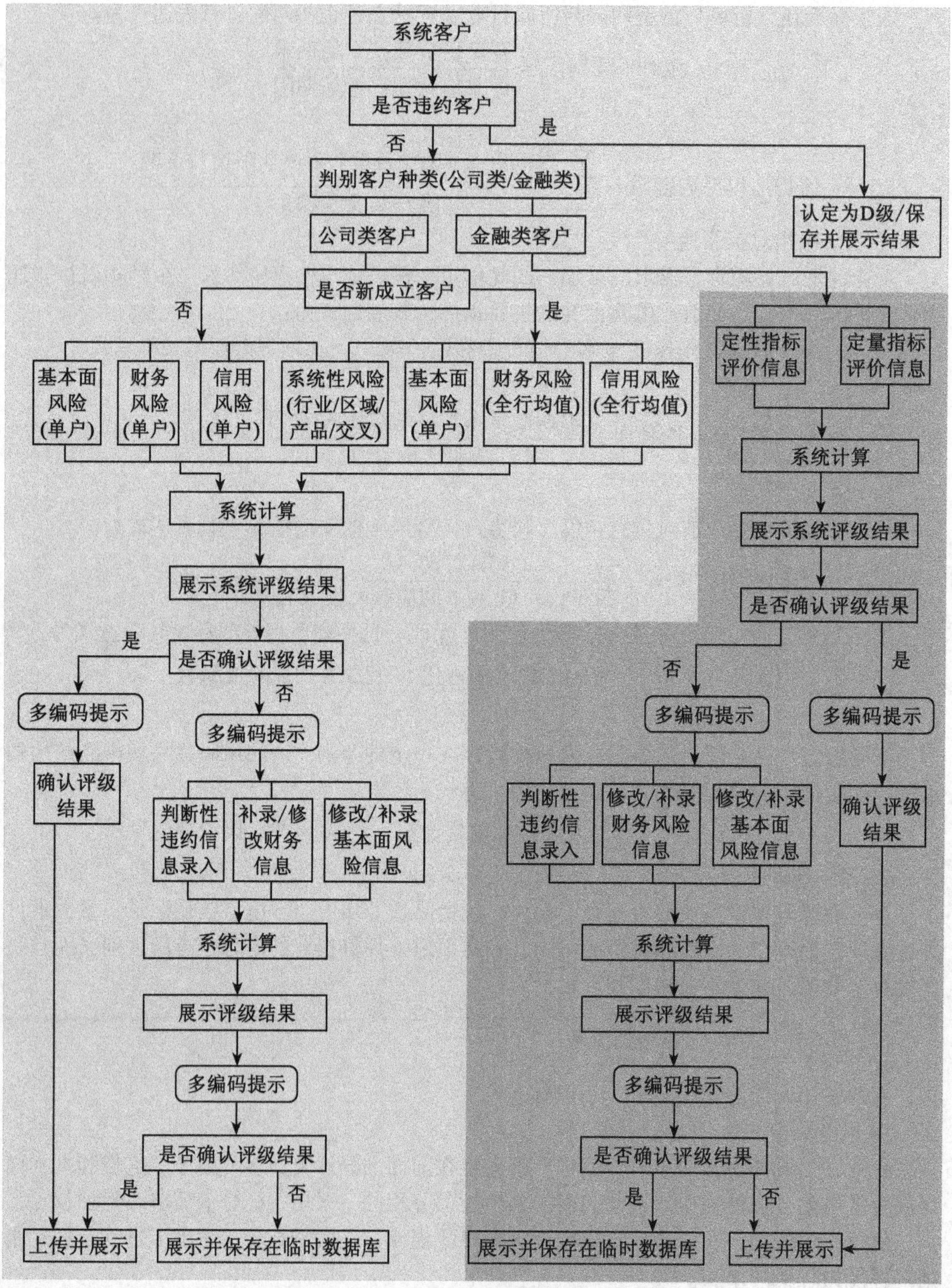

图 13-4　客户信用评级流程图

务、信贷风险分值的函数。

客户初始风险分值的计算公式为：

$$S'(F) = [S(X)^a \times S(Y)^b \times H]^c \times S_{(Z)}{}^d \times S_{(W)}{}^e \tag{13-20}$$

其中：$S(X)$ 为所属的行业风险分值，$S(Y)$ 为客户所在地区风险分值，H 为行业地区交叉调整系数，$S(Z)$ 为经调整的客户财务风险分值，$S(W)$ 为经调整的客户信贷风险分值，a 为行业风险的权重，b 为地区风险的权重，c 为系统性风险权重，d 为客户财务权重，e 为客户信贷权重。根据客户规模，各风险权重的取值不同。

3. 客户违约概率

根据客户风险分值和违约概率之间的函数，计算违约概率，并进而依据各等级违约概率区间，确定客户的初始等级。

4. 其他特殊客户

一般工商类企业的计算流程比较复杂。对于新客户、事业单位、房地产类企业及机构类客户，评级流程相对简单。

二、债项信用风险评级

债项信用风险评级，简称债项评级，又称贷款评级，是在对银行每笔贷款的预计损失程度作出估计的基础上进行的信用风险评级。债项评级结果所对应的每笔贷款的预计风险损失程度，为贷款利率定价和计提坏账准备（拨备）提供基本依据。与客户评级不同，债项评级直接与银行的每一笔信贷资产挂钩，因此，债项评级的准确性更多地被银行关注。从内部评级法的观点来看，债项评级结果是客户评级结果加上信用缓解因素、还款优先次序、期限因素调整后的函数。

传统意义上的债项信用风险评级，实际上就是贷款资产的风险分类，这种分类方式虽然也引入了一些定量分析，但仍然主要以专家主观判断为主，在这种方式中贷款一般按照质量被划分为五个级别，所以也经常被称为贷款五级分类。随着银行信用风险管理能力的不断提高，《新巴塞尔协议》提出，采用内部评级法的银行应根据贷款的 LGD 值（违约损失率）来对贷款进行划分。下面我们将对这两种主要的方法进行分别介绍。

（一）贷款五级分类

1. 贷款五级分类的含义

贷款五级分类是按照风险程度将信贷资产划分为不同档次的过程。这里的信贷资产是指商业银行发放贷款或提供信用而形成的所有表内和表外资产，具体包括贷款、进出口贸易融资、票据贴现与承兑、保证业务、信用卡透支等。一般而言，银行将根据借款人及时足额归还贷款本息的可能性，把贷款划分为正常、关注、次级、可疑、损失共五类，其中后三类合称为不良贷款。虽然贷款五级分类主要依靠定性判断，但是部分国家的金融监管机构仍给出了与每一类别贷款对应的预计损失区间。各类别贷款的定义和对应的预计损失期间（以我国银行业监管机构给出的比例为例）为：

（1）正常类贷款：借款人能够履行合同，没有足够的理由怀疑贷款本息不能按时足额偿还。正常类贷款对应的预计损失区间为 0%。

（2）关注类贷款：尽管借款人目前有能力偿还贷款本息，但存在一些可能对偿还产生不利影响的因素。关注类贷款对应的预计损失区间为0%。

（3）次级类贷款：借款人的还款能力出现明显问题，完全依靠其正常营业收入无法足额偿还贷款本息，即使执行担保，也可能会造成一定的损失。次级类贷款对应的预计损失区间为0~10%（含）。

（4）可疑类贷款：借款人无法足额偿还贷款本息，即使执行担保，也可能会造成较大的损失。可疑类贷款对应的预计损失区间为10%~90%（含）。

（5）损失类贷款：在采取所有可能的措施或一切必要的法律程序后，贷款本息仍然无法收回，或只能收回极少部分。损失类贷款对应的预计损失区间为91%~100%以上。

2. 贷款五级分类的局限性

虽然作为监管当局对商业银行在贷款分类中的最低要求，贷款五级分类为商业银行识别、判断贷款风险程度提供了基本的框架，但是，贷款五级分类有其自身的局限性，具体表现为以下几个方面：

（1）过度依赖主观判断。在依赖主观判断的贷款分类体系中，虽然贷款五级分类给出了统一的主观判断的标准，但是不同的信贷专家的尺度很难保持完全一致，不同专家给出的判断很可能出现偏差。

（2）重在贷款事后检查，不能提供资产质量恶化的早期预警。它虽然能够在很大程度上做到对贷款进行动态监测，但是对资产质量恶化早期预警发挥不了作用。

（3）分类结果是粗线条分类。五级分类对正常类贷款划分过粗，仅有两级，不能区分其风险。贷款余额在这两级上过于集中，然而其风险大小并不一样。完善的银行内部风险贷款评级体系应该对五级分类进一步细化，风险暴露在各等级间应有一定分布，不能出现风险暴露在某一等级过度集中的情况。针对这个缺陷，商业银行在实际运作中，往往将贷款类别分为10~12类，并从风险管理的角度采取不同管理方法。

（4）贷款五级分类综合考虑了借款人和贷款的风险要素，但是却无法确切地区分借款人风险和债项风险，因此也无法避免客户评级结果和债项分类结果的风险要素交叉发生作用，不利于商业银行准确地衡量和控制风险。这也从另一侧面反映出贷款五级分类主要的用途是仅帮助监管当局了解商业银行的贷款质量。

（二）内部评级法中的债项评级

1. 内部评级法的理解

《新巴塞尔协议》提出，银行须将其银行账户中的风险暴露按照不同的信用风险特征划分为公司、主权、银行、零售、项目融资以及股权六个大的资产类别。对于公司授信风险而言，新巴塞尔协议还将其划分为初级内部评级法和高级内部评级法。在初级内部评级法中，金融机构需根据内部数据对于不同级别的借款测算违约率（PD），金融监管当局则必需提供其他所需参数如违约风险暴露（EAD）及给定违约损失（LGD）等。高级内部评级法中，上述参数由银行自行测算决定，但必须由监管当局加以确认方可实行。内部评级法的基本要义是通过衡量各类风险敞口的违约概率，确定相应的预期损失参数，并结合资产组合的相关性特征，计算相应风险所要求的经济资本。因此，内部评级法本质上是一个计量经济资本的方法，实际上并不是严格意义上的信用风险管理方法，但是其使用的违约概率和违约损失率指标可以定量反映债项信用风险的大小。

内部评级法是二维评级系统。一维是针对客户即借款人的评级。它是根据商业银行自定标准将借款人划分为不同层次的信用级别（如 AAA、AA、A；BBB、BB、B；CCC、CC、C），以测算违约率（PD）。另一维是针对债项的评级。这项评级需要将正常贷款分为若干级，将不良贷款也分为若干级，同时纳入抵押品、还款优先程度、清收结果与时间等因素，然后计算出违约时的损失率（LGD）。通过计算 PD 和 LGD，最后计算出预期损失（EL）及非预期损失（UL）。预期损失用准备金抵补，非预期损失用资本金抵补。

内部评级法体现了对贷款发放的事先管理，强调通过分析既有的数据来预测和防范未来的风险，因而能有效地决定贷款发放与否、贷款发放额度、贷款利息水平以及抵押担保的要求等。

2. 违约概率的测算

违约概率（PD）是指未来一段时间内借款人发生违约的可能性。巴塞尔委员会定义违约概率为借款人所在信用等级一年内的平均违约率，违约概率的确定必须是通过对这个级别的历史数据进行统计分析和实证研究得到，而且为保守的和前瞻性的估计。

违约概率（PD）模型的构建和测算是内部评级法的核心，同时也是许多技术问题的焦点。要测算违约概率，就要进一步分析违约概率的影响因素。通常，影响违约概率的因素主要有财务、非财务、现金流量和股价等，并且不同的风险类别，其违约概率的影响因素不同。只要银行决定采用内部评级法，无论是初级法还是高级法，都必须自己计算各类客户的违约概率。巴塞尔委员会提出了三种 PD 测算方法，使用银行自身的历史统计数据分析归纳，对借款人进行信用评级后，映射到有名的外部评级机构的数据上和使用违约统计模型，选择适合的最有效方法。

（1）历史数据归纳法

使用历史数据归纳方法，就是银行根据历史数据进行统计，在信用评级的基础上，在较长时间范围内测算某个信用等级的全部企业各年违约概率的平均值。这个历史违约概率的平均值就是这个信用等级的违约概率。如穆迪公司、标准普尔公司均采用这种方法确定违约概率。

（2）用评级后映射法

由于数据的局限、系统的限制和未整合作业，还是难以摆脱对外部评级和监管当局建议指标的依赖。一种可行的方法是通过参照著名外部评级机构的评级结果与自身的内部评级结果的对应关系得出相应的违约概率，即商业银行通过信用评级确定被评对象的信用级别，再与外部机构的信用级别相对应，引用该外部机构对级别统计的违约概率。

目前全球认同度较高的外部评级机构有三个，即美国的标准普尔公司（Standard & Poor's）、穆迪公司（Moody's）和英国的惠誉公司（Fitch，IBCA）。它们在信用风险分析、评级方面积累了丰富的经验，可以参照这些机构对不同信用等级客户测算的违约概率进行映射。但这样做有一个前提，就是必须保证银行内部与外部信用评级机构使用的违约定义、设立的评级标准是相同的，否则映射也就不准确了。

（3）统计违约模型测算法

使用统计违约模型测算，可以采取由几家商业银行联合采用单一模型的方法进行资源共享，以减少成本，缩短与协议接轨的时间。目前统计违约模型有两大类，即历史模型和市场模型。历史模型是以公司过去的财务和非财务资料来估计信用风险，并对公司未来偿债能力的变化情形加以预测。

3. 违约损失率的测算

违约损失比率（LGD）指预期违约的损失占风险暴露的百分比。此处的损失是经济损失而非会计损失，包括折扣因素、融资成本以及在确定损失过程中汇总发生的直接或间接成本。违约损失率与关键的交易特征有关，如是否有抵押品及其债权偿还优先次序的影响。巴塞尔委员会提出了初级法和高级法两种测算 LGD 的方法①。巴塞尔委员会在新资本协议中给出了在初级法下计算 LGD 的算法。该算法的核心在于根据抵押品的不同，进行各种调整，即核心内容包括监管当局确定的基准 LGD、合格抵押定义、抵押品的缓解作用及抵押品折扣。

（1）无抵押品的情况。LGD 值由监管当局确定。巴塞尔委员会提出对未具体认定抵押的风险暴露的优先债权的 LGD 定为 50%；而未具体认定抵押的风险暴露的附属索赔权的 LGD 定为 75%。

（2）有抵押的情况。有抵押时，银行可以计算抵押品的风险缓解作用。巴塞尔委员会在初级法中规定了合格抵押品有两大类：金融抵押和实物抵押。

对于金融抵押，抵押交易的违约损失率表示如下：

$$\mathrm{LGD}^* = \begin{cases} \mathrm{LGD} * \left[1 - (1 - w) * \dfrac{\mathrm{CA}}{E}\right] & E > \mathrm{CA} \\ w * \mathrm{LGD} & E < \mathrm{CA} \end{cases} \tag{13-21}$$

上式中，LGD（违约损失率）是指抵押认定之前无抵押的风险暴露的违约损失率（50%或 75%）；E 为风险暴露值（也就是贷出现金或借出证券），w 表示交易的保证部分的下限系数，设为 0.15。满足要求的政府（包括一些特定机构）回购类交易，w 值确定为 0。

CA 为抵押的折扣调整值：

$$\mathrm{CA} = \frac{C}{1 + H_C + H_E + H_{FX}} \tag{13-22}$$

其中 C 表示收到抵押物的现值；H_E、H_C、H_{FX} 表示折扣系数；H_E 为债权（E）的折扣值，H_C 为收到的担保品的折扣值，H_{FX} 为货币不匹配的折扣值。这些折扣值在使用内部评级初级法时可以使用监管当局提供的标准折扣（巴塞尔委员会也提供了折扣的标准），也可以使用内部测算法。在确定折扣值时，还需要资本市场交易和抵押贷款交易之间的区别。

对于实物抵押，计算时分三种情况：

① 高级法测算 LGD 的模型方法过于复杂，本书不介绍。

$$
LGD^* = \begin{cases} 50\% & \dfrac{C}{E} \leqslant 30\% \\ \left(1 - 0.2 \times \dfrac{C}{E} \times \dfrac{1}{140\%}\right) \times 50\% & 30\% < \dfrac{C}{E} \leqslant 140\% \\ 40\% & \dfrac{C}{E} > 140\% \end{cases} \tag{13-23}
$$

其中，C 为抵押现值，E 为风险暴露名义价值。上式中，第一种情况表示对 C/E 的比值在 30%的临界水平以下的风险暴露，将采用未具体认定抵押风险暴露的违约损失率，即 50%。第三种情况表示 C/E 之比超过 140%临界水平的风险暴露的违约损失率定为 40%。第二种情况表示 C/E 之比在 30%和 140%之间的风险暴露，其违约损失率为有抵押和无抵押担保违约损失率的加权平均数。

（3）对于组合抵押，LGD 的确定方法如下：

风险暴露必须拆分为金融抵押担保部分和实物抵押担保部分（E=Efi+Eph，Efi 表示金融抵押部分，Eph 实物抵押部分），这两类抵押的认定都必须满足各自的最低要求：首先，折扣后的金融抵押调整值 CAfi，按以上金融抵押的方法计算；第二步，考虑到金融抵押担保的部分，风险暴露必须削减（Eph=E−CAfi）。风险暴露的这部分要当作全额抵押来处理。这部分的有效违约损失率可表示为 LGD * fi，而且通过 LGDfi=w * LGD 计算得出。另外部分削减后的风险暴露的 LGD * ph 计算仍按照实物抵押的方法分为三种情况进行，即仍根据上述公式（13-23）进行，但其中 C/E 变为实物抵押总值为 Cph（=Ccre+Crre，Ccre 表示商业房地产抵押，Crre 表示住宅房地产抵押）与削减后风险暴露 Eph 之比。最终

$$
LGD^* = [(E - Eph) \times LGD * fi + LGD * ph] / E \tag{13-24}
$$

第四节　信用风险处置

在精确评估和动态监控信用风险的基础上，根据信用风险的状态和风险管理战略的需要，商业银行可以遵循风险管理的基本策略，采取多种手段控制和调整信用风险。

一、信用风险分散

信用风险分散是指利用项目分散、行业分散、区域分散、期限分散等各种手段，通过构造差异化的贷款组合，使银行达到以分散或降低持有风险的目标和过程。中小银行也可以通过银团贷款的方式分散信用风险。一般而言，实现多样化的信贷组合后，借款人的违约风险可以视为相互独立事件（除了共同的宏观经济风险），起到降低银行信用风险的作用。但也要注意到，信用风险分散策略的使用是有成本的，必须综合考虑成本压力与风险规避。

例：风险分散的运用——组合贷款

现在考虑同时有两笔贷款：一种是 1 亿美元、BBB 信用等级、5 年期信用贷款，新的

一笔是金额1亿美元、信用等级为A、借款期限为3年的信用贷款。

1. BBB信用等级贷款的*VaR*（表13-6）

表13-6 **BBB级贷款的*VaR*的计算（基准点是贷款的均值）**

年末信用评级	状态的概率（%）	新贷款价值加利息/亿美元	概率加权的价值/亿美元	价值偏离均值的差异/亿美元	概率加权差异的平方
AAA	0.02	1.0937	0.0002	0.0228	0.0010
AA	0.33	1.0919	0.0036	0.0210	0.0146
A	5.95	1.0866	0.0647	0.0157	0.1474
BBB	86.93	1.0755	0.9349	0.0046	0.1853
BB	5.30	1.0202	0.0541	(0.0506)	1.3592
B	1.17	0.9810	0.0115	(0.0899)	0.9446
CCC	0.12	0.8364	0.0110	(0.2345)	0.6598
违约	0.18	0.5113	0.0009	(0.05596)	5.6358
			1.0709		8.9477
			=均值		=价值的方差
σ=标准差=299万美元					
假设正态分析：95%的*VaR*=1.65×σ=493万美元					
99%的*VaR*=2.33×σ=697万美元					

同理，我们也可以计算出A级贷款的*VaR*。

σ=标准差=149万美元

假设正态分析：95%的*VaR*=1.65×σ=246（万美元）

99%的*VaR*=2.33×σ=347（万美元）

2. 贷款组合的*VaR*

为计算两笔贷款组合*VaR*，我们需要计算：（1）每笔贷款的联合移动概率；（2）每种可能的一年期联合移动概率下的贷款组合价值。

（1）联合移动概率

表13-7给出了一年期（时间范围为1年）的BBB级和A级贷款的个别的和联合的移动概率。给定BBB级借款人在一年后的8种可能的信用状态，以及给定A级借款人在一年后的8种可能的信用状态，存在64种联合移动概率。重要的是，联合移动概率并不简单地是两个个别移动概率的乘积。

一般来说，资产组合中信用工具间的相关程度越低，组合风险价值的不确定性越小。我们这里考虑两笔贷款相关度为 0.3 的情况，此时两笔贷款组合年末信用等级分布概率见表 13-7。

表 13-7　**资产相关系数为 0.3 时的联合移动概率（%）**

债务人 1（BBB）		债务人 2（A）							
		AAA	AA	A	BBB	BB	B	CCC	违约
		0.09	2.27	91.05	5.52	0.74	0.26	0.01	0.06
AAA	0.02	0.00	0.00	0.02	0.00	0.00	0.00	0.00	0.00
AA	0.33	0.00	0.04	0.29	0.00	0.00	0.00	0.00	0.00
A	5.95	0.02	0.39	5.44	0.08	0.01	0.00	0.00	0.00
BBB	86.93	0.07	1.81	79.69	4.55	0.57	0.19	0.01	0.04
BB	5.30	0.00	0.02	4.47	0.64	0.11	0.04	0.00	0.01
B	1.17	0.00	0.00	0.92	0.18	0.04	0.02	0.00	0.00
CCC	0.12	0.00	0.00	0.09	0.02	0.00	0.00	0.00	0.00
违约	0.18	0.00	0.00	0.13	0.04	0.01	0.00	0.00	0.00

资料来源：CreditMetrics-Technical Document，April 2，1997：38.

注意，表 13-7 中的联合移动概率稍有些高，可以达到 79.69%，因为（假定的）两借款人之间的相关系数为 0.30。

（2）联合贷款价值

在 64 种联合移动概率之外，我们可以在两笔贷款情形下计算 64 种联合贷款价值。随后，可以将个别贷款价值相加以得到一种组合的贷款价值。如表 13-8 所示，因而，如果 1 年后两种贷款都得以升级到 AAA 级，那么，1 年期限的贷款组合的市场价值变为 2.1596 亿美元。相比而言，如果两笔贷款都违约，那么，贷款组合的价值变为 1.0226 亿美元。

在 64 种可能的联合移动概率和 64 种可能的贷款价值之下，贷款组合的均值及其方差可以如下式计算：

$$均值 = p_1 V_1 + p_2 V_2 + \cdots + p_{64} V_{64} = 213.63 \text{ 万美元}$$

$$方差 = p_1(V_1 - 均值)^2 + p_2(V_2 - 均值)^2 + \cdots + p_{64}(V_{64} - 均值)^2 = 1\,122 \text{ 万美元}^2$$

求式方差之解的平方根，贷款组合价值的 σ 为 335 万美元，正态分布下 1% 的 VaR 为：2.33×335 万美元=781 万美元

表 13-8 **贷款组合的价值**

债务人1（BBB）		债务人2（A）							
		AAA	AA	A	BBB	BB	B	CCC	违约
		106.59	106.49	106.30	105.64	103.15	101.39	88.71	51.13
AAA	109.37	215.96	215.86	215.67	215.01	212.52	210.76	198.08	160.50
AA	109.19	215.78	215.68	215.49	214.83	212.34	210.58	197.90	160.32
A	108.66	215.25	215.15	214.96	214.30	211.81	210.05	197.37	159.79
BBB	107.55	214.14	214.04	213.85	213.19	210.70	208.94	196.26	158.68
BB	102.02	208.61	208.51	208.33	207.66	205.17	203.41	190.73	153.15
B	98.10	204.69	204.59	204.40	203.74	210.25	199.49	186.81	149.23
CCC	83.64	190.23	190.13	189.94	189.28	186.79	185.03	172.35	134.77
违约	51.13	157.72	157.62	157.43	156.77	154.28	152.52	139.84	102.26

资料来源：CreditMetrics-Technical Document，April 2，1997：12.

我们可以发现：

2 亿美元贷款组合 1%的 *VaR* 为 781 万美元

1 亿美元的单个 BBB 级贷款 1%的 *VaR* 为 697 万美元

1 亿美元的单个 A 级贷款 1%的 *VaR* 为 347 万美元

相比较，我们可以看到，在贷款组合情况下，1%的 *VaR* 降低了 263 万美元。

二、授信限额

所谓信贷限额是银行事前控制信用风险集中度的传统方法，基本思路是针对单一信用风险敞口（特定客户或关联集团、特定行业、国家、区域、授信品种等）设定授信限额，以控制信用风险的集中度。

科学地设置授信限额是关键所在。虽然从各商业银行的具体实践来看，确定客户风险限额的方式千差万别，但是，总体上大致可以划分为两种：一种是以客户的净资产为核心，考虑到合理的杠杆比率确定的客户最大可承受的负债；另一种是以客户的负债结构和对应的偿债能力为核心确定客户最大可承受的负债。

在现实中，有些银行的授信限额经常被突破，丧失作为风险警戒限度的约束力。除了主观上缺乏谨慎和预见性外，也有客观条件的限制，如有些国家或地区经济结构过于单一，或是在特定时期内，可能只有少数几个领域对银行有吸引力，这些因素都使贷款集中于某些领域在所难免。因此，仅仅依靠授信限额的单一手法并不足以达到限制信用风险的目的。

三、贷款出售

银行可以在贷款二级市场上出售过度集中的贷款头寸，在事后对现有信贷组合分散化。贷款出售可以采取三种形式：其一是债务更新；其二是债务转让；其三是从属参与。债务更新的法律关系明晰，但合约替换成本较高，只适用于涉及少数债务人的情况。从属参与的法律手续简捷，但若买方保留对卖方的追索权，银行实际上没有真正地出售资产，仍需承担风险。债务转让是国际贷款市场常见的交易方式。

贷款买卖的交易技术较简便，但标准化程度低是贷款合约有别于证券的天然特质。贷款结构安排灵活性较强，利率、期限、金额、偿还方式等合约要素富于个性化，对信贷买卖构成无形障碍。贷款出售也可能对银行与客户的关系造成不良影响。

四、贷款证券化

贷款证券化是将信贷资产加以组合，并以其产生的现金流量为本息偿还基础在市场上发行证券。贷款证券化是一种结构化金融技术，其实质就是将缺乏流动性的、非标准化的贷款转换成为可转让的、标准化的证券，并转售于市场投资者。证券化增进了贷款的流动性，银行可以更加便利地分散和转移信用风险。

不过，贷款证券化也存在局限。贷款证券化要在法律上认可为真实销售，银行要将贷款彻底转让，仍然面临客户关系受损问题。证券化交易成本较高，适于大规模信贷组合整体风险转移，而不是对局部风险暴露特别处理。证券化虽可按偿付优先顺序对基础贷款池的现金流进行风险分层，但难以对贷款池的风险暴露作更细致的分解和重塑。此外，非标准化、单笔规模较大的企业贷款进行证券化的难度较大。

五、信用衍生金融工具

信用衍生工具是价值基于参考实体信用品质变化的创新型金融衍生合约，其实质功能是将信用风险与基础参考资产的其他风险剥离，将之向交易对手转移。信用衍生工具除了我们在第四编介绍到的信用期权和信用互换以外，还包括以下工具：

（一）总收益互换

总收益互换（Total Return Swap）的交易双方分别作为参考资产总收益①的付出方与收入方。总收益付出方定期将参考债务的利息和费用收入支付给交易对手，对方则向其支付固定或浮动利率（通常以 LIBOR 作为基准）。合约到期时，若参考债务价值升值，则总收益接受方从付出方获得价值升水，否则向付出方赔付贬值损失。如果到期前发生信用事件，总收益互换合约通常终止，并进行结算，付出方得到收入方偿付的参考债务的初始价值扣除预期挽回部分的现值（残值）后的差额。

总收益收入方实际上持有对基础参考债务的“合成多头”，因为可以得到与基础贷款的实际持有者相同的现金流，同时也承担同样的风险。总收益支付方则持有参考资产的“合成空头”，某种程度上相当于出售了基础债务，而实际上又并没有将参考债务的所有权转让给交易对手。

---

① 总收益包括参考债务的利息、费用收入和价值升值。

（二）信用关联票据

信用关联票据（Credit-Linked Note，CLN）是嵌入信用违约互换的结构化票据。保护买方与CLN发行人（一般是专门的特设机构）达成以某项参考债务或一篮子参考债务为基础的违约互换交易，并向CLN发行人支付保险费。发行人向投资者发行CLN，并对其支付利息，其中包括保护买方支付的保险费。若参考债务人没有违约，投资者在票据到期时收回票据面值（本金）。一旦参考债务发生信用事件，发行人即停止向投资者支付票据利息，一方面向保护买方进行偿付，另一方面将票据面值扣除对保护买方的支付后的余额（残值）返还给投资者。CLN实质上是融合了信用衍生交易的证券化工具。

信用衍生工具相对于传统信用风险管理工具有突出的优势：其一，债权人可以利用信用衍生工具进行表外交易，保留资产而出售其信用风险，从而避免损害客户关系；其二，债权人无需通知债务人，即可与各类交易对手达成信用衍生合约，及时、便捷地出售其不愿承担的各种信用暴露；其三，信用衍生工具在重新塑造信用风险方面具有极大的灵活性，债权人可以量身定制信用衍生合约，以调整其面临的信用风险敞口。作为创新产品，信用衍生工具还面临监管待遇、合约标准化、精确定价等问题，但颇具成长潜力。

◎小　结

1. 信用风险，是因借款人发生违约或借款人信用等级下降而使债权人的本金和利息不能完全收回或产生损失的风险。信用风险可以分为三类风险：违约风险、敞口风险和追偿风险。

2. 与市场风险相比，信用风险具有收益分布的可偏性、信用风险数据获取的困难性以及信用风险非系统性等特点。

3. 在早期，商业银行的信用风险的测度主要采用随机性较大的定性评价。20世纪90年代以来，西方国家陆续开发出若干各具特色的信用风险度量模型，有代表性的模型主要是KMV模型、信用度量模型、宏观模拟模型、信用风险附加模型、死亡率模型等。

4. *VaR*方法有许多优点：可以测量不同市场因子、不同金融工具构成的复杂的金融资产组合和不同业务部门的总体市场风险暴露；提供了一个统一的方法来测量风险；充分考虑了不同金融资产价格变化之间的相关性。*VaR*方法也有缺陷：是一种向后看的方法；在特定的假设条件下进行，有时这些假定与现实可能不符；只是市场处于正常变动下市场风险的有效测量，它不能处理金融市场处于极端价格变动的情形。

5. 信用度量方法旨在提供一个度量信用风险的框架，用于传统信用产品、固定收益工具和有可能发生交易伙伴违约的市场驱动工具等非交易性资产和或有资产的估值和信用风险的计算。

6. KMV模型将债权看作债权人向借款公司股东出售的对企业价值的看跌期权（卖权），期权标的是公司资产，执行价格是企业的债务价值。企业所有者实际上相当于购买了一项违约或不违约的选择权，当借款企业资产的市场价值超出企业的负债时，企业有动力偿还债务；如果企业资产的市场价值低于其负债水平，企业的所有者将选择违约，将资产转交给债权人处置。

7. 宏观模拟模型试图将宏观因素与转移概率间关系模型化，求解基于宏观条件的转移概率模拟值，以有条件转移矩阵取代基于历史数据的无条件转移矩阵，以便求出对经济周期敏感的 *VaR* 值。

8. 信用风险附加模型认为可假定大规模信贷组合中每笔贷款的违约概率较小且违约事件相互独立，因此组合中发生违约事件的次数近似于泊松分布。贷款的违约损失程度很不确定，由于逐笔度量损失程度较困难，可按贷款风险暴露将信贷组合划分为若干频段，以降低不精确性。将不同频段的损失分布加总，可得到贷款组合的损失分布。

9. 在信贷管理的贷前、贷中、贷后等各个阶段，都需要对信用风险进行评估和监控，准确了解信用风险的状态，以便于及时采取相应措施。在长期信用风险监控的实践中，商业银行已经总结出了若干动态方法，主要是信贷各环节的信用风险评级，包括客户评价和债项评级。

10. 在精确评估和动态监控信用风险的基础上，根据信用风险的状态和风险管理战略的需要，商业银行可以遵循风险管理的基本策略，采取多种手段控制和调整信用风险，具体包括：信用风险分散、授信限额、贷款出售、贷款证券化、利用衍生金融工具防范信用风险。

◎重要概念

信用风险　违约风险　敞口风险　追偿风险　专家评定法　*VaR*　KMV模型　信用度量模型　宏观模拟模型　信用风险附加模型　信用风险评级　贷款五级分类　内部评级法　授信限额　总收益互换　信用关联票据

第十四章　银行市场风险管理

第一节　银行市场风险概述

一、银行市场风险的涵义与分类

（一）银行市场风险的涵义

按照巴塞尔协议的界定，银行市场风险是因金融市场价格的不利变动而使银行表内和表外业务发生损失的风险。

随着20世纪末金融服务的全球化进程和金融产品的不断创新，银行在迅速扩大经营规模和盈利空间的同时面临着日益加剧的市场风险，特别是2007年的美国次贷危机的爆发，国际先进银行开始更加审视和关注市场风险。巴塞尔委员会从20世纪90年代起，开始高度关注银行业的市场风险。随着现代商业银行经营管理中心已向市场业务转移，商业银行的风险状况将发生根本性变化，市场风险已成为现代商业银行面临的主要风险之一。

相对于信用风险和操作风险，银行市场风险具有以下特点：

1. 风险与收益的对称性。从本质上说，市场风险属于投机风险，既可能带来损失，也可能带来收益。就单笔交易而言，风险与收益具有对称性（涉及组合时，潜在风险与收益可以不对称）。为此，商业银行实施市场风险管理的目标是通过将市场风险控制在商业银行可以承受的合理范围内，实现经风险调整收益率的最大化。

2. 杠杆性。由于商业银行面临的市场风险大多与衍生交易相关，衍生交易具有的杠杆性也反映为商业银行市场风险管理的杠杆性。杠杆性的存在使得市场风险管理对商业银行损益的影响更为复杂。

3. 可测性。由于市场交易具有连续的数据基础，相对其他风险而言，市场风险的历史规律更容易把握，相关量化技术手段的采用也更科学。

（二）银行市场风险的种类

基于风险产生的诱因的差异，商业银行市场风险可分为以下四类：

1. 利率风险

利率风险是指商业银行的财务状况在利率出现波动时，收入出现负向波动的风险。它不仅影响银行的盈利水平，也影响其资产、负债和表外金融工具的经济价值。利率风险是现代商业银行面临的基本风险之一。

银行资产和负债的类型、数量及期限不一致，利率的变动就会对其产生影响，使资产的收益、负债的成本发生变动。对于某个时期内被重新定价的资产来说，将面临着到期日利率下降、利息收入减少的风险；而对于某个时期内被重新定价的负债来说，将面临着到期日利率上升、利息支出增加的风险。对于支付固定利率的资产或负债来说，尽管资金流量确定，利率的升降也可能带来一些间接的损失，如按固定利率收取利息的投资者将会面临市场利率可能高于原先确定的固定利率的风险。此外，利率的变动还会引起资产的市场价格和汇率的变动，进而给金融活动的参与者造成不利的影响。

2. 汇率风险

汇率风险是指汇率变动特别是汇率出现与预测方向相反的大幅度波动，给商业银行造成损失的可能性。汇率风险也是一种典型的市场风险。汇率的波动受到多方面因素的影响，主要有：国际收支状况、通货膨胀率、利率政策、关税政策、对外贸易政策、外汇管理措施、各国政治经济局势以及外汇市场的投机活动等。银行承担的汇率风险主要来自两个方面。一是库存外汇价格下降产生的风险；二是外汇买卖风险。银行在外汇市场上进行外汇买卖有两种情况：一种是代客进行外汇买卖，赚取买卖差价和手续费；另一种是自行外汇买卖。银行在外汇买卖中，在某种货币上买进和卖出可能出现金额和期限不匹配，产生敞口头寸，这部分就会受到汇率波动的影响。

3. 资本市场价格风险

以股票为代表的资本市场的风险是指资本市场各类产品价格变动造成投资收益的不确定性风险。随着银行业务的不断创新，银行更多地参与国内外资本市场，或将某种银行产品的收益率与资本市场价格挂钩。

4. 商品价格风险

商品的广义定义是可以在有组织市场上进行交易的实物产品，如农产品、石油、天然气、电力和贵金属（黄金除外，黄金视同外汇）。这些实物产品价格的变动造成银行资产面临损失的风险称为商品价格风险。商品价格风险通常比其他金融工具的风险更难测量，因为该市场缺乏流动性，商品价格受季节性供需变化影响较大。在确定均衡价格时，存货通常起着决定性作用。商品价格的变化直接影响着企业的收益，也就关系到商业银行的贷款能否按期收回，影响存款和贷款的规模，而且还改变了银行固定资产和贷款抵押品的价值，影响利率和股指的变化及商业银行的营业成本，进而影响商业银行的收益。

二、银行市场风险管理的基础——账户划分

市场风险存在于银行的交易和非交易业务中，所以账户划分是银行市场风险管理的基础。商业银行应当根据银行账户和交易账户的性质和特点，采取相应的市场风险识别、计量、监测和控制方法。从国际经验来看，金融资产分类既有会计标准，也有监管标准，两者并不完全相同。根据修订后的国际会计准则第 39 条（IAS39），金融资产应分为交易、可供出售、持有到期、贷款与应收账款四类，而银行监管机构通常则要求分为银行账户和交易账户两类。巴塞尔委员会2004 年和2010 年的《新巴塞尔协议》的相关规定，交易账户记录的是银行为交易目的或规避交易账户其他项目的风险而持有的可以自由交易的金融工具和商品的头寸。与交易账户相对应，银行的其他业务归入银行账户，最典型的是存贷

款业务。交易账户中的项目通常按市场价格计价（Mark-To-Market），当缺乏可参考的市场价格时，可以按模型定价（Mark-To-Model）。按模型定价是指将从市场获得的其他相关数据输入模型，计算或推算出交易头寸的价值。银行账户中的项目则通常按历史成本计价。

目前，实行市场风险监管资本要求的国家/地区的银行监管当局都制定了银行账户、交易账户划分的基本原则，并要求商业银行据此制定内部的政策和程序，详细规定账户划分标准和程序。监管当局则定期对银行的账户划分情况进行检查，检查重点是其内部账户划分的政策、程序是否符合监管当局的要求，是否遵守了内部的账户划分政策和程序，是否为减少监管资本要求而人为地在两个账户之间调节头寸等。

第二节　银行市场风险的评估

由于具有良好的数据基础，市场风险可以采用多种量化技术进行测度。常用的银行市场风险评估主要有以下四种方法：

一、灵敏度方法

灵敏度方法，是利用金融资产市值对其风险因子的敏感性来测量金融资产风险的方法。标准的风险因子包括利率、汇率、股票指数和商品价格等。

假定金融资产的市值为 P，其风险因子为 x_1，x_2，…，x_n， 市值 P 为风险因子 x_1，x_2，…，x_n 的函数，因此风险因子的变化将导致金融资产市值的变化，即：

$$\frac{\Delta P}{P}=\sum^{n}D_i\Delta x_i \tag{14-1}$$

其中，D_1，D_2，…，D_n 为资产市值对相应风险因子的敏感性，称为灵敏度。灵敏度表示当风险因子变化一个百分数单位时金融资产市值变化的百分数。灵敏度越大的金融资产，受风险因子变化的影响越大，风险越大。

公式（14-1）是用灵敏度方法测量银行风险的基础。但只有金融资产市值变化与其市场因子变化呈线性关系时，公式（14-1）才成立。金融市场中，许多金融资产具有非线性动态行为。因此，灵敏度是一种对风险线性的近似测量。

针对不同的金融资产、不同的风险因子，存在不同类型的灵敏度。实际中常用的灵敏度包括：针对债券（或固定利率性金融工具）的持续期或久期（Duration）和凸性（Convexity），针对股票的 β 系数，针对衍生工具的 Delta、Gamma、Theta、Vega、Rho 等。例如，期权的 Delta 反映了标的资产变化一个百分点所导致的期权价值变化的百分点。如某一期权的 Delta 为 0.5，反映了标的资产变化 1%会导致期权价值变化 0.5%。

灵敏度方法的优点在于概念上的简明和直观性、使用上的简单性。但其缺点在于，有些情况下，线性近似性的指标并不能很好地描述金融资产价格的变化。灵敏度方法比较适合简单金融资产在风险因子变化较小时的情形，而对于复杂的金融资产组合及风险因子的大幅度波动情形，灵敏度方法或者准确性差，或者由于复杂而失去了其原有的简单直观性。

二、波动性方法

波动性方法用来估计实际回报与预期回报之间可能的偏离。波动性可以通过规范的统计方法量化，其中，方差或标准差是最为常用的方法，它估计了实际回报与预期回报之间可能的偏离。人们在使用中通常把波动性与标准差等同起来。

单一资产方差的计算公式如下：

$$\sigma^2(\tilde{R}_i)=\sum_{i=1}^{n}P_i[R_i-E(\tilde{R}_i)]^2 \tag{14-2}$$

资产组合方差的计算公式如下：

$$\sigma(\tilde{R}_p)=[x_A^2\sigma^2(\tilde{R}_A)+x_B^2\sigma^2(\tilde{R}_B)+2x_Ax_B\mathrm{Cov}(\tilde{R}_A,\ \tilde{R}_B)]^{1/2} \tag{14-3}$$

其中，

$$\rho_{ij}=\frac{\mathrm{Cov}(\tilde{R}_i,\ \tilde{R}_j)}{\sigma(\tilde{R}_i)\sigma(\tilde{R}_j)} \tag{14-4}$$

$$\mathrm{Cov}(\tilde{R}_i,\ \tilde{R}_j)=\frac{1}{T}\sum_{i=1}^{n}[\tilde{R}_{it}-E(\tilde{R}_i)][\tilde{R}_{jt}-E(\tilde{R}_j)] \tag{14-5}$$

在以上公式中，$E(\tilde{R}_i)$ 和 $E(\tilde{R}_j)$ 表示资产 i 与 j 的预期收益，$\sigma(\tilde{R}_i)$ 与 $\sigma(\tilde{R}_j)$ 表示资产 i 与 j 资产的标准差。

波动性描述了收益偏离其平均值的程度，在一定程度上测量了金融资产市值的变化程度。但波动性方法主要存在两个缺点：第一，只描述了收益的偏离程度，却没有描述偏离的方向，而实际中金融机构经营者最为关心的是负偏离；第二，波动性并没反映资产组合的损失到底是多大。所以，波动性方法一般用于事后的绩效评价，很少用于事前的投资决策。

三、*VaR* 方法

VaR 方法是近年来国外兴起的一种管理市场风险的工具，由于该方法能够综合衡量银行的各种市场风险，极大地方便了金融机构间的风险信息交流，目前已被西方商业银行及金融监管当局接受为最重要的市场风险管理方法之一。*VaR* 是指在正常的市场条件和给定的置信水平下某一投资组合预期的最大损失。*VaR* 的计算方法通常分为三种：参数法（Parametric Modeling）、历史模拟法（Historical Simulation）和蒙特卡罗模拟法（Monte Carlo Simulation）。

（一）参数法

参数法假定投资组合中各种风险因子的变化服从特定的分布（通常为正态分布），然后通过历史数据分析和估计该风险因子收益分布的参数值，如方差、协方差、相关系数等。投资组合 *VaR* 值的计算主要是在给定单尾置信区间，根据在选定时间段每个风险因子的标准差、风险因子对组合的敏感度、风险因子间的相关系数等变量，通过矩阵运算求得。

参数法是所有计算 *VaR* 的方法中最简单的，银行只需构建加权矩阵，然后采用 J. P. 摩根银行定期公布在网上的最新变动率和相关系数信息，就可以计算组合的 *VaR*。但该方法只反映了风险因子对整个组合的一阶线性影响，对非线性关系，如期权的 Gamma 和债券的凸性的风险测量不适用，因而该方法是部分估值法。

(二) 历史模拟法

历史模拟法假定历史可以在未来重复，通过搜集一定历史期限内全部的风险因子收益信息来模拟风险因子收益未来的变化。历史模拟法首先选择合适的长期市场风险因子历史收益率时间序列 $(F_i(t)]$，$t=-T$，$-T+1$，…，0，一般用3~5年的日数据，其中 F_i 为市场风险因子的向量。然后，给定第一步得到的时间序列，计算清算期间组合价值变动的时间序列。最后，把从历史数据归纳出的风险因子收益实际分布情况列表显示，选择某一概率水平，计算该分布在这一概率水平下可能出现的极值。

历史模拟法的透明度高、直观，对系统要求较低。但对数据样本选择区间较为敏感，既可能包括极端的价格波动，也可能排除极端情况。历史模拟法反映了风险因子收益分布，因此不需要任何分布假设，也无需计算波动率、相关系数等模型参数。由于历史模拟法的风险因子的历史收益本身已完全包含了风险因子之间的相关关系，因而可以全面反映风险因子和组合价值的各种关系，是一个完全估值模型。

(三) 蒙特卡罗模拟法

蒙特卡罗模拟法是一种结构化模拟的方法，通过产生一系列同模拟对象具有相同统计特性的随机数据来模拟未来风险因子的变动情况。

蒙特卡罗模型所生成的大量情景使得在测算风险时比解析模型能得出更可靠、更综合的结论，同时体现了非线性资产的凸性，考虑到了波动性随时间变化的情形。但由于该模型需要功能强大的计算机，且运算耗时过长，因而该方法应用没有前两种方法广泛。

无论何种计算 *VaR* 的方法，都必须首先确定考察期限和置信区间。市场上几乎没有任何理论依据可以帮助选择最佳的考察期限和置信区间，但通常遵循的一个简单规则就是，考察期限一般同被考察交易组合的平均头寸转换周期相匹配。在管理实践中，经常用到的置信区间有68%、95%、99%等。适当选择参数的唯一目的是使 *VaR* 模型产生出最具管理价值的风险信息。因此，模型使用者通常根据本银行对风险管理的实际需求谨慎设定模型参数。巴塞尔委员会对商业银行内部风险模型计算的 *VaR* 要求的考察期限为 10 个工作日，置信区间为 99%；花旗银行等多数大银行则选用 1 个工作日、99%置信度作为模型参数。

例：投资组合 *VaR* 的计算

假设将 100 万美元投资于两种资产，要计算该投资组合在 95%水平上的 *VaR*。表 14-1 给出的是该投资组合 *VaR* 计算的有关数据。

表 14-1　**投资组合 *VaR* 计算**

	资产 1	资产 2
标准差	25%	26%
权数	30%	70%
相关系数	0.70	
具体计算：		
投资组合的方差	0.05786	
标准差	24.05%	
标准差乘数	1.644853	
VaR（%）	39.565126%	
VaR（美元）	395651 美元	

金融市场中，常常出现一些极端情形，如市场崩溃、金融危机、政治剧变或自然灾害等，在这些情况下，经济变量间、金融市场因子间的一些稳定关系就会遭到破坏，如原有市场因子之间的价格关系、相关性、波动性都会发生巨大改变，市场因子之间、市场风险和信用风险之间的因果关系也会出现较大变化。因此，市场因子和市场组合价值之间的关系也必然会发生改变。在这些极端情况下，*VaR* 方法估计的结果就会出现极大误差。为了测量极端市场状况下的金融市场风险，人们引入了压力试验和极值分析方法。

四、压力测试①

压力测试是一种以定量分析为主的风险分析方法，测算商业银行在遇到假定的小概率事件等极端不利情况下可能发生的最大损失。分析这类损失的目的主要是对单家银行、银行集团和银行体系的脆弱性做出评估和判断。作为 *VaR* 方法的重要补充，压力测试能够帮助银行充分了解潜在风险因素与银行财务状况之间的关系，深入分析银行潜在风险，形成供董事会和高级管理层讨论的风险防范预案和应对措施，预防极端事件可能对银行带来的冲击。

（一）压力测试原理

如图 14-1 所示，*VaR* 能有效估计正常环境下资产的损失风险，但当金融市场处于极端价格变动的情形时无能为力，而压力测试则能有效评估一些小概率极端事件冲击的影响，它可以对一定置信度以外的突发事件的发生对金融资产损失或金融机构脆弱性的影响进行测试。压力测试与 *VaR* 的区别表现为以下方面：第一，就市场环境而言，*VaR* 衡量正常市场环境下的市场风险，而压力测试衡量异常市场环境下的市场风险；第二，就分布假设而言，*VaR* 方法通常假设风险因子的变化是正态分布，因此它对信用风险中所涉及的

① 压力测试也可用于信用风险评估。

“肥尾”现象无法把握，也就无法度量极端背景下的损失情况，而压力测试不对风险分布进行任何假设，能度量极端情况下的损失情况；第三，就损失发生的可能性而言，VaR 把对预期的未来损失大小和该损失发生的可能性结合起来，不仅让投资者知道发生损失的规模，而且知道其发生的可能性，压力测试只能说明事件的影响程度，却很难说明事件发生的可能性。

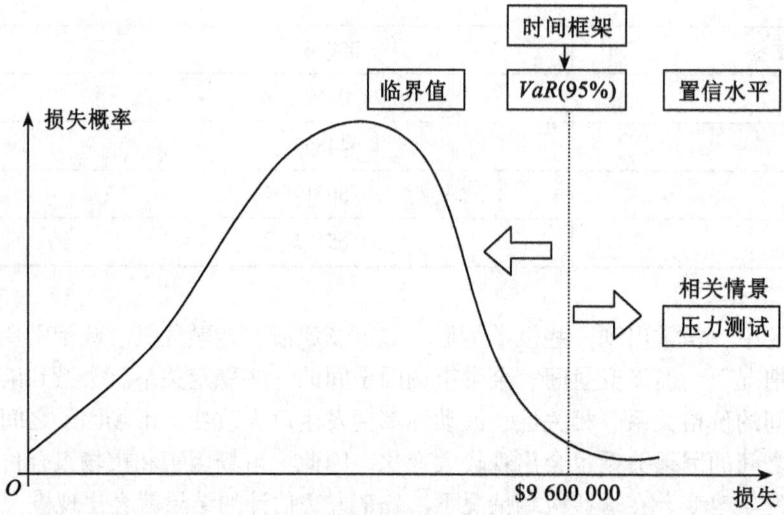

图 14-1　压力测试与 *VaR* 的关系

如图 14-2 所示，压力测试通过对风险因子设定特定的压力情景，使资产组合的损失分布右移，在一定的置信水平下，降低银行资产组合的非预期损失，从而提高风险管理工作的预见性。通过测试分析潜在风险因素对银行财务状况、资本充足率的影响，深入分析银行抵御风险的能力，形成供董事会和高级管理层参考并决定实施的应对措施，预防极端事件可能对银行带来的冲击。

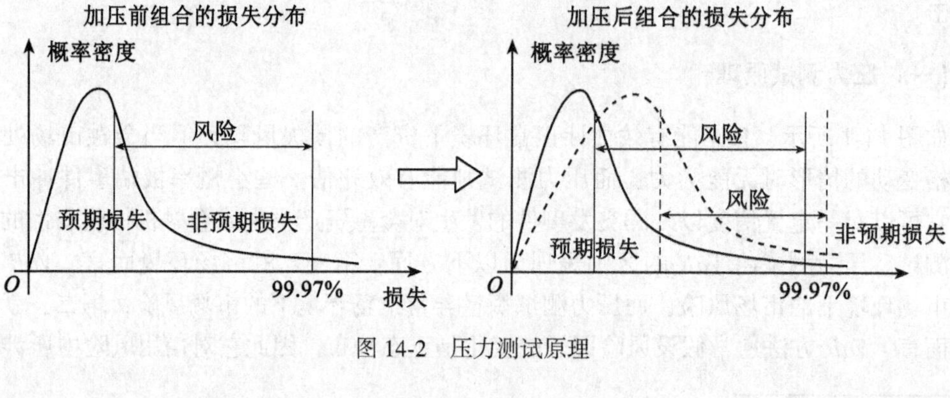

图 14-2　压力测试原理

（二）压力测试的流程

压力测试流程主要包括以下三个步骤：

1. 风险因素识别

这是压力测试的第一阶段。在这个阶段里，主要的任务是确定风险因子。由于对影响资产组合或金融机构的所有风险因子进行压力测试是不实际的，因而需要聚焦于某几个重要的风险因子上。这样不仅能使压力测试更有效，也能节省时间和精力。一般风险因子有三大类：宏观水平指标、结构指标和金融稳定指标。

2. 情景构建

在识别出资产组合或金融机构的脆弱性之后，第二步工作是针对这些脆弱性模拟情景。情景构建是压力测试的基础，目的在于产生金融市场的某些极端情景。这些极端情景包括资产价值极端损失的情景、市场因子波动性和相关性的极端情景等。情景通常分为基准情景和可选择性情景。基准情景是评价可选择性情景或冲击影响的一个基准，它反映了金融机构最近的经济预测。可选择性情景是用来分析金融机构是否能承受这种情景，它包含了经济领域以及银行本身的各方面。

情景构建的方法主要有以下几种：

第一，历史模拟情景方法。它是指以历史上曾发生过的极端事件为基础，构建金融市场未来极端情景。历史极端事件包括极端事件引发的金融市场大幅震荡、政治和经济事件以及自然灾害引起的巨大潜在损失等。如，典型的极端金融事件有 1987 年 10 月的美国股市崩溃、1992 年的欧洲货币危机、1995 年墨西哥比索危机、1997 年亚洲金融危机和 2008—2010 年的美国“次贷危机”等。典型引发金融市场动荡的政治事件有中东战争等，这些历史事件常用作构建金融市场未来极端情景的基础。

第二，典型情景方法。它是指通过对金融市场中一个或多个主要市场因子（利率、汇率、股票价格或商品价格）变化的模拟来构建未来极端情景。如传统资产负债管理中的典型情景包括未来一个月利率发生 100 个基点的变化或货币贬值 30% 等。又如，美国储蓄机构监管署把收益率曲线从 -400 到 +400 个基点之间平行移动定为典型情景。

第三，假设特殊事件方法。它是指通过设想未来可能发生的一次突发事件构建未来极端情景。假定的特殊事件包括可能发生的自然灾害（如大地震）、大规模破产、一些重要法规的制定和出台以及突发性政治事件等。分析这些特殊事件对金融市场的影响，以此来构建未来金融市场极端情景。

3. 压力分析

将情景冲击通过基本模型作用于金融机构的资产负债表、利润表等或者某些具体指标。

（1）确定基本模型

基本模型可分为两类：

第一类：影响要素估计模型。

$$Y = f\{X1,\ X2,\ X3,\ \cdots,\ Z1,\ Z2,\ Z3,\ \cdots\} \tag{14-6}$$

上式是一个估计函数，其因变量为风险指标 Y（如利差、内在价值、贷款损失备付金、不良贷款、贷款违约率等)，自变量一般来说为许多宏观经济变量。在某些模型中，也可包含外生的、有关银行自身的变量 Z（如银行规模、资本总额、成本效益比例）。

第二类：恒等式模型。与第一类不同的是，这类模型不需要估计参数。

（2）确定冲击的大小

按照已确定的压力情景，将其转化为冲击，有三种情况：第一，当情景本身已是明确的冲击，如汇率在基准情景下上升 10%，或是房价在基准情景下下降 30%，这时就不用转化；第二，情景较为模糊，如情景为汇率将会出现大幅度波动时，就将进行转化，可以认定汇率分别下降 10%、20%、30%或分别上升 10%、20%、30%；第三，有时情景并不容易转化为具体的冲击，如情景为欧洲出现金融危机、某地区爆发大规模战争等，这时，冲击就很难被有效地构建出来。总而言之，冲击就是情景的具体化。

（3）将冲击作用于基本模型

将冲击数值代入模型，得出 Y 值，从而判断目前的金融状况和金融机构受影响的程度。具体方法包括单因素分析（也称为敏感性分析）与多因素分析（也称为情景分析)。敏感性分析作为一种单因素分析，主要考虑利率或者汇率等因素的变动对商业银行经营和风险承担能力的影响。此分析方法的优点在于简单易行，操作性强，缺点是没有考虑影响因素间的相互效应。情景分析则通过模拟多项风险因素（例如股价、汇率及利率）的压力情景，评估商业银行资产组合价值的变动。敏感测试方法会凸显具体风险因素对某个组合或业务部门的影响；情景分析法则评估压力测试包含的所有风险因素出现变动造成的整体影响。

第三节　银行利率风险的评估与管理

在商业银行面临的市场风险中，最常见的就是利率风险。对于银行，利率风险的产生取决于两个条件：（1）市场利率发生波动；（2）银行的资产和负债期限匹配不一致。只要这两个条件同时存在，商业银行就存在利率风险。利率风险的大小取决于市场利率波幅的大小及商业银行资产和负债匹配不一致的程度。在市场经济条件下，由于资金供给和需求的相互作用，市场利率总是在不断的波动中。利率风险使银行的财务状况暴露在利率的不利变化之中，过高的利率风险可以对银行的收益和资本造成很大的威胁。利率的变动通过影响银行的净利息收入和其他一些利益敏感性收益和经营费用，最终影响到银行的收益。利率的变动也会影响银行的资产、负债和表外业务工具的价值。所以，一个能将利率风险控制在审慎的水平上的有效利率管理程序对于银行的安全和稳健至关重要。

一、商业银行利率风险的分类

商业银行利率风险从性质方面来看，包括重新定价风险、收益曲线风险、基差风险和选择权风险。

1. 重新定价风险（Repricing Risk）是来自银行的资产、负债和表外业务头寸的到期日在时间上的不同（固定利率）和重新定价（浮动利率）而导致利息收入现金流不能匹配的风险。由于这些重新定价的不匹配性，当利率发生变化时，它们可以使银行的收益和主要品种的市场价值暴露于不可预测的风险中。

2. 收益曲线风险（Yield Curve Risk）指收益曲线发生了对银行的收益和内在经济价值很不利的变化的风险。例如一个由长期的10年期的政府债券与一个短期的1年期政府债券构成一个资产投资组合，在收益曲线向上倾斜很陡峭时，前者的内在价值就会大幅度下降。

3. 基差风险（Basis Risk）是由于对各类资产负债利息率调整标准上的不完全相关性造成的利差减少的风险。当利率发生变化时，这些差异就会导致具有相同到期日或重新定价频率的资产、负债和表外工具之间的现金流量和收益差额发生不可预测的变化。例如，用一个1年期的存款作为资金来源，其利息率每月按LIBOR浮动，将此存款用于一笔一年期的贷款，其利息是每月按国债的发行利率浮动，这两个指标之间的差额会使银行资金配置暴露于风险之中。

4. 选择权风险（Option Risk）是发生于银行的资产、负债和表外组合的选择权风险。银行在交易和非交易账户中都有选择权存在。例如，这些交易包括了许多带有买权或卖权的抵押债券或国债，借款人有提前偿还借款余额的权利；又如各种类型的存款账户。存款人在没有到期时，有提取存款的选择权而不付任何罚款。如不科学管理，客户总是在对自己有利而对卖方不利的时候行使选择权。

二、商业银行利率风险的评估

利率风险也属于市场风险。但是，在风险管理实务中，银行只是将利率波动对金融交易和金融产品价格影响的这类“微观”风险明确列入市场风险，而将利率对银行资金总体配置带来的这类“宏观”风险单独出来。利率对银行的“宏观”风险的衡量和管理请参见本教材第十一章。就利率波动对金融交易和金融产品价格影响的“微观”风险，有两种最常用的测度方法：

（一）*VaR* 方法

在考虑利率期限结构非平行移动下的银行利率风险时，可采用 *VaR* 方法来进行风险评估。如前所述，*VaR* 指的就是利率发生变化时，银行资产负债头寸以及衍生金融工具头寸等价值在给定的置信水平下和给定时间区间内的最大期望损失。在假定服从正态分布的情形下，利率风险涉险值度量可以定义为如下形式：

$$VaR = P_0\alpha\sigma \qquad (14\text{-}7)$$

P_0为银行利率敏感性资产或负债，σ 为利率的波动，α 为由置信水平确定的乘子。有了这个公式我们就可以计算利率曲线非平行移动下商业银行各项资产和负债的 *VaR* 了。

（二）模拟分析法

以蒙特卡罗分析法为代表的模拟分析法（Simulation Analysis & Monte Carlo Analysis）是银行最常用的对最佳估值与所有可能结果进行比较评价的一种方法，它不提供解决问题的最佳方案，而只是对问题提供信息，以便管理者利用评估采取正确行动来进行风险管理。正因为它是处理问题的一种有弹性的工具，因而广泛地被金融机构使用。金融机构常采用模拟技术评估它的利率风险、预测收入以及利率风险的不同形式，包括用较短期的负债为长期资产融资的风险和投资于那些包含内含期权（Embedded options）工具资产（如抵押贷款）的特殊风险。蒙特卡罗模拟（Monte Carlo Simulation）可以决定银行面临利率变动时资产（负债）等业务变动的统计特性，也可用于内含期权贷款（债券）风险的分析与定价。

总而言之，利率风险是利率风险暴露与市场利率波动性二者的函数，对利率风险的评估须从两方面入手，即沿资产价值与收益两条思路对商业银行资产负债、表外交易头寸的重新定价风险、基差风险、收益曲线风险、选择权风险进行测度。利率的预测是准确评估风险的基础，*VaR* 方法则可以进一步度量收益曲线风险，而模拟技术则给银行管理者更大的主动性，可用于对选择性利率风险的测度。尽管在计算机技术日益完善的今天，计算机模拟技术可更多地用于分析银行每一项资产、负债的利率风险，并在此基础上综合得出银行总的利率风险。然而，计算机模拟技术同样也存在一些缺陷，例如，模拟技术要求大量数据来达到模拟的完善，但这往往是十分困难的。利率波动本身具有很大的不确定性，所以对利率风险精确的测量总是相对的概念，但是人类不会放弃对利率风险精确测量的目标追求。

三、银行利率风险的管理

我们在前面的章节已经分析了利率风险管理的工具（如远期利率协议、利率互换等），银行对利率风险的管理可以看作对这些衍生工具的组合运用。我们以风险受控的套利管理（Controlled Risk Hedging）为例。

假定银行与其他类型公司一样要追求利润最大化，如果银行因控制利率风险而使利差大幅度减小，那么这样的风险管理策略仍然是不成功的。利率风险受控的套利是通过用成本尽可能低的负债为高收益率的资产融资以尽量扩大利差的一种策略。假设高收益的资产可以是全部按揭贷款或按揭贷款证券等，而资金通常来源于回购协议市场和同业拆借市场，因为这些负债对银行来讲，是最廉价的资金来源。这种管理策略通常会利用利率互换协议把回购协议负债的浮动利率性质转换为固定利率性质，从而与资产的特性和形成资产的资本紧密匹配。

例：利率风险套利管理

ABC 银行利用回购协议（最常见的是 30 天到 90 天的定期回购协议）获取资金，资金用于发放高收益率的资产抵押贷款，接着 ABC 银行签订一个固定利率对浮动利率的利率互换协议，本身作为固定利率支付方。互换中的浮动利率可能是回购利率或其他短期利率（如 1 个月或 3 个月的 LIBOR）。回购协议和利率互换相结合，构成一个合成的固定利率债务，这样与高收益的固定利率贷款相匹配，在利率风险受到控制的前提下提高利率收益。如果用 3 个月的 LIBOR 作为利率互换中的浮动利率，那么整个策略可用图 14-3 描述。图 14-3 描述的结构并不是无风险的，从利率风险来看，由于两种浮动利率可能不匹配，从而存在基点差风险，对这种风险我们还可用一个浮动对浮动利率互换解决。

由于利率风险已经用利率互换协议消除，这种策略降低风险的效果还是比较明显的。

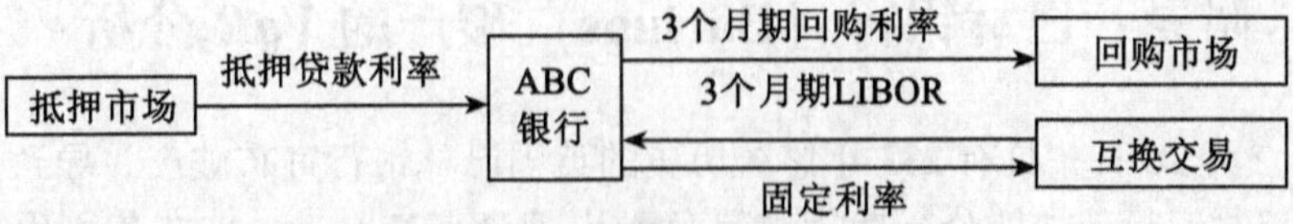

图 14-3　ABC 银行风险受控套利策略

显而易见，这种策略可以看作在资本市场（公司债券和贷款）和货币市场（回购协议市场）之间的一种套利。

◎小　结

1. 银行市场风险是因市场价格的不利变动而使银行表内和表外业务发生损失的风险。

2. 相对于信用风险和操作风险，银行市场风险具有以下特点：风险与收益的对称性、杠杆性、相对可测性。

3. 基于风险产生的诱因的差异，银行市场风险可分为以下四类：利率风险、汇率风险、股票风险、商品价格风险。

4. 市场风险存在于银行的交易和非交易业务中，所以账户划分是银行市场风险管理的基础。银行应当根据银行账户和交易账户的性质和特点，采取相应的市场风险识别、计量、监测和控制方法。

5. 常用的银行市场风险评估主要有以下四种方法：灵敏度方法、波动性方法、*VaR* 方法和压力测试。

6. 压力测试是一种以定量分析为主的风险分析方法，通过测算银行在遇到假定的小概率事件等极端不利情况下可能发生的损失，分析这些损失对银行盈利能力和资本金带来的负面影响，进而对单家银行、银行集团和银行体系的脆弱性做出评估和判断，并采取必要措施。

7. 对于银行，利率风险的产生取决于两个条件：（1）市场利率发生波动；（2）银行的资产和负债期限匹配不一致。只要这两个条件同时存在，商业银行就存在利率风险。利率风险的大小取决于市场利率波幅的大小及商业银行资产和负债匹配不一致的程度。

8. 评估利率风险的主要测度方法有：*VaR* 方法、模拟分析法。

9. 利率风险管理的工具主要是对远期利率协议、利率互换等各种金融衍生品的综合运用。

◎重要概念

市场风险　利率风险　汇率风险　交易账户　银行账户　灵敏度方法　波动性方法　*VaR* 方法　压力测试　重新定价风险　收益曲线风险　基差风险　选择权风险

附录：巴林银行（Barings）破产的 *VaR* 分析①

1995 年 2 月 26 日，具有 233 年悠久历史的英国巴林银行宣布破产。导致这一结果的直接原因是巴林银行新加坡分行期货交易负责人理森（N. Leeson）在其衍生金融交易中损失了 13 亿美元。

一、理森的操作策略

理森为了获取超额利润，同时卖空了大约 35 000 份日经指数（Nikkei225 指数）期货的看涨和看跌期权，采用了所谓的空头“等价对敲”(Straddle)。理森采用的这种策略实际上是在和市场打赌，他认为日本经济将逐步摆脱衰退而稳定发展，因此他赌日经指数在 1995 年 3 月份（其卖空的期权合约的到期月份）将会稳定或徘徊在目前的 19 000 点附近，这样他就可获得巨额的期权费（Premium）。事实上，日经指数的确一直徘徊在19 000 点左右，如果市场继续维持平衡，理森的等价对敲策略将实现其投机目的。但 1995 年 1 月 17 日日本神户地震给日本经济造成巨大冲击，日经指数暴跌，理森的等价对敲策略失败。这时理森又赌日经指数将会出现反弹，于是买入日经指数期货，还卖空了日本 10 年期国债（JGB）期货。如果市场如理森所预计，则日经指数期货将获利。同时，由于日经指数与日本国债负相关，他还会从国债价格下降中获利。但日经指数在小幅反弹后一路下跌，理森的如意算盘再一次落空，他的期权组合和期货组合同时亏损。随着损失的不断增加。理森继续增加其头寸试图补偿这些损失，但没有起到任何作用。2 月 27 日，日经指数下降到了 17 000 点以下，巴林银行终于因巨额亏损，无法满足交易所账户的保证金要求，而不得不宣布破产。

二、理森资产组合的 *VaR*

在前后不到两个月时间里，理森构建了两个巨额的资产组合：第一个组合是由日经指数期货的看涨和看跌期权空头构成的期权组合，约为 35 000 份；第二个组合由 77 亿美元的日经指数期货多头和 160 亿美元日本国债期货空头构成的期货组合。下面我们分别分析这两个组合的 *VaR*。

（一）理森期权组合的 *VaR*

理森的空头等价对敲策略的组合为 Delta 风险中性，即看涨期权正的 Delta 风险与看跌期权负的 Delta 风险实现了完全对冲，从而达到组合的 Delta 风险中性。因此，理森认为该组合已实现对冲，不存在风险。

但事实上在测量期权组合的风险时，Delta 模型精确性很差。在日经指数在 19 000 点附近时，组合损失为 0，与 Delta 估计一致，因此组合的 *VaR* 为 0。但当日经指数下跌时，该策略的风险巨大。例如当日经指数下降到 17 000 点时，损失约为 1. 4 亿美元。

① 本案例参考了王春峰所著、天津大学出版社出版的《金融市场风险管理》。

下面采用 Delta-Gamma 模型计算理森等价对敲策略的 *VaR*。对于该等价对敲策略，一个看涨期权和看跌期权头寸的净 Gamma 值为 $\gamma=0.000422$，整个组合的 Gamma 值为：35 000×0.000422=0.00739 万美元，Delta 值为 0；日经指数日波动性为 1.26%，因此，在 95%的置信度下组合的日 *VaR* 值为：

$$VaR=\alpha\sqrt{\Delta^2S^2\sigma^2+(\gamma S^2\sigma^2)^2/2}=\alpha\sqrt{(\gamma S^2\sigma^2)^2/2}$$

$$=1.65\times\sqrt{\frac{1}{2}\times(0.00739\times19\,000^2\times0.0126^2)^2}=490(\text{万美元})$$

换算为月 *VaR* 约为 2 200 万美元。显然，*VaR* 低估了组合的市场暴露（实际该组合在一个月内的损失为 1.4 亿美元），但采用 Delta-Gamma 模型估计该组合的风险仍具有重大意义。因为 Delta-Gamma 模型估计能够反映期权组合的市场风险状况。该模型与 Delta 模型有根本区别：Delta 模型下理森策略的风险为 0，这与 Delta-Gamma 模型估计的差别决不是在数量上，而在于 Delta 模型完全掩盖了风险暴露——Delta 模型下即使市场大幅度波动，理森的等价对敲策略风险也为 0；而采用 Delta-Gamma 估计，可以估计出市场大幅度下跌的风险。根据由 Delta-Gamma 估计的收益曲线，可以得出在日经指数下降到 17 000 点以下时的损失为 1.5 亿美元，与巴林银行在期权组合上的实际损失相当。上述 Delta-Gamma 模型给出的 *VaR* 之所以低估是由于考虑的是市场的正常波动。

（二）理森的期货组合的风险暴露

在巴林银行的官方报告中，其日经指数期货与国债期货组合的风险为 0。下面利用 *VaR* 计算其市场风险暴露。

表 14-2 中给出了 10 年期零息 JGB 头寸和日经指数的月波动性和相关性、协方差矩阵和组合中各头寸的数量。

表 14-2　**日经指数和国债的月波动性及相关性**

	风险（%）σ	相关性矩阵	协方差矩阵 Q	头寸（百万美元）X
10 年期 JGB 日经指数组合	1.18 5.83	1（0.114） （0.114）1	0.000139 （0.000078） （0.000078） 0.003397	（16000） 7700 （8300）

注：（）内数据表示负值。

通过计算，投资组合方差为 256 193.8，投资组合的变动性为 $\sqrt{256\,194}=506$（百万美元）。在置信水平为 95%时，巴林银行的 *VaR* 是 1.65×＄506，即 835 百万美元。

以上组合的 *VaR* 值（8.35 亿美元）反映了正常市场状况下该组合在 95%置信度下的每月最大损失，理森的实际总共损失为 13 亿美元。导致不一致的原因有两点，即理森的空头等价对敲策略损失和市场的意外波动。

首先看市场的意外波动。1995 年 1 月 23 日，神户地震后的一个星期，日经指数下跌了6.4%，而正常情况下的市场月波动性仅为 5.83%。因此，市场突然出现的这一非正常波动导致了估计出的 *VaR* 值小于实际情况。就该组合而言，尽管 *VaR* 低估了期货组合的风险，但其反映的市场风险暴露的状况，也本应引起巴林银行高层的高度注意，但巴林银行并没有采用 *VaR* 测量风险，其官方报告中的风险竟为 0。

三、评述

从技术角度看，巴林银行破产的重要原因在于风险测量出现严重错误，错误的风险测量方法无法反映理森持有的两个组合的实际风险状况（官方报告竟均为 0 风险）：期货组合中实际没有进行风险测量，而期权组合中采用了错误的 Delta 模型。巴林银行的风险暴露还说明，即使采用 *VaR* 测量风险，也无法准确反映市场极端状况下的风险暴露，此时就必须进行压力试验。

第十五章　银行操作风险管理

第一节　银行操作风险概述

一、银行操作风险的涵义

与信用风险管理、市场风险管理相比，操作风险的管理应当说还处于起步阶段，目前甚至还没有形成一个统一的、国际认可的定义。不过，随着操作风险的影响不断增大，国际银行界已经将巴塞尔银行委员会的定义作为标准化的界定："操作风险就是指由于内部程序、人员、系统不充足或者运行失当以及因为外部事件的冲击等导致直接或者间接损失的可能性的风险"。巴塞尔委员会同时指出，这一界定包含了法律风险，但是并不包含策略性风险和声誉风险。

当前，操作风险已经成为全球银行业风险管理日趋重要的领域之一。实际上，操作风险并不仅仅与银行的"操作"(如后台支持、信息系统出现故障、业务流程上的问题等)相关，而且也与银行业务操作之外的领域相关，如欺诈交易、模型风险、报告和会计体系出现问题等。

与信用风险、市场风险相比，操作风险具有其显著的特征：

1. 具体性。每个银行都有其自身、独立的和独特的操作环境，必须考虑银行具体情况来对操作风险进行分析。这是操作风险的关键特征。

2. 内生性。操作风险大多是在银行可控范围内的内生风险，而信用风险和市场风险则不然，它们更多的是一种外生风险。

3. 不对称性。对于信用风险和市场风险来说，存在风险与报酬的一一对应关系，但这种关系并不一定适用于操作风险，因为我们不能保证长时间、持续地获得回报，而且操作上引起的损失很多情况下与回报的产生没有任何关系。

4. 模糊性。银行经常很难将操作风险从日常信用风险或市场风险中区分出来。如一个客户不能正常还款，那么它是由于客户信用状况导致的呢，还是归因于信贷人员违规发放贷款或接受贿赂造成的呢？这需要银行进行仔细调查和分析。

5. 多样性。操作风险包括许多不同的种类，如控制风险、信息技术风险、欺诈风险以及法律和商誉风险等。

二、银行操作风险的分类树

操作风险可分为两个部分：操作失败风险和操作战略风险。操作失败风险来自操作业务过程中发生失败的可能。一个银行要使用人、流程和技术来实现业务计划，由于人、流程和技术的失败导致的存在于业务单元内部的风险就是操作失败风险。操作战略风险来自一些环境因素，例如竞争对手改变经营模式、相关监管制度发生变化等，它也可能来自自身新的战略，如进入一个新的业务领域或对未来的业务流程进行再造等。操作战略风险往往来自银行外部，这类风险具有明显外部依赖特征。

操作风险可具体表现为经营混乱、失控、出差错、不当行为或外部事件，但是，根据国际清算银行的分析，总结来看，它不外乎来自以下七个方面：

1. 内部欺诈。由于有意违约、不当取得或规避监管，法律或公司政策类行为导致的损失，不包括与多样性/歧视有关的事件，因为此类事件至少牵涉一个内部当事人。

2. 外部欺诈。由于第三方有意违约、采取不当或规避法律的行为而导致的损失。

3. 雇用关系。由于不符合雇用、保健或安全方面的法律规定而导致的人身伤害，多样性/歧视方面的诉讼或索赔而造成的损失。

4. 客户关系、产品及业务操作。由于在履行对特定客户的职责（包括受托和适宜性要求）的过程中由于非主观故意的失误或由于自然因素或由于产品设计而造成的损失。

5. 对物理资产的损害。由于自然灾害或其他事件造成的对实物资产的损失或损害。

6. 业务中断及系统失灵。由于业务流程被中断或系统失效造成的损失。

7. 实施、交付及流程管理。由于交易过程失效或对交易过程的管理失效造成的损失，以及由于与交易对手和供应商的关系而造成的损失。

虽然以上这7类风险为解决操作风险管理问题提供了有效的依据，但是，7类风险需要根据其定义进一步细分，增设次级分类，使操作风险诱因更加具体化。巴塞尔委员会对操作风险进行了三个层次的划分，形成了操作风险树，见表15-1。

表15-1　**巴塞尔委员会的操作风险分类树**

分类（第一层）	分类（第二层）	行为举例（第三层）
内部欺诈	未经授权的行为	未经汇报的交易（信息类）
		未经授权的交易类型（造成损失）
		头寸的错误标价（故意的）
	偷窃及欺诈	欺诈/信用欺诈/虚假储蓄
		偷窃/勒索/贪污/抢劫
		不当挪用资产
		恶意破坏资产
		伪造
		开空头支票
		走私盗用他人账户或身份等
		税收不合规/逃税（故意行为）
		贿赂/回扣
		知情者交易（使用非行内账户）

续表

分类（第一层）	分类（第二层）	行为举例（第三层）
外部欺诈	偷窃及欺诈	偷窃/抢劫
		伪造
		开空头支票
	系统安全	黑客损失
		偷窃信息（造成金额损失）
雇用关系	员工关系	薪酬、福利、解聘纠纷
		有组织的劳工活动
	安全的环境	一般设施
		员工健康及安全规定、事件
		工人补贴
	种族、性别或其他歧视	所有类型的歧视
客户关系、产品及业务操作	适合性，披露及信托	违反信托/指导原则
		适合性/披露问题
		违反零售客户披露
		侵犯隐私权
		强制性销售
		客户流失
		保密信息的滥用
		借款方的义务
	不适当的业务或市场做法	行业垄断
		不恰当的交易/市场做法
		市场操纵知情者交易（使用行内账户）
		未获营业执照的业务
		洗钱
	产品缺点	产品缺陷（未授权等）
		模型错误
		挑选和维护客户及风险敞口
		未能针对指导原则对客户进行调查
		超过客户敞口限额
	咨询业务	在咨询业务的成果上产生的纠纷

续表

分类（第一层）	分类（第二层）	行为举例（第三层）
对物理资产的损害	灾难和其他事件	自然灾害损失
		来自外部人为造成的损失（恐怖主义、破坏行为）
业务中断及系统失灵	系统	硬件
		软件
		电信
		设备故障/中断
实施、交付及流程管理	交易的获取、执行及维护	沟通失误
		数据录入、维护或加载错误
		错过截止时间或未完成职责
		模型/系统操作失误
		会计记账错误/数据属性错误
		其他任务执行错误
		交付失败
		抵押管理失误
		参考数据维护
	监督及汇报	未履行规定的报告义务
		外部报告不准确（发生损失）
	客户引入和规定文件签署	缺失客户签署同意的文件
		法律文件缺失/不完整
	客户账户管理	进入账户权限未批准
		客户记录不正确（发生了损失）
		对客户财产造成的损失或玩忽职守
	交易对方	非客户的交易对方操作错误
		其他非客户的交易对方引起的纠纷
	供应商和供货商	外包
		供应商引起的纠纷

第二节　操作风险的测度

长期以来，操作风险被认为是不可量化的，商业银行只能通过操作手册或风险清单进行定性管理。现存的风险衡量方法相对都比较简单和具有试验性，只有少数几家银行采用了程度不同的统计技术来评估风险。由于巴塞尔委员会的推动，随着金融风险管理技术的进步，操作风险度量技术和模型不断产生，总体来看，操作风险度量的方法主要有基本指标法、标准化方法、内部衡量法、损失分布法以及极值理论方法等。

一、基本指标法

基本指标法（BIA）是指以单一的指标作为衡量银行整体操作风险的尺度，并以此为基础配置操作风险资本的方法。一般地，常采用总收入（即银行净利息收入与净的非利息收入之和）作为这一指标。这样，每家银行的操作风险监管资本就等于一个固定的百分比（α）乘以各银行的总收入。现在，作为临时性估计，α 值被定为30%左右。但是这种估计缺乏充足的数据基础，而且它与标准化方法一样，对操作风险资本有相同的比例要求（20%）。为了鼓励使用其他方法，巴塞尔委员会认为应提高 α 值。

基本指标法易于实施，适用于各个银行。正因为如此，它不能考虑到银行自身的需要和特点，更适用于一些业务简单的小银行。巴塞尔委员会也认为大银行或操作风险比较突出的银行应使用更加有效的方法。鉴于商业银行的地位和技术条件，我们只对此方法做一般性介绍，不认为商业银行应使用这一方法。

二、标准化方法

与基本指标法不同的是标准化方法（SA）将银行业务活动分为标准业务单位和业务类别，这样标准化方法就能更好地体现特定银行业务的特定风险层面。与基本指标法相同，操作风险监管资本仍由监管者统一确定。

监管者通过与各行业部门的讨论，将银行的业务活动分解成不同的业务单位和业务类别，使得每一家银行将自身的业务结构对应到监管框架中。在这种分解过程中，每一个业务单位都有几个不同的业务类别，每一个业务类别，监管者都会规定一个能充分体现该业务规模和风险特性的指标，这样单个业务类别的操作风险资本准备金要求就可以通过各指标与另一个固定百分比（β）的乘积得出。整个银行的操作风险资本要求就是将各个业务类别的风险资本要求加总。在现有数据基础和最小监管资本准备金的约束下，β 值定为20%。

标准化方法的中心问题是决定每个业务类别的 β 值。实际上每个业务类别的 β 值是很难得到的。一般情况下我们使用的计算 β 值的公式为：

β=（20%的目前的最小监管资本准备金×业务类别的权重）/从样本银行中得到的所有业务类别的金融指标的加总

巴塞尔委员会运用标准化方法对23个国际性的银行进行估计，发现它们的操作风险资本准备金与20%的目前的最小监管资本准备金存在较大偏离，因而期望能在一个对风险更敏感的框架中，对专业银行和全能银行做进一步的估计。

三、内部衡量法

内部衡量法（IMA）是银行采用监管者规定的方法，自己收集整理损失数据，自己估算风险资本的一种方法，内部衡量法的主要步骤为：

（一）将银行的业务活动划分为若干业务类别，对于每个业务类别，界定出不同的损失类型；

（二）在每一个业务类别和损失类型的组合中，监管者规定一个风险暴露指标（EI）；

（三）除了风险暴露指标外，对每个业务类别和损失类型的组合，银行利用自己的内部数据计算出参数损失概率（PE）和给定事件发生率情况下的损失（LGE）。这样，该业务类别和损失类型组合的预期损失就可以通过 EI×PE×LGE 得到；

（四）监管者针对每一个业务类别和损失类型的组合给出一个系数（r），这样预期损失就通过这个系数转换为风险资本要求：

$$\text{风险资本} = \sum i \sum j(r(\text{e. g.}) \times \text{EI}(i,\ j) \times \text{PE}(i,\ j) \times \text{LGE}(i,\ j)) \qquad (15\text{-}1)$$

其中 i 表示业务类别，j 表示风险类型。但是，商业银行自身的数据往往与整个行业的数据有一定出入，为了把行业数据吸收进来，我们采用风险图指数（RPI），运用风险图指数来调整通过商业银行内部测量方法计算出的操作风险资本。当按行业损失分布时 RPI=1.0，当存在肥尾时 RPI>1.0，反之 RPI<1.0。

这样，商业银行应具备的风险资本公式为：

$$\text{资本要求} = \sum i \sum j[\gamma(i,\ j) \times \text{EL}(i,\ j) \times \text{PE}(i,\ j) \times \text{LGE}(i,\ j) \times \text{RPI}(i,\ j)] \qquad (15\text{-}2)$$

其中 i 是业务类别，j 是风险类型，γ（i, j）是监管当局对不同行业的规定，EL（i, j）是预期损失，PE（i, j）是损失事件发生的概率，LGE（i, j）是损失事件发生时产生的损失值，RPI（i, j）是风险图指数。另外，非预期损失 UL=γ×EL。

内部衡量法是银行朝着更加复杂的资本准备金估算法前进的关键一步。但是目前银行正处于收集整理损失数据的起步阶段，因此，为了使该方法可行、可靠，委员会认为使用该方法的机构必须满足更加苛刻的条件，其中最重要的一条就是银行必须具备若干年的充足的数据。

四、损失分布法

损失分布法（LDA）是银行内部衡量法的更高级形式，它使用银行内部数据，为每个业务类别和风险类型估计两个随机变量——损失程度和损失概率的概率分布。在这两个估计的概率分布的基础上，银行计算累积的操作风险的概率分布，风险资本要求就是每个业务类别和风险类型 *VaR* 的简单加总。银行基于操作风险损失在未来时期内的可能分布来估计资本准备金。损失分布法也对损失发生的概率和损失发生的程度作出假设，比如假设损失发生的概率服从泊松分布，而损失的程度服从对数正态分布。总体的资本准备金是各个业务类别的 *VaR* 值的简单加总（假定完全正相关）或采用其他统计技术考虑降低风险的有效性（不假定完全相关）。

一般认为损失分布法在增加敏感性上有明显的优势，它与内部测量方法相比有两个不同点：（1）它的目标是直接评估不可预期损失，而不是通过预期损失与不可预期损失的联系来计算不可预期损失；（2）银行自身决定每个业务类别的结构和风险类型，不需要监管当局确定一个γ值。

目前有几种计量方法在同时使用，根据监管者能否确保资本结构的审慎性来建立一系列标准是可能的，但无论是要实施该计量方法的银行还是监管者都还有大量工作要做：一是要把操作风险根据业务类别和风险类型分解成大量下一级的风险；然后针对每个下一级的风险，需要收集数据和发展粗略估计技术；第三，假定分布类型和参数估计已被银行证实，监管者需要设计指导方针，确保适合的方法被应用。

综上所述，基本指标法、标准化方法、内部衡量法以及损失分布法作为衡量操作性风险的方法都能很好地将操作性风险资本要求加以量化，从而给实际风险管理过程提供一种可以参照的标准，但这些方法又各有其自身的特点。就商业银行而言，并不都适用。结合各个模型的特点与商业银行自身的操作风险实际状况应该是选择具体衡量模型的立足点。具体而言，基本指标法一般适用于中小银行，操作简单但太过于呆板；标准化方法计算出来的风险资本金较高，往往超过了必要的风险准备，过于保守；损失分布法对数据要求过高，而且对数据连续或离散的要求在现实中都很难以完全满足，对估计参数的设定也有一定的任意性，很多假设情况下得出的结论往往适用性较差。内部衡量法能很好地结合商业银行自身业务状况（如业务规模、范围、业务类别等)，对风险的衡量有较强的针对性。

第三节 银行操作风险的处置

由于操作风险独有的特性和管理难度，商业银行面对操作风险可以采取如下措施：

一、操作风险的流程控制

操作风险的复杂性、交叉性和普遍性，使得许多银行在面对操作风险时，不是刻意强化风险计量，而是注重银行内部各个业务的流程管理。通过对每一个主要业务流程的仔细梳理和对操作风险频率较高环节的权力制衡机制的设计，银行可以非常有效地降低操作风险的发生，特别是消除重大操作出现的隐患。在操作风险流程管理中，重要的一点是要将实施措施的责任明确地分配下去，并确保责任人有实施措施的动力。

尽管对每一家银行来说，适用的操作风险流程管理的措施、范围以及性质可能有所不同，但以下基本措施是需要认真考虑的：（1）外部责任（例如外部监管、法律或其他要求)；（2）内部变革时的隐患管理；（3）新的交易对手和客户；（4）内部控制措施；（5）责任的界定；（6）协调；（7）信息系统管理；（8）业务连续性规划；（9）内部审计；（10）风险管理职能部门的责任。

二、为操作风险分配经济资本

同信用风险一样，操作风险的损失也可分为预期损失、非预期损失和灾难性损失。操作风险的预期损失是指在日常的业务过程中，银行知道特定操作行为可能失败，因此会存在一个“平均的”操作损失水平，这一水平就是操作风险预期损失。操作风险非预期损失是在一定容忍度内，非预期严重操作失败带来的最大损失。灾难性损失是超过银行容忍度的小概率操作失败带来的可能导致银行破产的损失。见图 15-1。

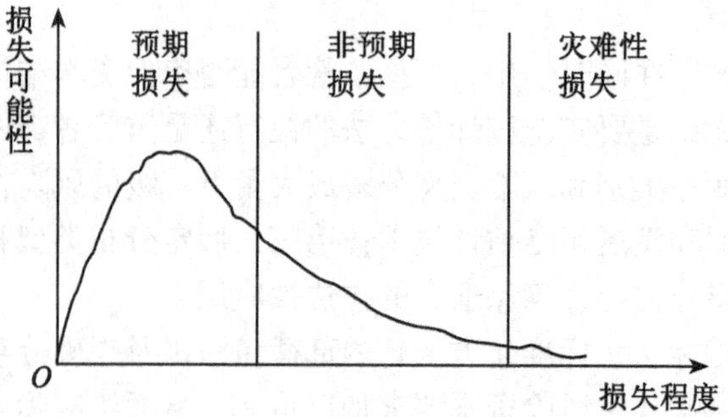

图 15-1　操作风险损失的分布

操作风险的预期损失在年度业务计划中会或明确或隐含地编进预算之中，并在产品或服务的定价中包含在内。操作风险的灾难性损失银行无法计量，往往寻求套期保值或保险的方式寻求保护，避免银行被摧毁。

但是，为了吸收操作风险的非预期损失，银行则应该为操作风险分配合适的经济资本。多家国际活跃银行已经开始建立历史操作风险事件的数据库，目的就是量化各类的非预期损失，希望使用这一数据库来建立统计上称为“最坏情形”估计，并通过计量非预期损失得到应分配的经济资本，通过资本抵御和约束操作风险。值得注意的是，一家银行内部损失数据库与所有其他银行的损失数据库相比一般是非常小的，因此实际上损失数据库应该反映其他银行的经验，将内部和外部数据融合需要很强的管理判断能力，实际上这也正是目前操作风险测度中一个新的正在发展的领域。

三、操作风险转移——保险

如前所述，操作风险依据不同的标准可以划分为不同的种类，针对不同的操作风险会有不同的保险产品与之相对应。实际上，长期以来保险一直在为银行操作风险提供保障。传统的保险产品，如 BBB（银行一揽子保险）、E&O（错误与遗漏保险）和 D&O（经理与高级职员责任险），等已经被证明是比较成熟的保险产品，而且得到了广泛的采用。银行一揽子保险主要承保的是盗窃，欺诈敲诈，贪污，空头支票，财产，以及伪造、变造货币等外部欺诈，内部计算机犯罪，盗窃，欺诈风险。错误与遗漏保险则承保无法为客户提供专业服务或在提供服务过程中出现过失的风险。经理与高级职员责任险承保的是银行经理与高级职员操纵市场、洗钱、未对敏感问题进行披露、不当利用重要信息等的风险。

后来，承保人、经纪人与银行一起合作研究开发了新的损失补偿产品，诸如未授权交易保险、电子保险等。前者主要承保的风险包括未报告的交易、未授权的交易、内部交易、超过限额的交易风险等。后者则主要承保硬件瘫痪、软件瘫痪、设备故障、卖方的服务系统混乱以及与因特网有关的失灵等风险损失。今后，商业中断、银行商誉、知识产权等也可以被纳入到银行操作风险保险的承保范围中来。

随着新的操作风险的出现以及人们对操作风险认识的加深，操作风险保险也表现出这样的发展趋势：操作风险保险承保范围继续扩大，新出现的操作风险将不断纳入保险的考虑范畴，以及使用保险作为银行操作风险管理工具。

◎小　结

1. 操作风险就是指由于内部程序、人员、系统不充足或者运行失当以及因为外部事件的冲击等导致直接或者间接损失的可能性的风险。

2. 与信用风险、市场风险相比，操作风险具有其显著的特征：具体性、内生性、不对称性、模糊性和多样性。

3. 操作风险可分为两个部分：操作失败风险和操作战略风险。操作失败风险来自操作业务过程中发生失败的可能；操作战略风险往往来自银行外部，这类风险具有明显外部依赖特征。

4. 操作风险来自以下七个方面：内部欺诈、外部欺诈、雇用关系、客户关系、产品及业务操作、对物理资产的损害、业务中断及系统失灵和实施、交付及流程管理。

5. 操作风险度量的方法主要有基本指标法、标准化方法、内部衡量法、损失分布法以及极值理论方法等。

6. 基本指标法是指以单一的指标作为衡量银行整体操作风险的尺度，并以此为基础配置操作风险资本的方法。基本指标法易于实施，适用于各个银行。

7. 标准化方法将银行业务活动分为标准业务单位和业务类别，中心问题是决定每个业务类别的β值。

8. 内部衡量法是银行采用监管者规定的方法，自己收集整理损失数据，自己估算风险资本的一种方法。

9. 损失分布法是使用银行内部数据，为每个业务类别和风险类型估计两个随机变量——损失程度和损失概率的概率分布。在这两个估计的概率分布的基础上，银行计算累积的操作风险的概率分布，风险资本要求就是每个业务类别和风险类型 *VaR* 的简单加总。

10. 由于操作风险独有的特性和管理难度，商业银行面对操作风险可以采取如下措施：操作风险的流程管理、为操作风险分配经济资本、操作风险转移。

◎重要概念

操作风险　基本指标法　标准化方法　内部衡量法　损失分布法

附录：德意志银行操作风险管理政策：操作风险流程和支持工具[1]

一、风险识别（db-IRS）

银行是否能运用分配操作风险经济资本的高级计算方法，取决于操作风险损失数据的

① 摘录自德意志银行《风险管理手册》。

可获得性和数据的时间跨度。指引制定和描述了收集操作风险事件的标准。集团的突发事件报告系统已在全集团使用，用来收集这样的损失数据。突发事件报告系统是个全球性的分散化报告系统，在系统中录入所有的操作风险事件。该系统的使用是强制性的，为集团提供了所有操作风险事件及其财务影响的历史记录，这使得进一步的分析和采取相应管理措施成为可能。

二、风险评估（db-RiskMap，db-SAT）

有效的风险评估程序是新巴塞尔协议中资本充足性规则的一个至关重要的部分。风险评估使得银行能更好地把握其风险状况，并确定最有效的风险管理方法。

操作风险自我评估是集团操作风险管理框架的不可或缺的内容。集团同时使用自上而下的方法（db-RiskMap）和自下而上的方法（db-SAT）。操作风险自我评估指引制定和描述了集团操作风险自我评估程序的标准。自上而下的评估对集团所有单位是强制性的，必须每三年进行一次。自下而上的评估适用于较低层的机构，是对自上而下评估的补充。

三、风险报告

向各级管理层全面、及时和定期地报告操作风险信息是集团操作风险管理框架中必不可少的内容。操作风险剖析是新巴塞尔协议资本充足性规则的关键要素之一："银行应履行规定的程序来定期监测操作风险状况以及实际的风险暴露度。应向高级管理层和董事会定期汇报相关信息，以能实行前瞻性的操作风险管理。""总的来说，董事会应能获得充分信息以把握银行操作风险的整体状况，并重点关注操作风险对业务运行的战略含义。"

1. 月度/季度操作风险报告

对操作风险状况的报告包括在操作风险管理过程的每一步中。对业务部门管理层、部门风险官、高级管理层和各自的风险管理委员会要实行月度报告制度，报告的内容包括以往损失的数据、关于风险资本的信息、经济景气指数、关键的风险指数、自我评估结果等。

2. 重大操作风险事项的报告/损失信息的逐级上报

为了对重大操作风险事项保持严密的监控，任何实际或潜在损失超过特定数额的操作风险事件必须立即报告给首席操作风险官。

以下是对业务部门、专家系统（或支持系统）和集团内独立法人上报操作风险事件的指导意见：

1. 重大操作风险事项的定义

重大操作风险事项是指以下一个或多个事项（已经发生或可能发生）：

（1）实际或潜在损失超过特定限额；

（2）集团的信誉受到损害，如外部监管部门进驻查出了问题（不管金额大小）；

（3）在任一市场或地点，日常业务不能正常进行（如业务系统中断使用）。

2. 逐级上报程序

不管是谁负最初的责任，一旦发现重大风险事项就要逐级上报。根据发现风险事项的人的不同，重大操作风险事项的逐级上报应遵循以下不同的程序：

（1）客户经理和产品经理负责向以下环节报告：

• 部门操作风险官——在所有情况下都必须向其报告。部门操作风险官负责将事项向首席操作风险官和区域操作风险官报告。

（2）如果专家识别出或被告知重大风险事项，他们要负责向以下环节报告：

• 部门操作风险官（其负责进一步向首席操作风险官报告）。

（3）如果区域操作风险官识别出或被通知了重大风险事项，他们要负责向以下环节报告：

• 部门操作风险官（其负责进一步向首席操作风险官报告）。

（4）集团内独立法人的管理层将重大操作风险事项向以下环节报告：

• 相关部门的操作风险官（其负责进一步向如上的有关方面报告）。

• 如果没有向部门报告的规定线路，就直接向首席操作风险官报告。

如果尚未配备部门操作风险官或区域操作风险官，负责风险报告的人员将直接接触各个客户关系经理，以确保操作风险信息能及时上报。

一旦发现重大操作风险事项，应立即逐级上报（不管是谁负最初的责任）。

3. 信息报告方式

在操作风险管理的框架内，部门操作风险官将尽可能地按上述要求报告损失信息，报告的方式包括打电话（如果可行）和发电子邮件。

四、风险处置

操作风险管理的目标是使得操作风险状况与高级管理层的风险偏好相一致。各业务部门自行决定是收紧还是放松风险控制，以使操作风险保持在一个合理的水平，达到风险与收益的平衡。具体的应对方法包括接受风险、减少风险、转移风险或避免风险。

五、风险监测

按照新巴塞尔协议的要求，跟踪监测操作风险相关事项是至关重要的，这是正确计算操作风险资本的先决条件。在从事风险监测上，集团已开发和使用了两个不同的软件工具。

db-Score 是集团的操作风险指标跟踪监测软件工具。该软件通过跟踪监测关键的操作风险指标，以及做详细的指标数值趋势分析，来帮助各业务部门把握和管理各自的操作风险。该软件还通过设立权重分别打分的方式，帮助各业务部门关注重大的操作风险敞口。

db-Track 使得操作风险管理层能实时监测所有操作风险事项的变化。该软件依托互联网，帮助各业务部门监测自我评估，通过自上而下方法（db-RiskMap）、自下而上方法（db-Sat）和其他途径中发现的操作风险点。

第七编　银行绩效评估

银行的绩效是指在一定时期之内，银行的经营成果和盈利性的综合反映。如何正确地评价银行绩效，是银行经营管理的重要内容。只有准确评价银行的绩效，才能实现对银行经营现状的准确把握，满足各方面利益主体对银行经营信息的需要，发现银行的经营管理中存在的问题和不足，实现对银行经营管理者的有效激励和约束。现代商业银行经历了从粗放型经营模式向集约型模式的转变过程，其绩效考核评价体制总体上也呈现出从以利润最大化为核心的盈利能力考核，逐步转变为以价值管理为核心的综合效益考核。商业银行绩效考核体系是一个非常复杂的系统，各家商业银行各个层级的绩效考核可能存在差异，但基本原理、基本方法还是一致的，其中最重要的是科学构建指标体系和选择核心指标。

第十六章　传统银行绩效评估

传统银行绩效评估指银行运用一组财务指标和一定的评估方法，对其经营目标实现程度进行考核、评价。绩效评价指标体系的设计是进行评估的关键，必须服从银行经营总目标。处于不同的发展阶段和经营环境的银行在经营中所追求的具体目标有所不同，但传统银行绩效评估一般以实现股东财富最大化或利润最大化为目标。同时，基于银行业的经营特点，也必须考虑“三性”原则的合理搭配。

第一节　财务比率方法

财务比率方法是银行用一组财务指标来衡量银行的经营效率。财务比率按实现银行经营总目标的影响力因素分为四类，即盈利性指标、流动性指标、风险指标和清偿力指标。

一、盈利性指标

盈利性指标衡量银行运用资金赚取收益的同时控制成本费用支出的能力。盈利性指标的核心是资产收益率和股本回报率，利用这两个财务指标及其他派生财务比率指标可较准确地认识银行的获利能力。

（一）资产收益率（Return on Aseets，ROA）

资产收益率是银行纯利润与全部总资产之比，其计算公式为：

$$资产收益率=\frac{纯利润}{资产总额}\times 100\%$$

资产收益率指标将资产负债表、损益表中相关信息有机结合起来，是银行运用其全部资金获取利润能力的集中体现。有两点需补充说明：首先，计算这项指标和后面的作为分母的指标，一般采用总资产的期初与期末余额的平均数，这是因为分子在很多情况下是流量指标，这样处理比较客观，但有时也可选择总资产的期末余额作分母，这样处理主要是方便。但是，所有分析在量纲上和计算方法上应该一致。另外，银行纯利润包括一些特殊的营业外项目的税后收入，因而资产收益率指标的变动有时不能简单理解为银行正常营业获利能力的改变，还应结合具体情况分析。

（二）银行净利息差额率（Net Interest Margin，NIM）

银行利息收入是其主要收入来源，利息支出是其主要成本支出项目，因此净利息差额率是影响银行经营业绩的关键因素。其计算公式为：

$$银行净利差率=\frac{利息收入-利息支出}{总盈利资产}$$

银行盈利资产指那些能带来利息收入的资产。银行总资产中，除去现金资产、固定资产外，均可看作盈利资产。一般情况下，银行经营规模的扩大，盈利资产的增多会引起相应利息收入的增加，但银行净利息差额率较大的提高表明银行利差收入的增长幅度大于盈利资产增长幅度，即银行在扩大资金运用的同时，资产运用效率较高，而且较好地控制了相应的融资成本（利息支出），因而该指标可有效地反映银行在融资放款等主要业务中的效率。

（三）非利息收入率（Non-Interest Income Ratio，NIIR）

非利息收入率不仅反映银行多元化经营的能力，同时也反映出银行的经营管理效率，计算表达式为：

$$非利息收入率=\frac{非利息收入-非利息支出}{资产总额}$$

由损益表可知，银行非利息收入来自中间业务收入和其他表外经营性收入。获得这类收入一般不需要相应增加资产规模，但会明显提高银行资产收益率。非利息收入较大部分通过表外业务取得，反映银行综合性经营状态。非利息支出包括提取贷款损失准备、员工薪金、折旧等间接费用，同银行管理效率直接相关。总的说来，非利息净收入率的提高是银行盈利能力和管理效率良好的表现。但有时也意味着经营中潜在风险的提高，主要因为非利息收入中的较大部分通过表外业务取得，常伴随着一定或有负债及其他风险，且不在财务报表中明确表示，因而应用该指标时应多注意其他相关信息，了解相应风险状况。

（四）银行利润率（Profit Ratio）

计算表达式为：

$$银行利润率=\frac{纯利润}{总收入}\times100\%$$

由计算公式可以看出，该指标表面上反映了银行收入中有多大比例被作为可以发放股利或再投资的利润保留下来，但是在银行绩效分析中，该指标更多被用来分析银行成本控制状况。因为，在收入一定的情况下，成本控制得越低，银行的利润越高。

（五）权益报酬率（Return on Equity，ROE）

又称净值收益率、股东投资收益报酬率等，计算表达式为：

$$权益报酬率=\frac{纯利润}{资本总额}\times100\%$$

该指标反映了银行资本的获利程度，同股东财富直接相关，受到银行股东的格外重视。权益报酬率具有极强的综合性，在本节的第三部分对此有详细介绍。

二、流动性指标

流动性在任何企业经营中都是盈利性和安全性之间的平衡杠杆。银行由于自身不寻常的资产负债结构，更易受到流动性危机的威胁，这也是银行将流动性指标从一般风险指标中分离出来的原因。流动性指标反映了银行的流动性供给与各种实际的或潜在的流动性需求之间的关系。银行流动性供给在资产方和负债方均可存在，如银行拆入资金或出售资产都可以获得一定的流动性。对银行的流动性需求可通过资产负债两个方面发生，最典型的就是贷款需求和存款提取。因而，流动性指标在设计时应综合考虑银行资产和负债两方面情况。

（一）现金资产比例（现金资产/资产总值或总存款）

由于现金资产具有完全的流动性，可随时应付各种流动性需求。因此，该比例高反映出银行流动性状况好，抗流动性风险能力强。然而，现金资产一般是无利息收入的，如果现金资产比例太高，则会影响银行盈利。

（二）国库券持有比例（国库券/资产总值）

国库券是银行二级准备金的重要组成部分，对银行流动性供给有较大作用。一方面国库券自身有较强的变现能力，银行出售国库券可直接获得流动性，另一方面，国库券还能产生一定的收入。该比值越高的银行的流动性越高。

（三）持有证券比例（证券资产/资产总值）

银行资产组合中很大部分是所投资的各类证券，这些证券由于期限、发行主体、信用等级不同，在二级市场上变现能力有较大差异，但是它们相对于贷款契约，都是标准化契约，可转让性比贷款高。必须指出的是，单纯运用该指标判断银行流动性具有局限性，这主要是因为证券的变现能力同其市场价值密切相关，在市场利率上升时，证券市价下跌，特别是一些长期证券难以按购入成本或账面价值转让出去，因此分析持有证券给银行提供的流动性时，须结合证券市值/证券面值评判。一般情况下，市值/面值比例越低，说明银行所持有证券的变现力越低，流动性供给就要打折扣。

（四）总贷款/总存款比例

该指标是一项衡量流动性的传统指标，它反映银行用自身存款来支撑贷款的能力。这项比率过高，表明银行用自身存款支撑贷款的能力弱，流动性较差。在国际上，银行业普遍认为这项指标的上限为80%，我国一直规定上限为75%。

上述四个指标主要从资产项目来反映银行的流动性。小银行受其规模、市场地位的影响，一般依靠提高资产方的流动性来应付各种流动性风险，因而在对小银行进行绩效分析时，这四个指标具有较大意义。

（五）易变负债比例（易变负债/负债总值）

易变负债指对利率变动极为敏感的负债，包括银行吸收的经纪人存款、可转让定期存单及各类借入的短期资金。这类负债受资金供求关系、市场利率、银行信誉等多种因素影响，其融资成本、规模均难以为银行所控制，是银行最不稳定的资金来源。该指标从负债方面反映了银行的流动性风险情况，比值越高，说明银行潜在流动性需求规模较大且不稳定。

（六）短期资产/易变负债

银行短期资产指期限在一年之内的各类资产，包括同业拆出、存放同业的定期存款、回购协议下的证券持有、交易账户证券资产、一年内到期的贷款等。这部分资产具有较高的、可预测的流动性，可以较好地应付各类流动性要求。该指标衡量了银行较高流动性供给和最不稳定的流动性来源之间的对比关系，该比值越高，说明银行的流动性状况越好。

这两个指标主要从负债方面考虑银行流动性情况。在运用这两个指标进行银行业绩分析时必须注意银行的规模，一些大银行，特别是地处金融中心的大银行，在经营中更多地利用增加短期负债来获取流动性，小银行依靠资产变现取得流动性，因而对于规模不同的银行，同一指标数值所反映的流动性状况可以有较大差异。

（七）预期现金流量比

该指标是预期现金流入与流出之比值，设计时考虑了一些表外项目的影响，可以弥补指标前面六项的不足。银行现金流出包括正常贷款发放、证券投资、支付到期存款等项目，还包括预期贷款承诺需实际满足的部分，以及预期其他或有负债一旦发生需要支付的部分。现金流入包括贷款收回、证券到期所得、预期中的证券出售及各类借款和存款的增加等。指标值大于1，显示该银行流动性正常。

三、风险指标

银行面临复杂多变的经营环境，收益水平受多种因素的干扰，风险指标将这些因素作了分类，并定量反映了银行面临的风险程度和抗风险能力。

（一）利率风险

当前银行的业务日益多样化，成为“金融百货公司”，从多种金融服务中获取收益。但从根本上看，银行主要收入来源仍然是各种生息资产，成本项目主要是为融资而发生的利息支出。市场利率的波动往往会引发银行净利差收入以至全部营业收入的波动，这就是利率风险。资金配置不同的银行面对相同的利率波动所受影响是不同的，即利率风险暴露不同，这种差别可以通过以下两个利率风险指标度量：

1. 利率风险缺口=利率敏感性资产-利率敏感性负债
2. 利率敏感比例=利率敏感性资产/利率敏感性负债

在应用上述两个指标分析时，应注意保持计算式中资产负债期限上的一致。

指标1和指标2在含义上是一致的。当缺口为0或比值为1时，银行不存在利率风险暴露，利差收益不受利率波动影响，其他指标值均意味着存在利率风险暴露。样本银行指标值与均衡值（0或1）偏差越大，银行面临的利率风险越大。

(二) 信用风险

银行的信用风险指银行贷款或投资的本金、利息不能按约定得到偿付的风险。银行的主要资产和收入来源是各类金融债权，信用风险对其经营业绩影响很大。以下几个指标反映了银行面临的实际和潜在的信用风险程度：

1. 贷款总损失/贷款余额。该指标衡量了银行贷款资产的质量状况，比值越大，说明银行贷款资产质量越差，信用风险程度越高。

2. 贷款净损失/贷款余额。贷款净损失是已被银行确认并冲销的贷款损失与其后经一定的收账工作重新收回部分的差额，反映了信用风险造成的贷款资产真实损失情况。

3. 低质量贷款/贷款总量。低质量贷款由三部分组成：一是逾期贷款，一般指超过偿还期 90 天尚未收回的贷款；其次是贷款五级分类中的后三类，即次级贷款、可疑贷款和损失；最后是重组贷款资产，当债务人财务状况恶化，银行为避免贷款债权的最终落空，有时会采用延长期限、降低利率等方式同借款人进行债务重组协商。低质量贷款的信用风险程度很高，是产生未来贷款损失的主要根源。该指标估计了潜在的贷款损失，比值越高，银行贷款中信用风险越大，未来发生的可能的贷款损失越大。

4. 贷款损失准备/贷款损失净值。贷款损失准备来自银行税前利润，它建立在对历史贷款损失的记录基础上，是对未来可能出现的贷款损失的平均预期。该项指标比值越高，表明银行抗信用风险的能力越强。

5. 损失准备金/不良贷款。这项指标在我国称为拨备覆盖率。在理论上，银行的损失准备金的功能是提高对贷款损失的缓冲能力，应该按照经验数据对预期贷款损失在税前进行计提。我国监管当局除了要求银行对总贷款余额计提 1%的损失准备金之外，还要求对五级分类中的后三类不良贷款按照不同比率提取损失准备金。按照常理，拨备覆盖率越高，银行提留的损失准备越充分，信用风险越低。然而，有两种情况可从其他角度解读较高的拨备覆盖率：第一，由于信息不对称，银行对自己的贷款质量的真实性最清楚，对于预期损失发生的可能性也就最了解，所以拨备覆盖率越高可能意味着预期损失较高，从而信用风险较高；第二，我国利率没有完全市场化，法定利率下的利差（中央银行公布的基准利率）较高，使银行在任何经济环境下都可以保障获得较高净利差收入。为了避税，银行高管层有时计提超过正常需要的损失准备金。这两种情况都可以解释我国部分银行 2010 年拨备覆盖率超过 180%，甚至 200%的现象。

上述指标集中考察了银行贷款资产的风险状况，并未对证券投资进行信用风险评估，这是因为银行所持有的证券以政府债券为主，违约风险程度较低。

四、清偿力指标

银行清偿力是指银行运用其有效资产偿付债务的能力，反映了银行债权人所受保障的程度。清偿力充足程度极大地影响了银行的信誉。从恒等式“净值=资产-负债”来看，银行清偿力不足或者资不抵债的直接原因是资产损失过大，致使净值小于零，负债不能得到完全保障。因而，传统的清偿力指标主要着眼于资本充足率情况。

（一）净值/资产总额

净值比例将资本量与资产总量结合起来，简单地反映出银行动用自有资金，在不损害债务人利益的前提下应付资产损失的能力。该项比值越高，表明银行清偿能力越强。该指标是一项传统指标，优点是计算方便。

（二）净值/风险资产

第二次世界大战以后，西方银行的资金运用由单纯贷款转向贷款与政府证券的资产组合，计算清偿力的考核重点转向净值对风险资产的比率。在早期，风险资产是总资产扣除现金资产、政府债券、同业拆借后剩余的部分。这种风险资产的划分极为简单，没有反映资产组合的内在风险。然而，它把资本金与风险资产相联系的思想无疑极大地推动了风险管理。从 1988 年的巴塞尔协议Ⅰ到 2010 年的巴塞尔协议Ⅲ，同样是资本/风险资产，但对风险资产定性和计量的科学程度大大提高，使这项考核指标成为有效的衡量清偿力和风险抵御能力的标准，并成为银行业普遍使用的风险管理工具和金融监管工具。

（三）资产增长率和核心资本增长率

该指标是一项补充性参考指标，在一般情况下，当银行资产质量稳定、核心资本的增长与银行总资产增长的增长速度相吻合时，银行市场份额的快速扩张就是健康的。反之，银行资产规模扩张较快往往意味着较大的潜在风险，资产增长基础也不牢固，是银行清偿力下降的标志。

（四）现金股利/利润

银行净值中比重较大的构成部分之一是未分配利润项目，它来自历年累积的利润留存，而现金股利是银行利润的净流出。较高的现金股利分配率，降低了银行内部积累资本的能力，因而现金股利/利润指标值太高，意味着银行清偿力降低。

比率分析法的核心是其绩效评价指标，但孤立的指标意义不大，并不能说明银行业绩的好坏，必须在比较中才能发挥作用。绩效比较的形式主要有银行同业横向比较和纵向趋势比较。将一家银行的绩效评价指标值与同业平均水平进行横向比较，可以对该银行经营中的优势与不足进行定位。利用连续期间指标历史数据对银行自身进行比较，可以看出该银行的经营发展轨迹，并对未来情况作出预测。在实际分析中，同业横向比较和趋势比较应结合起来使用。值得注意的是，在应用财务比率进行绩效评价时，也应注意到银行规模的差异，很多情况下，对某银行绩效评价指标的差异是来自规模差异上的原因，这不能等同于经营绩效之间的差异。最后，在利用财务比率分析时，还应注意非财务因素的影响，如经济环境的变化、利率走势等外部因素。

第二节　净值收益率评价——杜邦分析法

银行的经营业绩是一个包括多个因素的完整体系，其内部因素相互依存、相互影响。

比率分析方法将银行业绩分为四个方面，割裂了相互联系。综合分析法弥补了这种不足，将银行盈利能力和风险状况结合起来对银行业绩作出评价。杜邦（DuPont）分析法是一种典型的综合分析法，考核的核心是净值收益率（ROE），该指标被认为有极强的综合性。1972 年，著名金融分析专家大卫·科勒（David Cole）在银行绩效分析中引进杜邦财务分析方法，对银行进行综合分析，这种方法在实践中又不断得以细化。

一、两因素杜邦分析

两因素杜邦分析是杜邦分析的基本方法，集中体现了其分析思想，其基本分析理念为：

$$净值收益率=\frac{税后净利润}{净值}=\frac{税后净利润}{总资产}\times\frac{总资产}{净值}$$

即

$$ROE=ROA\times EM$$

其中 ROE 为净值收益率或股本收益率，ROA 为资产收益率（税后净利润/总资产），EM 称为股本乘数（总资产/净值）。

分析中假定，ROE 是银行股东和管理层所关心的最重要指标，是经营业绩的综合反映。杜邦两因素模型显示，ROE 受资产收益率、股本乘数的共同影响。资产收益率是银行盈利能力的集中体现，它的提高会带来股本收益率的提高，这也就是说，ROE 指标间接反映了银行的盈利能力。股本收益率指标也可体现银行的风险状况，即提高股本乘数，也可以改善股本收益率水平，但同时带来更大风险。因为，股本乘数加大，银行净值比重降低，清偿力风险加大，而且股本乘数还会放大资产收益率的波动幅度。

杜邦两因素模型以 ROE 为核心，揭示了银行盈利性和风险之间的制约关系，从这两个角度可以对银行绩效进行分析和评价。

二、三因素杜邦分析

银行资产收益率取决于多个因素，将其分解可以扩展为三因素分析模型，能更好地从 ROE 指标出发分析评价银行业绩。三因素分析法的表达为：

$$\begin{aligned}ROE &= \frac{税后净利润}{总资产}\times\frac{总资产}{净值}\\ &= \frac{税后净利润}{总收入}\times\frac{总收入}{总资产}\times\frac{总资产}{净值}\end{aligned}$$

即　　股本收益率=银行利润率（PM）×资产利用率（AU）×股本乘数（EM）

其中，银行利润率（PM）为税后净利润/总收入，资产利用率（AU）为总收入/总资产①，股本乘数 EM 为总资产/净值。

杜邦三因素模型显示，银行资产收益率（ROA）可以进一步分解为银行利润率和资产利用率两个指标，它们也包含着丰富的内容：

首先，银行利润率（PM）主要分析银行对成本和费用的控制能力。在银行总收入确

① 此处总收入为利息收入加非利息收入和证券投资损益。

定的情况下，对经营成本和费用控制得越低，银行的利润率就越高，因而该指标是银行成本和费用管理效益率的体现。其次，资产利用率体现了银行对资产运用和管理的效率。银行的收益资产组合中包括周转快、收益低的短期贷款、投资，又包括期限长、收益高的长期资产，总资产中还包括一定量的非盈利资产。各种资产在经营中都起一定作用，不可或缺。银行良好的资产运用和管理能力可以促进银行提高其资产利用率和盈利水平，导致ROA指标的上升，最终给股东带来更高的回报率。

三、四因素杜邦分析

将银行利润率（PM）分解后，可得到四因素的杜邦分析模型：

$$股本收益率=\frac{税后净利润}{税前收入}\times\frac{税前收入}{总收入}\times资产利用率\times股本乘数$$

在这里，银行利润率（税后净利润/总收入）又被分解成两部分：第一，赋税管理效率比率（税后净利润/税前收入），它反映了银行利用避税策略工具，使赋税最小化的效果；第二，成本和费用控制比率（税前收入/总收入），这是一项反映营运效率与费用控制的比率。见图16-1。

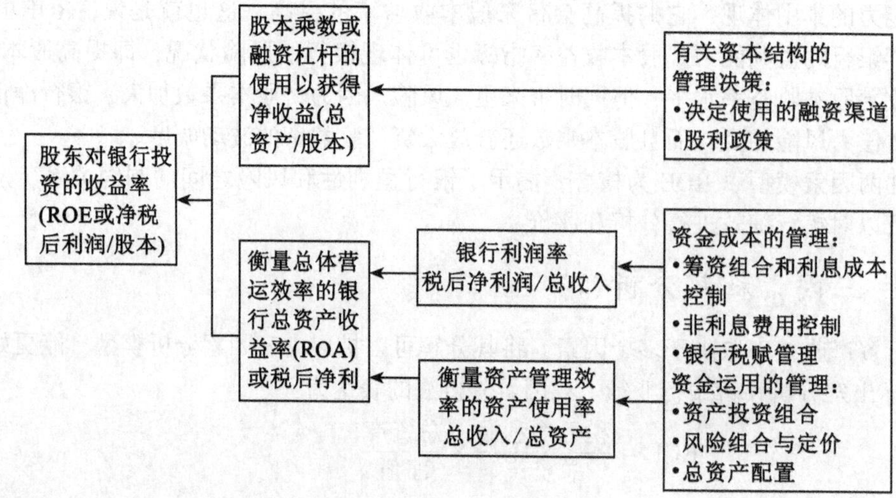

图16-1 银行杜邦分析模型的决定因素

例：杜邦分析法的运用

设某银行最新资产负债表与损益表显示以下数据：

税后净利润＝100万元

税前利润＝130万元

总收入＝3 930万元

总资产＝12 200万元

总股本＝730万元

则其ROE为：

$$ROE=\frac{100\text{ 万}}{130\text{ 万}}\times\frac{130\text{ 万}}{3930\text{ 万}}\times\frac{3930\text{ 万}}{12200\text{ 万}}\times\frac{12200\text{ 万}}{730\text{ 万}}$$

即

$$\text{ROE}=0.769\times0.033\times0.322\times16.71=0.137\text{ 或 }13.7\%$$

显然，银行管理层在将这些指标与同行业进行横向比较或进行自我纵向历史比较时，如果发现其中某项指标较低，或开始下降时，需要重点评估和分析在该领域的管理效率。例如，如果当年税后净利润与税前利润比率比前一年大幅度下降，管理层就应该密切注意银行的赋税管理及控制情况；如果税后净利润与总收入之比下降较大，银行控制营业费用的有效性就需要改进。如果营业投入与总资产之比下降，银行就必须仔细审查银行的资产投资组合政策和定价政策，了解资产收益的下降是不是由于管理控制上的因素造成的。

概括而言，股本收益率指标涉及了银行经营中的众多方面，杜邦分析法通过对综合性极强的这项指标的分析，可以较全面地反映银行经营中的情况及其相互间的制约关系，并以此对银行业绩作出客观评价。

第三节　内部转移定价

当前大型商业银行越来越成为一系列相对独立且相互联系、相对拥有较大自主权的业务单元的组合，但这些业务单元的资产与负债的数量并不相对应，它们或者成为净资金提供者（负债大于资产），或者成为净资金使用者（资产大于负债）。例如，银行的营业分支机构往往产生较多的存款，但其资产业务却较少；而贷款部门却正好相反，其负债较少但资产较多。贷款部门为客户提供贷款的资金大部分来自银行各营业分支机构所吸收的存款。于是，在评价贷款部门和营业分支机构的经营绩效时，就产生了这样一个问题：贷款所产生的净利差收益到底应归哪个部门？鉴于上述难题，大多数银行开始建立和实行资金转移定价体系，以解决银行各业务单元的绩效评估问题。

内部资金转移定价体系（Funds Transfer Pricing System，简称 FTP）是商业银行内部资金中心与业务经营单位按照一定规则全额有偿转移资金，达到核算业务资金成本或收益等目的的一种内部经营管理模式。资金中心与业务经营单位全额转移资金的价格称为内部资金转移价格（以下简称 FTP 价格）。

一、内部资金转移定价体系的作用

推行 FTP 体系后，资金管理模式将由资金的差额转移转变为资金的全额转移。在原有的上存下借资金管理模式下，分支机构的资金来源和资金运用首先在分支机构内部进行安排和匹配，只有资金余缺部分才通过上存或下借与总行发生资金往来。推行 FTP 体系后，分支机构所有的营运资金都通过 FTP 价格与总行发生转移，每笔负债业务通过 FTP 价格将资金上存给总行，并从中获取 FTP 利息收入；每笔资产业务通过 FTP 价格从总行获得资金，并同时支付 FTP 利息费用。

在原有上存下借的资金管理模式下，分支机构的净利息收入等于计息资产业务的利息收入与计息负债业务的利息支出之差，其中，与总行间的上存、下借业务以及联行往来业务都属于分支机构的资产、负债业务。推行 FTP 体系后，分支机构的净利息收入等于每笔业务产品利率与 FTP 价格间的 FTP 净利差之和。由于分支机构 FTP 净利息收支的大小取决于分支机构资产/负债的规模、期限、利率特征等多方面因素，所以，推行 FTP 体系后，各分支机构净利息收入的变化程度不一，由此必然会带来分支机构原有净利息收入贡献格局的变化。

在 FTP 管理模式下，FTP 提供了每笔业务的资金成本或资金收益，银行对每笔业务都可以计算出其净利息收入与资本占用情况。这样，基于每笔业务的基础信息，银行就可按产品、部门、客户或个人来衡量其对全行整体业务的贡献，通过量化指标将三者结合起来，相互影响，相互促进。将这些量化结果运用于绩效管理上，银行可以对不同考核对象所赚取的净利息收入及资本占用等指标进行量化考核；运用于优化资源配置上，银行可以此为基础，客观地比较不同产品的盈利性，从而将有限的资源运用到最有利可图的产品、客户群或地区；运用于产品定价上，可清楚地量化业务的资金成本或资金收益，从而在综合考虑成本因素、获利因素的基础上制订科学的定价策略；运用于风险管理上，一是可以将全行利率风险统一到总行集中管理，二是可以将客户的风险程度与其他风险评价体系结合起来量化反映。

二、内部资金转移定价体系的基本原理

在 FTP 体系的管理模式下，资金中心负责管理全行的营运资金，业务经营单位每办理一笔业务（涉及资金的业务）均需通过 FTP 价格与资金中心进行全额资金转移。具体地讲，业务经营单位每笔负债业务所筹集的资金，均以该业务的 FTP 价格全额转移给资金中心；每笔资产业务所需要的资金，均以该业务的 FTP 价格全额向资金管理部门购买。对于资产业务，FTP 价格代表其资金成本，业务经营单位需要支付 FTP 利息；对于负债业务，FTP 代表其资金收益，业务经营单位从中获取 FTP 利息收入，不同业务单位的联系见图 16-2。

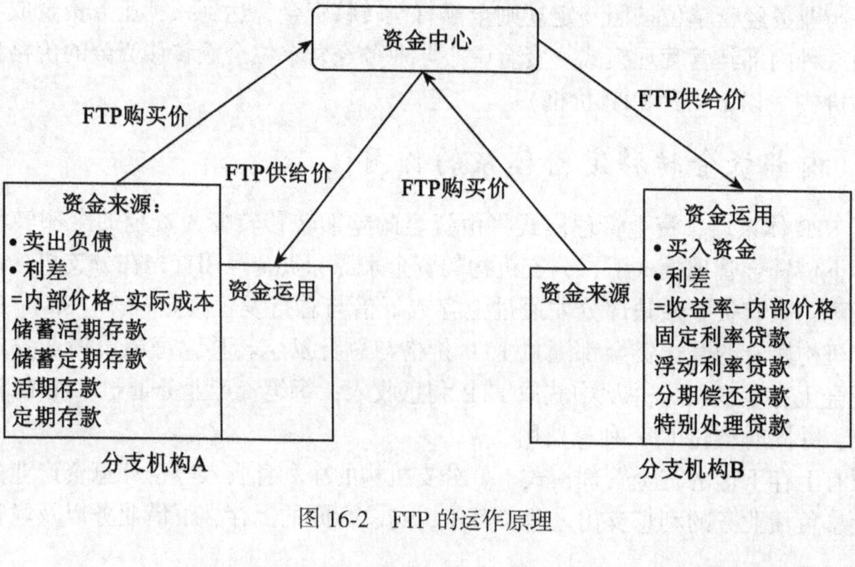

图 16-2　FTP 的运作原理

在 FTP 模式下，分支机构利润来源主要有：（1）借出资金收益：按 FTP 借出价格确定的应得收益与其筹集资金的实际成本之间形成的收益；（2）资金运用收益：贷款收入与按 FTP 借入价格确定的应付成本之间形成的收益。

三、内部资金转移定价体系的定价方法

FTP 存在和应用必须以银行内部存在资金的有偿流动为前提条件。商业银行可通过设立资金管理部门，集中管理资金来实现内部资金的有偿流动。FTP 价格的合理确定，有利于资金的集中、配置、计价，理顺全行产品、部门和地区收益线，为管理层进一步的经营决策提供科学有力的参考。同时，通过对全行资金集中和配置期限结构的分析，FTP 更真实地掌握全行的流动性风险和利率风险分布状况，为科学、有效地管理流动性风险和利率风险提供依据。FTP 的有效运用还有利于基层营业机构增强成本意识，提高在产品和客户营销、市场拓展、产品创新过程中的议价能力。

（一）单一资金池定价法

所谓单一资金池，是假设资金池中所有资金都具有相同的属性，其利率敏感性、流动性都是完全相同的，所以，在进行内部资金计价时，资金的提供方和使用方也按同一利率进行计价，这一利率可以通过在该银行实际资金成本的基础上加点生成，也可以按照外部市场的某一利率水平确定。在这种方法下，内部资金转移价格体系中不存在需要调节的项目，各部门和机构总的利息支出应该等于总的利息收入，总行资金部只是起到一个中介作用，其本身并不反映任何资金利润。

采用单一资金池定价法的优点是简单易懂，比较容易操作，而且不需要大量的人力资源和科技资源，同时还可以为吸收存款提供一定的动力。这一方法的缺点是，银行面临的利率风险没有集中到总行管理，资金的提供方和使用方都面临着较大的利率风险，同时如果该银行对基准利率的选择发生偏差，就会造成高息负债的过度吸收或低收益资产的大量投放。所以，在实际运行过程中，这一方法只是在部分较小的商业银行中使用，并未成为西方商业银行内部资金转移价格机制的主流方法。

（二）多重资金池定价法

所谓多重资金池，是假设资金池中的资金都具有不同的属性，总行资金部根据其利率敏感性、流动性、到期日等因素将全部资金的来源和运用分为不同的种类。所以，在进行内部资金计价时，资金的提供方和使用方也按不同利率来对不同的资金进行计价。由于使用了不同的利率，总行资金部收取的利息和支出的利息将很难调节一致，最终将在总行资金部的损益表上反映出利润或亏损。

采用多重资金池定价法的优点是：由于商业银行拥有一套完整的利率体系，这样就可以使每种利率更加接近市场利率，同时在内部利率的使用上也更加灵活，更能准确地反映资产负债管理当局的经营战略和经营意图。但这一方法比较复杂且难以理解，在制定和调整内部资金转移价格时会有一定的困难，同时在日常操作中也需要更多的人力和科技力量的投入，一般情况下需要一套复杂的管理系统才能实现内部资金转移价格体系的所有目

标。所以，在实际运行过程中，这一方法一般用于有多个分支机构、资产负债规模适中、有一定科技力量的中型商业银行。

（三）配比筹资定价法

与其他方法相比，配比筹资定价法更加复杂和精深。在真正完全意义上的配比筹资情况下，总行资金部将会进入资金市场为新的资产业务筹措资金，所筹措的资金在期限和计息方式上与对应的资产项目完全一致，其目的就是将筹措资金的利率进行锁定，并在贷款期限内保持一个稳定的资金来源和一个稳定的利差，消除所有的风险敞口，从而完全规避商业银行所面临的利率风险和流动性风险。

实际操作中，一个商业银行既有资产业务又有负债业务，如果完全采用配比筹资定价法，为每一项资产业务筹集相对应的债务资金，同时又为每—项负债寻找相对应的资产，虽然可以完全规避利率风险和流动性风险，但其交易成本非常巨大，很容易造成资金的闲置和商机的浪费，并最终导致全行的利润下降。所以在实务操作过程中，大部分商业银行采用模拟配比筹资的方式，即按照配比筹资过程中的市场价格进行资金定价，但并不实际融入或融出资金。也就是说，总行资金部的管理人员只是设置一种配比筹资的模拟程序，在资金市场之外进行相关的操作，收集有关资金市场的利率信息，并将其注入内部资金转移价格体系中。所以，目前在西方商业银行中，也只有少数规模较大、科技力量雄厚、管理水平很高的跨国银行初步实现了配比筹资定价法在商业银行内部的全面应用。

例：FTP 的运用

假设某家银行的贷款平均收益和存款如下所示：

贷款平均收益 *	8.5%
存款成本 * *	4.5%
净利差	4%

其中：*平均期限为9年，融资成本为7%；* *平均期限为3年融资成本为6%。

基于FTP的运用，我们可以看到相应业务的利差贡献，具体数据如下：

贷款平均收益	8.5%	存款 FTP	6%
贷款 FTP	7%	存款平均成本	4.5%
贷款平均收益与 FTP 的利差	1.5%	存款 FTP 与平均成本间的利差	1.5%

由上可见，4%的净利差由三部分组成：贷款的净利差收入 8.5%−7%＝1.5%，存款的净利差收入 6%−4.5%＝1.5%，利率错配要求的溢价 1%＝7%−6%。由此可见，如此分割的利差实现了风险的转移。由于用平均期限为三年的存款来支撑平均期限为9年的贷款业务，所以导致了利率错配。虽然利率错配创造了额外收益，但是也带来了风险。

◎小 结

1. 现代商业银行经历了从粗放型经营模式向集约型模式的转变过程，其绩效考核评价体制总体上也呈现出从以利润最大化为核心的盈利能力考核，逐步转变为以价值管理为核心的综合效益考核。商业银行绩效考核体系中最重要的是科学构建指标体系和选择核心指标。

2. 财务比率方法是银行用一组财务比率指标来衡量银行的经营效率。财务比率按实现银行经营总目标过程中所受的制约因素分为四类，即盈利性指标、流动性指标、风险指标和清偿力指标。

3. 杜邦分析法是一种典型的综合分析法，其核心是净值收益率（ROE），该指标有极强的综合性，间接体现了银行经营中各方面情况及其间的制约关系。

4. 内部资金转移定价体系是商业银行内部资金中心与业务经营单位按照一定规则全额有偿转移资金，达到核算业务资金成本或收益等目的的一种内部经营管理模式。

◎重要概念

资产收益率　营业利润率　银行净利差率　非利息净收入率　银行利润率　权益报酬率　杜邦分析法　内部资金转移定价　单一资金池定价法　多重资金池定价法　配比筹资定价法

附录：美国 CAMEL 银行绩效评估体系

美国三大联邦级银行监管部门都使用同一个标准评估体系对银行的经营状况进行全面、综合的评估，形成了一套规范化、指标化及操作化的综合经营等级评定制度。这一制度正式名称是“联邦监督管理机构内部统一银行评级体系”①，简称“CAMEL 评级体系”（CAMEL Rating System）。这套体系形成早，影响大，在世界各国银行业被广泛采用。

美国银行评级制度之所以被通称为“骆驼评级体系”，是因为该评级制度主要从五个方面考察、评估银行的经营状况，即资本充足率（Capital Adequacy）、资产质量（Asset Quality）、管理水平（Management）、收益状况（Earnings）和流动性（Liquidity）。这五个部分的英文词的第一个字母分别是 C、A、M、E、L，即 CAMEL（骆驼）。因此，业内也就将美国银行评级制度称为“骆驼银行评级体系”。

（一）资本评级

银行的资本是银行赖以从事一切业务活动的基础，如果银行在经营过程中出现亏损，需要用资本予以抵补。资本还被用来作为保护存款户利益的最后一道屏障。在评估一家银行的资本充足程度，并对资本充足情况进行评级时，往往需要考虑几个方面的因素，其中

---

① 现在随着对风险管理的加强和重视，“骆驼评级体系”又增加了一个考核指标——敏感性（Sensitivity），考察银行对风险的敏感性，“CAMEL”就发展成为了“CAMELS”。

最根本的因素是资本与总资产的比率。在这里，资本一般是指核心资本。评估一家银行资本充足与否，还需要考虑其他因素，如风险贷款的比重、银行在过去几年里的业务发展情况、银行未来几年业务发展设想、银行过去的盈利状况、未来的盈利预期等。

在考虑了上述各种因素之后，检查人员就可以对被检查银行的资本充足率确定一个级别，按照确定的级别，金融监管当局实施不同强度的监管：

如果确定为一级，则表明该银行资本十分充足，远远高出平均水平，同时也表明，该行经营管理水平十分令人满意，资产质量很高，盈利性很好，表外业务风险得到很好的控制，不存在其他潜在风险。

如果确定为二级，表明该银行资本充足率令人满意，高出平均水平，贷款及其他业务中没有什么风险问题，管理水平正常，业务发展稳健，目前的盈利水平能继续保持。

如果确定为三级，表明该行资本充足率不够高，低于平均水平，或即使资本率不太低，但有问题贷款多或该行在近期扩展业务幅度过大。

如果确定为四级的话，说明该行资本明显不足，也可能说明该行在贷款方面存在很大问题或由于业务发展过快而使资本呈现不足，当然同时也说明该行盈利状况不够好。

如果确定为五级的话，说明该行资本明显不足，这种不足包括两方面：一方面是资本总量不足，另一方面是资本与资产比率过低。一般来讲，资本评级为五级的银行，其资本充足率都在 3. 5%以下，或即使资本充足率达到 5%，但风险资产比重却过大。

（二）资产质量评级

银行监管部门在对被检查银行的资产质量进行评级时，首先要对其贷款做较为深入的分析。它们将贷款风险程度分为四类：第一类是正常贷款；第二类是次级贷款；第三类是可疑贷款；第四类是难以收回贷款。

将贷款分类后要先计算出一个“加权计算后的有问题贷款总量”（Weighted Classified Loans），它等于次级贷款×20%、可疑贷款×50%和难以收回贷款×100%的三者之和。然后将这一总量与银行的核心资本进行比较（有问题贷款/核心资本）：

1. 如“加权计算后的有问题贷款”与核心资本之比小于或等于 5%，可将该行资产质量评为一级。它表明该行资产质量很高，风险很小。

2. 如这一比率在 5%~15%之间，则可将该行资产质量评为二级。它表明该行资产质量比较令人满意，其他方面也不存在明显问题，管理水平较好。

3. 如该比率在 15%~30%之间，则将该银行资产质量评为三级。它表明该行资产质量不太令人满意，存在着相当程度的问题。

4. 如该比率在 30%~50%之间，通常将其资产质量评为四级。它说明该行贷款存在严重问题，如不及时采取措施，会进一步恶化，同时也说明该行管理水平较差，贷款投向过分集中。

5. 如该比率高于 50%，则需将其资产质量评为五级。它说明该行资产质量极差，很可能会在近期倒闭。

（三）经营管理水平评级

管理水平是银行监管人员考察一家银行经营状况的主要因素之一，同时也是较难量化评估的一个方面。对银行的管理水平、管理者素质的评估，一般只是通过考察银行的实际经营状况，并参考资本充足率、资产质量、流动性管理、盈利水平等其他因素来间接评定。一般情况下，如果一家银行的上述几个方面的评级都很高，实际上就证明了这家银行的经营管理很成功。从较纯粹管理的角度需要考虑的因素有：该行高层管理人员的专业经验、学历、组织架构、企业文化、激励约束机制的设计、领导层的团结、雇用人员的综合素质，以及人力资源的持续教育等。

如果管理水平评级是一级，则说明该行管理水平很高，管理人员素质很好，管理方面不存在什么问题，管理者有能力解决已出现和将来可能出现的问题，并能采取预防性措施阻止或避免不利事件发生。

如果管理水平被评为二级，说明该行在管理方面只存在一些小问题，但这些小问题并不妨碍管理者对银行实施有效的管理。各级管理人员各司其职，整个管理状况令人满意。

如果管理水平被评为三级，表明这家银行的管理虽没有大问题，但却潜伏着相当程度的危机，目前的管理水平很难解决银行存在的各种问题。

如果管理水平评级为四级，表明该行管理水平相当差，经营管理者没有做出正确、明智决策的能力，也没有解决已出现问题的能力。

如果管理水平被评为五级，说明该行的管理者素质极差，完全没有能力做出明智的决策和制定正确的业务政策，在问题面前表现为无能为力。

（四）收益评级

检查人员在对银行的盈利状况进行评级时，首先要考虑该行在过去一两年里的净盈利情况。衡量一家银行的盈利水平的重要指标是资产收益率（ROA）。美国的银行监管部门根据资产收益率制定了一系列盈利状况评级标准。概括起来，凡是其盈利状况被评为一级或二级的银行，其资产收益率都在1%以上，而盈利状况评级为五级的银行，通常其资产收益率已是负数，即出现了经营性亏损。盈利状况被评为三级或四级的银行，其资产收益率通常是在0~1%之间。

（五）流动性评级

银行保持足够的流动性是为应付存款户的提款和满足客户的贷款需求。要评估银行的流动性是否充足需考虑几个方面的因素：第一，该银行存款的变动情况；第二，银行对借入资金（如大额存款等）的依赖程度；第三，可随时变现的流动资产数量；第四，银行对自身资产负债的管理、控制能力；第五，该行从外部借入资金的频率；第六，该行在遇到流动性问题时迅速筹集资金的能力等。在考虑了上述各种因素之后，检查人员还要将该行的流动性比率与其他同类银行的流动性比率进行比较，然后确定该行的流动性评级。级别和流动性质量的关系为：

流动性评级为一级，说明该行拥有充足的流动性，而且筹资的渠道畅通并富有弹性；

流动性评级为二级，说明该行流动性比较充足；

流动性评级为三级，说明该行的流动资金不足以完全满足该行的资金需要；

流动性评级为四级，说明该行在流动性方面存在着相当大的问题；

流动性评级为五级，说明该行已完全没有流动性，随时面临倒闭的危险。

（六）综合评级

检查人员在完成了上述五个方面（资本、资产、管理、收益、流动性）的分别评级后，就可以对该行进行综合评级。

1. 综合评级为一级的银行，在各方面状况均属一流，即使出现一些小问题也能随时解决。该类银行能承受一切经济周期的变动与影响，以及市场的任何突发性变化。

2. 综合评级为二级的银行，其总体经营状况应是稳健安全的，即使有一些小问题也能通过正常渠道予以解决。

3. 综合评级为三级的银行，往往既存在着一些小问题，也存在着某些较严重的问题。这类银行如遇经济环境逆转很可能出现恶化的局面，除非银行的管理者及时采取措施予以纠正。

4. 综合评级为四级的银行，存在着较为严重的财务问题和其他方面的问题，而且这些问题如不能及时解决，将面临着倒闭的危险，需要监管部门的特别关注。

5. 综合评级为五级的银行极有可能在近期内倒闭。

以上简要介绍了美国银行监管部门在对银行进行绩效评价时使用的“CAMEL 评级体系”。该体系已被美国三大联邦银行监管部门采用了 20 年，被证明是一种很有效的动态评级方法。它所具有的积极意义在于，金融监管并不是平行等量的针对全部对象，而是有重点的实施。当某一家银行被列入较低级别后，金融监管的力度和频率都会相应加大，而对经营正常的银行，则可以只进行例行检查，从而可以提高监管效率，降低监管成本。

第十七章 基于风险的银行绩效评估

为了更好地反映银行的经营绩效与对应的风险，现在许多大的银行都开始对银行的经营绩效进行风险调整，将风险因素考虑进银行的经营绩效评价体系。经济资本作为当今国际银行业的风险管理文化和先进管理工具，不仅可以衡量一家商业银行的整体抗风险能力，而且还可以成为评价商业银行分支机构或业务经营绩效的标尺。实施经济资本管理的商业银行，通过以经济增加值（EVA）和风险调整后资本收益率（RAROC）作为业绩评估和考核激励的核心指标，解决了追求利润与控制风险之间的矛盾，真正将风险与收益指标有机结合起来，从而使得绩效考核体系更加科学合理。

第一节 经济资本分配

一、经济资本配置路线

资本是昂贵和稀缺的，银行必须通过一种机制来合理地进行配置，促进优质业务的发展，控制不良业务的增长，使稀缺的资本得到高效使用。经济资本分配的基本原则就是把资本要求与风险度量直接挂钩，保证经济资本被分配到最能发挥作用的领域，以实现RAROC或EVA的最大化。一般而言，经济资本配置路线可分为“自上而下”和“自下而上”两种类型。

（一）“自上而下”路线

“自上而下”的配置模式是指基于确定的资本总量，综合考虑各管理维度经济资本和RAROC的变化，结合未来发展战略，在遵循一定的原则（例如目标资本回报要求和业务准入标准）的基础上，将有限的经济资本按照不同的管理维度进行层层分割，形成完整的经济资本配置方案。这种配置方法的优点是，能够有效贯彻银行的战略意图和管理思想，使得整个银行业务发展和承担的风险可控。

实施“自上而下”资本配置的关键是制定一个总体经营计划。该计划应描述银行总的经营目标、业务现状以及风险管理战略。“自上而下”的路线主要强调银行发展过程中的资本约束，并不要求计量结果一定准确。因此，即使风险管理基础不强的银行，也可以采用这种方法。

（二）“自下而上”路线

“自下而上”的路线是先对每个业务单元进行风险计量，确定相应的经济资本需求，再将这些经济资本由底层向上逐级汇总，形成全行的经济资本配置方案。"自下而上"配置模式类似于在银行内部建立的经济资本交易市场。在这个市场中，商品是经济资本，价格是RAROC，具体的资本配置量由各业务单元，根据对过去业务的发展情况和对未来业务的风险判断进行申报，申报的有效性和具体数量由经济资本管理部门根据"申报报价"高低以及银行的发展战略决定。原则上"报价"高的业务可获得较多的经济资本。这种配置方法的优点是管理维度主体距离市场近，经营目标易于实现；缺点是经济资本价格在配置方案确定前，由于管理者很难准确预测未来收益和资本回报，故确定配置方案的周期较长，管理者的控制力相对较弱，最终导致配置方案较为保守。所以，该方法对管理维度主体的专业素质和市场判断能力有较高要求。

二、经济资本配置流程

从国际银行业的实践看，尽管经济资本配置的具体做法各不相同，但归纳起来，其基本流程大致相同。整个过程分三个阶段：经济资本计量、经济资本分配、应用与调试。其中，经济资本计量是最基础的环节，这主要是一个"自下而上"的过程。银行要从每个业务单元做起，真实地反映其风险分布，据此界定各业务层面的非预期损失；同时，根据银行统一的风险偏好确定对各类风险的容忍度，并结合账面资本状况，确定实际可用的经济资本总量。

（一）风险计量——资本配置的首要环节

根据等额配置原则，经济资本在数量上等于风险敞口的非预期损失。不同类别风险的经济资本要分别进行计量。信用风险计量主要依托于银行的内部评级系统，而市场风险和操作风险的计量也都有相应的管理系统和数据库。对于一个特定的资产组合，其经济资本的计算步骤如下（以信用风险为例）：

第一步，计算资产组合中单笔资产的非预期损失（UL）。首先，假设风险服从单尾分布，通过交易对手的违约概率（PD）、违约损失率（LGD）和风险敞口（EAD）等指标，计算该笔资产损失的标准差和数学期望；再通过联立方程组反推该笔资产的损失分布函数；最后，在损失标准差上乘以经济资本乘数。

第二步，利用历史数据，计算资产违约相关度变化的相关系数矩阵。该计算过程的复杂度较高，普通银行如不能自己开发系统，可运用CreditMetrics或KMV等软件实施计算。

第三步，应用蒙特卡罗法模拟整个资产组合的风险分布函数，并计算整个资产组合的标准差和数学期望。

第四步，确定整个资产组合的经济资本乘数。该乘数取决于银行的风险偏好和容忍度，风险偏好越大，经济资本乘数越小。同时，银行还要考虑实际的账面资本状况。如果在既定风险偏好下，经济资本要求超过了账面资本，说明实际风险状况与风险偏好出现了不一致，需要及时调整业务规模或结构。

上述过程中，难度最大的是第二步——确定相关系数矩阵，其原因是多数银行缺乏7年以上的历史数据，而且如果数据质量不高，相关矩阵就会缺乏稳定性，进而降低资本计量的准确性。另外，相关系数矩阵涉及债务人两两配对分析，计算量庞大，工作成本较高。

（二）存量配置与增量配置

资本存量配置的任务是按照一定比例，将资产组合对应的经济资本总量分配到单笔敞口上去。增量配置是将超额资本，即银行可用资本与实际非预期损失的差额部分在各业务单元之间进行再分配，目的是提供下一步银行业务发展的政策导向。

经济资本增量分配的一般步骤如下：第一，总行根据盈利能力和融资情况，预测全行下一年度经济资本的增长目标。第二，在已知经济资本存量分布的基础上，分别计算各业务单元的 RAROC。第三，将 EVA 最大化设定为目标函数，应用运筹学最优化模型，确定下一年度分配给各业务单元的资本数量。第四，发起计算之前，要与各业务部门和分支机构充分协商，确定经济资本分配模型中的约束条件和参数。实际上，这是一个各部门相互博弈的过程，也是银行将发展战略付诸实施的必经阶段。

（三）实际应用与动态调试

经济资本管理的目标是引导所属机构和部门尽可能发展 RAROC 较高的业务，以实现全行 EVA 最大化。经济资本一旦分配到每个业务单元，就可以在贷款定价、限额设定、资产组合管理、绩效考核等方面发挥作用。银行必须建立一个有效的反馈机制，有计划、有步骤地对经济资本的分配与应用进行调试。这一调试过程通常会持续数年，它既包括对定量参数的修正，也包括引入业务部门的经验判断。只有切实地应用和不断调试，才能使经济资本的分配方案逐步趋于完善，满足风险管理战略的要求。

三、经济资本配置模型

（一）经济资本总量计算

经济资本分配应按照每一业务单元对经济资本总量的贡献度来计算。

对于同类型风险，设有 n 个单位 X_1，X_2，…，X_n 的组合，其预期损失分别为 μ_1，μ_2，…，μ_n，非预期损失分别为 σ_1，σ_2，…，σ_n。然而，它们彼此间相关性为 ρ_{ij}($i=1, 2, \cdots, n$; $j=1, 2, \cdots, n$; $i \neq j$)，则：

预期损失 $$E(X)=E(X_1+X_2+\cdots+X_i+\cdots+X_n) = \mu_1+\mu_2+\cdots+\mu_i+\cdots+\mu_n \quad (17\text{-}1)$$

非预期损失 $$D(X)=D(X_1+X_2+\cdots+X_i+\cdots+X_n)$$

可以利用相关系数矩阵计算

经济资本 $$\mathrm{EC}=M\times\sigma \quad (17\text{-}2)$$

M 为经济资本乘数，根据分布函数和风险容忍度取值不同，如假设为正态分布，置信区间为 95%，则 M 应取 1.65。按照巴塞尔协议，这种情况下资本乘数应取 3。在上述公式中，ρ_{ij}的计算比较困难，一般是根据历史数据计算。但往往会得到不同年度变化较大的相关性系数，要保持系数的稳定则需要较长历史时期的数据。

（二）分配系数

一旦确定了整个资产组合或整个银行的可分配资本数量，就可以根据分配系数，将经济资本配置到各个业务单元上去。当前，国际先进银行通常采取以下两种方法来确定经济资本分配系数。

1. 绝对风险贡献法

绝对风险贡献是指某债项或敞口自身的随机损失与包含该敞口在内的整个组合的随机损失的协方差除以整个组合的标准差得到的比例。假设整个组合的损失标准差为 σ_p，整个组合的随机损失记为 R，组合中第 i 个债项的随机损失为 1；该债项的随机损失与整个组合的随机损失之间的协方差为 Cov（L_i，L_p），则该债项的绝对风险贡献为：

$$ACR_{\mathrm{i}} = \mathrm{Cov}(L_i,\ L_p)/\sigma_p \tag{17-3}$$

可加性是绝对风险贡献的一个重要性质，即组合内所有单个债项的绝对风险贡献加起来等于整体组合的风险值。设 X 表示组合内所有债项的风险敞口，Σ 表示组合内所有敞口之间的单位协方差矩阵，则组合损失的方差为：$\sigma_p{}^2 = X\ \Sigma\ X^T$，且所有敞口的风险贡献之和为 1。由此可计算经济资本系数为：

$$W(i) = \mathrm{ACR}_i = \mathrm{Cov}(L_i,\ L_p)/\sigma_p \tag{17-4}$$

上式另一种表达方法为：

$$\mathrm{EC}_i = \frac{\mathrm{UL}_i \sum_{j=1}^{n} \rho_{ij} \cdot \mathrm{UL}_j}{\mathrm{UL}_p} \tag{17-5}$$

其中，资产组合第 i 个业务单元单独的非预期损失为 UL_i，相关系数矩阵为 $M = (\rho_{ij})$；EC_i 为第 i 项业务单元分配到的经济资本。

该方法克服了资本增量分配法中相关性被重复计算的问题，但也存在一个问题，即不能保证在任何情况下分配给各业务单元的经济资本都是正的。在实际工作中，银行可以根据自身实际情况，选取另一种实用方法——非预期损失分配法。

2. 非预期损失分配法

$$\mathrm{EC} = \mathrm{UL}_p = (\Sigma\ \Sigma \rho_{ij} \cdot \mathrm{UL}_i \cdot \mathrm{UL}_j)^{1/2} \tag{17-6}$$

$$\mathrm{EC}_i = \frac{\mathrm{UL}_i}{\sum_{i=1}^{n} \mathrm{UL}_i} \cdot \mathrm{EC} \tag{17-7}$$

这种方法简单实用，目前在国际化银行的使用率较高。它既考虑了各业务单元的独立风险，也考虑了资产组合内部的相关因素，同时可以保证不出现负经济资本的情况。

（三）违约相关度矩阵

在经济资本计量过程中，最大的困难就是确定违约相关度矩阵，这也是经济资本与监管资本的主要区别。

1. 基本思路

估计违约相关性主要有两种方法：第一，基于理论模型推导。根据公司资产价值模型推导资产相关性，即已知两个债务人的资产波动性及其协方差结构，然后利用 Merton 模型将资产相关性和违约相关性相联系，计算其违约联合概率，再推导出违约相关性。第二，利用违约历史数据进行统计学估计。多数银行倾向于第二种方法，即根据债务人信息推导违约相关性。同时，由于银行资产组合中贷款数目庞大，无法逐一估计每对贷款人违约的相关性。为减少计算量，银行须将债务人按其行业或地区进行系统性风险分类。

2. 系统性风险分类

这种将债务人按行业、地区等系统性风险特征进行分类的做法，是花旗银行在 2000 年正式提出的。他们发现，在计算两债务人之间的违约相关系数时，考虑到债务人数量庞大以及缺乏各项资产之间的相关信息，违约相关系数的计算实际上是很难实现的。比如，一个信用组合的债务人数量 $N=100$，就需要考虑 $N*(N-1)/2=4\,950$ 对相关系数，若 N 达到 2 000 时就需要计算 1 999 000 对相关系数。大银行公司类债务人数量常常在 10 万以上，显然，对所有债务人之间的相关性进行计算是不可能的。

研究表明，行业和区域的风险状况对信贷组合中债务人之间的联合违约有重要影响。因此，他们将债务人按行业或地区进行分类，只计算各行业（或地区）间的违约相关系数，以此作为债务人之间违约相关系数的近似值。每个债务人只能归属一个特定行业（或地区），这样大幅度地减少了计算量。

假定债务人 A 的风险 R 是由其所在行业风险 R_h 与债务人本身的特定风险 R 构成的。即：

$$R=\omega_h R_h+\omega_t R_t \tag{17-8}$$

其中 ω_h 和 ω_t 表示权重，$\omega_h+\omega_t=1$。该公式说明债务人 A 的风险由所在行业的系统性风险和企业特定信息代表的非系统性风险共同决定。同时，假定企业特定风险之间是相互独立的，则可以严格证明，债务人 A 和债务人 B 的资产相关性系数：

$$\rho(\mathrm{A},\ \mathrm{B})=\omega_h^{\mathrm{A}}\times\omega_h^{\mathrm{B}}\times\rho_{h_A h_B} \tag{17-9}$$

其中，$\rho_{h_A h_B}$ 是债务人 A、B 所在行业的相关系数。ω_h^A 和 ω_h^B 分别表示 A 和 B 的系统性风险权重。

为确定行业风险权重 ω_h，可将客户违约概率（PD）、客户所在行业的风险指数（Ind）以及客户财务综合指数（Fin）等指标集中起来，通过对历史数据进行回归来确定行业风险权重 ω_h 以及财务风险权重 ω_t。

首先，得到回归结果如下：

$$\mathrm{PD}=a\times\mathrm{Ind}+b\times\mathrm{Fin} \tag{17-10}$$

由此确定：

$$\omega_h=\frac{a}{a+b},\ \omega_t=\frac{b}{a+b} \tag{17-11}$$

将上述结果代入 ρ（A，B）$=\omega_h^{\mathrm{A}}\times\omega_h^{\mathrm{B}}\times\rho_{h_A h_B}$，其中 $\rho_{h_A h_B}$ 为已知的行业间相关系数矩阵。这样就可以计算出债务人 A 和债务人 B 之间的资产相关系数。上述推导可以进行严谨的数学证明，其严谨性得到了巴塞尔委员会模型技术小组的认同。这种通过系统性风险分类降低维度的方法，使得违约相关矩阵的计算量大大缩减。同时，由此计算的违约相关矩阵比较符合实际风险状况，其误差基本上可以接受。

经济资本的配置在我国银行业的推广已经比较广泛，它比较清晰地指明了银行利润、业务、风险三者之间平衡发展的方向，为银行在制定计划和绩效考核时，如何科学地将利润与风险同时分配打下了良好的基础。由于各行风险计量的方法和思路的差异，经济资本配置的具体计算差别很大。在中型银行，大多数还是按照巴塞尔协议标准法的风险系数转换法来测算和分配经济资本，而对于少数大银行，已经部分采取计量模型对市场风险和信用风险测算非预期损失，对承担其业务的部门和下级机构配置经济资本。本章附录介绍了中国工商银行对业务条线和下级经营机构配置经济资本的框架图。

第二节 经济增加值评价

一、经济增加值的产生

以建立在会计收益基础之上的净利润指标作为银行经营绩效评价系统，忽略了对权益资本成本的确认和计量，容易使银行经营者形成“资本免费”幻觉。现行的财务会计只确认和计量债务资本的成本，而对于权益分红则作为收益分派处理。这样权益资本的隐含成本——占用权益资本收益的机会成本——就未加以揭示。因此，银行对外报告的净收益实际应包括两部分：权益资本成本和真实利润。如果银行报告的净收益为零，报告阅读者就会认为所有资本成本都得到了补偿，但实际上此时获得补偿的只是债务资本成本，而权益资本成本并未得到补偿，这容易误导财务决策。更为重要的是，它使得资本的使用者形成“免费资本”幻觉，误认为权益资本是一种免费资本，可以不计成本、随心所欲地使用，这会造成银行的经营者不重视资本的有效使用。

为了改变传统绩效评价的缺陷，经济增加值（Economic Value Added，EVA）评价法应运而生。EVA 评价法是由 JoeM. Stern 等人创立，① 经过该财务顾问公司近 20 多年不遗余力的推广，已成为美国和世界各国金融业极具影响力的对企业资本运作绩效评价的方法。

经济增加值（EVA）是一种新的绩效评定方法，它的提出为评价银行经营绩效提供了一个新的思路和新的解决方案。EVA 是指资本收益与资本成本之间的差额。更具体地说，EVA 就是指银行税后营业净利润与全部投入资本（借入资本和自有资本之和）成本之间的差额。如果这一差额是正数，说明银行创造了价值，反之，则表示银行发生价值损失。如果差额为零，说明银行的利润仅能满足债权人和投资者预期获得的收益。

二、经济增加值的计算

经济增加值的计算是应用 EVA 指标的第一步。

① 1964 年，Joe M. Stern 从芝加哥商学院毕业后，进入大通曼哈顿银行工作，通过对实际运作的了解和思考，深感当时流行的会计准则和会计收益等在衡量公司市场价值方面的严重缺陷，在此基础上提出了 EVA 方法。1982 年，Joe M · Stern 离开大通曼哈顿银行，与 G · Bennett Stewart 合伙成立斯登 · 斯特沃特财务咨询公司（SternStewart&Co.），专门从事 EVA 应用咨询，并将 EVA 注册为商标。

经济增加值的计算结果取决于三个基本变量：税后净营业利润、经济资本占用和资本成本率。

经济增加值=税后净营业利润-经济资本占用×资本成本率

其中税后净营业利润指税后净利润加上利息支出部分，经济资本占用是基于经济资本分配的结果，资本成本率是银行对经济资本的战略期望。

根据公式可知，当该指标小于零时，说明银行经营没有达到正常利润水平，资本所有者投入资本不但未得到保值，反而遭到损失，经营业绩较差；当该指标为零时，说明资本所有者投入资本基本实现了保值，经营业绩一般；当该指标大于零时，说明资本所有者投入资本获得增值，经营业绩较好。

在实践中，经济增加值的计算要相对复杂一些，这主要是由两方面因素决定的：一是在计算税后净营业利润和投入资金总额时需要对某些银行报表科目的处理方法进行调整，以消除根据会计准则编制的财务报表对银行真实情况的扭曲；二是资本成本的确定需要参考资本市场的历史数据。由于各国的会计制度和资本市场现状存在差异，经济附加值指标的计算方法也不尽相同。

除经总 EVA 外，实践中经常使用的概念还有单位资本 EVA 和每股 EVA，这 3 个指标组成了 EVA 指标体系。

三、经济增加值评价的运用

（一）真实反映企业经营业绩

考虑了资金成本是 EVA 指标最具特点和最重要的方面。只有在考虑了权益资本成本后，才能反映企业的真实盈利能力，那些盈利少于权益资本成本的企业的股东财富实际上是在减少。只有银行的收益超过银行的所有资金来源的成本，才能说明经营者为企业增加了价值，为股东创造了财富。

（二）尽量剔除会计失真的影响

由于传统的评价指标如会计收益、剩余收益是在标准化会计准则下计算而来的，因此都存在某种程度的会计失真，从而歪曲了企业的真实经营业绩。而对于 EVA 来说，尽管传统的财务报表依然是进行计算的主要信息来源，但是它要求在计算之前对银行信息来源进行必要的调整，以尽量消除标准会计准则所造成的扭曲性影响，从而能够更加真实、更加完整地评价银行的经营业绩。

（三）将股本财富与银行决策联系在一起

EVA 指标有助于管理者将财务的两个基本原则融入到经营决策中：第一，银行的主要财务目标是股东财富最大化；第二，银行的价值依赖于投资者预期的未来利润能否超过资金成本。根据 EVA 的定义可知，银行 EVA 业绩持续地增长意味着公司市场价值的不断增加和股东财富的持续增长。所以，应用 EVA 有助于银行进行符合股东利益的决策。

但是，我们也要注意到 EVA 指标是一个绝对数指标，不利于不同规模银行间的横向比较。由于 EVA 计算的结果是绝对数，在银行资产规模未发生变化的情况下，该指标能够反映银行不同时期的经营业绩。但对于资产规模不相同的银行或同一银行资产规模发生变动的情况下，它就无法对银行的业绩进行比较。另外，EVA 指标仅仅反映的是银行经营的最终结果，因此不利于分析银行经营中存在的问题。我们对银行业绩进行评价，一方面可以将其作为激励相关人员的依据，另一更为重要的方面是为了找出银行经营当中存在的问题，以便对经营活动进行改进。在这一点上，与传统财务评价指标相比，EVA 就显得有些不足。

第三节　风险调整的资本收益评价

一、风险调整的资本收益的涵义和计算

风险调整的资本收益（Risk Adjusted Return on Capital，RAROC）是国际先进银行用于评价经营管理绩效的改进型技术手段。早在 20 世纪 70 年代末，美国信孚银行首创了风险调整的资本收益技术，改变了传统上银行主要以净值收益率（ROE）为中心来考察经营业绩的模式。它的特点是更深入，更明确地考虑了风险对银行这类特殊企业的影响。20 世纪 90 年代后半期，该项技术在不断完善的过程中得到国际先进银行广泛认可，逐渐成为当今银行理论界和实践中公认的最有效的绩效考核方法之一。

风险调整的资本收益的基本表达式：

$$\text{RAROC}=\frac{\text{收益（}R\text{）}-\text{预期损失（EL）}}{\text{风险资本 CAR（或 UL）}}$$

公式中，收益可以包括利息收益和非利息收益（如业务收费等），公式中风险资本（CAR，Capital at Risk）是根据银行所承担的风险计算的最低资本需要，用以衡量和防御银行超出预计损失的那部分损失。

风险资本的经济学原理在于：银行业务发展所带来的风险可以分解为三个层次的损失，即预期损失（Expected Loss，EL）、超出预期平均水平的非预期损失（Unexpected Loss，UEL）以及超出银行正常承受能力以外的异常损失（Catastrophe Loss）。其中预期损失是在一般正常情况下银行在一定时期可预见到的平均损失，这类损失要通过调整业务定价和提取相应的一般准备金来抵补，从业务的收益中作为成本来扣减掉。

非预期损失是指超出了一般预期水平的损失。这部分损失银行必须有充足的资本来抵补，以尽可能降低存款人的损失。风险资本就是一道与银行实际承担的最大可能损失直接联系的风险防线，这如同防洪堤坝的设计，要根据一定时期内最大水位超出一般平均水位的情况来设置。

异常损失则是指超出银行正常承受能力的损失，通常有发生概率极小，但具有一旦发生损失巨大的特点。如美国9.11事件或突发灾难等。这部分损失银行一般无法做出更有效的准备，一旦发生意味着银行面临倒闭的风险。银行通常通过压力测试和情景模拟等手段予以关注，并制订相应的应急计划谋求生存。

考虑纳税因素，资本是企业最为稀缺和最为昂贵的资金资源（与股东账面资本回报要求相联系，国际上通常以税前25%或税后15%为标准来作为股东对正常回报的正常要求）。因此，银行管理者必须对风险资本进行管理，既要保证有充足的风险资本覆盖风险，又要保证风险资本的使用是经济的、有效的，即在最大程度防范风险的前提下，使资本量最小。

例：计算 RAROC

表17-1详述了单笔贷款的RAROC计算，这里假设：贷款额为1 000单位元，偿还期为一年，利率设定为敞口额的3%，预期损失为1%，而非预期损失是3%。通过计算，我们可以发现该笔贷款的RAROC为66.7%，高于一般要求的股本成本率（税前）25.0%，表明该笔贷款是有利的。如果不计算RAROC而仅考虑3%的利差，将不能确定该笔贷款给银行带来的潜在风险。

表17-1　　**一年期贷款风险调整的资本收益率计算**

	年份1
敞口	1 000
预期违约率	1%
非预期违约率	3%
利率	3%
股本成本（税前）	25.0%
RAROC计算：	
预期损失	10
CAR	30
利息	30
−预期损失	−10
=净利息	20
RAROC=（30−10）/30	66.7%

例：基于 RAROC 的绩效比较

假设银行内部有三个业务部门，考察后发现银行内部不同业务单位的 RAROC 在表 17-2 中反映。通过计算，我们可以发现如果单纯比较利润，业务部门 A 是最高的，达到了 60 单位元，其次为业务部门 B，达到了 36 单位元，业务部门 C 则只有 30 单位元。但比较 RAROC，我们可以发现业务部门 C 是绩效最好的。为什么会有这样的差别呢？主要是由于各业务部门给银行带来的风险不同，从而按风险调整计算的资本收益率自然不同。

表 17-2　　**银行不同业务单位按风险调整的资本收益率的比较**

	业务部门		
	A	B	C
资金敞口	2 000	900	600
日常管理费用（%）	2%	2%	2%
预期损失（%）	1%	1%	1%
非预期损失（%）	5%	4%	3%
利率（%）	5%	6%	7%
RAROC 计算：			
日常管理费用	40	18	12
预期损失（值）	20	9	6
利息（值）	100	54	42
净利息	40	27	24
CAR	100	36	18
RAROC	40%	75%	133%
资本金成本	25%	25%	25%
与资本金成本比较的超出部分	15%	50%	108%

二、风险调整的资本收益率在银行绩效评价中的应用

风险调整的资本收益率评价方法可以贯穿于国际先进银行的各类风险、各个层面和各种业务，对银行整个经营发展发挥着重要的作用：

1. 在银行总体层面，RAROC 是进行资本分配和设定经营目标的手段。银行最高管理层在确定了银行对风险的最大可承受能力的基础上，计算出银行总体需要的风险资本并将之与监管资本和账面资本比较，评价自身资本充足状况；同时，它要求将有限的风险资本在银行内各类部门、各个层面和各种业务，按照风险进行分配，对银行的总体风险和各类

风险进行总量控制；它还将股东回报要求转化为对银行总体和各个业务的明确目标，用于业务的审批和绩效的考核。

2. 在单个业务层面，RAROC 是业务决策的依据，可以衡量一笔业务的风险与收益是否匹配，决定该笔业务做与不做，同时以此为依据对业务和产品进行定价。

3. 在资产组合层面，RAROC 是组合管理的坐标和有力工具。银行在考虑单个业务的风险和组合效应之后，可以依据对组合资产的 RAROC 测算和动态检测，衡量各类组合的风险收益是否平衡，并对 RAROC 指标恶化的项目，或有明显不利变化趋势的组合资产及时采取处置措施。例如，可通过资产出售、证券化或其他信用衍生工具等方法进行积极的处理，从而为高收益的新业务腾出空间，谋求该银行总体在可接受风险下收益的最大化。

4. 通过对各项业务、产品，甚至每一笔具体交易用共同的 RAROC 基础进行比较，管理者可以采取有效的奖罚措施鼓励员工的正确行为，激励他们自觉追求风险可接受情况下盈利最大化的目标，同时，通过这种比较，管理者可以明确做出哪种业务应该扩张，哪种业务应该收缩的战略调整。

◎小 结

1. 为了更好地反映银行的经营绩效与对应的风险，现在许多大的银行都开始对银行的经营绩效进行风险调整，将风险因素考虑进银行的经营绩效评价体系。基于经济资本分配的经济增加值（EVA）和风险调整的资本收益率（RAROC）成为了现代商业银行绩效评估的核心指标。

2. 经济资本分配的基本原则就是把资本要求与风险度量直接挂钩，保证经济资本被分配到最能发挥作用的领域，以实现 RAROC 或 EVA 的最大化。一般而言，经济资本配置路线可分为“自上而下”和“自下而上”两种类型。

3. 从国际银行业的实践看，经济资本配置基本流程分三个阶段：经济资本计量、经济资本分配、应用与调试。其中，经济资本计量是最基础的环节。

4. 经济增加值（EVA）是一种新的绩效评定方法，它的提出为评价银行经营绩效提供了一个新的思路和新的解决方案。EVA 是指资本收益与资本成本之间的差额。

5. 风险调整的资本收益（RAROC）改变了传统上银行主要以净值收益率（ROE）为中心来考察经营业绩的模式。它更明确地考虑了风险对银行这类特殊企业的影响，逐渐成为当今银行理论界和实践中公认的最有效的绩效考核方法之一。

◎重要概念

经济资本配置　经济增加值　风险调整资本收益率

附录：中国工商银行经济资本配置的框架图

我国工商银行经济资本占用汇总表

机构：　　　　　　　　　　　　　　　日期：　　　　　　　　　　　　　　　单位：元

资产分类			信用风险经济资本	操作风险经济资本	市场风险经济资本	其他风险经济资本	合计
一级产品	二级产品	三级产品					
法人贷款	流动资金贷款	一般中长期贷款					
		出口买方信贷					
		贸易融资					
		各项垫款					
	项目贷款	短期项目贷款					
		中长期项目贷款					
		银团贷款					
		系统内联合贷款					
		国际融资转贷款					
	住房开发贷款	短期住房开发贷款					
		中长期住房开发贷款					
	其他房地产贷款	短期其他房地产贷款					
		中长期其他房地产贷款					
个人贷款	个人住房贷款						
	个人消费贷款	汽车贷款					
		综合贷款					
		信用贷款					
		质押贷款					
		家居、装修贷款					
		其他中长期贷款					
		个人助学贷款					
	个人经营性贷款	短期个人经营性贷款					
		个人商用房贷款					
		其他中长期个人经营性贷款					

续表

资产分类			信用风险经济资本	操作风险经济资本	市场风险经济资本	其他风险经济资本	合计
一级产品	二级产品	三级产品					
票据贴现	非本行票据	直贴银票					
		直贴商票					
		转贴银票					
		转贴商票					
	本行信用票据						
银行卡透支	商务卡透支						
	个人银行卡透支						
资金业务	存放央行款项						
	存放同业						
	拆放同业	股票质押贷款					
		其他拆放同业					
	买入返售资产	买入返售证券					
		买入返售其他资产					
	存放系统内款项	一般性存放					
		定期存放					
		资产剥离专项存款					
债券投资	政府债券						
	中央银行债券及票据						
	政策性银行金融债券						
	资产管理公司债券						
	一般金融债券						
	次级金融债券						
	企业债券						
	其他债券投资						
资本性投资	短期投资						
	长期投资						

续表

资产分类			信用风险经济资本	操作风险经济资本	市场风险经济资本	其他风险经济资本	合计
一级产品	二级产品	三级产品					
无息资产	现金类						
	应收款项	一般应收款					
		特殊应收款					
		应收财政部账款					
		其他应收款					
	待处理类资产	待处理抵债资产					
		待处理其他资产					
	固定资产	固定资产净值					
		固定资产清理					
		在建工程					
	其他类资产	无形、递延资产					
		衍生金融工具					
		其他资产					
		其他债权性资产					
表外资产	担保类	银行承兑汇票					
		融资性保函					
		非融资保函及其他					
		信用证					
	衍生产品类						
	承诺类	贷款承诺					
中间业务及其他	中间业务						
	其他类						
市场风险类别	利率风险						
	汇率风险						
	期权风险						
合计							

注：阴影部分无数据。

参考文献

英文论文

[1] Akerlof, G. (1970) "The Market for 'Lemons': Qualitative Uncertainty and Market Mechanism", *Quarterly Journal of Economics*, Vol. 89: pp.488-500

[2] Alistair Milne(2002) "Bank Capital Regulation as an Incentive Mechanism: Implications for Portfolio Choice", *Journal of Banking & Finance*, Volume 26, Issue 1, pp.1-23

[3] Allen N.Berger, William C. Hunter, Steph G. Timme(1993) "The Eifficiency of Financial Institutions", *Journal of Baking And Finance*(17), pp.221-249

[4] Andrew H. Chen et al(2000) "Monitoring and Bank Loan Pricing", *Pacific-Basin Finance Journal*, Volume 8, Issue 1, pp.1-24

[5] Anthony Saunders(2002) "Comments on 'The macroeconomic Impact of Bank Capital Requirements in Emerging Economies: Past Evidence to Assess the Future'", *Journal of Banking & Finance*, Volume 26, Issue 5, pp.905-907

[6] Benjamin C. Esty(1998) "The Impact of Contingent Liability on Commercial Bank Risk Taking", *Journal of Financial Economics*, Volume 47, Issue 2, pp.189-218

[7] Berger, Hunter and Timme(1993) "The Efficiency of Financial Instituion", *Journal of Banking and Finance*, pp.221-249

[8] Christopher O'Leary(1999) "Money Market Funds Set to Become Top Investor in ABCP", *The Investment Dealer' Digest*

[9] Craig L. Israelsen(1999) "Investments-We Are Not the World", *Financial Planning*, Dec 1

[10] Diamond, D.W.(1984) "Financial Intermediation and Delegated Monitering", *Review of Economic Studies*, p.51

[11] Dwight B Crane and Zvi Bodie(1999) "Form Follows Function: the Transformation of Banking", *Readings in Financial Institution Management*, Allen & Unwin

[12] Ed Blount(2003) "New Basel Accord: Sound Regulation or Crushing Complexity?" *American Bankers Association. ABA Banking Journal*, Volume 95, Issue 4, pp.7-8

[13] Edward I. Altman et al. (1998) "Credit Risk Measurement: Development over the Last 20 Years", *Journal of Banking & Finance*, Volume 21

[14] Edward Gardener; Barry Howcroft, Jonathan Williams (1999) "The Retail Banking Revolution", *The Service Industries Journal*, Apr.

[15] Elijah Brewer, Douglas D Evanoff (2000) "Changing Financial Industry Structure and Regulation" ,*Chicago Fed Letter*,US, pp.1-4

[16] Emma Simon(2000) "Wealthy? The Banks Want You" , *The Sunday Telegraph*, UK, November 19

[17] Eric D. Roiter,Michael Llartman(1996) "Fed Proposes to Ease Bank Holding Companies Entry into Nonbanking Activities and Banking Acquisitions", *The Bankers Magazine*,pp.37-43

[18] Fried, Lovell, Schmidt and Yaisawarng(2002), Accounting for Environmental Effects and Statistical Noise in Data Envelopment Analysis,*Journal of Productivity Analysis*,Vol.17.

[19] George J.Benston(1965) "Economies of Scale and Marginal Cost in Banking Operation", *National Banking Review*, June

[20] George J. Benston, Gerald A. Hanweck, David B. Humphrey(1982)"Scale Economies in Banking", *Journal of Money, Credit and Banking*,No.4 nov,pp.436-454

[21] Gorton Gary Bet al(1995)"Banks and Loan Sales Marketing Nonmarketable Assets", *Journal of Monetary Economics*, Volume 35, Issue 3, pp.389-411

[22] Graham Field(1995)"Europe Falls for Money Market Funds",*Global Investor*,London,Jul./Aug.

[23] Hanweck ,Berger and Humphrey(1987)" Competitive Viability in Banking :Scale ,Scope and Product Mix Economics", *Journal of Monetary Economics*, pp.502-514

[24] Harvey Leibenstein(1966)"Allocative efficiency vs X-efficiency", *The American Economic Review*,pp.392-413

[25] Howcroft, J.B(1992) "Contemporary issues in UK bank delivery channels",*International Journal of service industry management*, Vol 3,No.1

[26] Jean Dermineet al(2001)"Credit Risk and the Deposit Insurance Premium: a Note", *Journal of Economics and Business*, Volume53, Issue5, pp.497-508

[27] Jean-Pierre Gueyie et al(2003)"Bank Moral Hazard and the Introduction of Official Deposit Insurance in Canada",*International Review of Economics and Finance*,Volume 12, Issue 2, pp.247-273

[28] John H.Boydt, Mark Gerlter(1994)"The Role of Large Banks in the Recent U.S Banking Crisis",*Quarterly Review Winter*,pp.2-21

[29] Jonathan Batten et al(2002)"A Perspective on Credit Derivatives",*International Review of Financial Analysis*,11, pp.251-278

[30] Joseph F. Sinkey Jr et al(2000)"Evidence on the Financial Characteristics of Banks That do and Do Not Use Derivatives",*The Quarterly Review of Economics and Finance*,Volume 40, Issue 4, pp.431-449

[31] Kolari , James W.(1987) " The Cost Economics of Banks with Different Product Mixes" *Bank Costs , Structure and performance*,pp.127-179

[32] Larry D . Wall(1993)"Too-Big-to-Fail after FDICIA",*Economic Review Federal Reserve*

Bank of Atlanta, Jan.-Feb., pp.1-14

[33] Lawrence G. Goldberg , Anoop Rai (1996) "The structure-Performance Relationship for European Banking", *Journal of Banking & Finance*, pp.745-771

[34] Lazarus Angbazo (1997) "Commercial Bank Net Interest Margins, Default Risk, Interest-Rate Risk, and Off-Balance Sheet Banking", *Journal of Banking & Finance*, Volume 21, Issue 1

[35] Leonard I. Nakamura (1994) "Small Borrowers and the Survival of the Small Banks", *Business Review*, Nov.- Dec., pp.3-14

[36] Loretta J. Mester (1994) "How Efficient are Third District Banks", *Business Review Federal Reserve Bank of Philadelphia*, Jan./Feb.

[37] Michel Crouhy et al (2002) "A Comparative Analysis of Current Credit Risk Models", *Journal of Banking & Finance*, Volume 24

[38] Paul Van der Maas (2001) "Active Loan Portfolio Management Through the Use of Credit Derivatives", *Balance Sheet*

[39] Per Lilja (1999) "Structural Changes in the Banking Sector", *Quarterly Review-Sveriges Riskbank*, Stockholm

[40] R.Schniepe (1997) "Capital Allocation and Solvency Testing", *Insurance: Mathematics and Economics*, Volume20, Issue 3, pp.261-262

[41] Seung H. Kim, Robert A. Singer (1997) "US and Japaness Banks: A comparative and Evaluative Analysis", *The Banker Magazine*, Mar./Apr., pp.56-61

[42] Simon H Kwan, Robert A. Eisenbeis (1996) "An Analysis of Inefficiencies in Banking: A Stochatic Cost Frontier Approach", *Economic Review*, Fed Bank of San Fraancisco No.2, pp. 16-25

[43] Stuart I. Greenbaum (1967) "A Study of Banking Cost" , *National Banking Review*, June Susanne Sclafane (1990) "Insurers Offer Coverage to Money Market Funds", *National Underwriter*, Cincinnat, pp.30-32

[44] Thomas M. Hoenig (1996) "Rethinking Financial Regulation", *Economic Review Federal Reserve Bank of Kansas* (2), pp.5-12

[45] Tsuji Kenji (1999) "Bank Capital Regulation, Diversification Loss and the Probability of Bank Failure", *Japan and the World Economy*, Volume 11, Issue 4, pp.485-495

[46] Victor E. Barrois (2003) "The Effectiveness of Bank Capital Adequacy Regulation: A Theoretical and Empirical Approach", *Journal of Banking & Finance*, Volume 27, Issue 10, pp.1935-1958

[47] William F. Treacy (2000) "Credit Risk Rating Systems at Large US Banks", *Journal of Banking & Finance*, volume 24, pp.167-201

[48] William R.Keeton (1996) "Do Bank Mergers Reduce Lending to Businesses and Farmers ?" *Economic Review Federal Reserve Bank of Kansas* (3)

[49] Yvonne Chilik Wollenberg (2000) "Get Good Interest Rates online for Your Savings and

Checking Accounts", *Medical Economics*, Oradell, Sep.4

英文书目

[1] Anthony Saunders (2000) *Financial Institutions Management*, McGraw-Hill

[2] Aron Viner (1998) *The Emerging Power of Japanese Money*, Dow Jones &Company , Inc

[3] Timothy W. Koch & S.Scott Macdonald (2000) *Bank Management*, 4th Edition , The Dryden Press

[4] Charless Goodhart etc. (1998) *Financial Regulation*, Routledge

[5] David Alhadeff (1954) *Monopoly and Competition in Banking*, California: University of California Press

[6] David Palfreman, Philip Ford (1984) *Elements of Banking*, Macdonald &Evans Ltd

[7] Donald R. Fraser, LynM. Fraser (1990) *Valuating Commercial Bank Performance*, Bankers Publishing Company

[8] Edward P. Gardener, Philip Molyneux (1990) *Changes in Western European Baking*, Academic Division of Uniwin Hyman Press

[9] Frank J. Fabozzi & Atsuo Konishi (1991) *Asset/Liability Management*, Probus Publishing Company

[10] George H. Hempel (1994) *Bank Management*, 4th, John Wiley& Sons

[11] Crane, D.B et al. (1995) *The Global Financial System*, Harvard University Press 1995

[12] Gurley, J. and Shaw, E. (1960) *Money in a Theory of Finance*, Brookings Institutions

[13] Jean Dermine (1993) *European Banking in the 1990s*, Blackwell Publishers

[14] Joĕl Bessis (1998) *Risk Management in Banking*, John Wiley& Sons

[15] Kaufman, George (1995) *The U.S Financial System: Money, Markets, and Institution*, 6th Edition, Prentice Hall

[16] Kolari, James W (1987) *Bank cost, Structure, and performance*, Heath and Company

[17] Lawrence S Ritter ,William L Silber (2001) *Money, Banking and Financial Markets*, Basic Books Inc.

[18] Llewellyn, D.T. (2001) *Regulation and supervision of Financial institutions*, Institute of bankers

[19] Mike Buckle and John Thompson (1998) *The UK Financial System-Theory and Practice*, 3th Manchester University Press

[20] Michael Firth, Simon M. Keane (1986) *The Efficient Markets Theory*, Philip Allan Publishers Limited

[21] Shelagh Heffernan (1996) *Modern Banking in Theory and Practice*, John Wiley & Sons Ltd.

[22] Tom Valentine& Guy Ford (1999) *Readings in Fnancial Institution Management-Modern Techniques for a global Industry*, Allen & Unmin

[23] S. scott Macdoand, Timothy W. Kock (2006) *Management of Banking* Cengage Learning

Press

[24] Hans Degryse, Moshe Kim, Steven Ongena (2009) *Microeconometrics of Banking-Methods, Applications, and Result* Oxford Universitu Press

[25] Xavier Freixas, Jean-Charles Rochet(2008) *Microeconomics of Banking, Second Edition*, The MIT Press

中文文献

[1]安东尼·桑德斯．信用风险度量．中译本．风险估值的新方法与其他范式．北京:机械工业出版社,2001.

[2]布赖恩·科伊尔．信用风险管理．中译本．北京:中信出版社,2003.

[3]戴国强．商业银行经营学．北京:高等教育出版社,2008.

[4]格拉迪,等．商业银行经营管理．中译本．北京:中国金融出版社,1989.

[5]钱·金,勒妮·莫博涅 蓝海战略．吉宓,译．北京:商务印书馆,2005.

[6]克里斯.安德森．长尾理论.乔江涛,译．北京:中信出版社,2006.

[7]黄宪．市场经济中的银行效率与社会成本．武汉．湖北人民出版社,2000.

[8]黄台心,陈盈秀.应用三阶段估计法探讨台湾地区银行业经济效率.台北:货币市场,2004(9).

[9]黄宪,江春,赵何敏,赵征．货币金融学．武汉:武汉大学出版社,2008.

[10]黄宪,余丹,杨柳.我国商业银行X效率研究——基于DEA三阶段模型的实证分析.北京:数量经济与技术经济研究,2008(7).

[11]黄宪,赵征．开放条件下中国银行控制力与国家金融安全．北京:中国金融出版社,2009.

[12]里基·W.格里芬.管理学．第九版．刘伟,译．北京:中国市场出版社,2008.

[13]穆罕默德·尤努斯.穷人的诚信——第二代格莱珉银行的故事．朱民,译.北京:中信出版社,2007.

[14]迈克·巴克尔,等.英国金融体系．第四版．陈敏强,译．北京:中国金融出版社,2005.

[15]纳西姆·尼古拉斯．黑天鹅——如何应对不可预知的未来.万丹,译．北京:中信出版社,2009.

[16]青木昌彦,休·帕特里特.日本主银行制度．北京:中国金融出版社,1998.

[17]武捷思．中国国有商业银行行为研究．北京:中国金融出版社,1996.

[18]约翰·B. 考埃特,等．演进着的信用风险管理．中译本．北京:机械工业出版社,2001.

[19]叶永刚,熊和平,等．衍生金融工具概论．武汉:武汉大学出版社,2002.

[20]杨永列,万吉,李俊彦,郭祝武．台湾地区上市上柜银行效率与金融指针之关连分析——三阶段DEA之应用.台北:工商管理与管理经济学,2005(3).

[21]朱民,等．改变未来的金融危机．北京:中国金融出版社,2009.